Erfolgreich im Beruf

PLUSPUNKT
DEUTSCH

Kurs- und Übungsbuch
Deutsch als Fremd- und Zweitsprache

B1

Schote
Weimann
Schappert

 Dieses Buch gibt es auch auf
www.scook.de/eb

juq7x-gx3ds

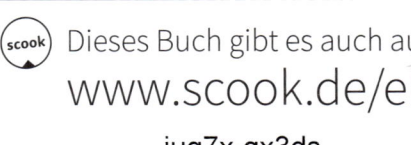
Cornelsen

Pluspunkt Deutsch B1
Erfolgreich im Beruf
Kurs- und Übungsbuch

Im Auftrag des Verlags erarbeitet von
Joachim Schote und Gunther Weimann.
Übungen von Petra Schappert, Prüfungstipps
und Wichtige Wörter von Dieter Maenner

Basierend auf Pluspunkte Beruf – Deutsch am Arbeitsplatz von Joachim Becker und Matthias Merkelbach.

Redaktion:	Maria Funk
Bildredaktion:	Katharina Hoppe-Brill
Projektleitung:	Gertrud Deutz
Beratende Mitwirkung:	Lisa Backhaus und Petra Schappert
Illustrationen:	Christoph Grundmann
Umschlaggestaltung, Layout und technische Umsetzung:	finedesign Büro für Gestaltung, Berlin
Sprecher:	Denis Abrahams, Angelina Geisler, Marianne Graffam, Kim Pfeiffer, Benjamin Plath, Justin Reddig, Christian Schmitz
Studio:	Clarity Studio Berlin
Regie und Aufnahmeleitung:	Susanne Kreutzer
Tontechnik:	Hüseyin Dönertaş, Christian Marx

Symbole

🔊 **14** Alle Hörverstehensübungen finden Sie unter www.cornelsen.de/ webcodes. Geben Sie hier den Code **cawuko** ein. Oder nutzen Sie die AR-App PagePlayer, diese finden Sie kostenlos im App Store oder bei Google Play.

✒ Systematische Schreibübung

Ü14-15 Verweis auf die passende Übung im Übungsteil

⚙ **10.9 10.12** Verweis auf das passende Grammatikthema im Anhang

www.cornelsen.de

Die Webseiten Dritter, deren Internetadressen in diesem Lehrwerk angegeben sind, wurden vor Drucklegung sorgfältig geprüft. Der Verlag übernimmt keine Gewähr für die Aktualität und den Inhalt dieser Seiten oder solcher, die mit ihnen verlinkt sind.

Soweit in diesem Buch Personen fotografisch abgebildet sind und ihnen von der Redaktion Namen, Berufe, Dialoge oder Ähnliches zugeordnet oder diese Personen in bestimmte Kontexte gesetzt werden, dienen diese Zuordnungen ausschließlich der Veranschaulichung und dem besseren Verständnis des Buchinhalts.

1. Auflage, 2. Druck 2018

Alle Drucke dieser Auflage sind inhaltlich unverändert und können im Unterricht nebeneinander verwendet werden.

Druck und Bindung: Livonia Print, Riga

ISBN 978-3-06-022965-9 (Schülerbuch)
ISBN 978-3-06-120881-3 (E-Book)

PEFC zertifiziert
Dieses Produkt stammt aus nachhaltig bewirtschafteten Wäldern und kontrollierten Quellen.

www.pefc.de

PEFC/12-31-006

Vorwort

Liebe Deutschlernende, liebe Deutschlehrende,

PLUSPUNKT DEUTSCH – *Erfolgreich im Beruf B1* richtet sich an Lernende, die sich auf die sprachlichen Anforderungen im Arbeitsleben bzw. auf weiterführende Qualifizierungsmaßnahmen oder Praktika für den deutschen Arbeitsmarkt vorbereiten möchten. Dabei werden Kenntnisse und Kompetenzen in der deutschen Sprache, wie sie auf dem Sprachniveau B1 des Gemeinsamen europäischen Referenzrahmens sowie im Rahmen der bundesweiten Deutschsprachförderung nach § 45a AufenthG beschrieben werden, handlungsorientiert weiterentwickelt. In unterschiedlichen Szenarien werden Schlüsselkompetenzen in relevanten Handlungsfeldern wie z. B. die Stellensuche, der Antritt einer neuen Stelle, Kommunikation am Arbeitsplatz sowie Aus- und Fortbildung erweitert. Dabei wird mit dem Ziel der Sicherstellung der sprachlichen und sozialen Handlungsfähigkeit innerhalb eines Betriebs auch Grundwissen über arbeitsweltliche Themen wie Arbeitsverträge, Sicherheitsbestimmungen, Rechte und Pflichten am Arbeitsplatz oder Anerkennung von ausländischen Berufsabschlüssen vermittelt. Das Lehrwerk bietet Unterrichtsmaterial für circa 300 Unterrichtseinheiten.

Das Kursbuch und der Übungsteil

Das Kursbuch gliedert sich in 15 Einheiten mit berufsbezogenen Themen. Der Übungsteil folgt unmittelbar nach jeder Kursbucheinheit. Die Einheiten bestehen aus acht Seiten mit abwechslungsreichen Texten, Dialogen und Aktivitäten, die die mündliche und schriftliche Rezeption (Hör- und Leseverstehen) und Produktion (Sprechen und Schreiben) sowie die Interaktion (dialogisches Sprechen und Schreiben) kommunikationsorientiert in arbeitsweltnahen Dialogsituationen trainieren. Im Übungsteil mit einem Umfang von jeweils fünf Seiten werden wichtige Redemittel und der relevante Wortschatz geübt und gefestigt. Außerdem wird die B1-Grammatik, die in dem Kurs eine Hilfsfunktion einnimmt, wiederholt. Die letzte Seite *Wichtige Wörter* enthält den Lernwortschatz einer jeden Einheit. Im Anhang finden Sie Partnerseiten, eine systematische Grammatik, Verblisten, die Transkripte der Hörtexte sowie eine Liste mit wichtigen berufsbezogenen Redemitteln.

Prüfungstraining

Prüfungsvorbereitung ist ein wichtiger Bestandteil der berufsbezogenen Deutschkurse. Deshalb werden in den drei Stationen allgemeine Strategien zur Prüfungsbewältigung trainiert und gängige Prüfungsformate vorgestellt. Für das vom BAMF vorgesehene spezielle Prüfungstraining im Umfang von zusätzlich 100 UE können zudem u. a. die Bände **Prüfungstraining Zertifikat Deutsch / telc Deutsch B1** sowie **Prüfungstraining telc Deutsch B1+ Beruf** eingesetzt werden – je nachdem auf welche Prüfung vorbereitet werden soll. Dort enthalten sind auch Modelltests, mit denen die Prüfungen realitätsnah geübt werden können.

AR-App

Alle Hörverstehensübungen stehen Ihnen kostenlos auch über die AR-App PagePlayer zur Verfügung. Gehen Sie in den AppStore oder auf Google Play und laden Sie den kostenlosen PagePlayer herunter. Wählen Sie dann den Titel Pluspunkt Deutsch B1 – Erfolgreich im Beruf und folgen Sie den Anweisungen in der App. Sie müssen einmalig Seite 7 in diesem Titel scannen, um die Inhalte freizuschalten.

Unter www.cornelsen.de/webcodes finden Sie mithilfe des Codes **cawuko** die Lösungen zu den Übungen sowie die Audio-Dateien als mp3-Download.

Viel Spaß und Erfolg beim Deutschlernen mit **PLUSPUNKT DEUTSCH** – *Erfolgreich im Beruf B1* wünschen Ihnen

Autoren und Verlag

Inhalt

Inhalt

Ich komme aus ...

Was sind Sie von Beruf?

Woher kommen Sie?

Wie lange sind Sie schon in Deutschland?

Ich bin ...

Ich bin seit drei Jahren in Deutschland.

Sie lernen

- · sich und andere vorstellen
- · informelle Gespräche am Arbeitsplatz führen
- · über Berufe und Aufgaben sprechen
- · Wünsche fürs Berufsleben formulieren
- · berufliche Orientierung

1 a **Sich kennenlernen. Machen Sie ein Partnerinterview. Notieren Sie die Antworten.**
Ü1

1 Wie heißen Sie?
2 Woher kommen Sie?
3 Seit wann sind Sie schon in Deutschland?
4 Welche Sprachen sprechen Sie?
5 Was sind Sie von Beruf?
6 Als was haben Sie in Ihrem Heimatland gearbeitet?
7 Wo haben Sie in Deutschland schon gearbeitet?

1 b **Stellen Sie Ihren Partner / Ihre Partnerin im Kurs vor.**

Das ist ...

Er/Sie kommt aus ...

2 **Schreiben Sie einen Steckbrief über sich, Ihr Leben in Ihrer Heimat und in Deutschland.**

A Small Talk in der Arbeitswelt

1 Sehen Sie sich die Fotos an. Welche Situationen passen (nicht) zum Thema Arbeit?

> Ich glaube, Foto A ist eine Mittagspause in einer großen Kantine.

> Die Personen auf Foto B ...

🔊 2
2a Hören Sie die Dialoge. Notieren Sie: Zu welchen Fotos in 1 passen sie?

Dialog 1 ☐   Dialog 2 ☐   Dialog 3 ☐   Dialog 4 ☐

2b Hören Sie noch einmal. Ordnen Sie zu: Über welche Themen sprechen die Personen?

Dialog 1

Dialog 2

Dialog 3

Dialog 4

A die Pause
B die Kollegen
C das Wochenende
D den Urlaub
E die Nachbarschaft
F die kommende Woche
G die Musik

🔊 3 Ü2
3 Ordnen Sie die zwei Dialoge. Kontrollieren Sie dann mit der CD.

☐ • Ja, fünf Minuten Pause müssen sein. Nach drei Wochen Urlaub bin ich schon wieder voll im Stress.

☐ • Du musst da unbedingt mal Urlaub machen. Das lohnt sich!

☐ • Wir waren jeden Tag am Strand und haben im Meer gebadet. Urlaub an der Nordsee ist wirklich schön.

☐ • Wunderbar. Wir hatten so ein Glück mit dem Wetter.

☐ • Erzähl mal. Wie war es denn?

1 • Hallo, du kommst gerade aus dem Urlaub zurück und machst schon Kaffeepause?

☐ • Leider war ich noch nie am Meer.

☐ • Was habt ihr gemacht?

- ☐ • Ich arbeite im Lager.
- 1 • Ist hier noch frei?
- ☐ • Vielen Dank.
- ☐ • Ja, ich arbeite erst seit fünf Tagen hier.
- ☐ • Ja, sehr gut. Auch die Kollegen sind sehr nett. Sie helfen mir immer, wenn ich Fragen habe.
- ☐ • Gefällt Ihnen die Arbeit?
- ☐ • In welcher Abteilung sind Sie?
- ☐ • Sind Sie neu in der Firma? Ich habe Sie hier noch nie gesehen.
- ☐ • Ja, wir haben hier in der Firma wirklich ein gutes Arbeitsklima.
- ☐ • Ja, bitte. Nehmen Sie Platz.

4 Textkaraoke. Hören, lesen und sprechen Sie die 👄-Rolle in dem Dialog.

👄 Hallo Ernesto, guten Morgen. Wie war dein Wochenende?

👂 …

👄 Ich habe meiner Schwester und ihrem Mann beim Umzug geholfen.

👂 …

👄 Hier, bitte. Ja, stimmt, es war ziemlich anstrengend.

👂 …

👄 Das wäre gut. Dann bin ich vielleicht fit genug, damit ich nächste Woche meine Küche streichen kann.

5 Hören Sie den Dialog und beantworten Sie die Fragen.

1 Wie lange wohnt Hend Fathallah schon in der neuen Wohnung?

2 Was sagt Frau Weiß über die Nachbarschaft?

3 Welches Instrument spielt Hend Fathallah?

6 Welche Themen finden Sie für Small Talk geeignet? Über welche Themen reden Sie (nicht) gerne? Sprechen Sie im Kurs.

Ü3

Essen • Familie • Gesundheit • Wetter • Sport • Kollegen • Arbeit •
Urlaub • Politik • Wochenende • Geld • Hobbys • Freizeit • Kinder

Ich finde, dass das Wetter immer ein gutes Gesprächsthema ist.

Bei uns ist es kein Problem, mit Kollegen über Geld und das Gehalt zu sprechen.

Aber in Deutschland sprechen die Leute …

Bei uns redet man mit Kollegen nicht über Geld.

7 Gespräche am Arbeitsplatz. Ordnen Sie die Redemittel zu und ergänzen Sie die Tabelle.
Ü4

> Ganz schön warm/kalt heute! • Das hört sich ja spannend an. • Wie geht es dir? •
> Das tut mir leid! • Na, dann bis später! • Wie war Ihr Urlaub/Wochenende? •
> Sie sind ja wieder da! • Man sieht sich! • Ich habe gehört, ... • Ach, wie schön! •
> Ich wünsche Ihnen ein schönes Wochenende / einen schönen Urlaub! •
> Erzählen Sie mal! • Geht's dir wieder besser? • Ach, schon so spät, ich muss los.

das Gespräch beginnen	Interesse zeigen	das Gespräch beenden
...	Erzählen Sie mal!	...

8 Wählen Sie eine Situation aus und spielen Sie mit Ihrem Partner / Ihrer Partnerin
Ü5 einen Dialog.

Situation 1

Sie hatten zwei Wochen Urlaub. Sie haben mit Ihrer Familie Verwandte in Ihrem Heimatland besucht. Sie wollten viele Ausflüge machen. Aber Sie sind meistens bei Ihren Verwandten zu Hause geblieben, weil das Wetter nicht so gut war. Jetzt sind Sie wieder auf Arbeit und sprechen mit einem Kollegen / einer Kollegin über den Urlaub.

Situation 2

Sie setzen sich in der Kantine neben einen Kollegen / eine Kollegin, die Sie nicht kennen und stellen sich vor. Sie arbeiten seit zehn Tagen in der Firma in der Produktion. Die Kollegen sind freundlich und helfen immer, wenn Sie etwas nicht wissen.

Situation 3

Es ist Montagmorgen. Sie kommen ins Büro. Ein Kollege / Eine Kollegin fragt, wie das Wochenende war. Sie haben am Samstag eingekauft und die Wohnung geputzt. Am Sonntag haben Sie mit der Familie im Park gegrillt.

Situation 4

Sie sind auf einem Betriebsfest und sitzen neben einem Kollegen / einer Kollegin, den/die Sie schon oft gesehen haben, aber Sie wissen nicht, wie er/sie heißt und in welcher Abteilung er/sie arbeitet. Sie stellen sich vor und sprechen mit dem Kollegen / der Kollegin über das Essen und die allgemeine Stimmung auf dem Betriebsfest.

1 a Lesen Sie die Texte. Notieren Sie Informationen zu den folgenden Stichpunkten.
Ü6

	Evangelos Basinas	Daniel Kudus
Ausbildung/Berufserfahrung		
Fähigkeiten		
Arbeitszeiten		
Kollegen		
Aufgaben		

Evangelos Basinas
Lagerarbeiter

Ich heiße Evangelos Basinas und komme aus Griechenland. Obwohl ich langjährige Berufserfahrung als Möbelverkäufer habe, konnte ich in Deutschland keine Stelle in meinem Beruf finden. Ich bin jetzt Lagerarbeiter in einem großen Möbelhaus. Ich arbeite fünf Tage pro Woche, immer acht Stunden am Tag. Ich habe viele Aufgaben: Wenn ein Möbelhersteller Waren liefert, nehme ich sie an und bringe sie an den richtigen Platz im Lager. Wenn Kunden etwas gekauft haben, hole ich die Waren aus dem Lager. Die Arbeit ist körperlich anstrengend. Trotzdem arbeite ich gerne in der Firma. Ich kann gut organisieren und planen und das ist für meine Arbeit wichtig. Ich muss meine Wege durch das Lager zum Beispiel immer so planen, dass sie sehr kurz sind. Dann bekommen die Kunden ihre Möbel sehr schnell, obwohl sie vielleicht viel gekauft haben. Zwei Kollegen kommen auch aus Griechenland. Sie leben schon länger in Deutschland als ich und helfen mir, wenn ich etwas nicht verstehe.

Daniel Kudus
Gärtner

Mein Name ist Daniel Kudus. Ich komme aus Eritrea. Ich arbeite bei der Stadtgärtnerei von Unterrode. Zuerst habe ich ein Praktikum gemacht. Weil mein Chef mit meiner Arbeit sehr zufrieden war, habe ich eine feste Stelle bekommen. Meine Kollegen und ich sind ein gutes Team, ich arbeite gern mit ihnen zusammen. Wir kümmern uns um die Bäume, die Blumen und den Rasen in den Parks und an den Straßen und wir sind auch für die Spielplätze zuständig. Ich habe keine Ausbildung. Deshalb habe ich leider oft nur sehr einfache Aufgaben. Zum Beispiel mähe ich Rasen oder pflanze Blumen. Aber ich bin handwerklich geschickt. Deshalb helfe ich auch bei der Reparatur von Spielgeräten auf den Spielplätzen. Das macht mir mehr Spaß als Rasenmähen. Ich arbeite immer montags bis freitags von 7.30 bis 16.00 Uhr.

1 b Ein Jahr später. Herr Basinas arbeitet nicht mehr in dem Lager. Schreiben Sie den Text aus a) in der Vergangenheit. Benutzen Sie das Perfekt oder das Präteritum.

> *Ich war Lagerarbeiter in einem großen Möbelhaus.*
> *Ich habe fünf Tage pro Woche gearbeitet...*

1c Was sagt Daniel Kudus? Schreiben Sie drei Sätze mit *dass*.
Ü7

> Daniel sagt, dass er aus Eritrea kommt.
> Er sagt, dass er ...

2 Beschreiben Sie die Fotos. Was sehen Sie? Was machen die Leute?

> Das Restaurant auf Foto 1 ist bestimmt sehr gut und sehr teuer.

> Ich glaube, Foto drei zeigt den Frühstücksraum in einem Hotel. Die Leute ...

3a Hören Sie und kreuzen Sie in Aufgabe 2 an: Welches Foto passt?
6

3b Hören Sie noch einmal und kreuzen Sie an: richtig oder falsch?
Ü8

		R	F
1	Frau Marx ist Restaurantfachfrau von Beruf.	☐	☐
2	Sie hat die Berufsschule nicht besucht.	☐	☐
3	Sie spricht Englisch und Französisch.	☐	☐
4	Sie arbeitet in einem sehr guten Restaurant.	☐	☐
5	Ihre Kollegen und Kolleginnen haben keine Ausbildung.	☐	☐
6	Frau Marx kann die Tische sehr gut dekorieren.	☐	☐
7	Sie kennt den Chefkoch im Restaurant nicht.	☐	☐
8	Frau Marx arbeitet immer sechs Tage pro Woche.	☐	☐
9	Sie findet, dass sie zu wenig verdient.	☐	☐
10	Sie will Restaurantmanagerin werden. Deshalb will sie eine Fortbildung machen.	☐	☐

3c Hören Sie noch einmal und korrigieren Sie die falschen Aussagen.

> 2. Frau Marx hat auch die Berufsschule besucht. Dort hatte sie zum Beispiel Englischunterricht und Unterricht in Mathematik und Buchhaltung.
>
> 3. Sie spricht Englisch, aber nicht Französisch, sondern ...

3d Berichten Sie über Frau Marx.

> Frau Marx erzählt, dass sie eine Ausbildung als Restaurantfachfrau hat.

> Sie sagt, dass sie …

4a Sehen Sie die Bilder an. Welche Berufe haben die zwei Personen?

4b Sprechen Sie mit Ihrem Partner / Ihrer Partnerin über die Personen. Stellen Sie Vermutungen an. Die Fragen helfen.

1 Welchen Beruf hat die Person?
2 Welche Aufgaben hat er/sie?
3 Wie sind seine/ihre Arbeitszeiten?
4 Wie viel verdient die Person?

5 Wie ist sein/ihr Kontakt zu den Kollegen?
6 Was macht er/sie gern?
7 Was macht er/sie nicht so gern?
8 Was kann die Person besonders gut?

4c Wählen Sie eine Person aus und schreiben Sie einen beruflichen Steckbrief.

> Die Frau arbeitet in …

5 Wo haben Sie schon gearbeitet? Welche Aufgaben hatten Sie? Was hat Ihnen Spaß gemacht? Was können Sie besonders gut? Berichten Sie im Kurs.

Über die Arbeit und Aufgaben sprechen
Ich habe als … bei der Firma … gearbeitet.
Ich habe jeden Tag von … bis … Uhr gearbeitet. Ich hatte Schichtarbeit.
Ich musste auch am Wochenende arbeiten. Ich musste … / Ich habe mich um … gekümmert.
Ich kann sehr gut … Ich glaube, das ist meine Stärke.
Besonders interessant war … Eher langweilig war …

◀))
7   **1a**   **Hören Sie die Aussagen. Welche Berufe wollen die Personen lernen oder welche Berufe**
Ü9   **lernen Sie? Notieren Sie.**

> Köchin • Bürokaufmann • Hotelfachfrau • Friseur • Florist •
> Berufskraftfahrer • Bankkauffrau • Altenpfleger

Angelina

Mahdi

Monique

Fadi

....

1b   **Hören Sie die Aussagen noch einmal und kreuzen Sie an: Wer sagt was?**

		Angelina	Mahdi	Monique	Fadi
1	Für mich ist diese Arbeit eine große Chance.	☐	☐	☐	☐
2	Ich möchte in meinem Beruf kreativ sein.	☐	☐	☐	☐
3	Ich will einen sicheren Arbeitsplatz.	☐	☐	☐	☐
4	Ich finde nette Kollegen wichtig.	☐	☐	☐	☐
5	Ich wünsche mir eine Arbeit mit regelmäßigen Arbeitszeiten.	☐	☐	☐	☐
6	Unregelmäßige Arbeitszeiten sind für mich kein Problem.	☐	☐	☐	☐
7	Für mich ist auch wichtig, wie viel ich verdiene.	☐	☐	☐	☐
8	Ich will, dass mein Chef und die Kunden zufrieden sind.	☐	☐	☐	☐

2   **Was ist für Sie im Beruf wichtig? Berichten Sie.**
Ü10+11

> feste/flexible Arbeitszeiten • Sicherheit • ein gutes Gehalt •
> nette Kollegen • Spaß an der Arbeit • genug Zeit für die Familie • Karrierechancen •
> mit den Händen arbeiten • draußen/drinnen arbeiten • ein freundlicher Chef •
> mit Kindern/Tieren arbeiten • alleine / im Team arbeiten •
> Kontakt zu Kunden haben • in einem Büro / am Computer arbeiten •
> im Bereich Gesundheit/... arbeiten • ...

> *Für mich ist wichtig, dass ich neben der Arbeit noch Zeit für meine Kinder habe.*

> *Ich würde gerne einen Beruf haben, bei dem man viel unterwegs ist.*

> *Ich möchte ...*

Übungen

Hier üben Sie: Satzverbindungen · Perfekt

1a Welche Antworten passen zu den Fragen? Ordnen Sie zu.

Wie heißen Sie?	**1**	**A** Ich spreche Französisch und Deutsch.
Welchen Schulabschluss haben Sie?	**2**	**B** Ich bin seit drei Jahren in Deutschland.
Wo haben Sie in Deutschland schon gearbeitet?	**3**	**C** Ich habe einen Hauptschulabschluss.
In welchem Beruf haben Sie gearbeitet?	**4**	**D** Ich habe in einem Pflegeheim in Ulm ein Praktikum gemacht.
Wie lange sind Sie schon in Deutschland?	**5**	**E** Mein Name ist Gladys Marcellino.
		F Ich habe als Krankenschwester gearbeitet.
Woher kommen Sie?	**6**	
Als was möchten Sie in Deutschland gerne arbeiten?	**7**	**G** Ich kann gut mit Menschen umgehen.
		H Ich möchte wieder als Krankenschwester arbeiten.
Was können Sie gut?	**8**	
Welche Sprachen sprechen Sie?	**9**	**I** Ich komme aus Angola.

1b Schreiben Sie einen Text über sich. Die Fragen aus a) helfen.

2 Was wird groß geschrieben? Korrigieren Sie den Dialog.

- hallo, darko! was machst du denn hier? ich dachte, du hast urlaub!
- hatte ich auch. aber nur bis freitag. heute ist mein erster tag nach dem urlaub.
- stimmt.
- und, was hast du im urlaub gemacht? wo warst du denn?
- ich habe meine eltern besucht. und dann war ich noch eine woche am meer. ich habe ein bisschen erholung gebraucht.
- von der familie?
- hm, ja. familie kann anstrengend sein. immer so viele leute, alle muss man besuchen. wenn man einen vergisst, ist der beleidigt. du kennst das sicher.
- ja, das kenne ich sehr gut. na ja, jetzt bist du ja wieder hier und kannst dich vom Urlaub erholen.

Hallo, Darko! Was ...

Übungen

3 **Kreuzen Sie an: Über welche Small-Talk-Themen sollte man nicht sprechen?**

1 ☐ • Wie geht es Ihnen, Frau Öztop? Wir haben uns schon lange nicht gesehen.
    • Sehr gut, danke. Und, wie geht es Ihrer Frau? Ich habe gehört, sie war im Krankenhaus.

2 ☐ • Hallo, Martin. Mensch, wie geht es dir? Du siehst ja toll aus! Warst du im Urlaub?
    • Nein, aber danke für das Kompliment. Mir geht es gut. Und wie geht es dir? Du gefällst mir gar nicht. Hast du zugenommen?

3 ☐ • Hallo, Yakub. Schaust du das Fußballspiel morgen an?
    • Ja, natürlich. Ich schaue jedes Spiel von meiner Mannschaft.

4a **Small Talk. Sortieren Sie und Schreiben Sie die Fragen.**

1 ein schönes Wochenende – Sie – hatten

Hatten Sie ein schönes Wochenende?

2 war – Ihr Urlaub – wie

....

3 haben – den neuen James-Bond-Film – gesehen – Sie

....

4 geht – wie – Ihrer Familie – es

....

5 welche Pläne – Sie – für das Wochenende – haben

....

4b **Schreiben Sie weitere Fragen und dazu passende Antworten.**

Haben Sie das Fußballspiel gestern gesehen? – Ja, das war wirklich spannend.

5 **Bringen Sie den Dialog in die richtige Reihenfolge.**

☐ Danke, ganz gut. Und Ihnen?
☐ Ihnen auch. Auf Wiedersehen!
☐ Das haben Sie richtig gemacht, dass Sie zu Hause geblieben sind.
☐ Ja, er hat mich eine Woche krankgeschrieben.
☐ Wieder gut. Ich war letzte Woche krank.
☐ Ja, ich wollte niemanden anstecken. Einen schönen Tag noch!
☐ Oh, das tut mir aber leid. Was hatten Sie denn?
☑ Guten Morgen, Frau Bobic. Wie geht es Ihnen?
☐ Ach, eine schlimme Erkältung.
☐ Das klingt nicht gut, waren Sie beim Arzt?

6a Verbinden Sie die Sätze mit *obwohl*.

10.12

1 Idris arbeitet nicht als Krankenpfleger. Er hat gute Deutschkenntnisse.

   Idris arbeitet nicht als Krankenpfleger, obwohl er gute Deutschkenntnisse hat.

2 Meltem konnte keine Stelle finden. Er hat viele Jahre Berufserfahrung.

   ....

3 Maria arbeitet acht Stunden am Tag. Sie hat vier Kinder.

   ....

4 Vladimir darf in Deutschland nicht unterrichten. Er hat in Russland als Lehrer gearbeitet.

   ....

5 Sapana arbeitet sehr viel und lange. Ihr macht ihre Arbeit keinen Spaß.

   ....

6b Verbinden Sie nun die Sätze aus 6a mit *trotzdem*.

10.9

1 *Idris hat gute Deutschkenntnisse. Trotzdem arbeitet er nicht als*

   Krankenpfleger.

2 ....

3 ....

4 ....

   ....

5 ....

7 Was sagt Alhadji Daffe? Schreiben Sie Sätze mit *dass*.

10.12

> Ich bin vor drei Jahren aus Gambia gekommen. Dort habe ich als Drucker gearbeitet. Doch hier ist die Technik schon viel weiter. Jetzt mache ich eine Ausbildung als Lagerlogistiker. Ich verstehe nicht alles. Deshalb muss ich noch besser Deutsch lernen. Der Beruf macht mir aber Spaß. Meine Kollegen sind sehr nett. Sie helfen mir viel und erklären mir die Sachen, die ich nicht verstehe.

Herr Daffe sagt, dass er vor drei Jahren aus Gambia gekommen ist.

Er sagt, dass er

....

....

....

8 *Weil* **oder** *deshalb*? **Ergänzen Sie die Sätze.**

10.9
10.12

1 Ugur spricht schon gut Deutsch, *weil* .... er sehr viel lernt.

2 Daniel bekommt oft zusätzliche Aufgaben, ... er handwerklich geschickt ist.

3 Mohammad hat zu viel Arbeit. .... hat der Chef noch jemanden eingestellt.

4 .... Fatin den DTZ bestanden hat, kann sie nun einen Job suchen.

5 Ela hat die Stelle bekommen, ... sie bereits in Syrien in diesem Beruf gearbeitet hat.

6 Khaled kann nicht mehr körperlich arbeiten. .... macht er eine Umschulung.

9 **Wer ist das? Ordnen Sie die Berufe zu.**

Köchin

Florist

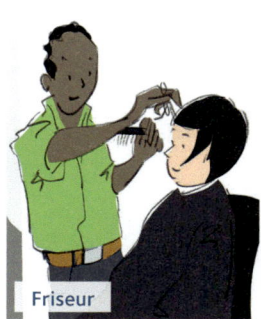
Friseur

Hotelfachfrau

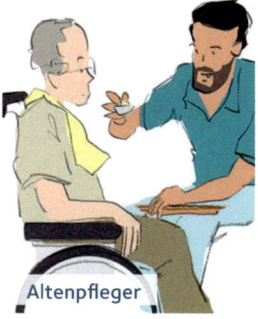
Altenpfleger

Bürokaufmann

Berufskraftfahrer

Bankkauffrau

1 Sie sorgt dafür, dass die Menschen sich wohl fühlen, obwohl sie nicht zu Hause sind:

....

2 Er liebt Blumen über alles: ....

3 Ob kurz oder lang, er kann alles schneiden: ....

4 Er kümmert sich um Menschen, die nicht mehr alleine leben können: ....

5 Er fährt und fährt und fährt: ....

6 Sie steht den ganzen Tag in der Küche: ....

7 Sie arbeitet den ganzen Tag mit Geld, das ihr nicht gehört: ....

8 Er schreibt E-Mails und telefoniert mit Kunden: ....

10 Welche Wünsche haben Sie für Ihr Berufsleben? Schreiben Sie einen Text.

> *Ich wünsche mir eine Arbeit mit ... Für mich ist wichtig, dass ...*

11 Vorteile und Nachteile von Berufen. Ergänzen Sie die Texte mit den Wortgruppen.

> ein gutes Gehalt • ~~nette Kollegen~~ • vielen Reisen • Spaß an der Arbeit •
> genug Zeit für meine Familie • Karrierechancen • im Team arbeiten •
> lange Arbeitszeiten • am Wochenende arbeiten

Elena: „Es ist gar nicht so einfach, den richtigen Beruf zu finden. Ich bin Altenpflegerin und

habe sehr viele *nette Kollegen* [1], mit denen ich viel lache und

die mich auch mal trösten. Leider ist meine Arbeit sehr anstrengend und ich muss auch oft

_____ [2]. Das bedeutet, dass ich nicht

_____ [3] habe. Aber ich liebe meinen Beruf."

Vitali: „Ich bin Berufskraftfahrer und fahre oft in andere Länder. Dadurch habe ich

_____ [4]. Doch dafür bekomme ich eigentlich _____ [5]

und ich habe _____ [6], weil ich gerne Auto fahre."

Muriel: „Ich bin Hotelkauffrau und ein großer Vorteil von meiner Arbeit sind die

_____ [7] in verschiedene Länder. Dort teste ich Hotels.

In meinem Beruf gibt es gute _____ [8].
Vielleicht werde ich mal Hoteldirektorin, wer weiß. Im Hotel arbeiten viele Menschen, daher

ist es wichtig, dass man gut _____ [9] kann."

> drinnen arbeiten • feste Arbeitszeiten • mit Kindern arbeiten •
> Sicherheit • in einem Büro arbeiten • draußen arbeiten

Sarif: „Ich arbeite als Bürokaufmann. Ich wollte schon immer _____ [10].

Ich arbeite von 9 Uhr bis 17 Uhr. Für mich sind _____ [11]

sehr wichtig, da ich Familie habe. Ich arbeite in einem großen Konzern, das gibt mir

_____ [12] bezogen auf meine Arbeitsstelle."

Gabriella: „Ich bin Erzieherin. Das ist der schönste Beruf, den es gibt. Wenn schönes Wetter

ist, kann ich _____ [13]. Dann gehe ich mit den Kindern in den Wald oder

auf den Spielplatz. Bei schlechtem Wetter kann ich _____ [14]. Schon seit

ich ein junges Mädchen war, wollte ich immer _____ [15].

A Small Talk in der Arbeitswelt

der/die Kollege/Kollegin ....

freundliche Kollegen (Pl.) ....

der Urlaub, -e ....

die Produktion, -en ....

das Lager, – ....

das Arbeitsklima ....

eine anstrengende Arbeit ....

sich erholen ....

sich ausruhen ....

die Küche streichen ....

die Mittagspause, -n ....

B Arbeit und Aufgaben

die Ausbildung, -en ....

die Berufsschule, -n ....

die Fortbildung, -en ....

das Praktikum, Praktika ....

die Berufserfahrung, -en ....

die Arbeitszeit, -en ....

die Aufgabe, -n ....

die Ware, -n ....

Waren liefern ....

Waren annehmen ....

organisieren ....

planen ....

sich kümmern um ....

zuständig sein ....

handwerklich geschickt ....

zufrieden ....

der/die Restaurantfach-
mann/-fachfrau, ...

die Restaurantfachleute (Pl.) ....

die Buchhaltung, -en ....

verdienen ....

das Team, -s ....

der Kontakt, -e ....

die Schichtarbeit ....

die Frühschicht, -en ....

die Spätschicht, -en ....

interessant ....

langweilig ....

C Wünsche für das Berufsleben

der/die Bürokaufmann/
Bürokauffrau ....

die Bürokaufleute (Pl.) ....

der/die Berufskraftfahrer/
in, -/-nen ....

der/die Altenpfleger/in,
-/-nen ....

der/die Florist/in, -en/-nen ....

ein sicherer Arbeitsplatz ....

regelmäßige Arbeitszeiten ....

feste Arbeitszeiten ....

das Gehalt, "-er ....

die Karrierechancen (Pl.) ....

kreativ ....

draußen/drinnen arbeiten ....

viel unterwegs sein ....

Verantwortung haben für ....

Berufliche Stationen

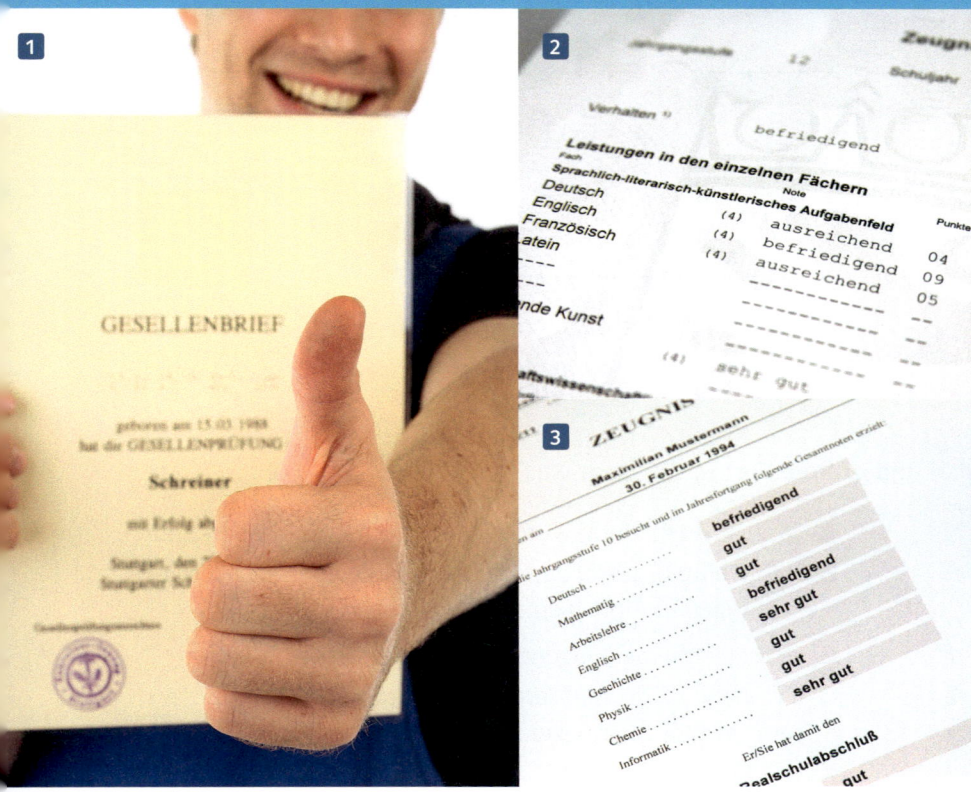

Sie lernen

- über Berufswege sprechen
- über die Anerkennung von Abschlüssen sprechen
- ein Beratungsgespräch führen
- über Arbeitsaufgaben sprechen

1 a Sehen Sie die Fotos an. Welche Zeugnisse und Abschlüsse
Ü1   kennen Sie? Wann bekommt man sie?

> Foto 1 ist ein Schulzeugnis. Das bekommen
> Schüler, wenn ein Schuljahr zu Ende ist.

1 b Hören Sie das Gespräch. Über welche Zeugnisse aus 1a spricht Valentin?
8

1 c Hören Sie noch einmal und machen Sie Notizen zu den Stichpunkten.

– Welchen Schulabschluss hat
Valentin?
– Was hat er nach der Schule
gemacht?

– Welchen Beruf hat er gelernt?
– Wie lange hat die Ausbildung
gedauert?

2 Berufswege. Welche Schwierigkeiten kann es geben? Sammeln Sie im Kurs.

– Ich habe keine Ausbildung gemacht.
– Meine Ausbildung ist in Deutschland nicht anerkannt.
– Meinen Beruf gibt es hier nicht.
– Ich kann noch nicht so gut Deutsch schreiben.

1 a Hören Sie die Dialoge. Notieren Sie: Welche Berufe haben die Personen zuerst gelernt? Welchen Job haben sie heute?

 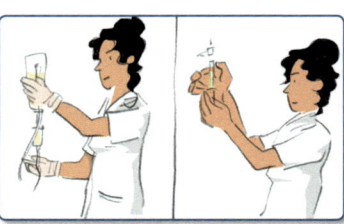 

....

....

1 b Hören Sie noch einmal und ordnen Sie zu: Wer sagt was?

Mahmoud Hussein **1**
Adina Suljic **2**
Alessio Meazza **3**

A Meine Ausbildung wurde hier zunächst nicht anerkannt.

B Ich wollte nicht an einer Universität wieder von vorne anfangen und noch einmal studieren.

C Ich möchte mein eigenes Geschäft eröffnen.

D Ich habe zuerst mehrere Deutschkurse und dann noch eine Weiterbildung gemacht.

E Ich möchte beruflich weiterkommen.

F Ich hatte fast ein Jahr lang nur Gelegenheitsjobs.

G Ich bin zufrieden, denn ich arbeite wieder in meinem Beruf.

1 c Hören Sie die Dialoge noch einmal. Kreuzen Sie an: Welche Fragen zum Berufsweg werden gestellt?

☐ Was hast du früher beruflich gemacht? • ☐ Wie sehen Ihre beruflichen Pläne aus?

☐ Was sind Sie von Beruf? • ☐ Welche Arbeit haben Sie zurzeit? •

☐ Was machst du heute beruflich? • ☐ Haben Sie für die Zukunft weitere Pläne? •

☐ Was sind deine Pläne für die Zukunft? • ☐ Haben Sie eine Ausbildung gemacht? •

☐ Welche Pläne haben Sie für Ihre berufliche Zukunft? •

☐ Haben Sie in dem Beruf eine Ausbildung gemacht? •

☐ Was machen Sie momentan beruflich? • ☐ Was wollen Sie in der Zukunft machen?

2 a Im Beratungsgespräch. Ordnen Sie Fragen und Antworten zu. Hören Sie zur Kontrolle.

Haben Sie eine Ausbildung gemacht? **1**

Was machen Sie momentan beruflich? **2**

In welchem Beruf haben Sie in Ihrem Heimatland gearbeitet? **3**

Welche beruflichen Pläne haben Sie? **4**

A Ich habe als Krankenpfleger gearbeitet.

B Im Moment bin ich Pizzafahrer.

C Ja, in meinem Heimatland habe ich den Beruf Krankenpfleger gelernt.

D Ich will wieder in meinem alten Beruf arbeiten. Aber ich habe noch keine Anerkennung für meine Ausbildung.

2 b Arbeiten Sie zu zweit. Stellen Sie sich gegenseitig Fragen wie in a) und antworten Sie.

Über den Berufsweg sprechen

Ich habe ... gelernt.
Ich habe eine Ausbildung
zum/zur ... gemacht.
Meine Ausbildung ist noch
nicht / schon anerkannt.

Im Moment habe ich keine Arbeit.
Ich suche eine Arbeit als ...
Ich arbeite als ...
Ich möchte in der Zukunft
als ... arbeiten.

Meine Pläne für die Zukunft
sind ...
Ich möchte eine Umschulung
zum/zur ... machen.

3 a Der Weg in den Beruf. Ordnen Sie die Berufe den Branchen zu.

A Tischler/in
B Mechatroniker/in
C Maurer/in
D LKW-Fahrer/in

E Koch/Köchin
F Krankenschwester/Krankenpfleger
G Bäcker/in
H Kellner/in

I Maler/in
J Lokführer/in
K Altenpfleger/in
L Feinoptiker/in

das Transportwesen

das Gesundheitswesen

das Handwerk

die Baubranche

das Gastgewerbe

die Technik

3 b In welcher Branche würden Sie gerne arbeiten? Sprechen Sie im Kurs und erstellen Sie eine Kursraumstatistik.

> Ich würde gerne im Gastgewerbe arbeiten. Und du?

3 c Wo würden Sie gerne, wo würden Sie auf keinen Fall arbeiten?

in einem Krankenhaus • auf einer Baustelle • in einem Hotel • in einem Büro •
in einer Fabrik • in einem Geschäft • im Freien • in einer Kneipe • …

> Ich würde sehr gerne in einem Krankenhaus arbeiten,
> aber in einer Fabrik möchte ich auf keinen Fall arbeiten.

1 a Hören Sie und kreuzen Sie an: Was ist richtig?

11

☐ Nedim Baron konnte in Deutschland zuerst nur eine Stelle als Helfer in einer Kfz-Werkstatt finden. Er war aber mit dieser Selle zufrieden, denn er hat gut verdient.

☐ Leyla Sarhan hat in Ägypten als Köchin gearbeitet. Sie hat in Deutschland schnell Arbeit gefunden, aber nur als Beiköchin. Damit war sie nicht zufrieden, denn sie wollte in Deutschland wieder in ihrem alten Beruf arbeiten.

1 b Lesen Sie die die Fortsetzung über die Berufswege von Nedim Baron und Leyla Sarhan
Ü4–6 und beantworten Sie die Fragen.

Deshalb hat sich Nedim Baron nach einem Tipp von einem Bekannten über Möglichkeiten der beruflichen Weiterbildung informiert. Sein Problem war, dass er nicht alle Papiere zu seiner früheren Arbeit und Ausbil-
5 dung vorlegen konnte. In der Beratungsstelle erfuhr er, dass es in Deutschland ein Gesetz zur Anerkennung ausländischer Berufsabschlüsse gibt. „Ohne die Hilfe der Handwerkskammer hätte ich den Antrag nicht stellen können. Sie haben mich sehr gut beraten", sagt er heute.
10 Die Handwerkskammer Ulm hat seine türkischen Zeugnisse geprüft und er musste noch einige Kurse besuchen und eine praktische und theoretische Prüfung machen, damit er die volle Anerkennung für seinen türkischen Berufsabschluss bekommen konnte. Heute arbeitet er als Mechaniker in einer Werkstatt in Ulm. Er sagt: „Die Kurse dauerten acht
15 Monate und die Prüfung war richtig schwer. Aber es hat sich gelohnt. Wenn es möglich ist, möchte ich später auch gerne die Meisterprüfung machen."

Von einer Kollegin aus dem Restaurant wusste Leyla Sarhan, dass ihre Berufschancen steigen, wenn sie ihre Zeugnisse aus Ägypten in Deutschland anerkennen lässt. Nach einer Beratung bei der Bundesagentur für
5 Arbeit ließ sie die Zeugnisse aus ihrer Heimat übersetzen und gab sie bei der IHK Oberrhein ab. Da in diesen Zeugnissen genaue Informationen über die Inhalte von ihrer Ausbildung fehlten, musste sie eine sogenannte Qualifikationsanalyse machen. Das heißt, sie musste ein
10 Menü mit drei Gängen kochen und es gab ein Fachgespräch mit IHK-Prüfern. „Das war gar nicht so einfach, aber ich habe mich gut vorbereitet. Ich habe das Menü im Restaurant vorher für meine Kollegen gekocht und mein Chef hat mir noch ein paar gute Tipps gegeben. Vor dem Fachgespräch war ich sehr aufgeregt, aber die Prüfer waren sehr
15 freundlich." Jetzt hat sie in dem Restaurant eine Stelle als Köchin. Heute sagt sie: „Ich bin sehr froh, dass ich die Prüfung gemacht habe. Jetzt habe ich eine gute Stelle und meine Kollegen respektieren mich." Bald will sie weitere Kurse besuchen und die Prüfung zur Küchenmeisterin machen.

1 Von welchem Gesetz hat Nedim Barom in der Beratungsstelle erfahren?

2 Wer hat seine türkischen Zeugnisse geprüft?

3 Wie lange dauerte der Kurs, den er für die Anerkennung machen musste?

4 Welches Ziel hat er jetzt?

5 Wer hat Leyla Sarhan beraten?

6 Warum musste sie eine Qualifikationsanalyse machen?

7 Was hat sie in der Qualifikationsanalyse gemacht?

8 Was für eine Stelle hat sie nach der Qualifikationsanalyse bekommen?

2 a Ü7+8

Hören Sie das Gespräch. Kreuzen Sie an: Was ist richtig?

Das Gespräch findet in einer …

☐ Firma statt.

☐ Beratungsstelle statt.

2 b **Hören Sie noch einmal und ordnen Sie die Fragen den Antworten zu.**

Haben Sie Zeugnisse aus Ihrem Heimatland? **1**

Sind die Zeugnisse schon übersetzt? **2**

Brauche ich noch andere Dokumente außer den Zeugnissen? **3**

Wie lange dauert es, bis ich die Anerkennung bekomme? **4**

Wie viel kostet das Verfahren? **5**

A Wenn Sie alle Unterlagen abgegeben haben, dauert es ungefähr drei Monate.

B Ja, das hat noch ein Übersetzer in meiner Heimat gemacht.

C Das kann ich Ihnen jetzt nicht genau sagen, da fragen Sie am besten bei der Handwerkskammer nach.

D Ich habe mein Abschlusszeugnis von der Schule, der Ausbildung und auch zwei Arbeitszeugnisse.

E Sie müssen auch einen Lebenslauf, eine Passkopie und eine Erklärung abgeben, dass Sie noch keinen Antrag auf Gleichwertigkeitsfeststellung gestellt haben.

Schulzeugnisse, Arbeitszeugnisse, Berufsurkunden usw. sind offizielle Dokumente. Sie müssen von einem vereidigten Übersetzer übersetzt werden, der mit einem Stempel bestätigt, dass die Übersetzung korrekt ist.

3 a Ü9+10 **Wählen Sie auf Seite 235 einen Beruf aus. Schreiben und spielen Sie mit Ihrem Partner / Ihrer Partnerin ein Beratungsgespräch wie in 2.**

3 b **Ein Freund / Eine Freundin möchte wissen, was man tun muss, damit man eine Anerkennung für einen ausländischen Berufsabschluss bekommt. Schreiben und spielen Sie einen Dialog mit Ihrem Partner / Ihrer Partnerin.**

1a Lesen Sie den Text und ordnen Sie die Fotos den Abschnitten zu.
Ü11

Gabelstaplerfahrer

Büroarbeit

Bergwerk

☐ Mein Name ist Pawel Szmit. Ich arbeite heute in einer Firma für Warenlogistik. Früher habe ich in Polen im Bergbau gearbeitet. Dort war ich für die Sicherheit meiner Kollegen zuständig. Unter anderem habe ich die neuen Mitarbeiter in die Sicherheitsvorschriften eingewiesen und allgemeine Kurse über Sicherheitsmaßnahmen und Erste Hilfe für die Kollegen gegeben. Außerdem habe ich mich um den Transport von Arbeitsmaterial gekümmert, d. h. ich habe dafür gesorgt, dass alle Sachen am richtigen Platz waren, damit die Kollegen sie schnell finden konnten.

☐ So hatte ich im Bereich Lager und Transport einige Erfahrung und habe relativ schnell eine Arbeit als Lagerarbeiter in einer Firma für Lagerlogistik gefunden. Das war zunächst nur eine Hilfsarbeit mit weniger Verantwortung als in Polen, aber auch eine Chance. Ich war für die Warenlagerung zuständig und habe beim Warenversand geholfen. Dann habe ich einen Gabelstaplerführerschein gemacht. Diese Ausbildung war sehr einfach und hat nur zwei Tage gedauert. Ich habe mit dem Gabelstapler Waren transportiert und LKWs beladen und entladen. Schließlich habe ich an einer Weiterbildung im Bereich Lagerlogistik teilgenommen. Das war natürlich anstrengender als der Gabelstaplerführerschein, ich musste neben meiner Arbeit oft auch am Wochenende zu dem Kurs gehen, aber es hat sich gelohnt.

☐ Heute bin ich Abteilungsleiter in der Firma und verantwortlich für das gesamte Warenlager. Ich beschäftige mich vor allem mit der Organisation. Gerade arbeite ich zum Beispiel an dem Dienstplan für den nächsten Monat und plane die Warenlagerung. Ich achte darauf, dass die Lieferungen pünktlich sind und dass alles klappt. Ich bin mit der Arbeit sehr zufrieden. Ich verdiene nicht schlecht und habe in meiner Arbeit viel Verantwortung.

1b Lesen Sie noch einmal und kreuzen Sie an: richtig oder falsch?

		R	F
1	In Polen musste Herr Szmit sich um die Sicherheit von seinen Kollegen kümmern.	☐	☐
2	Für Erste-Hilfe-Maßnahmen war er nicht zuständig.	☐	☐
3	Im Bergbau gehörte der Transport von Arbeitsmaterialien zu den Aufgaben von Herrn Szmit.	☐	☐
4	In Deutschland hatte er am Anfang keine Chancen.	☐	☐
5	Als Lagerarbeiter hat er Waren gelagert und versendet.	☐	☐
6	Als Lagerarbeiter war er für den Gabelstaplerführerschein zuständig.	☐	☐
7	Als Abteilungsleiter ist Herr Szmit für die ganze Firma verantwortlich.	☐	☐
8	Herr Szmit beschäftigt sich auch mit den Dienstplänen in der Abteilung.	☐	☐

2a 🔊 13 Hören Sie das Interview. Kreuzen Sie an: Welcher Text passt?

☐ In seinem Heimatland hat Herr Ay als Hausmeistergehilfe gearbeitet. Später hat er eine Ausbildung als Installateur gemacht und war dann Hausmeister. Heute lebt er in Deutschland und hat ein eigenes Installateurgeschäft. Seine Frau ist Bürokauffrau und macht in dem Geschäft die Büroarbeiten.

☐ Frau Ay hat viel Erfahrung mit Büroarbeit, aber sie hat keine Ausbildung. Jetzt lernt sie den Beruf Bürokauffrau. Herr und Frau Ay hatten in ihrer Heimat ein Installateur-geschäft. Herr Ay hat seinen Beruf in Deutschland anerkennen lassen. Jetzt ist er ange-stellter Hausmeister.

2b Ü12 Ergänzen Sie den Text und hören Sie zur Kontrolle.

> Ausbildung • kümmert • gekümmert • verantwortlich • zuständig • Aufgaben •
> Erfahrung • Voraussetzung • Verantwortung

Wir hatten früher ein eigenes Installateurgeschäft mit mehreren Mitarbeitern. Meinem

Mann und mir hat die _____[1] als Chef Spaß gemacht. Ich war für die

Abrechnung _____[2]. In Deutschland konnte mein Mann zuerst nur als
Hausmeistergehilfe arbeiten. Aber das war für ihn nicht genug. Deshalb hat er sich um die
Anerkennung von seinem Berufsabschluss als Elektriker in Deutschland

_____[3]. Nach der Anerkennung hat er dann eine Stelle als Hausmeister ge-
funden, für die eine abgeschlossene Ausbildung in einem Handwerksberuf die

_____[4] ist. Jetzt ist er für sehr viele Wohnungen _____[5] und

_____[6] sich zum Beispiel um die Wohnungsübergabe, wenn Mieter auszie-

hen oder einziehen. Zu seinen _____[7] gehört auch die Überwachung von
Wartungsarbeiten an den Heizungen. Ich habe durch meine Arbeit in unserem Geschäft sehr

viel _____[8] mit Büroarbeiten, aber keine _____[9]. Deshalb
mache ich jetzt eine zweijährige Umschulung zur Bürokauffrau. Ich möchte gerne wieder in
einem Büro arbeiten.

2c Lesen Sie noch einmal. Was sagt Frau Ay?

> Frau Ay sagt, dass sie und ihr Mann früher ein eigenes Geschäft hatten.
> Sie erzählt von den Schwierigkeiten am Anfang in Deutschland.
> Wir erfahren ...

3a Was machen die Personen? Ordnen Sie die Tätigkeiten den Bildern zu.
Ü13

> LKWs fahren • Holz zuschneiden • Gäste bedienen • Patienten pflegen •
> Wohnungen renovieren • Elektroleitungen legen • Personen transportieren •
> Patienten untersuchen • Brillengläser zuschneiden • Brötchen backen •
> Kartoffeln schälen • Wände verputzen

3b Können Sie sich noch an die Berufe auf Seite 23 erinnern? Wer macht was? Sprechen
Ü14 Sie zu zweit.

> *Was macht ein Bäcker?*

> *Hm, ein Bäcker bäckt Brötchen!*
> *Und wer bedient Gäste?*

3c Was machen die Personen noch? Sammeln Sie im Kurs.

4 Wofür waren Sie früher zuständig? Schreiben und erzählen Sie im Kurs.

> **Über Zuständigkeiten sprechen**
>
> Ich war zuständig/verantwortlich für ...   Ich habe mich mit ... beschäftigt. Deshalb habe
> Ich habe mich um ... gekümmert.   ich viel Erfahrung mit ...
> Zu meinen Aufgaben gehörte ...   Ich hatte die Verantwortung für ...

> *Ich habe in Syrien in einem kleinen Betrieb gearbeitet ...*

Übungen

Hier üben Sie: Präteritum · Perfekt

---

1 **Wie heißt das? Ordnen Sie den Definitionen ein passendes Wort zu.**

> die Ausbildung • das Schuljahr • das Schulzeugnis • der Gesellenbrief

1 Es besteht aus zwei Halbjahren: ....

2 Man bekommt es am Ende des Schuljahres: ....

3 Sie dauert zwischen zwei und vier Jahren: ....

4 Man bekommt ihn am Ende einer Ausbildung: ....

2 **Wörter in Verbindung lernen. Was passt zusammen?**

eine Ausbildung	**1**		**A**	schreiben
die Schule	**2**		**B**	ablegen
eine Prüfung	**3**		**C**	suchen
an einer Weiterbildung	**4**		**D**	machen
eine Bewerbung	**5**		**E**	teilnehmen
einen Ausbildungsplatz	**6**		**F**	besuchen

3 **Fragen und Antworten zum Berufsweg. Verbinden Sie: Was passt zusammen? Beantworten Sie dann die Fragen für Ihren eigenen Berufsweg.**

Als was haben Sie in Ihrer Heimat gearbeitet?	**1**	**A**	Nein, ich habe studiert.
Haben Sie in dem Beruf eine Ausbildung?	**2**	**B**	Nein, ich suche einen Ausbildungsplatz.
Haben Sie eine Ausbildung gemacht?	**3**	**C**	Ja, aber meine Ausbildung wurde nicht anerkannt.
Arbeiten Sie momentan?	**4**	**D**	Ich möchte studieren.
Was sind Ihre Pläne für die Zukunft?	**5**	**E**	Ich habe als Lehrer gearbeitet.

> *1. In meiner Heimat habe ich als ...*

4 **Wörterschlange. Entscheiden Sie, wo die Wörter enden bzw. beginnen. Schreiben Sie Sätze und fügen Sie die passenden Satzzeichen ein. Achten Sie auf Groß- und Kleinschreibung.**

DasistArekArekwollteschonimmeralskochineinemrestaurantarbeitenIndenferienhaterimmer
imrestaurantseinesonkelsausgeholfenNachderschulehatersichfüreineausbildungentschieden
DiezeitinderberufsschulefandertollErhatdortsehrvieleverschiedenemenschenkennengelernt
undauchfreundegefundenDanacharbeiteteerzunächstvielejahrealsküchenchefimrestaurant
seinesonkelsSeitdreijahrenhatArekseineigenesrestaurant

Übungen

5a
2.1–2.3

Markieren Sie auf Seite 24 die Verben im Präteritum und ergänzen Sie die Tabelle.

Präteritum	Infinitiv	Präteritum	Infinitiv
erfuhr	erfahren		

5b Schreiben Sie mit den Verben aus a) fünf Sätze über Ihre eigenen beruflichen Stationen im Präteritum.

6 Sehen Sie die Infografik an und ergänzen Sie die Wörter aus dem Schüttelkasten.

> Stelle • Beruf • Kopien • Unterlagen • Ausbildung •
> Antrag • Fähigkeiten • übersetzt

Anerkennungsfinder auf

www.anerkennung-in-deutschland.de

▶ Referenzberuf wählen.

▶ Welcher deutsche Beruf entspricht Ihrem Beruf?

▶ Benötigen Sie die Anerkennung?

▶ Arbeitsort wählen. Der Finder zeigt die

zuständige .... [1] an.

Noch Fragen? Hotline anrufen:
+49 30 1815 1111 oder zur Beratungsstelle gehen.

Zuständige Stelle kontaktieren

▶ Welche .... [2] brauchen Sie?

▶ Welche Unterlagen müssen

.... [3] werden?

▶ Welche Kopien müssen beglaubigt werden?

Unterlagen vorbereiten

Haben Sie alle erforderlichen Unterlagen?

Achtung: Schicken Sie nur die

.... [4], keine Originale!

Antrag (aus Deutschland oder dem Ausland)

Eingang bei zuständiger Stelle

Prüfung, ob Ihr .... [5] **bearbeitet werden kann**

Eingangsbestätigung

▶ Prüfung auf Vollständigkeit der Unterlagen. Gegebenenfalls müssen weitere Unterlagen geschickt werden.

Festlegung Referenzberuf

▶ Zuständige Stelle legt zusammen mit Antrag-

steller vergleichbaren .... [6] fest.

Gleichwertigkeitsprüfung

▶ Erforderliche .... [7] und Kenntnisse gleichwertig?

▶ Inhalt und Dauer der .... [8] ähnlich?

3 Monate

STOPP

Verzögerungen zum Beispiel bei:

Nachforderungen von Unterlagen oder/und Prüfung durch externe Fachleute.

Ergebnis der Prüfung: Bescheid

⚙ 7 **2.4–2.6** Die beruflichen Stationen von Herrn Abdulkadir. Schreiben Sie einen Text im Perfekt.

zuerst • dann • danach • anschließend • schließlich	Abendgymnasium • DTZ • Pflege- management • Integrationskurs • 2015 nach Deutschland • Abitur • Ausbildungsplatz Altenpflegehelfer	studiert • gemacht • gekommen • abgelegt • besucht • gefunden • gegangen

Im Jahr 2015 ist Herr Abdulkadir nach Deutschland gekommen. Zuerst ...

⚙ 8 a **2.1–2.3** Frau Abdulkadirs Berufsweg. Lesen Sie und ergänzen Sie die Verben im Präteritum.

Ich habe im Sudan als Krankenschwester und Geburts-

helferin gearbeitet und ....[1] *(wollen)* in
Deutschland gerne wieder in meinem Beruf arbeiten.

Leider ....[2] *(können)* ich aber nicht nach
einer Stelle im Krankenhaus suchen, denn meine

Deutschkenntnisse ....[3] *(sein)* nicht
ausreichend. Ich kann meine Ausbildung erst anerkennen lassen, wenn ich Deutsch auf dem

Niveau B2 spreche. Also ....[4] *(beginnen)* ich eine Ausbildung zur Alten-

pflegerin. Nach zwei Jahren ....[5] *(bestehen)* ich die Abschlussprüfung

und ....[6] *(bekommen)* ein Sprachzertifikat auf dem Niveau B2. Nun

............................[7] *(können)* ich alle Formulare für die Anerkennung meiner Berufs-

ausbildung ausfüllen und abgeben. Es ....[8] *(dauern)* ein paar Monate,

aber es hat sich gelohnt. Meine Ausbildung ....[9] *(werden)* anerkannt und

ich ....[10] *(finden)* schnell eine Stelle als Krankenschwester in einem Krankenhaus. Jetzt bin ich glücklich!

8 b Lesen Sie den Text noch einmal und kreuzen Sie an: richtig oder falsch? Korrigieren Sie
dann die falschen Aussagen.

		R	F
1	Frau Abdulkadir konnte in Deutschland sofort als Krankenschwester arbeiten.	☐	☐
2	Sie wollte gerne Medizin studieren.	☐	☐
3	Für die Anerkennung ihres Abschlusses brauchte sie bessere Deutschkenntnisse.	☐	☐
4	Mit der Ausbildung zur Altenpflegerin bekam sie ein Zertifikat über Deutschkenntnisse auf dem Niveau B1.	☐	☐
5	Das Anerkennungsverfahren dauerte nur wenige Tage.	☐	☐

9 Berufswege. Sortieren Sie und schreiben Sie die Fragen.

1 was – beruflich – Sie – momentan – machen

Was machen Sie momentan beruflich?

2 Sie – eine Ausbildung – haben – gemacht

....

3 zu finden – war – in Deutschland – es – schwierig – eine Arbeit

....

4 haben – diesen Beruf – schon – in Syrien – Sie – ausgeübt

....

5 welche Pläne – Sie – für Ihre berufliche Zukunft – haben

....

10 Nominalisierung. Ergänzen Sie die Nominalisierung und Nomen zu den Verben.

1	anerkennen	*das Anerkennen*	*die Anerkennung*
2	studieren		
3	dauern		
4	helfen		
5	übersetzen		
6	prüfen		
7	sprechen		
8	beraten		
9	besuchen		

⚙️
8.7

11 Wie heißen die passenden Präpositionen? Ordnen Sie zu.

zuständig/verantwortlich sein	**1**	**A**	an
sich kümmern	**2**	**B**	auf
sich beschäftigen	**3**	**C**	bei
helfen	**4**	**D**	für
teilnehmen	**5**	**E**	mit
achten	**6**	**F**	um
Erfahrung haben	**7**	**G**	als
die Verantwortung haben	**8**		
arbeiten	**9**		
sich auskennen	**10**		

12 Fragen nach Aufgaben und Zuständigkeiten. Schreiben Sie passende Fragen.

8.8

1 *Worum kümmern Sie sich bei Ihrer Arbeit?*
Bei meiner Arbeit kümmere ich mich um die Warenlagerung.

2 ....
Ich habe vor drei Wochen an einer Weiterbildung zur Erzieherin teilgenommen.

3 ....
Ich bin in meiner Firma für die Bestellung neuer Ware zuständig.

4 ....
Ich beschäftige mich gerade mit den Dienstplänen und Urlaubsplänen.

13 Berufe und Tätigkeiten. Verbinden Sie: Was passt zusammen?

Die Bürokauffrau ist zuständig für **1**

Zu den Aufgaben von Altenpflegern gehört **2**

Die Köchin ist zuständig für **3**

Der LKW-Fahrer kümmert sich um **4**

Der Kfz-Mechatroniker ist verantwortlich für **5**

Zu den Aufgaben des Gärtners gehört **6**

A das Schneiden der Bäume.

B die Vorbereitung und Zubereitung von Speisen.

C die Betreuung und Versorgung von alten Menschen.

D die Elektronik in Autos.

E den Transport von Waren.

F das Erledigen der Büroarbeit.

14 Beruferätsel. Wie heißt das Lösungswort?

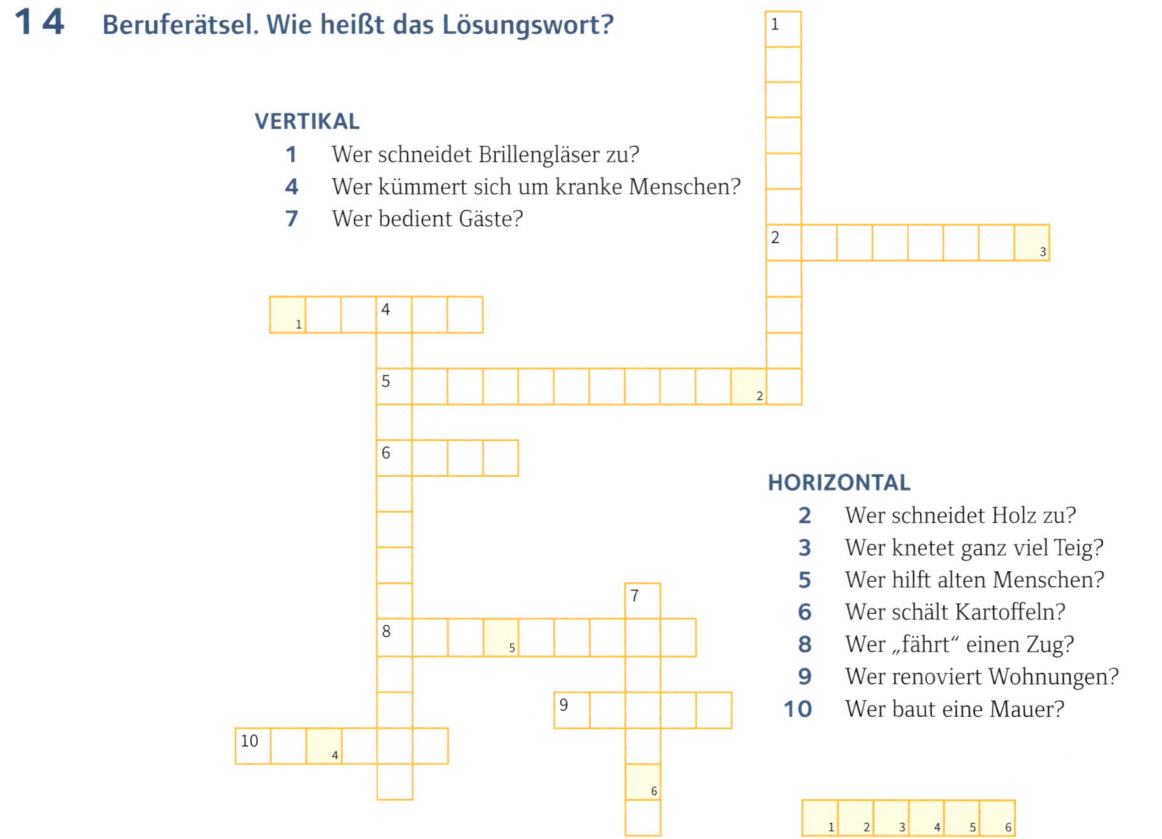

VERTIKAL
1 Wer schneidet Brillengläser zu?
4 Wer kümmert sich um kranke Menschen?
7 Wer bedient Gäste?

HORIZONTAL
2 Wer schneidet Holz zu?
3 Wer knetet ganz viel Teig?
5 Wer hilft alten Menschen?
6 Wer schält Kartoffeln?
8 Wer „fährt" einen Zug?
9 Wer renoviert Wohnungen?
10 Wer baut eine Mauer?

das Schulzeugnis, -se ....

der Schulabschluss, "-e ....

A Berufswege

der/die Tischler/in, -/-nen ....

der/die Mechatroniker/in, -/-nen ....

der/die Bauarbeiter/in, -/-nen ....

der/die LKW-Fahrer/in, -/-nen ....

der/die Koch/Köchin, "-e/-nen ....

beruflich ....

der Plan, "-e ....

das Handwerk, -e ....

an}erkennen ....

die Weiterbildung, -en ....

B Ausländische Berufsabschlüsse

der Maurer/in, -/-nen ....

der Gärtner/in, -/-nen ....

der Friseur/in, -e/-nen ....

der Bäcker/in, -/-nen ....

der Verkäufer/in, -/-nen ....

der/die Krankenpfleger/in, -/-nen ....

beraten ....

die Beratung, -en ....

die Beratungsstelle, -n ....

die Anerkennung, -en ....

das Gesetz, -e ....

der Berufsabschluss, "-e ....

der Lebenslauf, "-e ....

die Prüfung, -en ....

die Meisterprüfung, -en ....

übersetzen ....

die Stelle, -n ....

die Unterlage, -n ....

einen Antrag stellen ....

die Fähigkeit, -en ....

die Möglichkeit, -en ....

statt}finden ....

nach}fragen ....

C Aufgaben und Zuständigkeiten

die Aufgabe, -n ....

lagern ....

versenden ....

sich beschäftigen mit ....

pünktlich ....

die Lieferung, -en ....

der Transport, -e ....

verantwortlich ....

der/die Abteilungsleiter/in, -/-nen ....

der Dienstplan, "-e ....

die Erfahrung, -en ....

der/die Hausmeister/in, -/-nen ....

die Firma, Firmen ....

die Sicherheit ....

aus}ziehen ....

ein}ziehen ....

Arbeitsorte und –zeiten

Sie lernen

- über Arbeitsorte sprechen
- über Arbeitszeiten sprechen
- Urlaubstermine besprechen
- den Weg zur Arbeit beschreiben

1
Ü1

Sehen Sie die Bilder an und beschreiben Sie sie. Welche Berufe gibt es am Flughafen und am Bahnhof? Sprechen Sie im Kurs.

> Zugbegleiter • Sicherheitsmitarbeiterin •
> Fluggerätemechaniker • Fahrkartenverkäufer • Pilotin •
> Lokführerin • Industriemechaniker • Bodenpersonal •
> Fluglotse • Fahrdienstleiter • Flugbegleiterin • …

Auf Bild 1 sieht man einen…

Auf dem Flughafen arbeiten Industriemechaniker.

2a
Ü2

Was für Geschäfte gibt es außerdem an Flughäfen und Bahnhöfen? Machen Sie eine Liste.

Autovermietung
Reisebüro
Buchhandlung

2b

Welche Berufe gibt es in diesen Geschäften?
Für welche Berufe braucht man eine Ausbildung?

Im Buchladen arbeitet ein Verkäufer.
Dafür braucht man vielleicht eine Ausbildung
zum Einzelhandelskaufmann.

A   Arbeitsorte

1 a
Ü3+4

Lesen Sie die Texte und ordnen Sie die Fotos zu.

Maria Werne:
Buchhandlung

Hendrik Jansen:
Lokomotivführer

Simona Tiriac
Abus

A Ich leite die Düsseldorfer Flughafenstation der Autovermietung Abus. Ich habe für diese Arbeit aber keine richtige Ausbildung. Ich habe nach der Schule BWL studiert und während der Semesterferien regelmäßig als Aushilfe bei der Autovermietung gearbeitet. Schließlich hatte ich keine Lust mehr, weiter zu studieren. Ich hatte Glück und Abus hat mir einen festen Vertrag angeboten. Ich habe sofort zugesagt. Jetzt arbeite ich im Schichtdienst und manchmal muss ich auch am Wochenende arbeiten. Trotzdem bin ich mit meiner Arbeit zufrieden. Ich habe nette Kollegen und ich finde es richtig gut, dass mir Abus auch ohne eine Ausbildung Karrierechancen geboten hat. Motivation und Engagement sind für meine Firma wichtiger als Zeugnisse. Allgemein ist es am Flughafen natürlich ziemlich hektisch, aber der Bereich mit den Autovermietungen liegt separat und hier ist es viel ruhiger als in der Abflughalle. Ich verdiene 3.200 Euro brutto im Monat mit Zulagen für Schichtarbeit und Wochenendarbeit. Das ist ziemlich gut für eine Person ohne richtige Ausbildung.

B Seit 15 Jahren bin ich Lokführer. Ich habe bei der Deutschen Bahn erst eine dreijährige Ausbildung gemacht und dann noch einige Jahre als Lokführer gearbeitet. Jetzt bin ich bei dem Unternehmen Metronom und fahre Regionalzüge in Norddeutschland – zum Beispiel von Bremen nach Hamburg. Ich habe Schichtarbeit, aber nach 15 Jahren möchte ich nicht mehr nachts oder am Wochenende arbeiten. Deshalb mache ich eine Fortbildung, damit ich als Ausbilder für Lokführer arbeiten kann. Außerdem habe ich als Ausbilder mehr Kontakt zu anderen Menschen. Die Arbeit als Lokführer ist ziemlich einsam. Während der Fahrt bin ich meistens allein im Führerstand des Zuges. Ich verdiene mit Zulagen rund 3.000 Euro brutto im Monat.

C Ich studiere und arbeite freitags oder am Wochenende nebenbei als Aushilfe in der Bahnhofsbuchhandlung des Unterroder Hauptbahnhofs. Ich bekomme neun Euro pro Stunde, wenn ich am Sonntag arbeite zehn Euro. Insgesamt arbeite ich 15 Stunden pro Woche an verschiedenen Tagen. Manchmal ruft mich der Filialleiter an und fragt, ob ich kurzfristig arbeiten kann, weil zum Beispiel ein Kollege oder eine Kollegin krank ist. Der Arbeitsplatz am Bahnhof ist ziemlich unruhig, es ist immer viel los und ständig kommen und gehen Leute. Die Buchhandlung öffnet um 6.00 Uhr, aber wir Mitarbeiter sind immer schon zwanzig Minuten früher da, weil wir Zeitschriften und die Tageszeitungen auspacken und in den Regalen und in der Nähe der Kasse und des Eingangs auslegen müssen. Ich habe früher in einer Buchhandlung im Stadtzentrum gearbeitet und da war die Arbeit ganz anders. Es war zum Beispiel wichtig, Kunden zu beraten, wenn sie ein Buch als Geschenk gesucht haben. Beratung ist in der Bahnhofsbuchhandlung überhaupt nicht wichtig.

1 b Lesen Sie noch einmal und ergänzen Sie die Informationen.

	Arbeitsort	Arbeitszeit	Ausbildung	Verdienst
Simona Tiriac				
Hendrik Jansen				
Maria Werne				

1 c Wählen Sie eine Person aus und berichten Sie.

> *Simona Tiriac arbeitet bei ...*

2 a Hören Sie und kreuzen Sie an: Worüber spricht Herr Lauer?

☐ Aufgaben ☐ Mitarbeiter ☐ Urlaub ☐ Ausbildung
☐ Gehalt ☐ Vorgesetzte ☐ Kunden ☐ Arbeitszeit

2 b Hören Sie noch einmal und markieren Sie die richtige Antwort.

1 Herr Lauer arbeitet seit zwei/fünf Jahren in der Bahnhofsbuchhandlung.
2 Er hat den Beruf Einzelhandelskaufmann/Buchhändler gelernt.
3 Mit dem Verkauf von Zeitungen und Zeitschriften verdient die Buchhandlung mehr/weniger Geld als mit dem Verkauf von Büchern.
4 Er arbeitet mindestens 40/50 Stunden pro Woche.
5 Es ist leicht/schwer, Personal zu finden.
6 Herr Lauer verdient 2.900 Euro netto/brutto im Monat.
7 Er bekommt ein 13. Monatsgehalt / 700 Euro Weihnachtsgeld pro Jahr.

3 Schreiben Sie einen kurzen Text über Elham Awad.
Ü5

Name:	Elham Awad
Arbeitsplatz:	Aushilfe in einem Bahnhofscafé
Arbeitszeit:	samstags und sonntags von 7.00 bis 13.00 Uhr
Aufgaben:	Fragen zur Speisekarte beantworten, Bestellungen aufnehmen, Essen und Getränke bringen, kassieren, Tische abräumen
Verdienst:	9 Euro pro Stunde plus Trinkgeld

> *Elham Awad arbeitet als ...*

1 a **Was glauben Sie? Lesen Sie die Fragen und diskutieren Sie zu zweit.**

1 Gehört der Arbeitsweg zur Arbeitszeit?
2 Nach wie vielen Stunden Arbeit muss man eine Pause machen?
3 Wie viele Arbeitsstunden pro Woche hat eine Vollzeitarbeit?
4 Wie viele Urlaubstage bekommt man pro Jahr?

> Ich weiß nicht, ob der Arbeitsweg zur Arbeitszeit gehört.

> Ich glaube, der Arbeitsweg gehört nicht zur Arbeitszeit.

1 b **Lesen Sie die Webseite und markieren Sie die Textstellen, die die Fragen aus a) beantworten. Vergleichen Sie mit Ihren Vermutungen.**

Die Arbeitszeiten sind in Deutschland unterschiedlich. Von **Vollzeitarbeit** spricht man, wenn eine Person 37,5 bis 40 Stunden pro Woche arbeitet. Bei einer Arbeitszeit von zum Beispiel 25 Stunden pro Woche spricht man von **Teilzeit**.
5 2014 hatten in Deutschland circa zehn Millionen Personen eine Teilzeitarbeit, die meisten waren Frauen.

Arbeitnehmer können auch mehr als 40 Stunden pro Woche arbeiten, z.B. durch Überstunden. Wenn eine Person mehr arbeitet, als im Arbeitsvertrag steht, macht diese Person
10 **Überstunden**, für die sie extra Geld oder einen **Freizeitausgleich** bekommt.

In vielen Berufen gibt es **Schichtarbeit** und Wochenendarbeit, zum Beispiel in Krankenhäusern, bei der Feuerwehr, bei der Polizei sowie im öffentlichen Nah- und Fernverkehr. Auch in
15 Geschäften und Fabriken gibt es Schichtarbeit.

Nach dem deutschen Arbeitszeitgesetz sind Pausen während der Arbeitszeit Pflicht. Nach sechs Stunden muss der Arbeitgeber eine Pause von mindestens 30 Minuten erlauben, bei einer **Arbeitszeit** von mehr als neun Stunden haben die
20 Arbeitnehmer Anspruch auf mindestens 45 Minuten Pause. Pausen gehören nicht zur Arbeitszeit. Auch die Fahrt zur Arbeit und von der Arbeit nach Hause gehört nicht zur Arbeitszeit. In Deutschland haben viele Menschen einen Arbeitsweg von einer Stunde oder mehr, sie sind also jeden Tag sehr lange
25 unterwegs, um zur Arbeit zu kommen.

Auch für den Urlaub gibt es gesetzliche Regeln. Arbeitnehmer haben Anspruch auf 24 Tage bezahlten Urlaub pro Jahr (berechnet auf sechs Arbeitstage pro Woche), der Arbeitnehmer kann die Urlaubszeit aber nicht immer frei wählen. Arbeitgeber
30 haben das Recht, Urlaubszeiten festzulegen, z.B. wenn ein Betrieb **Betriebsruhe** hat. Viele Arbeitnehmer in Deutschland haben 30 oder mehr bezahlte Urlaubstage pro Jahr, denn viele Firmen geben freiwillig mehr Urlaubstage zum Beispiel für Arbeitnehmer, die schon lange in der Firma arbeiten.

1c Vergleichen Sie mit Ihrem Heimatland. Welche Regeln sind anders, welche sind ähnlich?

> Bei uns haben die Leute weniger Urlaub als in Deutschland.

2a Lesen Sie die Definitionen und ordnen Sie sie den grünen Wörtern im Text zu.
Ü6

1 Man bekommt frei, wenn man Überstunden gemacht hat ....

2 Eine längere Zeit, z. B. im Sommer, in der eine Firma geschlossen hat: ....

3 Man arbeitet zu verschiedenen Zeit tagsüber oder nachts: ....

4 Man arbeitet 38 oder 40 Stunden pro Woche: ....

5 Mitarbeiter arbeiten länger, als in ihrem Arbeitsvertrag steht: ....

6 Man arbeitet 15 oder 25 Stunden pro Woche: ....

7 Die Zeit, in der man arbeitet: ....

2b Hören Sie und ergänzen Sie die Wörter aus a).
15

Sebastian Marx arbeitet in ....[1] In der Weihnachtszeit hat seine Firma

................................[2]. Frau Wagner arbeitet in ....[3], aber sie möchte

in ....[4] arbeiten. Herr Borzym muss oft ....[5]

machen, aber dafür bekommt er ....[6]. Seine ....[7]
ist sehr unregelmäßig.

2c Hören Sie noch einmal und kreuzen Sie an: Welche Aussagen sind richtig? Korrigieren
Sie anschließend die falschen.

1 ☐ Sebastian Marx arbeitet nur nachts.
2 ☐ Er findet, dass die Nachtschicht schlecht bezahlt ist.
3 ☐ Frau Wagner würde gerne mehr verdienen.
4 ☐ Sie ist mit ihrer Stelle zufrieden.
5 ☐ Herr Borzym findet, dass er zu wenig arbeitet.
6 ☐ Für ihn ist die Freizeit wichtig.

3 Welche Arbeitszeiten sind für Sie möglich und welche eher nicht? Sprechen Sie im Kurs.
Ü7

> Für mich ist Schichtarbeit kein Problem.

> Ich kann nur am Vormittag arbeiten, weil ich Kinder habe.

> Ich möchte flexible Arbeitszeiten haben.

1a Lesen Sie die E-Mail und beantworten Sie die Fragen.

1 Von wem ist die E-Mail?
2 Wer bekommt die E-Mail?
3 Worum geht es in der E-Mail?
4 Was sollen die Mitarbeiter machen?

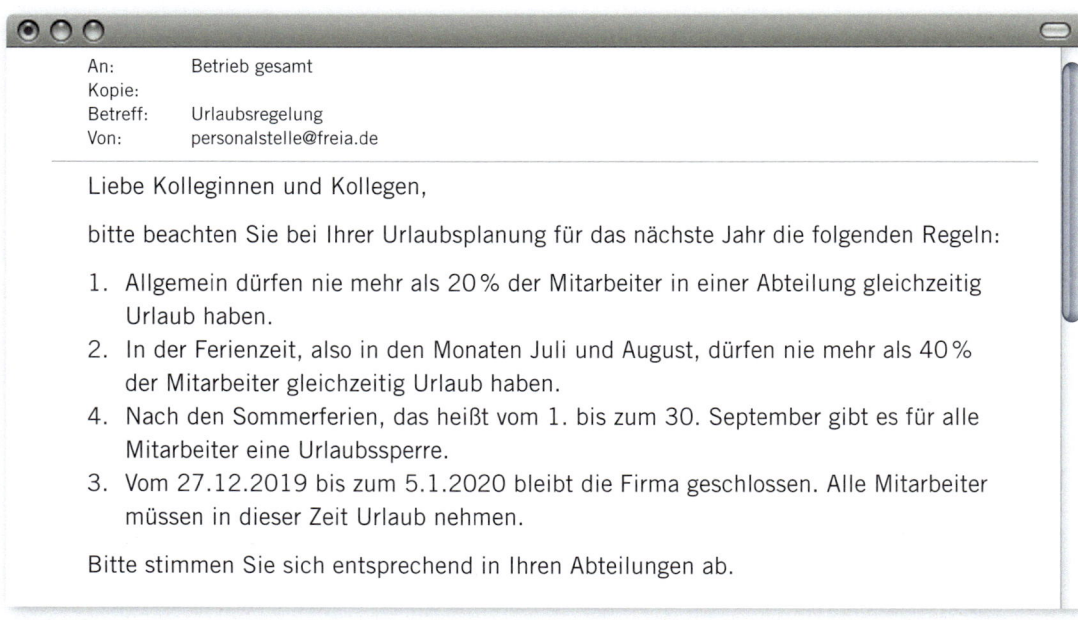

An: Betrieb gesamt
Kopie:
Betreff: Urlaubsregelung
Von: personalstelle@freia.de

Liebe Kolleginnen und Kollegen,

bitte beachten Sie bei Ihrer Urlaubsplanung für das nächste Jahr die folgenden Regeln:

1. Allgemein dürfen nie mehr als 20 % der Mitarbeiter in einer Abteilung gleichzeitig Urlaub haben.
2. In der Ferienzeit, also in den Monaten Juli und August, dürfen nie mehr als 40 % der Mitarbeiter gleichzeitig Urlaub haben.
4. Nach den Sommerferien, das heißt vom 1. bis zum 30. September gibt es für alle Mitarbeiter eine Urlaubssperre.
3. Vom 27.12.2019 bis zum 5.1.2020 bleibt die Firma geschlossen. Alle Mitarbeiter müssen in dieser Zeit Urlaub nehmen.

Bitte stimmen Sie sich entsprechend in Ihren Abteilungen ab.

1b Lesen Sie die E-Mail noch einmal und korrigieren Sie die Sätze.

1 In jeder Abteilung dürfen 20 bis 40 Mitarbeiter gleichzeitig Urlaub nehmen.

Richtig ist, dass ....

2 Im September müssen alle Mitarbeiter Urlaub nehmen.

Richtig ist, dass ....

3 Nach Weihnachten dürfen die Mitarbeiter nicht arbeiten.

Richtig ist, dass ....

2a Hören Sie das Gespräch. Kreuzen Sie an: Welche Aussage passt?

16

☐ Jessica Wark und Simon Brunner machen die Urlaubsplanung für die ganze Abteilung.
☐ Jessica Wark und Simon Brunner planen den Urlaub nur für sich selbst. Die Kollegen haben die Urlaubsplanung schon gemacht.

2b Hören Sie noch einmal und beantworten Sie die Fragen.

1 Warum durften die anderen drei Kollegen zuerst ihre Urlaubstermine festlegen?
2 Warum können Jessica Wark und Simon Brunner nicht Mitte August Urlaub machen?
3 Wann möchte Jessica Wark Urlaub machen?
4 Wie lange möchte Simon Brunner Urlaub machen?
5 Welche Lösung finden Jessica Wark und Simon Brunner?

3a Hören Sie das Gespräch: Wann nehmen die Personen Urlaub und wie lange?

17

Ivan Del Bario: *ab Anfang August,* ....

Aneta Ripa: ....

Ana Borzym: ....

3b Lesen Sie das Gespräch. Ergänzen Sie die markierten Redemittel im Kasten.

Ü8

Einen Wunsch äußern	Einen Vorschlag machen	Zustimmen	Ablehnen
Ich würde gerne …	Wir sollten…	Das ist eine gute Idee. Einverstanden!	Das finde ich nicht so gut. Wir sollten lieber …

- Ich möchte gerne Anfang August Urlaub haben und dann insgesamt drei Wochen.
- Ich hätte auch gerne Anfang August Urlaub, aber nur zwei Wochen.
- Das ist eher schlecht. Einer von euch sollte immer hier sein, weil ihr euch am besten mit den Computerprogrammen auskennt.
- Da hast du recht. Ich kann auch anders Urlaub nehmen. Ich schlage vor, dass ich zuerst zwei Wochen Urlaub im Juli nehme und dann kann Ivan im August in Urlaub fahren.
- Ja, das ist gut. Vielen Dank, Aneta.
- Und was ist mit dir, Ana?
- Für mich ist eine Urlaubszeit Ende August ideal und dann brauche ich auch drei Wochen Urlaub. Ivan und ich sind also für einige Zeit gleichzeitig weg. Ist das ein Problem?
- Ich weiß nicht genau. Das bedeutet ja, dass Simon und Jessica in dieser Zeit auf keinen Fall Urlaub nehmen können, es müssen immer mindestens drei Personen in der Abteilung sein. Vielleicht sollten wir sie fragen.
- Ich glaube, das ist nicht nötig. Ich bin sicher, dass sie mit unserem Urlaubsplan einverstanden sind. Sie haben ganz klar gesagt, dass sie uns zuerst über den Urlaub sprechen lassen, weil wir Kinder haben und uns immer nach den Schulferien richten müssen.
- Ich finde das wirklich nett von den beiden. Ich denke, wir sollten ihnen die freie Auswahl geben, wenn sie außerhalb der Sommerferien Urlaub nehmen möchten.
- Das ist eine gute Idee.

4 Urlaubsplanung. Spielen Sie Dialoge. Arbeiten Sie zu dritt. Die Rollenkarten für

Ü9 Partner/in B und C finden Sie auf Seite 236.

Sie arbeiten in derselben Abteilung und machen einen Urlaubsplan für den Monat Juli. Es ist wichtig, dass immer zwei Personen in der Abteilung anwesend sind.

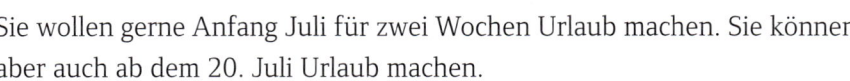

Partner/in A

Sie wollen gerne Anfang Juli für zwei Wochen Urlaub machen. Sie können aber auch ab dem 20. Juli Urlaub machen.

D Der Weg zur Arbeit

18 **1** Hören Sie die Einleitung zu einer Umfrage. Kreuzen Sie an: Was ist ein Pendler / eine Pendlerin?.

Ein Pendler / Eine Pendlerin ist eine Person, die
1 ☐ mit dem Auto zur Arbeit fährt.
2 ☐ nicht in demselben Ort arbeitet, in dem sie wohnt.
3 ☐ jeden Tag einen Arbeitsweg von mindestens einer Stunde hat.
4 ☐ öffentliche Verkehrsmittel für den Weg zur Arbeit benutzt.

19 **2a** **Ü10** Hören Sie die Umfrage und notieren Sie: Welche Verkehrsmittel benutzen die Personen für den Weg zur Arbeit?

☐☐☐ Marika Kashia   ☐ Lucie Rey   ☐☐ Fabiano Balesteros   ☐☐ Urs Weimar

2b Hören Sie noch einmal und kreuzen Sie an: richtig oder falsch?

		R	F
1	Marika Kashia findet die Monatskarte nicht teuer.	☐	☐
2	Manchmal fährt sie mit dem Auto bis nach Freiburg zur Arbeit.	☐	☐
3	Lucie Rey hat einen kurzen Weg zur Arbeit.	☐	☐
4	Fabiano Balesteros fährt gerne mit der Bahn zur Arbeit.	☐	☐
5	Er sucht eine Wohnung in Freiburg.	☐	☐
6	Urs Weimar muss für seine Arbeit viel reisen.	☐	☐

3 Ihre Wege. Wie kommen Sie zum Unterrichtsort, wie kommen Sie zur Arbeit oder wie sind Sie früher zur Arbeit gekommen?

Hier zur Sprachschule komme ich mit ...

Ich habe jetzt keine Arbeit, aber früher bin ich immer mit dem Auto gefahren.

Ich habe ... benutzt.

Übungen

Hier üben Sie: Genitiv · Präpositionen · Infinitiv mit *zu*

1   **Wie heißen diese Berufe richtig? Schreiben Sie sie mit Artikel.**

1 BE – TE – ZUG – GLEI – RIN ....

2 SE – FLUG – LOT ....

3 KAR – VER – FAHR – TEN – FER – KÄU ....

4 KER – FLUG – TE – ME – GE – CHA – RÄ – NI ....

5 GLEI – FLUG – BE – TER ....

6 HEITS – TER – SI – MIT – CHER – BEI – AR ....

7 DIENST – TER – FAHR – LEI ....

8 LOK – ER – RIN – FÜHR ....

9 KER – IN – ME – DUS – CHA – TRIE – NI ....

10 TIN – LO – PI ....

2a   **Wie heißen die Berufe und die Arbeitsorte? Ergänzen Sie.**

Tätigkeit	Beruf	Arbeitsort
Haare waschen und schneiden	der Friseur die Friseurin	der Friseursalon
alte Menschen pflegen		
Fleisch und Wurst verkaufen		
Kinder erziehen und fördern		
Kaffee und Kuchen servieren		
Brot und Kuchen backen		

2b   **Schreiben Sie mit den Informationen aus a) Sätze wie im Beispiel.**

Ein Friseur arbeitet in einem Friseursalon.

3 Schreiben Sie Sätze mit *zu* + Infinitiv.
(1.7)

1 Es ist wichtig – Kunden – sachkundig – beraten

   Es ist wichtig, Kunden sachkundig zu beraten.

2 Wegen meines Dienstplans – fällt es mir schwer – Freizeitaktivitäten – planen

   ....

3 Ich freue mich – Kundenkontakt – haben

   ....

4 Es ist nicht einfach – ein Flugzeug – reparieren

   ....

5 Suad entschloss sich – auf dem Flughafen – arbeiten

   ....

4 Wer arbeitet wo? Ergänzen Sie die Präpositionen und den Artikel im Dativ.
(8.2)

> bei • in • in • an • an • bei • mit • auf

1 Mehrad arbeitet .... Tankstelle.

2 Ayasha arbeitet nun schon seit drei Monaten .... Buchhandlung

   .... Hauptbahnhof.

3 Naja arbeitet seit ein paar Monaten .... Blumenladen an der Ecke.

4 Mein Bruder hat eine gute Stelle .... Post gefunden.

5 Als Verkäuferin bin ich den ganzen Tag .... Beinen.

6 Fatma fährt täglich .... ICE durch ganz Deutschland.

7 Resul hat .... Bahn eine Ausbildung zum Lokführer gemacht.

5 Genitiv? Ergänzen Sie Nomen und Artikel im richtigen Kasus.
(5.4)

Hallo, ich bin Jamile. Ich arbeite als Krankenschwester.

Während *der Arbeit*.....[1] (*die Arbeit*) darf ich keinen
Schmuck oder Piercings tragen. Das ist unhygienisch.
Auch Nagellack ist verboten. Ich finde das nicht

schlimm, aber die Tochter ....[2]
(*meine Kollegin*) hat deshalb ihre Ausbildung abgebro-

chen. Ich nehme vor der Arbeit allen Schmuck ab und schließe ihn ein. Nach

...................................[3] (*die Arbeit*) lege ich alles wieder an.

Mein Name ist Ibrahim und ich mache eine Ausbildung zum

Industriemechaniker. Während .... ⁴
(*der Unterricht*) in der Werkstatt muss ich Sicherheitsschuhe

tragen. In der Nähe .... ⁵ (*die Maschinen*) muss man vorsichtig sein, denn es passieren schnell Unfälle. Als erstes lernt man deshalb in der Schule die Sicherheitshinweise.

Ich heiße Yakub. Ich bin Lokführer. Im Führerstand

.... ⁶ (*der Zug*) fühle ich mich am

wohlsten. Während .... ⁷ (*die Fahrt*)

bin ich sehr konzentriert. Vor .... ⁸

(*die Abfahrt*) und nach .... ⁹ (*die Ankunft*)
unterhalte ich mich gerne mit den Zugbegleitern.

6 Was passt zusammen? Verbinden Sie.

Vollzeit 1
Teilzeit 2
Überstunden 3
Betriebsruhe 4
Schichtarbeit 5

A Stunden, die der Arbeitnehmer zusätzlich zur vereinbarten Arbeitszeit arbeitet

B In manchen Berufen arbeitet man abwechselnd tagsüber und nachts.

C Eine Arbeitszeit bis 35 Stunden.

D Eisdielen haben im Winter geschlossen.

E Eine Arbeitszeit zwischen 37,5 und 40 Stunden.

7 Was passt? Ergänzen Sie die Wörter im Schüttelkasten.

Arbeitsweg • Feiertagen • Dienstplan • Arbeitsvertrag • Pausen • Urlaubstagen

1 Im .... ist festgelegt, wie viele Stunden man arbeiten muss.

2 Manche Arbeitnehmer müssen auch am Wochenende und an .... arbeiten.

3 Krankenpfleger haben unregelmäßige Arbeitszeiten. Im .... steht, wann sie arbeiten müssen.

4 Viele Menschen haben einen .... von mehr als einer Stunde.

5 .... von 15 bis 45 Minuten zählen nicht zur Arbeitszeit.

6 Um sich zu erholen, stehen jedem Arbeitnehmer eine bestimmte Zahl an

.... zu.

8   Urlaubsplanung. Vervollständigen Sie den Dialog. Ordnen Sie die Wörter in den Klammern.

- Hast du für den Sommer schon deinen Urlaub in die Liste eingetragen, Clia?

- Nein, *ich habe ihn noch nicht einge-*

  tragen. (*ihn-habe-ich-eingetragen-noch nicht*). Und du?

- Ja, gestern. Ich möchte gerne in den ersten drei Wochen im August Ferien machen. Wir möchten mit den Kindern nach Hause fahren und die Großeltern besuchen.

- Aber das geht nicht! Da möchte ich

  ....

  (*in den Urlaub – fahren – auch*)

  Wir wollen ....

  (*meine Schwester – besuchen – in Griechenland*).

- Hm, wie lösen wir das nun? Du weißt, dass wir nicht beide gleichzeitig frei nehmen dürfen.

- ....

  (*du – Kannst – vielleicht – zwei Wochen – fahren – nur*)?

- Nein, das geht nicht. Ich brauche schon die vollen drei Wochen.

- ....

  (*wenn – Und – im Juli – fährst – du – in den Urlaub*)?

- Nein, ich kann nicht im Juli fahren. Ich habe die Flüge schon gebucht.

- Aber ich dachte, du wolltest deine Familie in der Türkei besuchen? Ist es nicht besser mit dem Auto zu fahren? Und die Flüge sind doch bestimmt auch sehr teuer.

- ....

  (*überhaupt – geht – dich – Das – an – nichts*).

- Natürlich geht mich das was an, ich möchte auch lieber im August Urlaub machen.

- Dann muss das unsere Chefin entscheiden, wer wann Urlaub machen darf.

9   Rechtschreibung. Wo fehlen die Umlaute? Korrigieren Sie.

Mein Name ist Milazim Ukaj. Ich bin Altenpfleger und betreue im Altenheim altere Menschen. Im Urlaub bin ich deshalb gerne mit jungeren Menschen zusammen. Ich war schon oft in der Turkei in einem Club und habe dort Surfen gelernt. Ich liebe es, wenn der Wind blast. Von so viel Sport bin ich am Abend immer ganz erschopft und mude und gehe deshalb immer fruh schlafen. Beim Fruhstuck habe ich dann einen Barenhunger und esse das ganze Buffet leer. Die anderen Gaste argern sich dann uber mich. Aber was soll ich tun?

10a Der Weg zur Arbeit. Vor- und Nachteile von Fortbewegungsmitteln. Schreiben Sie ganze Sätze.

1 Der Vorteil mit dem Auto zur Arbeit zu fahren, ist, dass man *unabhängig von*

Abfahrtszeiten ist und morgens länger schlafen kann.

(*unabhängig von Abfahrtszeiten sein, morgens länger schlafen können*)

2 Der Nachteil ist, dass man

(*oft im Stau stehen, die Umwelt verschmutzen*)

3 Der Vorteil, mit dem Bus und der U-Bahn zu fahren, ist, dass man

(*ein Buch lesen können, sich entspannen können*)

4 Der Nachteil ist, dass man

(*länger brauchen, von Fahrzeiten abhängig sein*)

5 Mit dem Fahrrad zu fahren hat den Vorteil, dass man

(*an der frischen Luft sein, sich bewegen*)

6 Mit dem Fahrrad zu fahren hat den Nachteil, dass man

(*ins Schwitzen kommen, kaputt zur Arbeit kommen*)

10b Welche weiteren Vor- und Nachteile haben die genannten Fortbewegungsmittel? Ergänzen Sie die Tabelle.

	Vorteile	Nachteile
Bus/U-Bahn/S-Bahn		
Auto		
Zug		
Fahrrad		
zu Fuß gehen		

A Arbeitsorte

der Arbeitsplatz, "-e ....

die Buchhandlung, -en ....

der Flughafen, "- ....

der Bahnhof, "-e ....

die Autovermietung, -en ....

der/die Mitarbeiter/in, -/-nen ....

die Aushilfe, -n ....

der Vertrag, "-e ....

ein fester Vertrag ....

der Verdienst ....

brutto ....

die Zulagen (Pl.) ....

die Wochenendarbeit ....

das Unternehmen, - ....

der/die Vorgesetze, -n ....

der/die Filialeiter/in, -/-nen ....

der/die Kunde/in, -n/-nen ....

der/die Buchhändler/in, -/-nen ....

das Personal (nur Sg.) ....

das Weihnachtsgeld (nur Sg.) ....

die Bestellung, -en ....

Bestellungen auf⟩nehmen ....

der Verkauf, "-e ....

kassieren ....

aus⟩packen ....

der/die Lokführer/in, -/-nen ....

mindestens ....

außerdem ....

B Arbeitszeiten

die Vollzeitarbeit ....

die Teilzeitarbeit ....

der Urlaubstag, -e ....

die Überstunde, -n ....

die Schichtarbeit ....

der Arbeitsvertrag, "-e ....

die Nachtschicht, -en ....

die Freizeit ....

der/die Arbeitnehmer/in, -/-nen ....

der/die Arbeitgeber/in, -/-nen ....

die Fahrt zur Arbeit ....

unterwegs sein ....

täglich ....

C Urlaubsplanung

Urlaub nehmen ....

der Urlaubstermin, -e ....

die Abteilung, -en ....

einverstanden ....

vor⟩schlagen ....

D Der Weg zur Arbeit

der/die Pendler/in, -/-nen ....

öffentliche Verkehrsmittel ....

die Monatskarte, -n ....

die Bahn, -en ....

Schule und Ausbildung

A

B

C

D

Sie lernen

- über Wege in den Beruf sprechen
- über das deutsche Schulsystem sprechen
- über das duale Ausbildungssystem sprechen
- sich über berufliche Weiterbildungsangebote informieren
- über Selbstständigkeit sprechen

1 a Beschreiben Sie die Fotos und ordnen Sie die Schulformen zu.

> das Gymnasium • die Grundschule •
> die Fachoberschule • die Gemeinschaftsschule

> *Auf Foto D sind kleine Kinder und zwei Lehrerinnen.*
> *Das könnte eine Grundschule sein.*

1 b Ergänzen Sie das Wörternetz zum Thema Schule.
Ü1

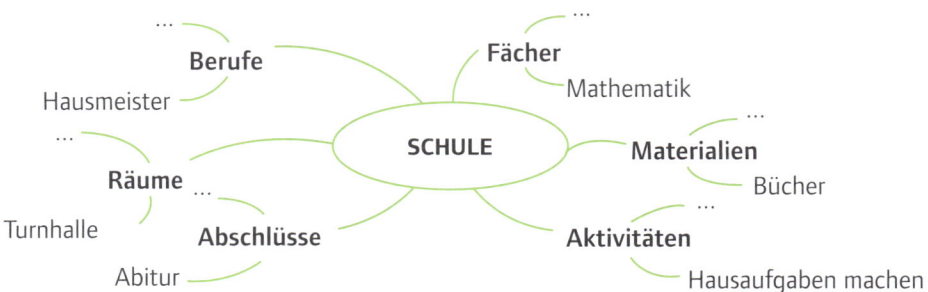

... — **Berufe**
Hausmeister
...
Räume ...
Turnhalle
Abschlüsse
Abitur

... — **Fächer**
Mathematik

SCHULE

... — **Materialien**
Bücher
...

Aktivitäten
Hausaufgaben machen

2 Welche Fächer mochten Sie in der Schule, welche nicht?

1a
_{Ü2} **Lesen Sie den Artikel und ordnen Sie die Teile der Grafik den Textabschnitten zu.**

Das Schulsystem in Deutschland

☐ In Deutschland gibt es eine Schulpflicht. Alle Kinder müssen zur Schule gehen. Die Schulpflicht beginnt in der Regel mit sechs Jahren und endet, wenn die Jugendlichen
5 18 Jahre alt werden. Eltern müssen ihre Kinder aber nicht in den Kindergarten schicken. Die meisten Schülerinnen und Schüler besuchen staatliche Schulen. Es gibt aber auch private Schulen.

10 ☐ Zuerst besuchen alle Kinder vier – und in manchen Bundesländern sechs – Jahre lang die Grundschule.

☐ Danach wechseln die Schülerinnen und Schüler in die Sekundarstufe I. Manche
15 gehen auf ein Gymnasium, weil sie das Abitur machen wollen. Andere gehen auf eine Gemeinschaftsschule, Stadtteilschule,

Oberschule, usw. Diese Schulen heißen in jedem Bundesland anders. Am Ende von der Sekundarstufe I (meistens nach der
20 10. Klasse) können alle Schülerinnen und Schüler einen Schulabschluss machen: zum Beispiel den Hauptschulabschluss oder den Realschulabschluss (= mittlerer Schulabschluss).

25 ☐ Danach können sie im Sekundarbereich II an einem Gymnasium oder einer Berufsschule weiterlernen. In den Berufsschulen werden die Schülerinnen und Schüler auf die Ausbildung in
30 bestimmten Berufen vorbereitet. Nach der Klasse 12 oder 13 kann man auch das Abitur machen und an einer Hochschule oder Universität studieren.

D	Sekundarstufe II (Berufsschule, Berufsfachschule, Fachoberschule, Gymnasium usw.)
C	Sekundarstufe I (Gemeinschaftsschule, Stadtteilschule, Oberschule, integrierte Gesamtschule, Gymnasium usw.)
B	Grundschule
A	Kindergarten / Vorschule

1b
Lesen Sie den Artikel noch einmal und kreuzen Sie an: richtig oder falsch?

		R	F
1	Schulpflicht heißt, dass alle Kinder in Deutschland in die Schule gehen müssen.	☐	☐
2	Schüler/innen können die Schule mit 18 Jahren verlassen.	☐	☐
3	Die meisten Kinder kommen mit sechs Jahren in die Schule.	☐	☐
4	Alle Kinder besuchen nach der Grundschule eine Gemeinschaftsschule.	☐	☐
5	Schüler/innen, die eine Ausbildung machen wollen, besuchen eine Berufsschule.	☐	☐
6	Wenn man Abitur macht, kann man auf eine Universität gehen.	☐	☐

2
_{Ü3} **Das Schulsystem in Ihrer Heimat. Sprechen Sie im Kurs: Was ist gleich, was ist anders?**

In meiner Heimat gehen die Schüler ... Jahre zur Grundschule.

In meiner Heimat gibt es nicht so viele Schulformen. Bei uns ...

3 Lesen Sie die Schulbiografien und ergänzen Sie die Sätze.

Ü4

Ich heiße Samira Alobeid und komme aus einer Kleinstadt in Hessen. Ich habe vier Jahre in meinem Dorf die Grundschule besucht. Meine Zeugnisse waren immer sehr gut. Als ich dann nach der vierten Klasse aufs Gymnasium kam, habe ich zuerst
5 Probleme gehabt. Aber dann habe ich mich an den Leistungsdruck gewöhnt. Jetzt gehe ich schon in die 12. Klasse und möchte im nächsten Jahr Abitur machen. Ich lerne gern Sprachen – Englisch, Französisch und Spanisch. Mein Traum ist es, Journalistin zu werden. Nach dem Abitur im Sommer werde ich Publizistik studieren.

Mein Name ist Paul Wagner und ich wohne in Berlin. Ich bin sechs Jahre lang zur Grundschule gegangen. Jetzt bin ich in der 10. Klasse an einer Gesamtschule. Die Schule ist für mich mehr als nur ein Ort zum Lernen. Hier fühle ich mich wohl. Wenn ich
5 Probleme hatte, haben mir die Lehrer immer geholfen. Am Ende der 9. Klasse habe ich meinen Hauptschulabschluss gemacht und in diesem Schuljahr möchte ich den Realschulabschluss machen. Ich habe mich entschieden, kein Abitur zu machen. Es hat lang gedauert, aber jetzt weiß ich, was ich nach der Schule machen
10 möchte: Ich mache eine Ausbildung zum Koch in einem Hotel.

1 Samira hat die Grundschule *in ihrem Dorf besucht.* ....

2 Sie besucht jetzt ....

3 Nächstes Jahr möchte sie ....

4 Nach dem Abitur ....

5 Paul ist sechs Jahre lang ....

6 Er hat in der 9. Klasse ....

7 In diesem Schuljahr möchte er ....

8 Nach der Schule möchte er ....

4 Meine Schulzeit. Machen Sie ein Partnerinterview und berichten Sie.

Über die eigene Schulzeit sprechen

Wie viele Schüler gab es in der Klasse?	Bei uns waren die Klassen groß/klein. Wir waren …
Wie waren Ihre Lehrer?	Schüler in der Klasse.
Was war Ihr Lieblingsfach?	Meine Lehrer/innen waren streng/freundlich …
Wann hat die Schule angefangen, wann hat sie aufgehört?	Mein Lieblingsfach war … / … mochte ich nicht.
	Die Schule hat bei uns um … Uhr angefangen und
Haben Sie einen Schulabschluss gemacht?	um … Uhr aufgehört.

1 a Beschreiben Sie die Fotos. Was für eine Ausbildung machen die Personen?

> Foto 1 ist in einer Tischlerei. Wahrscheinlich macht die Frau eine Ausbildung zur Tischlerin.

1 b Hören Sie das Interview. Zu welchem Foto in a) passt der Dialog?

> ❗ Im Handwerk heißt ein Auszubildender oft Lehrling. Nach der Ausbildung und der theoretischen und praktischen Abschlussprüfung wird man Geselle und später vielleicht Meister.

1 c Hören Sie noch einmal und beantworten Sie die Fragen.

1 In was für einem Betrieb macht Frau al-Halki ihre Lehre?
2 Welche Schulabschlüsse hat sie?
3 Was für eine Schule hat sie in Deutschland besucht?
4 Was wollte sie beruflich schon immer tun?
5 An wie vielen Tagen pro Woche lernt sie in ihrem Betrieb und an wie vielen Tagen hat sie Unterricht in der Berufsschule?
6 Wie lange dauert ihre Lehre?
7 Was muss sie am Ende der Ausbildung machen?

2 Das duale Ausbildungssystem in Deutschland. Lesen Sie den Infotext und ergänzen Sie.

> Ausbildungsplatz • Berufsschule • Ausbildungsbetrieb • Schulabschluss •
> ~~Berufsbildungsgesetz~~ • Berufsausbildung • Praxis

Das *Berufsbildungsgesetz*[1] (*BBiG*) ist die gesetzliche Grundlage für die ....[2].
Es legt fest, dass Ausbildungen im dualen System durchgeführt werden. Das heißt, die Aus-

zubildenden (*Azubis*) arbeiten in einem ....[3] und sie gehen auch noch in

die ....[4]. So verbindet das System Theorie und ....[5].

Wer eine Ausbildung machen möchte, muss sich um einen ....[6] bewerben.

Um einen Platz zu bekommen, braucht man einen möglichst guten ....[7].

3 a
Ü6

Informationen zu Ausbildung und Beruf. Lesen Sie den Steckbrief und ordnen Sie den Abschnitten die passenden Fragen zu.

> Worauf kommt es an? • Was verdient man in der Ausbildung? • Wo arbeitet man? •
> Was macht man in diesem Beruf? • Welcher Schulabschluss wird erwartet?

Fachkraft im Gastgewerbe

Berufstyp:	Anerkannter Ausbildungsberuf
Ausbildungsart:	Duale Ausbildung Gastgewerbe geregelt nach Berufsbildungsgesetz (BBiG)
Ausbildungsdauer:	2 Jahre
Lernorte:	Ausbildungsbetrieb und Berufsschule (duale Ausbildung)

Fachkräfte im Gastgewerbe betreuen, bedienen und beraten Gäste. Sie nehmen Bestellungen von Kunden an, servieren Speisen und Getränke. Sie dekorieren Tische, bauen Büfetts auf und bereiten in der Küche einfache Gerichte zu oder nehmen Tischreservierungen telefonisch entgegen.
Sie können auch im Zimmerservice von Hotels arbeiten, wo sie z. B. Hotelzimmer saubermachen.

Fachkräfte im Gastgewerbe arbeiten vor allem

· in der Gastronomie – z. B. in Cafés, Restaurants, Kantinen oder Cateringfirmen,
· in Hotels – z. B. in den Gastzimmern, in Wirtschafts- und Lagerräumen, in Küchen und an Büfetts.

Manche Fachkräfte im Gastgewerbe arbeiten auch im Freien, z. B. in Gartenlokalen.

Rechtlich muss man keine bestimmte Schulbildung haben. Die meisten Betriebe stellen Auszubildende mit Hauptschulabschluss ein.

· Kontaktbereitschaft, Kunden- und Serviceorientierung
· Merkfähigkeit und rechnerische Fähigkeiten (z. B. für das Aufnehmen von Bestellungen oder beim Erstellen von Gästerechnungen)
· Organisatorische Fähigkeiten
· Gute Gesundheit

1. Ausbildungsjahr: von 459€ bis 770€
2. Ausbildungsjahr: 575€ bis 875€

3 b   Lesen Sie noch einmal und beantworten Sie die Fragen aus a).

4
Ü7

Sammeln Sie mit Hilfe der Steckbriefe auf http://berufenet.arbeitsagentur.de Informationen über einen Ausbildungsberuf. Präsentieren Sie die Ergebnisse im Kurs.

1 a
Ü8

Lesen Sie die Webseite und kreuzen Sie an: Welche Überschrift passt?

Beratung und Service / Beruforientierung für Migranten und Flüchtlinge / Förderung / Über uns

☐ **Weiterbildung lohnt sich**   ☐ **Weiterbildungsangebote suchen und finden**

Sie wollen in Deutschland in Ihrem Beruf arbeiten oder suchen eine Weiterbildung, damit Sie bessere Chancen auf dem Arbeitsmarkt haben? Wir haben einige Informationen für Sie zu häufig gestellten Fragen zum Thema Weiterbildung zusammengestellt.

1 Warum ist Weiterbildung wichtig?

Die Arbeitswelt hat sich in den vergangenen Jahren stark verändert. Für viele Berufe ist es notwendig, nach der Ausbildung weitere Qualifikationen zu erwerben. Deshalb müssen sich fast alle Beschäftigten auch nach ihrer Ausbildung in ihren Berufen weiterbilden. In der Weiterbildung werden Kenntnisse und Fähigkeiten wiederholt und erweitert.

2 Wo finde ich Informationen über Weiterbildungen?

Die Bundesagentur für Arbeit kann Ihnen helfen, den richtigen Kurs zu finden. Dort bekommen Sie Informationen zur beruflichen Integration und Weiterbildungsmöglichkeiten. Sie können sich unter www.kursnet-finden.arbeitsagentur.de über verschiedene Angebote informieren. Es gibt mehr als 800.000 Angebote. Dort bekommen Sie auch Informationen zu dem Thema Berufswechsel.

3 Werden die Kosten für eine Weiterbildung übernommen?

Die Agentur für Arbeit bietet unterschiedliche Programme zur Förderung von Weiterbildungen an, z. B. den Bildungsgutschein. Voraussetzung ist, dass Sie arbeitslos sind oder Ihnen ohne eine Weiterbildung die Arbeitslosigkeit droht. Mit dem Bildungsgutschein können auch die Fahrtkosten, die Kosten für Verpflegung und die Kosten für die Kinderbetreuung übernommen werden.

4 Wo finden Weiterbildungen statt?

Eine Weiterbildung kann in einem Kurs oder Seminar stattfinden. Ein Weiterbildungskurs kann auch als E-Learning im Internet stattfinden.

---

1 b   Lesen Sie die Webseite noch einmal und beantworten Sie die Fragen.

1 Warum ist Weiterbildung für fast alle Menschen wichtig?
2 Wo kann man sich über Weiterbildungsangebote informieren?
3 Welche Kosten für eine Weiterbildung können übernommen werden?
4 Wo finden Weiterbildungen statt?

1 c   Lesen Sie noch einmal und suchen Sie die grünen Wörter zu den Erklärungen.

1 Lernen im Internet
2 finanzielle Unterstützung bekommen
3 ein Dokument von der Agentur für Arbeit, um eine Weiterbildung zu bezahlen
4 was man weiß und kann
5 eine Bedingung
6 wenn man nach der Schule oder Ausbildung etwas in einem Kurs lernt

◀)) **2 a** **Ein Beratungsgespräch im Jobcenter.**
21 **Hören Sie den Dialog.**
Was möchte Herr Salim machen?

2 b **Hören Sie noch einmal und kreuzen Sie an: richtig oder falsch?**

		R	F
1	Herr Masud Salim möchte an einer Weiterbildung zum Kfz-Mechatroniker teilnehmen.	☐	☐
2	Er interessiert sich für Automobilelektronik.	☐	☐
3	Die Weiterbildung dauert zwei Monate und findet dreimal in der Woche statt.	☐	☐
4	Herr Salim muss den Kurs selbst bezahlen.	☐	☐
5	Die Agentur für Arbeit fördert die Weiterbildung mit einem Bildungsgutschein.	☐	☐
6	Herr Salim muss sich bei der Kfz-Innung für den Kurs anmelden.	☐	☐

3 **Ein Beratungsgespräch bei der Agentur für Arbeit. Wählen Sie eine Rolle, lesen Sie die**
Ü9 **Situation und spielen Sie einen Dialog.**

Kunde/Kundin

Sie sind arbeitssuchend und haben einen Bildungsgutschein für eine Weiterbildung zum Taxifahrer. Sie möchten weitere Informationen zu folgendem Angebot.

Weiterbildungsangebote:

Qualifizierte/r Taxifahrer/in
(Personenbeförderungsschein)
Bildungsanbieter:
Marino Taxi Schulung, Bonn
Bildungsgutscheine werden anerkannt.

Wie lange dauert die Weiterbildung?
Wann findet der Kurs statt?
Wo findet die Weiterbildung statt?
Gibt es bestimmte Voraussetzungen für die Weiterbildung?

Berater/in

Sie arbeiten bei der Agentur für Arbeit. Ein Kunde / Eine Kundin fragt Sie nach Informationen zu einer Weiterbildung.

Dauer: 4 Wochen
Datum: 16.08.–10.09.
          Mo–Fr 8 bis 15 Uhr
Zielgruppe: Arbeitssuchende
Voraussetzungen: Führerschein
          Klasse B, Mindestalter 21
          Jahre
Inhalte: Stadtteile, Taxi-Halteplätze,
          Fahrstrecken, Gesetze und
          Bestimmungen, Umgang mit
          Kunden
Ort: Weiterbildungszentrum
          Breite Straße

Was kann ich für Sie tun?
Sind Sie berufstätig?
Welcher Kurs interessiert Sie?
Haben Sie einen Bildungsgutschein?

1a

Ü10

Was bedeutet Selbstständigkeit im Beruf? Arbeiten Sie zu zweit und ordnen Sie die Argumente pro und kontra Selbstständigkeit. Sammeln Sie weitere Argumente.

> Als Selbstständiger kann man seine eigenen Ideen umsetzen. • ~~Man ist sein eigener Chef.~~ • Man kann sich die Arbeit selbst einteilen und ist flexibler. • Man arbeitet eigenverantwortlich. • Man kann mehr Geld verdienen. • Man trägt Verantwortung für Mitarbeiter. • Man hat kein festes Gehalt. • Man muss viel mehr arbeiten. • Wenn man einen Fehler macht, verliert man Geld. • Man muss sich selbst um die Sozialversicherung kümmern.

Selbstständigkeit	
Pro	**Kontra**
Man ist sein eigener Chef	

1b

🔊 22

Hören Sie das Interview mit Djamal Masuli und kreuzen Sie an: Welche Fotos passen?

1c

Ü11+12

Hören Sie das Interview noch einmal und kreuzen Sie an: Welche Aussagen sind falsch?

1. ☐ Es gibt nur wenige Unternehmer in Deutschland mit ausländischen Wurzeln.
2. ☐ Als Herr Masuli nach Deutschland kam, hat er eine Bäckerlehre gemacht.
3. ☐ Nach dem Integrationskurs hat er sich selbstständig gemacht.
4. ☐ Er hatte keine Angst vor der Selbstständigkeit.
5. ☐ Er wusste, dass es ein finanzielles Risiko gibt.
6. ☐ Die Bäckerei von Herrn Masuli ist im Bahnhof.
7. ☐ Er hofft, dass er im Januar einen Mitarbeiter einstellen kann.
8. ☐ Er hat einen Kredit von einer Bank bekommen.

1d

Mit welcher Idee könnte man in Ihrem Ort / Ihrer Region erfolgreich sein? Sprechen Sie im Kurs und sammeln Sie Ideen.

> *Ich glaube, ein Fitnessstudio nur für Migrantinnen wäre eine gute Geschäftsidee.*

> *Das glaube ich nicht. Dafür gibt es doch keinen Markt.*

2

Können Sie sich vorstellen, sich selbstständig zu machen? Was spricht dafür, was dagegen? Schreiben Sie einen kurzen Text und begründen Sie.

> *Ich möchte mich selbstständig machen. Ich kann sehr gut kochen. Darum möchte ich ein Restaurant für libanesische Spezialitäten aufmachen.*

1a Was gibt es alles in der Schule? Ordnen Sie die Wörter und Aktivitäten im Kasten den richtigen Spalten der Tabelle zu.

> essen • der Stift • ein Rollenspiel spielen • Englisch • Sport • Deutsch •
> sich umziehen • der Radiergummi • Technik • Physik • das Lineal • beim Sitznachbarn
> abschreiben • Religion • die Kantine • der Taschenrechner • sich melden • Biologie •
> Übungen machen • Chemie • einen Text lesen • Ethik • eine Klassenarbeit schreiben •
> diskutieren • der Kugelschreiber • der Pausenhof • die Umkleidekabine

Räume/Orte	Fächer	Aktivitäten	Materialien
die Turnhalle	Mathematik	Hausaufgaben machen	das Buch

1b Kennen Sie weitere Wörter oder Aktivitäten? Schreiben Sie sie in die passende Spalte.

1c Was macht man wo? Was braucht man in welchem Fach? Schreiben Sie Sätze.

> In der Turnhalle hat man Sportunterricht.
> Für den Mathematikunterricht braucht man ein Lineal und ...

2 Das Schulsystem in Deutschland. Was passt zusammen? Verbinden Sie.

Auf dem Gymnasium	**1**	**A** nicht alle Kinder.
In einer Berufsschule geht man,	**2**	**B** meist mit der 11. Klasse.
In den Kindergarten gehen	**3**	**C** wenn man eine Ausbildung macht.
Die Sekundarstufe II beginnt	**4**	**D** vier oder sechs Jahre.
In Deutschland gibt es	**5**	**E** macht man das Abitur.
Die Grundschule dauert	**6**	**F** viele verschiedene Wege zu einem Schulabschluss.

3 Wie funktioniert das Schulsystem in Ihrem Land? Schreiben Sie einen Text. Die Themen im Kasten helfen.

> Schulpflicht • Grundschule • Sekundarstufe • Fächer • Schulgeld • Mittagessen • Abschlüsse

In _____ gibt es _____ Ab dem Alter von _____ Jahren

gehen die Kinder zur Schule. Zuerst _____

_____

Dann _____

Die Schule kostet _____

Es gibt _____

Die Fächer, die unterrichtet werden, sind _____

Nach _____ Jahren Schule folgt der Schulabschluss _____

_____

4 Satzzeichen. Im folgenden Text fehlen alle Satzzeichen. Ergänzen Sie diese.

Darf ich mich vorstellen__ Ich heiße Martina Keller__ Ich bin 22 Jahre alt und wohne in Stuttgart__ Ich arbeite seit vier Jahren in einem Modegeschäft__ Nach meinem Schulabschluss habe ich eine Ausbildung zur Einzelhandelskauffrau gemacht__ Nach dem Ende meiner Ausbildung habe ich ein Kind bekommen__ bevor ich so richtig ins Arbeiten eingestiegen bin__ Ich bin mit sechs Jahren in die Grundschule gekommen__ nachdem ich vorher drei Jahre in den Kindergarten gegangen bin__ Nach der Grundschule__ die in Baden-Württemberg vier Jahre dauert__ bin ich auf die Realschule gegangen und habe dort am Ende der 10. Klasse meinen Realschulabschluss bestanden__ Ich habe kurz überlegt__ ob ich weiter auf ein berufliches Gymnasium gehen soll__ habe mich dann aber dagegen entschieden__ weil ich lieber etwas Praktisches tun wollte__ Also habe ich eine Ausbildung gemacht__ Das war eine gute Entscheidung__

5a Wie heißen die Nomen? Schreiben Sie die Nomen zu den Verben und Adjektiven. Kontrollieren Sie mit dem Wörterbuch.

1	gesetzlich	*das Gesetz*	**4**	arbeiten	_____
2	ausbilden	_____	**5**	bewerben	_____
3	durchführen	_____	**6**	verdienen	_____

5 b **Ergänzen Sie die passenden Nomen aus 5a.**

1 Ein .... regelt, wie Ausbildungen im dualen System durchgeführt werden.

2 Wenn man einen Ausbildungsplatz sucht, muss man eine .... schreiben.

3 Während der Ausbildung ist der .... oft gering.

4 Eine .... ist eine gute Grundlage für ein ganzes Arbeitsleben.

5 .... ist das halbe Leben, sagt ein Sprichwort.

6 Die .... von Regeln bedeutet ihre Umsetzung im Arbeitsalltag.

6 **Temporale Präpositionen. Markieren Sie: Welche Präposition passt?**

8.1
8.3

1 Nach/Vor/Neben der Schule kann man eine Ausbildung machen oder an der Universität studieren.

2 Timo geht in/seit/nach zehn Jahren zur Universität und hat immer noch keinen Abschluss.

3 Vor/Zwischen/Bei Anfang und Ende der Ausbildung liegt harte Arbeit.

4 Mit/Bei/Vor dem Meister ist man Geselle. Meister wird man durch die Meisterprüfung.

5 Bereits nach/vor/zu Beginn der Ausbildung arbeitet man im Betrieb mit.

6 Schon vor/nach/in 48 Monaten kann man einen Beruf lernen.

7 Manche Menschen studieren während/nach/seit der Ausbildung an der Universität.

8 Während/Vor/Nach der Ausbildung hat man nur wenig Freizeit und muss viel lernen.

7 **Beschreiben Sie noch einmal Ihre Schulzeit, Ausbildung oder Arbeitsleben. Verwenden Sie dabei die Satzanfänge.**

> Vor der Schule … • Nach der Grundschule … • Nach der Schule … •
> Während der Schulzeit … • Zwischen Schule und Beruf …

Vor der Schule bin ich nicht in der Kindergarten gegangen.
Mit sechs Jahren bin ich in die Grundschule gekommen.
Nach …

8 Weiterbildung. Finden Sie neun weitere Wörter und notieren Sie sie mit Artikel.

I	S	B	F	Ä	H	I	G	K	E	I	T	M
U	E	N	K	I	H	O	G	T	D	C	X	A
D	M	L	Ä	J	M	Z	K	O	S	T	E	N
S	I	X	W	C	H	A	N	C	E	K	B	G
N	N	Q	A	J	E	M	P	R	G	D	Z	E
S	A	R	Ö	F	S	I	S	E	D	F	Q	B
A	R	B	E	I	T	S	M	A	R	K	T	O
Ö	H	S	R	D	H	L	O	Q	Ä	U	K	T
Ü	E	D	Z	G	L	C	G	T	H	R	M	O
S	T	M	E	O	E	M	R	H	S	S	M	C
E	D	E	L	Ü	P	R	L	E	Y	K	Y	R
P	S	T	W	M	F	D	V	M	L	J	J	M
Q	U	A	L	I	F	I	K	A	T	I	O	N
D	X	E	H	I	N	D	B	G	Ü	G	H	T
I	N	F	O	R	M	A	T	I	O	N	R	S

1 *die Chance*

2

3

4

5

6

7

8

9

10

9a Weiterbildung. Wie heißen die Wörter? Ergänzen Sie die fehlenden Buchstaben.

_-L_ar_ing • Ch_n_en • Fö_d_r_ng • A_sb_ldu_g •
Wei_er_il_ung • o_lin_ • Sp_ach_ • Ko_ta_te

9b Weiterbildung. Was passt? Ergänzen Sie die Wörter aus 9a.

Für das Berufsleben ist die ....[1] in einem Beruf wichtig. Während des

Berufslebens haben die Arbeitnehmer die Möglichkeit, eine ....[2] zu

machen. Bei den Agenturen für Arbeit gibt es viele Programme zur ....[3]
von Weiterbildungen. Durch Weiterbildungskurse sollen die Teilnehmer mehr

...........................[4] im Beruf bekommen. Man kann eine Weiterbildung auch

...........................[5] machen, z. B. mit Hilfe eines Moduls für ....[6] im

Internet. Es kann auch gut für die Karriere sein, eine ....[7] zu lernen, z. B.
Englisch oder Spanisch. Viele Menschen bilden sich auch weiter, weil sie so

...........................[8] zu anderen Menschen knüpfen und ein Netzwerk aufbauen können.

10   **Existenzgründung. Verbinden Sie die Sätze mit *wenn*.**

1 Ich mache mich selbstständig. Ich kann meine eigenen Ideen umsetzen.

Wenn ich mich selbstständig mache, kann ich meine eigenen Ideen umsetzen.

2 Ich bin nicht angestellt. Ich habe kein festes Gehalt.

....

3 Ich habe keine Mitarbeiter. Ich muss selbst mehr arbeiten.

....

4 Ich bin mein eigener Chef. Ich muss mich selbst um die Rentenversicherung kümmern.

....

11   **Beantworten Sie die Fragen. Bilden Sie Sätze mit *wenn*.**

10.12

1 Wann kann Herr Maslum nicht mehr draußen arbeiten? (*es – abends dunkel werden*)

Herr Maslum kann draußen nicht mehr arbeiten, wenn es abends dunkel wird.

2 Wann kommt Herr Maslum nicht mehr zu seinen Kunden?
(*man – um 22 Uhr abends – in der Werkstatt anrufen*)

....

3 Wann beginnt Herr Maslum morgens mit der Arbeit?
(*früh am Morgen – die Vögel zwitschern*)

....

4 Wann schaltet Herr Maslum den Computer ein? (*am Abend – Rechnungen schreiben*)

....

12   ***Wenn* oder *als*? Schreiben Sie das richtige Wort in die Lücke.**

10.13

1 .... der Wecker morgens klingelt, springt Herr Maslum voller Freude auf die Arbeit aus dem Bett.

2 .... er noch angestellt war, hatte er oft Ärger mit seinem Chef, weil er so oft im Stau stand und zu spät kam.

3 .... er seinem Chef sagte, dass er sich selbstständig macht, freute er sich für ihn.

4 Er begegnet seinem Chef oft, ... er auf dem Großmarkt einkauft.

5 .... er ihn das letzte Mal getroffen hat, haben sie zusammen einen Kaffee getrunken.

6 .... Herr Maslum abends nach Hause kommt, ist er so müde, dass er nach dem Abendessen meistens auf dem Sofa einschläft.

Wichtige Wörter

4

A Das Schulsystem in Deutschland

die Schulpflicht ....

der/die Jugendliche, -n ....

staatliche/private Schulen ....

die Grundschule, -n ....

die Sekundarstufe ....

die Gesamtschule, -n ....

das Gymnasium, Gymnasien ....

das Fach, "-er ....

das Abitur ....

wechseln ....

der Hauptschulabschluss, "-e ....

der Realschulabschluss, "-e ....

die Hochschule, -n ....

die Universität, -en ....

studieren ....

B Von der Schule in die Ausbildung

der Betrieb, -e ....

die Berufsschule, -n ....

der/die Auszubildende, -n ....

der/die Azubi, -s ....

der Lehrling, -e ....

die Lehre, -n ....

dauern ....

der Ausbildungsbetrieb, -e ....

der Ausbildungsplatz, "-e ....

die Praxis ....

die Theorie ....

das duale System ....

C Weiterbildung

das Weiterbildungsangebot, -e ....

der Arbeitsmarkt, "-e ....

die Qualifikation, -en ....

die Kenntnisse (Pl.) ....

die Fähigkeiten (Pl.) ....

die Förderung, -en ....

die Fahrtkosten (Pl.) ....

die Verpflegung ....

die Kinderbetreuung ....

die Voraussetzung, -en ....

der Bildungsgutschein, -e ....

D Selbstständigkeit

die Selbstständigkeit ....

sich selbstständig machen ....

der/die Unternehmer/in, -/-nen ....

eigenverantwortlich arbeiten ....

die Arbeit ein}teilen ....

flexibel sein ....

ein festes Gehalt ....

die Sozialversicherung ....

das Risiko ....

Mitarbeiter ein}stellen ....

der Kredit, -e ....

die Bank, -en ....

die Geschäftsidee, -n ....

die finanzielle Unterstützung ....

Arbeit finden

A

B

C

Jobmesse für Geflüchtete
Veranstaltungsort: Messehalle II

ZUKUNFT GESTALTEN

D

enmarkt

satz **Nebenjob oder Vollzeit!!!** Wir Wir suchen
oder suchen SIE (m/w) als Werbemittel- für die Red
cht verteiler an private Haushalte bei freier Wochenbla
bitte Zeiteinteilung. Voraussetzung: eigener Umgang
81 PKW. Bitte melden Sie sich bei Herrn Kommu
Winter unter Tel.: 04322 / 56 23 67 (eigen
an:
bei
lung **Mitarbeiter/in für telefonische und**
an: **schriftliche Kundenbetreuung ab**
per **sofort!** Einarbeitung, gutes Arbeitklima
47 Vollzeit, erfolgsorientierte Vergütung
Ihre aussagekräftige Bewerbung bit
per E-Mail an: info@projectconsult
den
ür die **Wir expandieren! CNC-Fräser** m/w
40h. Ihr Aufgabengebiet: Programmierung
an: und Bedienung von CNC-gesteuerten
Tariflohn, Vollzeit

E

Sie lernen

· über die Arbeitssuche sprechen
· ein Informationsgespräch im BiZ führen
· über Tätigkeiten und Aufgaben in Bauberufen sprechen
· über Kompetenzen sprechen
· über Jobmessen sprechen

🔊 23

1 a Arbeit und Arbeitssuche. Hören Sie und ordnen Sie die Dialoge den Fotos zu.

1 b Hören Sie noch einmal. Ordnen Sie zu: Zu welchen Fotos passen die Wortgruppen?

1 ☐ Stellenanzeigen in einer Zeitung lesen
2 ☐ sich im BiZ über Jobmöglichkeiten beraten lassen
3 ☐ einen Termin für ein Beratungsgespräch im Jobcenter vereinbaren
4 ☐ eine Umschulung zum Kaufmann im Einzelhandel machen
5 ☐ sich auf eine offene Stelle bewerben
6 ☐ sich auf einer Jobmesse über Arbeitsmöglichkeiten informieren

2
Ü1
Wie und wo haben Sie, Ihre Freunde oder Bekannten eine Arbeit gesucht? Erzählen Sie im Kurs.

> Ein Bekannter von mir hat durch einen Aushang in einem Supermarkt eine Arbeit gefunden.

> Ich habe in einer Online-Stellenbörse einen Job gesucht.

> Mein Onkel hat durch eine Zeitarbeitsfirma eine Stelle bekommen.

1a   **Was machen die Personen? Sehen Sie die Zeichnungen an und beschreiben Sie sie.**

> In Bild 1 gehen Menschen ins BiZ.
> Sie haben vielleicht einen Termin.

> In Bild 2 arbeiten Menschen an Computern.

1b   **Lesen Sie den Informationstext und ordnen Sie die Zwischenüberschriften zu.**

Ü2

> Was gibt es im BiZ? • Einen Termin im BiZ vereinbaren • Das BiZ

....

Berufsinformationszentren (BiZ) gibt es in allen Agenturen für Arbeit. Dort können sich Jugendliche und Erwachsene kostenlos u. a. über die Themen „Ausbildung und Studium", „Arbeit und
Beruf" und „Bewerbung" informieren. Im BiZ gibt es auch Veranstaltungen und Vorträge – z. B.
über Umschulungsmöglichkeiten. Sie können auch ohne Termin ins BiZ kommen.

....

5   In den Leseecken können sich die Besucher über Berufe informieren und Zeitungen, Fachzeit-
schriften und Informationsmappen lesen. Es gibt nicht nur Printmedien, sondern auch
Internetarbeitsplätze und Computer mit Farbdruckern, damit Sie im Internet recherchieren und
nach Stellen oder Umschulungsangeboten suchen können. An den Computern können Sie Ihre
Bewerbung erstellen und bearbeiten. Bei Fragen helfen Ihnen die Mitarbeiter an den Infotheken.

....

10   Wenn Sie sich beruflich verändern wollen oder müssen, dann unterstützen wir Sie. Sie können
einen Termin online, telefonisch, per E-Mail oder persönlich vereinbaren. Im Beratungsgespräch
sprechen wir mit Ihnen über Ihre Berufswünsche oder helfen Ihnen bei der Stellensuche, bei
Bewerbungen und beim Vorstellungsgespräch. Bereiten Sie sich aber bitte auf den ersten Termin
gut vor. Überlegen Sie sich:

15   • Was für eine Stelle möchte ich haben?
    • Was für Qualifikationen habe ich und welche Kenntnisse bringe ich mit?
    Bitte bringen Sie Ihre Bewerbungsunterlagen, Zeugnisse und andere wichtige Dokumente mit.
    Ausländische Mitbürger sollten z. B. Ihre Aufenthaltserlaubnis und Arbeitserlaubnis mitbringen.

1c Lesen Sie den Text noch einmal. Kreuzen Sie an: richtig oder falsch? Korrigieren Sie die falschen Aussagen.

	R	F
1 Die Mitarbeiter im BiZ helfen vor allem Arbeitslosen.	☐	☐
2 Wenn man ins BiZ gehen möchte, braucht man einen Termin.	☐	☐
3 Man kann im BiZ Computer nutzen und Stellen suchen.	☐	☐
4 Es gibt verschiedene Möglichkeiten, Termine im BiZ zu vereinbaren.	☐	☐
5 Die Mitarbeiter im BiZ helfen auch, Bewerbungen zu schreiben.	☐	☐

1d Lesen Sie und ordnen Sie zu: Was passt zusammen?

Man kann sich im BiZ über verschiedene Themen	1		A	vereinbaren.
Man kann dort im Internet	2		B	informieren.
Man kann im BiZ nach freien Stellen	3		C	bearbeiten.
Man kann an den Computern seine Bewerbungsunterlagen	4		D	recherchieren.
Man kann einen Termin online oder telefonisch	5		E	suchen.

🔊 24 Ü3

2a Hören Sie das Gespräch an der Infotheke. Kreuzen Sie an: Worüber möchte sich Aziz El Khalfi informieren?

1 ☐ über Bewerbungen
2 ☐ über Arbeit und Beruf
3 ☐ über Umschulungsmöglichkeiten

Ü4

2b Hören Sie noch einmal und ordnen Sie den Dialog.

Mitarbeiterin vom BiZ

7 Guten Tag, herzlich willkommen im BiZ.

☐ Die Themeninsel „Ausbildung und Beruf" ist dort. In den Regalen finden Sie Informationen zu Ausbildungs- und Umschulungsmöglichkeiten.

☐ Ich helfe Ihnen gern. Hier gibt es Themeninseln.

☐ Gern. Falls Sie später noch Fragen haben, helfe ich Ihnen gern weiter.

☐ Selbstverständlich.

☐ Das ist ganz einfach. Im BiZ können Sie sich über Themen wie „Arbeit und Beruf", „Ausbildung und Studium" und „Bewerbung" informieren. Sie möchten also eine Umschulung machen?

Aziz El Khalfi

☐ Themeninseln? Das verstehe ich nicht. Was bedeutet das?

☐ Vielen Dank für die Informationen.

☐ Kann ich auch an den Computern im Internet recherchieren?

☐ Guten Tag. Mein Name ist Aziz El Khalfi. Ich war noch nie im BiZ. Ich möchte mich über Bauberufe und Umschulungs-möglichkeiten informieren.

☐ Richtig.

3 Waren Sie schon einmal in einem BiZ? Was haben Sie dort gemacht?

> Ich war schon im BiZ. Die Mitarbeiter waren sehr nett. Aber die Informationen über Berufe sind ziemlich kompliziert. Ich habe nicht alles verstanden.

1 a
Ü5

Ordnen Sie zu: Welches Bild passt zu welchem Beruf?

> der Gerüstbauer, die Gerüstbauerin • der Baugeräteführer, die Baugeräteführerin •
> der Dachdecker, die Dachdeckerin • der Kanalbauer, die Kanalbauerin •
> der Bodenleger, die Bodenlegerin • der Maurer, die Maurerin

....

....

1 b   **Wo arbeiten die Leute und was machen sie? Sprechen Sie im Kurs.**

> **Wo?**   auf Baustellen • im Hochbau • im Tiefbau • im Straßenbau •
> an großen Maschinen • überwiegend draußen/drinnen

> **Was?**   Mauern errichten • Wände verputzen • Beton mischen •
> Dachziegel auf dem Dach verlegen und befestigen • Dachfenster montieren •
> Gerüste auf- und abbauen • Material lagern • Fußböden oder Parkett verlegen •
> Teppiche in Geschäftsräumen verlegen • Bagger fahren • Bauteile transportieren •
> Gräben ausheben • Rohre im Boden verlegen

1 c   **Was braucht man für Bauberufe? Was muss man können? Diskutieren Sie.**

> gut rechnen können • keine Angst vor Höhen haben • Maschinen bedienen können •
> den Führerschein Klasse B haben • stark sein • Bauzeichnungen verstehen •
> gute Gesundheit haben • handwerkliches Geschick haben • Kunden beraten können •
> einen guten Schulabschluss haben • gute Deutschkenntnisse haben

> Ich glaube, dass man als Dachdecker keine Angst vor Höhen haben darf.

> Wenn man auf dem Bau arbeitet, muss man stark sein.

> Ich glaube nicht, dass man als ...

2a

🔊 25 Ü6

Aziz el Khalfi informiert sich über einen Beruf auf dem Bau. Hören Sie den Anfang des Gesprächs und beantworten Sie die Fragen.

1 Wo findet das Gespräch statt?
2 Für welchen Beruf interessiert er sich?
3 Wie sind die Berufsaussichten?

2b

🔊 26

Hören Sie die Fortsetzung des Gesprächs und kreuzen Sie an: richtig oder falsch? Korrigieren Sie die falschen Aussagen.

		R	F
1	Herr el Khalfi hat eine abgeschlossene Berufsausbildung.	☐	☐
2	Eine Umschulung zum Maurer dauert in der Regel zwischen 16 und 24 Monaten.	☐	☐
3	Er muss die Umschulung selbst bezahlen.	☐	☐
4	Das Einstiegsgehalt von Maurern liegt in Deutschland zwischen 1700 und 2500 € netto.	☐	☐
5	Wenn das Wetter im Winter schlecht ist, können Bauarbeiter Kurzarbeitergeld bekommen.	☐	☐
6	Wenn man keine Kinder hat, bekommt man bei schlechtem Wetter nur 67 % vom Nettogehalt.	☐	☐

2c

Lesen Sie den Text. Was können Bauarbeiter/innen tun, wenn sie im Winter nicht arbeiten können?

Saison-Kurzarbeitergeld

Wenn es zu kalt ist, kann man auf Baustellen nicht mehr arbeiten. Bei Frost und Kälte kann z. B. Beton nicht mehr richtig hart werden. In der Zeit vom 1. Dezember bis zum 31. März können Arbeitnehmer und Arbeitnehmerinnen im Baugewerbe deshalb Saison-Kurzarbeitergeld bei der Agentur für Arbeit beantragen, wenn sie wegen schlechten Wetters nicht arbeiten können. Anstatt den vollen Lohn zu erhalten, bekommen Arbeitnehmer und Arbeitnehmerinnen, die Kinder haben, dann 67 % ihres Nettogehalts. Arbeitnehmer/innen ohne Kinder erhalten 60 % ihres Nettogehalts.

3

Welche Berufe finden Sie interessant? Welche nicht? Warum?

> Ich finde alle Bauberufe interessant, weil ich gerne draußen arbeiten möchte.

> Der Beruf Dachdecker ist nichts für mich. Das ist doch ziemlich gefährlich! Man kann vom Dach fallen.

> Kann man als Frau auch auf dem Bau arbeiten?

1a Was ist wichtig im Beruf? Welche Eigenschaften erwarten Arbeitgeber von Mitarbeitern? Was glauben Sie, was im Arbeitsleben wichtig ist? Sammeln Sie.

> Ich glaube, viele Arbeitgeber erwarten Berufs-
> erfahrung von ihren Mitarbeitern.

> Für viele Stellen braucht man einen
> Berufsabschluss.

> Mitarbeiter sollen
> vor allem fleißig sein.

QUALIFIZIERT ZUVERLÄSSIG
ERFAHREN TEAMFÄHIG
PROFESSIONELL
MOTIVIERT KOMPETENT
DYNAMISCH

1b Lesen Sie den Zeitungstext. Kreuzen Sie an: Welche Überschrift passt am besten?
Ü7

„Softskills" im Beruf immer wichtiger	Die wichtigsten „Softskills" im Beruf

Erfahrung unwichtig – Was Chefs von Mitarbeitern erwarten

Klar ist, wer heute einen Job sucht, braucht fachliches Wissen und Können sowie häufig auch Berufserfahrung. Doch gute Zeugnisse, Fachwissen und Erfahrung alleine
5 genügen oft nicht, um eine neue Stelle zu bekommen. Denn die meisten Mitarbeiter in Firmen arbeiten selten alleine: Sie arbeiten in Teams oder in Projekten mit ande-
10 ren eng zusammen. Daher ist es wichtig, dass die Mitarbeiter gut und möglichst ohne Streit zusammenarbeiten können. Wer also eine Stelle sucht oder in seiner Firma weiterkommen möchte, braucht
15 nicht nur fachliches Wissen, sondern auch soziale Kompetenzen, sogenannte „Softskills". Dazu gehören zum Beispiel

Kommunikations- und Teamfähigkeit, Kritik- und Konfliktfähigkeit, aber auch interkulturelle Kompetenz. Aber genauso
20 wichtig sind persönliche Stärken wie Fleiß, Motivation und Selbstständigkeit.

Wenn Sie sich also erfolgreich auf eine Stelle bewerben wollen, spielen neben der Fachkompetenz auch die „Softskills" eine
25 wichtige Rolle. Deshalb sollte man auch über seine Eigenschaften nachdenken: Bin ich kommunikativ oder eher nicht? Arbeite ich gern mit anderen zusammen und bin ich teamfähig? Wer seine Qualifikationen
30 und Kompetenzen gut kennt, kann seinen Beruf besser auswählen.

1c Lesen Sie noch einmal und entscheiden Sie: Steht das im Zeitungstext?

1 In der Berufswelt zählt vor allem Fachwissen und Berufserfahrung.

2 Im Beruf sind persönliche Eigenschaften wichtiger als fachliches Wissen und Können.

3 Weil die Mitarbeiter in Firmen heute oft in Teams arbeiten, ist es wichtig, dass sie gut zusammenarbeiten können.

4 Softskills ist ein anderes Wort für soziale Kompetenzen.

5 Um seine Kompetenzen besser kennenzulernen, sollte man sich fragen, wie man ist.

2 a Softskills: Was ist das? Ordnen Sie zu.
Ü8

A arbeitet sehr genau und macht wenig Fehler.

B kann sich auf unterschiedliche Situationen einstellen, schnell reagieren und neue Aufgaben übernehmen.

Wer belastbar ist, **1**

Wer verantwortungs-bewusst ist, **2**

C kann auch in schwierigen Situationen z. B. mit viel Stress gut arbeiten.

Wer kritikfähig ist, **3**

Wer flexibel ist, **4**

D lässt auch Meinungen zu, die stark von seinen eigenen Meinungen abweichen.

Wer empathisch ist, **5**

E kann gut verstehen, wie andere sich fühlen.

Wer zuverlässig ist, **6**

Wer konfliktfähig ist, **7**

F kann akzeptieren, dass man auch mal Fehler macht und kann auch von seinen Fehlern lernen.

Wer sorgfältig ist, **8**

Wer kommunikativ ist, **9**

G hat die Fähigkeit, Verantwortung zu übernehmen.

H spricht gern mit anderen Menschen.

I ist pünktlich und macht seine Arbeit immer gut.

2 b Diskutieren Sie im Kurs: Welche Eigenschaften braucht man in diesen Berufen?

Erzieherin

Kellner

Malerin

Objektschützer

> Ich glaube, dass eine Erzieherin sehr geduldig sein muss, weil …

> Ja, das finde ich auch. Und sie muss auch … sein, weil …

3 Was meinen Sie: Welche Eigenschaften passen zu Ihnen? Kreuzen Sie an und vergleichen Sie im Kurs.

Ich bin …

	sehr	normal	wenig
1 belastbar	☐	☐	☐
2 flexibel	☐	☐	☐
3 kritikfähig	☐	☐	☐
4 lernbereit	☐	☐	☐
5 teamfähig	☐	☐	☐
6 sorgfältig	☐	☐	☐
7 verantwortungsbewusst	☐	☐	☐
8 empathisch	☐	☐	☐
9 hilfsbereit	☐	☐	☐

Fähigkeiten

D Auf einer Jobmesse

1 a Lesen Sie die Überschrift. Vermuten und diskutieren Sie: Was ist das Thema? Für wen ist der Text interessant oder wichtig?

> **Von der Jobmesse zum Traumjob**

1 b
Ü9
Lesen Sie und notieren Sie: Wer sollte eine Jobmesse besuchen und warum?

ZUKUNFT GESTALTEN

Home   Für Besucher   Für Aussteller   Öffnungszeiten   Über uns   Kontakt

Karriere-Tipps

Bewerbungstipps

Vorträge

Messe-Städte

Terminkalender

Referenzen

Von der Jobmesse zum Traumjob

Sie suchen einen passenden Ausbildungsplatz? Was Sie bis jetzt gelernt haben, genügt nicht, um eine gute Stelle zu bekommen? Sie möchten den Job wechseln? Sie denken über eine berufliche Existenzgründung nach? Oder Sie gehören zur Generation 50+ und wollen sich beruflich neu orientieren?

Dann kommen Sie zur Jobmesse! Hier erhalten Sie Tipps und Informationen.

Egal ob Sie sich für einen Beruf im Handwerk, Handel, Dienstleistungsbereich oder in der Industrie interessieren, auf der Jobmesse zeigen Veranstalter aus vielen Branchen, welche Karrierechancen es gibt. Die Messebesucher können sich sowohl über Ausbildungsangebote und Jobchancen informieren, als auch Auskünfte zu Arbeits- und Ausbildungsstrukturen bekommen. Personalverantwortliche stehen an den Messeständen zu Gesprächen bereit. Hier können Sie wichtige Kontakte knüpfen.

Sie kommen aus einem anderen Land und haben eine Arbeitserlaubnis in Deutschland? Dann können Sie auf der Jobmesse direkt mit vielen Unternehmen und Bildungseinrichtungen sprechen. Die Agentur für Arbeit unterstützt die Jobmesse.

Das Rahmenprogramm

Es gibt u.a. kostenlose Checks von Bewerbungen, Fachvorträge zu Karrierethemen und Sie können dort Bewerbungsfotos machen lassen.

Treffen Sie uns auf der Jobmesse!

2
Ü10
Was halten Sie von der Veranstaltung einer Jobmesse? Würden Sie sie besuchen? Sagen Sie Ihre Meinung.

Die eigene Meinung sagen Meiner Meinung nach ... Ich denke (nicht), dass ...	Ich interessiere mich (nicht) für ..., weil ... Ich bin der Auffassung, dass ... Ich bin davon überzeugt, dass ...

Übungen

Hier üben Sie: *um/anstatt … zu + Infinitiv · nicht …, sondern · damit*

1a **Eine Arbeit finden. Welche Wege gibt es? Ordnen Sie zu.**

~~Stellenanzeigen~~ • sich im BiZ • sich auf eine offene Stelle • einen Termin für ein Beratungsgespräch • eine Umschulung • sich auf einer Jobmesse

beraten lassen • ~~lesen~~ • machen • bewerben • verein- baren • informieren

1 *Stellenanzeigen lesen.*

2 _____.

3 _____.

4 _____.

5 _____.

6 _____.

1b **Vervollständigen Sie den Dialog mit den Wörtern aus 1a.**

● Sag mal, Lexi, ich finde einfach keine Arbeit. Wie hast du das denn gemacht?

● Also zuerst war ich im BiZ und habe mich _____[1]. Danach bin ich

  auf _____[2] gegangen, um mich zu _____[3]

● Und? Hat dir das geholfen?

● Klar. Mach das doch auch. Du hast dann Kontakte und kannst dich auf offene _____

  _____[4]. Du solltest auch unbedingt einen Termin im BiZ _____[5].
  Die Berater dort helfen dir weiter.

● Soll ich vielleicht _____[6]? In meinem alten Beruf finde
  ich hier in Deutschland nichts.

● Darüber solltest du nachdenken. Du solltest aber auf jeden Fall in der Zeitung

  _____[7]. Vielleicht hast du Glück und findest doch noch was.

2 **Wie heißen die Wörter? Ergänzen Sie die fehlenden Buchstaben.**

1 die V_ra_st_lt_ng
2 die Um_ _ _ulu_gsm_glichkeit
3 die In_or_at_onsma_pe
4 die Be_er_ungsu_ter_a_en

5 das Be_a_ung_gespr_ch
6 der Ter_in
7 die Ste_ _e
8 die Qu_li_i_ation

3 Ergänzen Sie die Sätze mit den passenden Verben aus dem Schüttelkasten.

> unterstützen • sich informieren • vereinbaren •
> recherchieren • suchen • sich verändern •

1 Im BiZ kann man .... über verschiedene Berufe ....

2 Man kann im Internet verschiedene Berufe ....

3 Außerdem kann man Möglichkeiten der Aus- und Weiterbildung ....

4 Der Berater .... einen bei der Suche nach einer geeigneten Umschulung.

5 Man kann ganz einfach einen Termin ....

6 Das BiZ ist eine gute Anlaufstelle für jeden, der .... beruflich

.... möchte.

4a **Im BiZ. Lesen und ordnen Sie den Dialog.**

☐ • Und warum gehst du da zum BiZ? Was ist das überhaupt? Ist das ein Café?

☐ • Und wie hast du dich jetzt konkret im BiZ informiert über die Kinderpflege?

☐ • Ach so. Und welchen Beruf möchtest du lernen?

☑ • Hallo, Enya. Wo kommst du denn her? Du strahlst ja so!

☐ • Das klingt toll, liebe Enya. Da gehe ich morgen auch gleich hin! Das geht auch ohne Termin, stimmt's?

☐ • Zuerst habe ich online einen Termin für ein Beratungsgespräch vereinbart. Die Beraterin hat mir dann die Schulen herausgesucht, bei denen ich mich bewerben kann. Und sie hat mir geholfen, einen Kindergarten zu finden.

☐ • Du bist lustig! Nein, das ist die Abkürzung für „Berufsinformationszentrum". Dort kannst du dich über viele Dinge informieren. Über Ausbildung, Studium, über Berufe und wie man sich bewirbt – und eben auch über die Möglichkeit einer Umschulung.

☐ • Ich möchte zur Kinderpflegerin umschulen. Du weißt doch, dass ich Kinder liebe.

☐ • Hallo, Pasima. Ich komme aus dem BiZ. Meine Ausbildung ist doch in Deutschland nicht anerkannt worden und deshalb möchte ich jetzt eine Umschulung machen.

☐ • Stimmt. Viel Glück!

4b **Lesen Sie den Dialog noch einmal. Kreuzen Sie an: richtig oder falsch? Korrigieren Sie dann die falschen Aussagen.**

		R	F
1	Pasima möchte Kinderpflegerin werden.	☐	☐
2	Enya schickt sie zum BiZ.	☐	☐
3	Das BiZ ist ein Treffpunkt für Bürger.	☐	☐
4	Das BiZ empfiehlt der jungen Frau eine Umschulung.	☐	☐
5	Das BiZ hilft bei allen Fragen rund um den Beruf.	☐	☐
6	Zum BiZ kann man nur mit Termin gehen.	☐	☐

5a Berufe auf dem Bau. Welche Berufe finden Sie? Schreiben Sie sie mit Artikel.

> MAU • DACH • RÜST • LE • GE • KA • RÄTE • GE • RER • DECKER •
> BAU • BO • NAL • BAUER • DEN • FÜHRER • GER • BAUER

1 ....   4 ....

2 ....   5 ....

3 ....   6 ....

5b Tätigkeiten in Bauberufen. Beantworten Sie die Fragen. Verwenden Sie *um ... zu*.

10.12

1 Warum klettert ein Dachdecker auf ein Dach? *(Dach reparieren)*

   Er klettert auf ein Dach, um das Dach zu reparieren.

2 Warum stellt ein Gerüstbauer ein Gerüst auf? *(Haus streichen)*

   ....

3 Warum bringt ein Maurer Mörtel auf die Baustelle? *(Wand mauern)*

   ....

4 Warum geht ein Bodenleger in ein Haus? *(Parkett verlegen)*

   ....

5 Warum fährt ein Baugeräteführer einen Kran? *(Material transportieren)*

   ....

6 Warum geht ein Kanalbauer unter die Erde? *(Rohre verlegen)*

   ....

6a Was sind die Vorteile von Berufen im Bau? Was sind die Nachteile? Übertragen Sie die Tabelle in Ihr Heft und ergänzen Sie sie.

Vorteile	Nachteile
Man kann mit den Händen arbeiten.	Man muss schwer tragen können.

6b Was meinen Sie: Vorteil oder Nachteil? Entscheiden Sie und kreuzen Sie an.

	Vorteil	Nachteil
1 Man arbeitet draußen.	☐	☐
2 Man kann mit den Händen arbeiten.	☐	☐
3 Am Ende des Tages kann man das Resultat seiner Arbeit sehen.	☐	☐
4 Man klettert auf Gerüste und hat eine gute Aussicht.	☐	☐

7 **Ergänzen Sie den Dialog mit den Wörtern aus dem Schüttelkasten.**

> Wissen • Berufserfahrung • Kritikfähigkeit • Motivation • Zeugnisse •
> Selbstständigkeit • Teamfähigkeit •

- Du, Fatima, kannst du mir helfen? Ich habe hier einen Text über Softskills gelesen. Was ist denn damit gemeint? So was wie Schulabschlüsse und _____ [1]?
- Nein, das ist damit nicht gemeint. Auch nicht wie lange du schon arbeitest, also deine _____ [2].
- Aber Können und _____ [3] sind doch wichtig, oder?
- Ja, schon. Wenn du im Beruf erfolgreich sein möchtest, solltest du aber noch andere Fähigkeiten mitbringen. Zum Beispiel solltest du gut mit anderen Menschen zusammen-arbeiten können. Das nennt man dann _____ [4].
- Verstehe. Gleichzeitig ist aber doch sicher wichtig, dass ich nicht bei jedem Arbeitsschritt nachfragen muss, sondern über ein hohes Maß an _____ [5] verfüge, oder?
- Unbedingt. Wichtig ist auch, dass du im Beruf etwas erreichen möchtest. Das nennt man _____ [6]. Wenn man dich kritisiert, weil du vielleicht etwas falsch gemacht hast, dann solltest du die Kritik annehmen können. Das heißt dann _____ [7].
- Ich verstehe, danke dir.

8 **Kompetenzen im Beruf. Verknüpfen Sie die Sätze jeweils mit *anstatt … zu* und *sondern*.**

10.10

1 Als Erzieher sollte man nicht ungeduldig sein. Man sollte immer ruhig bleiben.

Anstatt ungeduldig zu sein, sollte man als Erzieher immer ruhig bleiben.

Als Erzieher sollte man nicht ungeduldig sein, sondern immer ruhig bleiben.

2 Ein Verkäufer darf Kunden nicht beleidigen. Im Verkauf muss man freundlich sein.

_____ die Kunden _____ beleidigen, muss ein Verkäufer freundlich sein.

Ein Verkäufer darf Kunden nicht beleidigen, _____ muss freundlich sein.

3 Ein Altenpfleger darf die Kollegen nicht vergessen. Er muss teamfähig zu sein.

_____

_____

4 Als Telefonist sollte man nicht schüchtern sein. Man sollte kommunikativ sein.

_____

_____

9a Wozu tun Menschen Dinge? Schreiben Sie Sätze mit *damit*.

10.12

1 Hamid besucht die Jobbörse. Die Firmen sollen ihn kennenlernen.

Hamid besucht die Jobbörse, damit die Firmen ihn kennenlernen.

2 Ksenija zieht sich ordentlich an. Sie will auf der Jobbörse einen guten Eindruck machen.

3 Akif möchte sich auf der Jobbörse informieren. Er möchte bei seiner Existenzgründung keine Fehler machen.

4 Kaouther hat auf der Jobbörse Termine vereinbart. Sie will ihre Zeit gut nutzen.

9b Wozu tun Sie Dinge? Schreiben Sie ebenfalls Sätze mit *damit*.

Ich lerne Deutsch, damit ich später gute Chancen auf dem Arbeitsmarkt habe.

9c Schreiben Sie die Sätze aus 9a um. Verwenden Sie statt *damit* nun *um … zu*. Formen Sie dann drei Sätze aus 9b ebenfalls um.

1 *Hamid besucht die Jobbörse, um Firmen kennenzulernen.*

2

3

4

5

6

7

10 Lange Vokale. Entscheiden Sie: *h* oder Doppelvokal?

Noura ge____t auf die Jobbörse. Sie möchte einen Ausbildungsplatz finden. An einem Stand sie____t sie Informationen über die Möglichkeit einer schulischen Ausbildung. Die Le____rer am Stand findet sie se____r sympathisch. Sie möchte einen Flyer mitne____men, doch leider ist die Schachtel mit den Flyern bereits le____r und es gibt keinen Nachschub me____r. Also notiert sie sich die Website der Schule und eine Telefonnummer. Sie freut sich schon se____r auf einen persönlichen Besuch. Fe____lt nur noch ein Schulplatz, denkt sie sich, denn schließlich möchte sie nicht auf der Straße stehen und le____r ausge____en. In der nächsten Woche veranstaltet die Schule ein Fußball-Turnier. Das möchte sie gemeinsam mit ihrer Freundin besuchen. Es wird auch einen Kuchenverkauf geben. Noura liebt Kaffe____ und Kuchen – am liebsten mit viel Sa____ne!

die Stellenanzeige, -n ....

das Beratungsgespräch, -e ....

sich bewerben ....

die offene Stelle ....

die Umschulung, -en ....

die Zeitarbeitsfirma, -firmen ....

A Das Berufsinformationszentrum

im Internet recherchieren ....

einen Termin vereinbaren ....

die Bewerbungsunterlagen ....

das Zeugnis, -se ....

das Dokument, -e ....

das Studium ....

der/die Arbeitslose, -n ....

die Bewerbung, -en ....

B Sich über Bauberufe informieren

sich informieren (über) ....

der Bauberuf, -e ....

der/die Dachdecker/in, -/innen ....

die Baustelle, -n ....

der Straßenbau ....

transportieren ....

montieren ....

auf{bauen ....

ab{bauen ....

lagern ....

verputzen ....

Teppiche verlegen ....

Maschinen bedienen ....

die Bauzeichnung, -en ....

der Geschäftsraum, "-e ....

die Berufsausbildung, -en ....

eine abgeschlossene Berufsausbildung ....

das Nettogehalt, "-er ....

beantragen ....

C Kompetenzen im Beruf

die Kompetenz, -en ....

erwarten ....

zusammen{arbeiten ....

nach{denken über ....

der Stress ....

die Eigenschaft, -en ....

belastbar ....

verantwortungsbewusst ....

kommunikativ ....

kritikfähig ....

konfliktfähig ....

zuverlässig ....

fleißig ....

hilfsbereit ....

geduldig ....

sorgfältig ....

Verantwortung übernehmen ....

D Auf einer Jobmesse

die Industrie, -n ....

der Handel ....

die Dienstleistung, -en ....

überzeugt sein (von) ....

Prüfungsvorbereitung Hören

Der Prüfungsteil Hören hat vier Teile. Sie hören Ansagen am Telefon und Durchsagen, kurze Radioberichte, kurze Gespräche und ein längeres Interview. Sie sollen Hauptaussagen und Einzelheiten verstehen.

Sie hören jeden Text nur einmal!

Versuchen Sie, unser Prüfungsbeispiel zu lösen. Während der Aufgaben wollen wir diesen Prüfungsteil erläutern und einige Tipps und Hilfen geben.

Vor dem Hören

Lesen Sie die Aufgaben genau.
Unterstreichen Sie wichtige Wörter.
Wichtige Wörter können sein: Namen, Orte, Wochentage, Zeitadverbien (immer, nie, …) oder Verben.

Während des Hörens

Vergleichen Sie die Wörter im Hörtext mit den Wörtern aus den Aufgaben, die Sie unterstrichen haben. Was wird im Text gesagt?

Oft werden die Wörter aus den Aufgaben in den Hörtexten anders ausgedrückt, z. B. in einem Wetterbericht:
Aufgabe: Am Samstag wird es nicht regnen. → **Hörtext:** Am Samstag bleibt es trocken.

Oft tauchen gleiche Wörter in den Aufgaben und im Hörtext auf, aber in einem anderen Kontext:
Aufgabe: Auf der A5 gibt es einen Stau. → **Hörtext:** Der Stau auf der A5 hat sich aufgelöst.
Die Aussage Auf der A5 gibt es einen Stau ist also falsch.

Sie müssen sehr konzentriert hören und auf die unterstrichenen Wörter achten.

Nach oder auch schon während des Hörens

Markieren Sie die richtige Lösung. Markieren Sie immer eine Lösung, auch wenn Sie sich nicht sicher sind. Für falsch markierte Lösungen gibt es keinen Punktabzug.

Es kann sein, dass Sie einige Wörter im Hörtext nicht verstehen. Sie werden sehen, dass Sie die Aufgaben trotzdem lösen können. Werden Sie nicht nervös. Hören Sie weiter.

Arbeiten Sie ohne Wörterbuch. Smartphones sind nicht erlaubt.

Hören Teil 1

27

Sie hören vier Ansagen. Zu jeder Ansage gibt es eine Aufgabe. Welche Lösung (a, b oder c) passt am besten? Markieren Sie Ihre Lösungen für die Aufgaben 1–4 auf dem Antwortbogen auf Seite 240.

Beispiel
Wann kann man die Firma erreichen?
a   Am Montagabend.
b   Am Freitagnachmittag.
c   Am Freitagvormittag

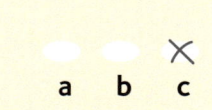

Wenn Sie hören, dass eine Aussage falsch ist, streichen Sie diese Aussage. Dann haben Sie nur noch die Entscheidung zwischen zwei Antworten. In unserem Beispiel müssen Sie auf die Wochentage achten. Sie hören am Anfang der Ansage schon, dass die Firma montagabends nicht erreichbar ist. **a** können Sie bereits streichen. Nur **b** und **c** können also richtig sein. Freitags ist die Firma von 8.00 bis 12.00 Uhr erreichbar. **c** ist richtig.

1   Was soll Herr Malinkowski machen?
   a   Seinen Lebenslauf schicken.
   b   Seinen Gesellenbrief schicken.
   c   Bei der Firma Schleswig anrufen.

2   Wohin fährt die Buslinie 35?
   a   Zum Hauptbahnhof.
   b   In die Innenstadt.
   c   Zu einer Veranstaltung am Albertplatz.

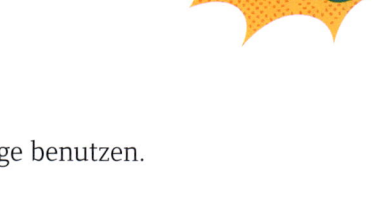

3   Was sollen die Leute machen?
   a   Mit den Aufzügen fahren.
   b   Im Einkaufszentrum bleiben.
   c   Die Fluchtwege und die Notausgänge benutzen.

4   Was will der Anrufer?
   a   Die Elektrofirma soll ihn anrufen.
   b   Er will Lampen kaufen.
   c   Die Elektrofirma soll um 16.00 Uhr einen Mitarbeiter zu ihm schicken.

Was ist richtig? **a**, **b** oder **c**?
Es gibt nur eine richtige Lösung.

In den Pausen zwischen den Ansagen sofort die nächste Aufgabe lesen und wieder wichtige Wörter markieren.

Hören Teil 2

🔊
28

Sie hören fünf Ansagen aus dem Radio. Zu jeder Ansage gibt es eine Aufgabe. Welche Lösung (a, b oder c) passt am besten? Markieren Sie Ihre Lösungen für die Aufgabe 5–9 auf dem Antwortbogen auf Seite 240.

5 Was hören Sie?
- **a** Nachrichten.
- **b** Veranstaltungshinweise.
- **c** Verkehrsmeldungen.

6 Wo findet die Jobmesse statt?
- **a** In der Handwerkskammer.
- **b** Vor dem Rathaus.
- **c** In der Fachhochschule.

7 Wie ist das Wetter im Norden?
- **a** Am Abend bleibt es trocken.
- **b** Manchmal ist es sonnig.
- **c** Die Temperaturen liegen über 0 Grad.

8 Wo gibt es einen Unfall?
- **a** Bei Rastatt.
- **b** Bei Denzlingen.
- **c** Bei Weil am Rhein.

9 In der neuen Sendereihe geht es um
- **a** die wirtschaftliche Entwicklung.
- **b** Arbeitnehmer und Arbeitsbedingungen.
- **c** die Probleme von Betriebsräten und Gewerkschaftern.

In Hören Teil 2 gibt es einen Wetterbericht und Verkehrsmeldungen. Beim Wetterbericht müssen Sie immer auch auf geographische Angaben achten (Wie ist das Wetter im Norden?), bei den Verkehrsmeldungen auf typische Begriffe wie Unfall, Stau oder Personen auf der Fahrbahn.

Hören Teil 3

29 **Sie hören vier Gespräche. Zu jedem Gespräch gibt es zwei Aufgaben. Entscheiden Sie bei jedem Gespräch, ob die Aussage dazu richtig oder falsch ist und welche Antwort (a, b oder c) am besten passt. Markieren Sie Ihre Lösungen für die Aufgaben 10–17 auf dem Antwortbogen auf Seite 240.**

Beispiel

01 Der Mann und die Frau sind Kollegen.
richtig/falsch?

02 Was hat der Mann am Wochenende gemacht?
a Er ist zu seinem Bruder gefahren.
b Er hat seine Freundin besucht.
c Er ist in Köln geblieben.

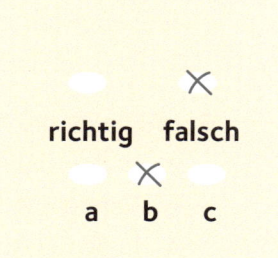

Die Sprecher sind gute Bekannte, aber keine Kollegen. **01** ist falsch.
Aufgabe **02** fragt nach einem Detail. Lesen Sie. Was hat der Mann am Wochenende gemacht?
Lösung: Er ist zu seiner Freundin gefahren, hat also seine Freundin besucht, **b** ist richtig.

10 Die Personen treffen sich zum ersten Mal.
richtig/falsch?

11 Was ist richtig?
a Herr Ming ist Experte für optische Geräte.
b Herr Ming hat nach seiner Ausbildung die Firma gewechselt.
c Die Firma, in der Herr Ming seine Ausbildung gemacht hat, wollte ihn nicht übernehmen.

In den Pausen zwischen den Gesprächen die nächste Aufgabe lesen und wieder wichtige Wörter markieren.

12 Das Gespräch findet während der Arbeit statt.
richtig/falsch?

13 Der Mann …
a findet die Arbeit in der Abteilung für Forschung und Entwicklung interessant.
b arbeitet in der Abteilung für Forschung und Entwicklung.
c ist Sachbearbeiter in der Abteilung für Forschung und Entwicklung.

14 Frau Dold hat eine Beschwerde.
richtig/falsch?

15 Die Mitarbeiter der Firma Fensterbau Haaf …
a haben die Fenster repariert.
b können nicht kommen.
c kommen am Abend oder am nächsten Tag.

16 Der Mann und die Frau wollen Werkzeug verkaufen.
richtig/falsch?

17 Frau Horn …
  a will braucht einen Prospekt von der Firma Hoffmann Maschinenbau.
  b kennt Herrn Engholm von einem Messebesuch.
  c will einen Kollegen zu der Firma Hoffmann schicken.

Hören Teil 4

Sie hören ein längeres Interview mit verschiedenen
Sprechern zu einem Thema aus der Arbeitswelt und
sollen Aussagen verschiedenen Personen zuordnen.
Bevor Sie den Text hören, haben Sie eine Minute
Zeit, die Aussagen genau zu lesen. Lesen Sie alle
Sätze genau. Markieren Sie wichtige Wörter.
Ein Satz ist markiert (in unserem Beispiel Satz d).
Dieser Satz gehört zum Beispiel. Sie können diesen
Satz streichen. Dann bleiben nur noch fünf Sätze
übrig, auf die Sie beim Hören achten müssen.

 Wenn der Hörtext beginnt, lesen Sie nicht weiter. Konzentrieren Sie sich auf die unterstrichenen
Wörter in den Aufgaben und auf die Aussagen der Sprecher. Welche Aussage passt zu welchem
Sprecher? Markieren Sie die richtigen Lösungen.

🔊
30
**Hören Sie die Aussagen zu einem Thema. Welcher der Sätze a–f passt zu den Aussagen
18–20? Markieren Sie Ihre Lösungen für die Aufgaben 18–20 auf dem Antwortbogen
auf Seite 240. Lesen Sie jetzt die Sätze a–f. Dazu haben Sie eine Minute Zeit. Danach
hören Sie die Aussagen.**

Beispiel

○　○　○　✕　○　○
a　b　c　d　e　f

  a Ich bin schon zufrieden, wenn ich Arbeit finde.
  b Ich will Karriere machen.
  c Für mich ist wichtig, dass ich mit den Händen
     arbeiten kann.
  d Die Arbeit muss Abwechslung bieten.
  e Für mich ist nur das Gehalt wichtig.
  f Ich will keinen langen Weg zur Arbeit.

 Der Sprecher findet es
schrecklich, wenn man in
seinem Job immer das-
selbe machen muss
→ Die Arbeit muss
Abwechslung bieten.
d ist richtig.
d Die Arbeit muss
Abwechslung bieten.

Vorbereitung auf den Prüfungsteil Hören im Kurs

Arbeiten Sie in Gruppen. Sammeln Sie zu den folgenden Situationen wichtige Wörter und Formulierungen und schreiben Sie sie auf. Jede Gruppe bearbeitet drei Situationen. Hängen Sie die Listen im Kurs aus. Sie können sie auch für alle kopieren.

Teil 1 und 2

Ansagen im Bahnhof

Ansagen im Zug

Ansagen in U-Bahnen, Bussen und Straßenbahnen

Ansagen im Supermarkt

Ansagen im Kaufhaus/Warenhaus

Nachrichten auf der Mailbox (Terminvorschlag, Terminabsage, Terminänderung)

Wegbeschreibung auf dem Anrufbeantworter

Wetterbericht im Radio

Verkehrsmeldungen im Radio

Programmhinweise im Radio

Veranstaltungshinweise im Radio

…

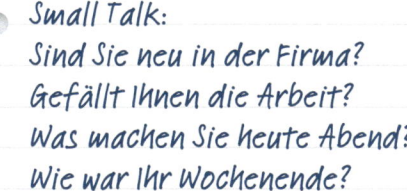

Verkehrsmeldungen:
Autobahn, Unfall, Stau,
Gegenstände auf der Fahrbahn

Teil 3 und 4

Small Talk

Gespräch über Arbeitssuche

Vorstellungsgespräche

Gespräche über Urlaubsplanung

Arbeitsbesprechungen

Gespräch über Zufriedenheit mit dem Arbeitsplatz

Kundengespräche

Verkaufsgespräche

Gespräche auf einer Messe

…

Small Talk:
Sind Sie neu in der Firma?
Gefällt Ihnen die Arbeit?
Was machen Sie heute Abend?
Wie war Ihr Wochenende?

Achten Sie auf Ansagen und Durchsagen, wenn Sie in der U-Bahn, am Bahnhof oder im Kaufhaus sind. Nehmen Sie diese Ansagen mit dem Handy auf und üben Sie zu Hause oder im Unterricht. Üben Sie gemeinsam, wichtige Wörter und Sätze zu verstehen, und notieren Sie die Sätze.

Nachrichten in deutscher Sprache hören – Deutsch lernen mit der Deutschen Welle

Die Deutsche Welle bietet im Internet täglich Nachrichten in deutscher Sprache an, in normalem Sprechtempo aber auch in einer langsam gesprochenen Version.

Sie können den Wortlaut der Nachrichten mitlesen.

Bevor Sie mitlesen, hören Sie nur und versuchen Sie die wesentlichen Punkte aus den Nachrichten zu verstehen.

Weitere Angebote der deutschen Welle zum Deutschlernen:

http://www.dw.com/de/deutsch-lernen

Die Bewerbung

Sie lernen

- über eigene Erfahrungen mit Bewerbungen sprechen
- Stellenanzeigen lesen und verstehen
- über Anforderungen an Bewerber und Bewerberinnen sprechen
- sich telefonisch über eine Stelle informieren
- einen Lebenslauf und eine Bewerbung schreiben

1 a Die schriftliche Bewerbung. Was sehen Sie auf den Fotos?

> Auf dem Foto links oben sieht man eine Frau, die an ihrem Laptop arbeitet. Vielleicht sucht sie eine Stelle im Internet.

1 b Hören Sie das Gespräch zwischen Elham Sarif und Pari Alavi. Über welche zwei Themen sprechen sie?

31

1 c Hören Sie das Gespräch noch einmal. Kreuzen Sie an: Welche Unterlagen gehören zu einer Bewerbung?

Ü1

1 ☐ ein Lebenslauf
2 ☐ Empfehlungs-schreiben
3 ☐ ein Anschreiben

4 ☐ ein Passfoto
5 ☐ eine Kopie vom Pass
6 ☐ eine Kopie vom Meldeschein

7 ☐ Kopien von Schulzeugnissen
8 ☐ eine Bescheinigung von der Umschulung

2 Welche Erfahrungen mit Bewerbungen haben Sie in Ihrer Heimat und in Deutschland gemacht? Erzählen Sie im Kurs.

Ü2

> Ich habe mich noch nicht oft beworben. Es war nicht leicht, das Anschreiben zu schreiben.

> Für meinen Job in meiner Heimat habe ich mich persönich beworben, nicht schriftlich.

1 a
Ü3

Überfliegen Sie die Stellenanzeigen und ordnen Sie sie den Fotos zu.

 A ☐
 B ☐
 C ☐
 D ☐

1

Gartenarbeiter/innen ab sofort gesucht
Ihre Aufgaben:
- Grünanlagen pflegen und Rasen mähen
- Hecken und Sträucher beschneiden
- Aushilfe im Winterdienst

Ihre Qualifikationen:
- abgeschlossene Ausbildung im Gartenbau
- freundliches Auftreten und Belastbarkeit
- Führerschein der Klasse B
- Teamgeist und Einsatzbereitschaft

Wir bieten:
- einen sicheren Arbeitsplatz und gute Einarbeitung
- gutes Betriebsklima

Bitte bewerben Sie sich per Mail:
bewerbung@huber-gaertnerei.de
oder direkt bei Frau Deutz:
Telefon 089 173 00 85
Max Huber GmbH, Reisingerstr. 27, 80995 München

2

Wir suchen ab sofort mehrere zuverlässige
Sicherheitsmitarbeiter Objektschutz (m/w)
Ihre Aufgaben:
- Bewachung von Objekten
- Zugangs- und Zufahrtskontrollen
- Besucherempfang

Ihr Profil:
- Sachkundeprüfung nach § 34a GewO
- gute Deutschkenntnisse
- einwandfreies polizeiliches Führungszeugnis
- Flexibilität und Bereitschaft zum Schichtdienst

Unser Angebot:
- Arbeitsvertrag in Vollzeit oder Teilzeit
- tarifliche Bezahlung
- Tag- und Nachtarbeit – auch an Wochenenden

Bewerbungen an:
Hosch Sicherheitsdienst GmbH
Frau Manuela Bauer, Tel.: 0851/776 452
Danziger Straße 38, 94034 Passau

3

Zur Verstärkung unsres Teams suchen wir eine/n **Altenpflegehelfer/in,** Arbeitsort: Landshut
Ihre Aufgaben:
- Durchführung der Grundpflege
- Reichen von Speisen und Getränken
- Dokumentation der Leistungen

Ihr Profil:
- Pflegebasiskurs (mindestens 260 Stunden)
- idealerweise erste Berufserfahrung
- Freundlichkeit und Zuverlässigkeit

Wir bieten Ihnen:
- faire Bezahlung
- gute Einarbeitung in alle Wohnbereichsabläufe
- Flexible Arbeitszeiten

✉ info@sonnenhaus.de
☎ 0871 491 204
Einselestraße 14, 84030 Landshut

4

Busfahrer (m/w), in Unterrode

Ihre Aufgaben:
- Fahren von Bussen im gesamten Streckennetz rund um die Uhr
- sichere und pünktliche Beförderung unserer Fahrgäste

Ihr Profil:
- gültige Fahrerlaubnis der Klasse D/DE
- gesundheitliche Eignung
- gute Deutschkenntnisse
- Verantwortungs- und Pflichtbewusstsein

Wir freuen uns auf Ihre vollständigen Bewerbungsunterlagen einschließlich Kopie vom Führerschein und ein aktuelles Führungszeugnis.
Rekrutierung: Tine Bunk
Kontakt: 0591 25671,
bunk@uvb-unterrode.de
Marktplatz 1, 30111 Unterrode

1 b Lesen Sie die Anzeige 1 noch einmal. Notieren Sie: In welcher Zeile finden Sie die Informationen zu den Fragen?

1 Ab wann kann man in der Firma anfangen? *Zeile 1*

2 Was muss der/die Mitarbeiter/in tun?

3 Welche Eigenschaften braucht man für den Job?

4 Was bietet die Firma?

5 Wie soll man die Bewerbung schicken?

6 Wer ist der/die Ansprechpartner/in für die Bewerbung?

1 c Lesen Sie die Stellenanzeigen noch einmal und ergänzen Sie die Tabelle in Ihrem Heft.

Beruf	Firma? Wo?	Kenntnisse und Eigenschaften?	Voraus-setzungen?	Angebot?
Gartenarbeiter / Garten-arbeiterinnen	Max Huber GmbH in München	...	...	...

2 Hören Sie das Gespräch zwischen Elham Sarif und Pari Alavi. Kreuzen Sie an: Was sagt Frau Alavi?

🔊 32

1 ☐ Man soll Stellenanzeigen genau lesen.
2 ☐ Eine Bewerbung muss zur Stellenanzeige passen.
3 ☐ Meistens gibt es viele Stellensuchende.
4 ☐ Frau Sarif ist die richtige Kandidatin für die Stelle.
5 ☐ Sie soll in ihrer Bewerbung zeigen, dass sie die richtigen Qualifikationen hat.
6 ☐ Sie soll überlegen, ob sie die richtigen Stärken für die Stelle hat.

3 Lesen Sie die Stellenanzeige und stellen Sie sie vor.

Ü4

Wäschereihelfer/in in Vollzeit
(40 Std./Woche) in Nürtingen

Ihre Aufgaben:
- Waschmaschinen ein- und ausräumen
- Wäsche mangeln
- Wäsche zu Kunden fahren

Ihr Profil:
- Führerschein Klasse B
- körperliche Belastbarkeit

- gute Deutschkenntnisse und Kommunikationsfähigkeit

Unser Angebot:
- Vergütung nach Tarifvertrag
- betriebliche Altersvorsorge
- nettes Arbeitsklima

Wir freuen uns auf Ihre Bewerbung.
Schicken Sie Ihre Unterlagen an: Vicky Huth
v.huth@waescherei-personal.de
Telefon: 07022/274481

Die Firma sucht ...   Die Firma bietet ...
Die Firma erwartet, ...   Man soll sich ... bewerben.

1a Frau Sarif informiert sich über eine offene Stelle. Hören Sie das Telefongespräch und kreuzen Sie an: Welches Foto passt?

 1 ☐

 2 ☐

 3 ☐

1b Lesen Sie den Dialog und ergänzen Sie. Hören Sie dann noch einmal zur Kontrolle.

> Haben Sie fünf Minuten Zeit für mich? • Wann ist der nächste Einstellungstermin? •
> Ist sie noch frei? • Kann ich mich trotzdem bei Ihnen bewerben? •

● Max Huber GmbH, Sie sprechen mit Frau Deutz.

● Guten Tag, mein Name ist Elham Sarif. 1

● Ja, wie kann ich Ihnen helfen?

● Ich habe Ihre Anzeige vom ersten Mai im Internet erst jetzt gelesen. In der Anzeige steht

„ab sofort" zu besetzen: 2

● Ja, wir haben sie noch nicht besetzt. Wir suchen noch eine Gärtnerin für unser Team.

● Ich komme aus dem Iran und bin 26 Jahre alt. Nach dem B1-Deutschkurs habe ich meine zweijährige Umschulung zur Gärtnerin vor einem Monat erfolgreich abgeschlossen. Aber

ich habe noch keine Berufserfahrung. 3

● Natürlich, gern. Wir würden Sie in alle Aufgabengebiete einarbeiten.

● Noch eine letzte Frage. 4

● Wir möchten die Stelle gern zum 01.06. besetzen.

2 Lesen Sie den Ratgebertext und kreuzen Sie an: richtig oder falsch?
Ü5

> ### Anrufen vor der Bewerbung? Die richtigen Fragen stellen!
>
> Nur wenige Bewerber und Bewerberinnen rufen bei einem Wuncharbeitgeber vor der Bewerbung an. Aber es kann sinnvoll sein, mit einem Arbeitgeber vor der Bewerbung zu telefonieren. Sie zeigen durch einen Anruf, dass Sie sich für die Stelle und die Firma interessieren. Aber es ist wichtig, sich auf ein Telefongespräch gut vorzubereiten. Wenn Sie anrufen, fragen Sie gleich, ob Ihr Gesprächspartner Zeit hat. Wenn ja, stellen Sie sich zuerst kurz vor und stellen dann zwei oder drei konkrete Fragen wie zum Beispiel: Ist die Stelle noch frei? Oder: Welche Qualifikationen sind dem Unternehmen besonders wichtig?

	R	F
1 Es ist oft sinnvoll, vor einer Bewerbung bei der Firma anzurufen.	☐	☐
2 Bevor man anruft, sollte man überlegen, was man fragen möchte.	☐	☐
3 Man hinterlässt einen guten Eindruck, wenn man viele Fragen hat.	☐	☐

C Der Lebenslauf

1 a Lesen Sie den Lebenslauf und ordnen Sie zu: Welche Überschriften passen zu 1–6?
Ü6

> Schulbildung • Engagement und Interessen • Aus- und Weiterbildung •
> Persönliche Daten • Praktikum • Kenntnisse und Fähigkeiten

LEBENSLAUF

1 ....

Name: Elham Sarif
Anschrift: Rudolf-Zorn-Straße 44
81739 München
E-Mail: elham.sarif@gtz.de
Telefon: 0171 773 55 61
Geburtsdatum/-ort: 05.08.1992 in Arak, Iran

2 ....

1998 – 2004	Grundschule in Arak
2004 – 2010	Sekundarausbildung mit Abschlusszertifikat (Diplom) in Arak

3 ....

2014 – 2016	Deutschkurse mit Abschluss DTZ
2016 – 2018	Umschulung zur Gärtnerin mit Zertifikat beim Berufsbildungswerk

4 ....

09 – 12/2015	Praktikum in der Kita Sonnenschein, München

5 ....

Persisch	Muttersprache
Deutsch	B1 (Deutschtest für Zuwanderer)
Computer	Word, Powerpoint, Excel
Führerschein	Klasse B

6 ....

Ehrenamtliches Engagement als Flüchtlingshelferin
Joggen, persische Musik

München, 19. August 2018
Elham Sarif

Checkliste Lebenslauf

- ☐ *Überschriften und Themenblöcke*
- ☐ *Persönliche Daten*
- ☐ *Angaben zur Schulbildung (Wo? Von wann bis wann? Abschlüsse?)*
- ☐ *Angaben zu Umschulungen und Praktika (Was? Wo? Von wann bis wann? Zertifikate?)*
- ☐ *Angaben zu Kenntnissen*
- ☐ *Angaben zu Engagement und Hobbys*
- ☐ *die Unterschrift und meistens ein Foto*

---

1 b Schreiben Sie W-Fragen zu Elham Sarifs Lebenslauf. Fragen und antworten Sie.

> Wo ...?

2 Schreiben Sie Ihren Lebenslauf. Fragen und antworten Sie zu zweit.

- Wo und wie lange sind Sie zur Schule gegangen?
- Haben Sie einen Berufsabschluss?
- Haben Sie Berufserfahrung?

- Wo und als was haben Sie gearbeitet?
- Haben Sie eine Weiterbildung gemacht?
- Welche PC-Kenntnisse haben Sie?
- Haben Sie Hobbys?

D Das Bewerbungsschreiben

1a Lesen Sie Elham Sarifs Bewerbungsschreiben und ordnen Sie A–H den Briefteilen zu.
Ü7

A die Einleitung • B der Hauptteil (Warum bewerbe ich mich? Welche Qualifikationen habe ich?) • C die Anlagen • D die Grußformel • E der Schlussteil • F die Anschrift der Firma • G die Anrede • H der Absender • I die Betreffzeile (immer fett gedruckt)

☐ Elham Sarif
Rudolf-Zorn-Straße 44
81739 München
elham.sarif@gtz.de

☐ Max Huber GmbH
Frau Deutz
Reisingerstr. 27
80995 München

München, den 19. August 2018

☐ **Bewerbung als Gartenarbeiterin**

☐ Sehr geehrte Frau Deutz,

☐ vielen Dank für das interessante Telefongespräch gestern. Wie besprochen sende ich Ihnen in der Anlage meine Bewerbung für die Stelle als Gartenarbeiterin.

☐ Ich bin anerkannte Asylbewerberin mit unbefristetem Aufenthaltstitel. Nach der Flucht nach Deutschland 2014 habe ich zuerst an der VHS München zwei Jahre lang Deutsch gelernt und den Deutschtest für Zuwanderer erfolgreich abgelegt.
Da ich mich schon immer für Pflanzen und Gartenanlagen interessiert habe und ich auch im Freien arbeiten wollte, habe ich am Berufsfortbildungswerk in München vor einem Monat eine Umschulung zur Gärtnerin mit gutem Erfolg abgeschlossen. Während der zweijährigen Umschulung habe ich alle Aspekte des Berufs von Grünanlagen pflegen, Hecken und Sträucher schneiden bis Baumfäll- und Baumpflegearbeiten kennengelernt. Darüber hinaus habe ich auch gelernt, mit verschiedenen Maschinen und Geräten sicher umzugehen.

☐ Ich arbeite sehr gern im Team. Zu meinen Stärken gehören Flexibilität, Belastbarkeit und Freundlichkeit. Ich bin lernbereit und kann mich schnell in neue Arbeitsbereiche einarbeiten.

☐ Über eine Einladung zu einem persönlichen Gespräch freue ich mich sehr.

Mit freundlichen Grüßen

Elham Sarif

Elham Sarif

☐ Lebenslauf, Zeugniskopien, Praktikumsbescheinigung

1 b Lesen Sie die Stellenanzeigen auf Seite 84 und das Bewerbungsschreiben noch einmal. Wie zeigt Elham Sarif, dass sie die richtige Person für die ausgeschriebene Stelle ist? Markieren Sie die entsprechenden Stellen in der Anzeige und im Bewerbungsschreiben.

1 c Vergleichen Sie Ihre Ergebnisse aus 1b im Kurs.

> Der neue Mitarbeiter / Die neue Mitarbeiterin ...

1 d Lesen Sie das Bewerbungsschreiben noch einmal und beantworten Sie die Fragen.

1 Warum möchte Frau Sarif als Gärtnerin arbeiten?

2 Was kann sie gut?

3 Warum bewirbt sie sich bei dieser Firma?

4 Warum ist sie die richtige Bewerberin für die Stelle?

5 Welche persönlichen Eigenschaften bringt sie für die Stelle mit?

2 a Mohand Haba möchte sich auf die Stelle „Busfahrer" auf Seite 84 bewerben. Welche Informationen sind für seine Bewerbung wichtig?

Mein Name ist Mohand Haba. Ich komme aus Marokko und wohne seit fünf Jahren in Unterrode. Ich bin nicht verheiratet und habe zurzeit auch keine Freundin. Ich bin in Meknes sechs Jahre zur Grundschule gegangen. Danach
5 habe ich eine weiterführende Sekundarschule besucht und den Schulabschluss gemacht. Meine Lieblingsfächer waren Französisch und Geschichte. Anschließend habe ich eine Ausbildung zum Techniker gemacht. Die Ausbildung war nicht sehr gut. Nach der Ausbildung habe ich drei Jahre in
10 der Werkstatt von meinem Onkel gearbeitet.

Ich spreche Deutsch, Arabisch und Französisch sehr gut.

2013 bin ich nach Deutschland geflüchtet. Zuerst habe ich zwei Jahre lang an der VHS in Unterrode Deutsch gelernt. Meine Lehrerinnen waren sehr nett. Nach dem B1-Kurs habe ich eine Umschulung zum Servicefahrer gemacht. Die Umschulung hat 2,5 Monate gedauert
15 und ich habe den Führerschein Klasse B bekommen. Nach der Umschulung habe ich eine Vollzeitanstellung bei einem Paketdienstleister bekommen. Dort habe ich zwei Jahre lang morgens einen Kleintransporter beladen und dann die Pakete an die Kunden ausgeliefert.

Da ich aber Busfahrer werden wollte, habe ich meine Stelle gekündigt und eine Fortbildung zum Kraftfahrer im Personenverkehr gemacht und die Fahrerlaubnis Klasse D/DE erworben.
20 Im Rahmen eines Praktikums konnte ich meine Kenntnisse vertiefen und den Arbeitsplatz Busfahrer besser kennenlernen.

Ich suche jetzt eine Stelle als Busfahrer. Ich bin gesund, sehr freundlich und zuverlässig. Ich kann rund um die Uhr arbeiten – auch am Wochenende.

Schule und Ausbildung	Berufserfahrung	Sprachenkenntnisse / Eigenschaften	Wünsche
6 Jahre Grundschule			

2 b
Ü8

Mohand Haba bewirbt sich auf die Stelle als Busfahrer auf Seite 84. Schreiben Sie sein Bewerbungsschreiben.

Mohand Haba

Bachweg 24
30111 Unterrode
Tel.: 0591 33 75 23
E-Mail: m.haba@web.com

Unterrode, 18. August 20…

Unterrode Verkehrsbetriebe
Tine Bunk
Marktplatz 1
30111 Unterrode

Bewerbung um die Stelle als Busfahrer

Sehr geehrte Frau Bunk,

mit großem Interesse habe ich …

3 a
Ü9

Suchen Sie im Internet oder in der Zeitung eine Stellenanzeige, die Sie interessiert und schreiben Sie ein Bewerbungsschreiben.

– Schreiben Sie, um welche Stelle Sie sich bewerben.
– Erklären Sie kurz, warum Sie die richtige Person dafür sind.
– Schreiben Sie, welche Berufserfahrung Sie haben und welche Umschulungen Sie gemacht haben.
– Erwähnen Sie Ihre Kompetenzen, z. B. teamfähig, motiviert, offen, belastbar, …
– Zeigen Sie Ihr spezielles Interesse an diesem Unternehmen.
– Zeigen Sie Interesse an einem Vorstellungsgespräch.

Das Bewerbungsschreiben

Die Betreffzeile
Bewerbung um die Stelle als …

Die Einleitung
Mit großem Interesse habe ich Ihre Anzeige für die Stelle als … in der … gelesen.
In Ihrer Anzeige vom … in … suchen Sie … .
Wie telefonisch mit Herrn/Frau … besprochen, bewerbe ich mich um die Stelle als …

Der Hauptteil: Ausbildung und Berufserfahrung, gegenwärtige Tätigkeit, Qualifikationen
Meine Ausbildung zum … habe ich bei der Firma … in … gemacht.

Seit … arbeite ich bei … .
Zu meinen Aufgaben zählen/zählten … .
Ich habe eine zweijährige/… Umschulung zu … gemacht.

Der Hauptteil: Kompetenzen
Ich bin flexibel und belastbar.
Arabisch ist meine Muttersprache und ich spreche Deutsch auf der Niveaustufe …
Ich bin handwerklich sehr geschickt.

Der Schlusssatz
Über eine Einladung zu einem persönlichen Gespräch freue ich mich sehr.

Übungen

Hier üben Sie: Adjektivdeklination

1 Geben Sie Tipps für eine Bewerbung. Verwenden Sie die Wörter aus dem Schüttelkasten.

> Stellenanzeigen • im Internet oder in der Zeitung • Bewerbung • Lebenslauf •
> ein paar Fragen • Zeugnisse • eine Freundin oder einen Freund

1 Tipps für eine erfolgreiche ....

2 Suchen Sie nach Stellenangeboten ....

3 Lesen Sie die .... ganz genau durch und überlegen Sie,
ob die Anzeige zu Ihnen passt.

4 Lassen Sie in Ihrem .... keine Lücken.

5 Legen Sie der Bewerbung alle wichtigen .... als Kopie bei.

6 Überlegen Sie sich .... zu der Firma oder Ihrer
zukünftigen Tätigkeit.

7 Fragen Sie ...., ob er oder sie mit Ihnen das
Vorstellungsgespräch übt.

2 a Was passt zusammen? Ordnen Sie die passenden Adjektive den Nomen zu.
Achten Sie auf die richtige Endung der Adjektive.

7.2

> richtig • wichtig • schriftlich • mündlich • lesbar •
> freundlich • tabellarisch • interessant

1 die .... Bewerbung   **5** das .... Passfoto

2 der .... Lebenslauf   **6** die .... Informationen

3 die .... Kopie   **7** der .... Kandidat

4 die .... Terminbestätigung   **8** das .... Anschreiben

2 b Was braucht man für eine Bewerbung? Ergänzen Sie Adjektive aus 2a im Akkusativ.

Für eine ....[1] Bewerbung braucht man einen ....[2]

Lebenslauf, ein ....[3] Anschreiben mit allen ....[4]

Informationen zur eigenen Person, ...[5] Kopien von allen

Zeugnissen und ein ....[6] Passfoto.

Übungen

3 a Ordnen Sie zu: Welche Tätigkeiten gehören zu welchem Beruf?

> Rasen mähen • Grundpflege durchführen • Objekte bewachen •
> beim Winterdienst helfen • Betten machen • Autos kontrollieren •
> Fahrgäste befördern • Hecken beschneiden • Speisen und Getränke reichen •
> technische Einrichtungen überwachen • Busse fahren • Grünanlagen pflegen

Altenpflegehelfer/in	Busfahrer/in	Gartenarbeiter/in	Sicherheitsmitarbeiter/in Objektschutz

3 b Stellenanzeigen. Ergänzen Sie: Was braucht man?

> ein einwandfreies Führungszeugnis • Freundlichkeit und Zuverlässigkeit •
> eine gültige Fahrerlaubnis der Klasse D/DE • eine Ausbildung im Gartenbau

1 Für das Pflegen von Grünanlagen braucht man ....

2 Für das Bewachen von Objekten braucht man ....

3 Das Befördern von Fahrgästen in einem Bus erfordert ....

4 Beim Durchführen der Grundpflege ist .... wichtig.

3 c Stellenanzeigen. Auf welche Stellenanzeige würden Sie sich gerne bewerben und warum? Schreiben Sie einen kurzen Text.

> Fahren Sie gerne Auto? Sprechen Sie schon ein bisschen Deutsch? Dann verstärken Sie unser Team und werden Sie bei Adonis **Paketauslieferer** in Vollzeit. Wir sind ständig auf der Suche nach freundlichen, belastbaren und zuverlässigen Fahrern. Kontaktieren Sie uns noch heute. Pavel.Panzer@adonis.de

> Kleiner Familienbetrieb sucht **Heizungsmonteur** in Vollzeit. Arbeiten Sie gerne in einem kleinen Team in familiärer Atmosphäre? Interessieren Sie sich für moderne Heizungssysteme? Wir bilden auch aus! Senden Sie uns bitte eine aussagekräftige Bewerbung: heizung@mueller.de oder rufen Sie uns an: 089 - 38 47 59 30

4 Groß- und Kleinschreibung. Verbessern Sie die Fehler.

Risiken und probleme beim schneiden von haaren

Das schneiden von haaren birgt viele risiken. Das wichtigste ist die zufriedenheit der kunden. Manche kunden geben ihre haare nicht gern her. Dadurch ist das kürzen eine schwierige angelegenheit. Manchen kunden sind die haare zu kurz, anderen sind sie nicht kurz genug. Auch das waschen und legen kann so manchen kunden verärgern, der sich eine andere frisur vorgestellt hat als die, die er bekommt. Das weinen mancher kunden ist dann so laut, dass man es auf der ganzen straße hören kann. Das wiederum erschreckt andere kunden, die dann nicht mehr in den laden kommen möchten. Daher sollte man es sich gut überlegen, bevor man eine bewerbung auf eine friseurstelle abschickt.

5a Bringen Sie die Wörter in die richtige Reihenfolge und schreiben Sie Fragen.

1 die Stelle – frei – noch – ist ....

2 es – viele Bewerber – gibt ....

3 verdienen – kann – wie viel – man ....

4 die Stelle – welche Tätigkeiten – umfasst ....

5 soll – der neue Mitarbeiter – anfangen – wann ....

6 brauchen – welche Unterlagen – Sie – von mir ....

7 die Bewerbung – an wen – ich – kann – schicken ....

5b Schreiben Sie fünf weitere Fragen, die Sie stellen könnten.

> Deutschkenntnisse • Arbeitszeiten • Schichtdienst •
> Gesundheitszeugnis • Führerschein

6a Lesen Sie den Lebenslauf und die Stellenanzeigen. Auf welche Stelle könnte Frau Jaber sich bewerben? Warum?

Lebenslauf

Persönliche Daten
Name: Fatin Jaber
Anschrift: Asperger Str. 19
                           71634 Ludwigsburg
                           07141 7392746
E-Mail: f.jaber@gmail.com
Geburtsdatum/-ort: 29.04.1992 in Aleppo
Familienstand: verheiratet
Berufserfahrung
seit 08/2014   Altenpflegehelferin
                           Städtische Pflegeheime
                           Brandtor, Ludwigsburg

Aus- und Weiterbildung
09/2012-06/2014   Ausbildung zur Alten-
                           pflegehelferin
05/2011-07/2012   Integrationskurs in
                           Ludwigsburg

Schulbildung
09/2002-7/2010   Gymnasium in Aleppo
09/1998-07/2002   Grundschule in Aleppo
Besondere Kenntnisse   Arabisch (C2), Kurdisch
                           (C2), Englisch (B1)
Interessen   Theater spielen, kochen

A
Kindertagesstätte Sonnenschein sucht zuverlässigen, freundlichen und belastbaren Mitarbeiter (m/w) in Vollzeit. Sie haben eine Ausbildung als **Kinderpfleger/in** oder eine vergleichbare Ausbildung und mindestens zwei Jahre Berufserfahrung? Schicken Sie Ihre Bewerbungsunterlagen an: kita-sonnenschein@web.de

B
Pflegeheim Abendruh sucht Verstärkung. Sind Sie **Altenpflegehelfer** oder **Altenpfleger** und haben mindestens ein Jahr Berufserfahrung? Sind Sie belastbar und zuverlässig? Dann bewerben Sie sich bei uns. Wir bieten interessante Zusatzleistungen an, wie z. B. eine Betriebsrente. Für weitere Informationen melden Sie sich bei: t.schuster@haus-abendruh.de

6b **Lesen Sie die Anzeige B noch einmal und beantworten Sie die Fragen.**

1 Welchen Beruf muss man haben? ....

2 Wie lange soll man schon in dem Beruf arbeiten? ....

3 Welche persönlichen Kompetenzen soll man haben? ....

4 Was bietet der Arbeitgeber noch an? ....

5 Wie bekommt man weitere Informationen? ....

6 Wer ist der/die Ansprechpartner/in für die Bewerbung? ....

7a **Asia Abe möchte sich auf die Stelle als Kinderpflegerin bewerben. Welche Informationen sind für das Bewerbungsschreiben wichtig? Lesen Sie und unterstreichen Sie.**

Ich bin 25 Jahre alt und seit fünf Jahren verheiratet. Meine Ausbildung zur Kinderpflegerin habe ich an der Robert-Weber-Schule in Ludwigsburg und in der Kindertagesstätte „Wilde Kerle" in Ludwigsburg gemacht. Dort arbeite ich immer noch. Ich kümmere mich dort um das Windelwechseln bei den jüngeren Kindern, helfe aber auch bei der Vorbereitung des Essens und helfe beim Füttern bzw. unterstütze die Kinder, die schon alleine essen können. Ich spiele und bastele auch mit den Kindern. Ich spreche gut Deutsch. In meiner Freizeit koche ich sehr gerne. Ich liebe Kinder und bin sehr geduldig. Ich bin zuverlässig. Stress ist für mich kein Problem. Mein Beruf ist mir sehr wichtig und ich arbeite gern.

7b **Das Bewerbungsschreiben. Ordnen Sie zu: Was passt?**

In Ihrer Anzeige suchen Sie **1**

Meine Ausbildung zur Kinderpflegerin habe ich **2**

Seit dem Ende meiner Ausbildung 2012 arbeite ich **3**

Ich bin unter anderem für **4**

Zu meinen Aufgaben zählen außerdem **5**

Ich liebe Kinder und bin **6**

Über eine Einladung zum Vorstellungsgespräch **7**

A das Wechseln der Windeln.

B geduldig und zuverlässig.

C freue ich mich sehr.

D immer noch in derselben Kindertagesstätte.

E eine zuverlässige und belastbare Mitarbeiterin.

F an der Robert-Weber-Schule und in der Kindertagesstätte „Wilde Kerle" in Ludwigsburg gemacht.

G die Vorbereitung des Essens und für die Unterstützung beim Essen zuständig.

8 a Ein Bewerbungsschreiben ergänzen. Ergänzen Sie die Adjektive in Klammern.
Achten Sie auf den Dativ.

7.2

Sehr geehrter Herr Hansen,

mit ....¹ (groß) Interesse habe ich Ihre Anzeige für die
ausgeschriebene Stelle als Heizungsmonteur gelesen. Ich bewerbe mich auf diese
attraktive Stelle, weil ich bereits in meinem Heimatland Syrien als Heizungs-

monteur gearbeitet habe und gerne in einer ....² (klein)
Firma arbeiten würde.

Ich bin anerkannter Asylbewerber mit ....³ (unbefristet)

Aufenthaltstitel. Im September habe ich den DTZ mit ....⁴
(gut) Erfolg bestanden.
Nach meinem Integrationskurs habe ich ein kurzes Praktikum in einem

.........................⁵ (klein) Betrieb gemacht. Dort habe ich mit

.........................⁶ (verschieden) Kollegen im Team gearbeitet und mit

.........................⁷ (groß) Neugier die vielen verschiedenen Heizungs-

systeme kennengelernt, die es in Deutschland gibt. Leider gab es dort keine freie
Stelle für mich, obwohl mein Chef sehr zufrieden mit mir war.

Gerne erzähle ich Ihnen in einem ....⁸ (persönlich)
Gespräch mehr von mir.

Freundliche Grüße
Ugur Turhan

8 b Unterstreichen Sie alle weiteren Adjektive im Bewerbungsschreiben. Tragen Sie in die
Tabelle ein, ob die Adjektive im Akkusativ oder im Nominativ stehen.

Adjektive im Akkusativ	Adjektive im Nominativ
die ausgeschriebene Stelle	

9 Ergänzen Sie die Substantive mit Artikel. Achten Sie auf die richtigen Endungen.

7.3

1 Jedes Jahr gibt es in der Firma .... oder ....
.... des Jahres. *(der Angestellte / die Angestellte)*

2 Der Abteilungsleiter der Firma lernt regelmäßig mit ....
Peter und .... Jana für die Prüfung. *(der Auszubildende /
die Auszubildende)*

3 Ich kenne .... und ....,
von denen Sie sprechen, sehr gut. Beide setzen sich kostenlos für die Interessen der Mitarbeiter ein. *(der Freiwillige / die Freiwillige)*

das Anschreiben, – ....

das Passfoto, -s ....

die Kopie, -n ....

der Meldeschein, -e ....

die Bescheinigung, -en ....

A Stellenanzeigen lesen

ab sofort ....

der/die Gartenarbeiter/in, -/-nen ....

den Rasen mähen ....

die Einsatzbereitschaft ....

der/die Altenpflegehelfer/in, -/-nen ....

der/die Busfahrer/in, -/-nen ....

die Beförderung ....

der Fahrgast, "-e ....

das Führungszeugnis, -se ....

der Sicherheitsdienst ....

der Objektschutz ....

in Vollzeit ....

in Teilzeit ....

die Vergütung, -en ....

der Tarifvertrag, "-e ....

B Sich telefonisch informieren

der/die Bewerber/in, -/-nen ....

der Einstellungstermin, -e ....

eine Stelle besetzen ....

der/die Gärtner/in, -/-nen ....

erfolgreich ....

ein⟩arbeiten ....

sich vor⟩bereiten (auf) ....

sich vor⟩stellen ....

Fragen stellen ....

C Der Lebenslauf

persönliche Daten ....

die Schulbildung ....

das Interesse, -n ....

das Engagement ....

die Angaben (Pl.) ....

die Unterschrift, -en ....

D Das Bewerbungsschreiben

das Bewerbungsschreiben, - ....

der Absender, - ....

die Anrede, -n ....

die Anschrift, -en ....

Anlage, die, -n ....

der/die Asylbewerber/in, -/-nen ....

unbefristet ....

einen Test ab⟩legen ....

das Gerät, -e ....

der Erfolg, -e ....

die Werkstatt, "-en ....

der/die Paketzusteller/in, -/-nen ....

aus⟩liefern ....

die Anzeige, -n ....

besprechen ....

das Vorstellungsgespräch, -e ....

der Wunsch, "-e ....

Das Vorstellungsgespräch

A ☐ B ☐ C ☐

D ☐ E ☐

Sie lernen

- einen Termin für ein Vorstellungsgespräch bestätigen
- ein Vorstellungsgespräch vorbereiten
- über die Rolle von Körperhaltung und Kleidung sprechen
- ein Vorstellungsgespräch führen

1a Beschreiben Sie die Situationen auf den Fotos. Was vermuten Sie: Wo sind die Personen und worüber sprechen sie?

> Auf Foto D sprechen zwei Personen in einem Büro. Vielleicht sprechen sie über ein Projekt.

> Die Männer auf Foto C machen vielleicht Pause.

1b Hören Sie und ordnen Sie die Dialoge den Fotos zu.
34

1c Hören Sie noch einmal und ordnen Sie zu: Was für Gespräche führen die Personen?
Ü1

☐ ein Vorstellungsgespräch   ☐ ein Verkaufsgespräch
☐ ein Beratungsgespräch   ☐ ein Pausengespräch
☐ ein Projektgespräch

2 Welche Situationen auf den Fotos kennen Sie? Welche Erfahrungen haben Sie gemacht? Fragen Sie Ihren Partner / Ihre Partnerin und berichten Sie.

> Hattest du schon einmal ein Vorstellungsgespräch?

> Ja, ...

> Hast du schon einmal ein Beratungsgespräch geführt?

1 a Elham Sarif hat sich auf eine Stelle als Gärtnerin beworben. Schauen Sie die Zeichnungen an. Was hat sie schon gemacht? Sprechen Sie im Kurs.

> Sie ist zu einem Fotografen gegangen. Der Fotograf hat ein Bewerbungsfoto von ihr gemacht.

> Ja. Aber bevor sie zum Fotografen gegangen ist, hat sie Stellenanzeigen gelesen.

> Nachdem sie ...

1 b 🔊 **35** Hören Sie das Telefongespräch zwischen Frau Sarif und ihrem Bruder. Kreuzen Sie an: Warum hat sie ihn angerufen?

Sie möchte mit ihm über ☐ ihre Bewerbung ☐ ihr Vorstellungsgespräch sprechen.

1 c Hören Sie noch einmal und machen Sie Notizen. Beantworten Sie dann die Fragen.

1 Wann hatte sich Frau Sarif auf die Stelle als Gartenarbeiterin beworben?
2 Wann findet das Vorstellungsgespräch statt?
3 Was soll sie zum Vorstellungsgespräch anziehen?
4 Was möchte der Arbeitgeber von Frau Sarif wissen?
5 Wann will Hossein Sarif seiner Schwester bei der Vorbereitung auf das Gespräch helfen?
6 Wann soll man den Termin für ein Vorstellungsgespräch bestätigen?

2 Ü2 Wortverbindungen. Was passt? Es gibt mehrere Möglichkeiten.

sich auf eine Stelle	**1**	**A**	informieren
eine Einladung zu einem Vorstellungsgespräch	**2**	**B**	vorbereiten
einen Termin zu einem Vorstellungsgespräch	**3**	**C**	bestätigen
sich auf ein Vorstellungsgespräch	**4**	**D**	geben
sich über eine Firma	**5**	**E**	bewerben
Auskunft im Vorstellungsgespräch über sich	**6**	**F**	bekommen

3a Lesen Sie die E-Mail und beantworten Sie die Fragen.

Ü3+4

An: elham.sarif@gtz.de
Betreff: Einladung zu einem Vorstellungsgespräch
Von: d.deutz@maxhuber.de
Anhang: Wegbeschreibung.pdf

Sehr geehrte Frau Sarif,

vielen Dank für Ihre Bewerbung und Ihr Interesse an der Stelle als Gartenarbeiterin bei der Max Huber GmbH.

Ihre Bewerbung hat uns gut gefallen und wir würden Sie gern persönlich kennenlernen. Deshalb laden wir Sie zu einem Vorstellungsgespräch ein. Bitte kommen Sie am 15.09.2018 um 10.00 Uhr in die Reisingerstraße 27. Falls Sie diesen Termin nicht wahrnehmen können, rufen Sie mich bitte an. Wir können dann einen anderen Termin vereinbaren.

Wir freuen uns auf Sie.

Mit freundlichen Grüßen,
Doris Deutz
Max Huber GmbH
Telefon: 089 / 173 00 85

---

1 Wer bekommt die E-Mail?
2 Wo hat die Empfängerin ein E-Mail-Konto?
3 Wer hat die E-Mail verschickt?
4 Was ist das Thema der E-Mail?
5 Was ist im Anhang?

3b Lesen Sie Elham Sarifs Terminbestätigung und ergänzen Sie die fehlenden Wörter.

Dank • Vorstellungsgespräch • Grüßen • Betreff • Termin • geehrte

.... ¹: Einladung zum Vorstellungsgespräch

Sehr .... ² Frau Deutz, vielen .... ³

für die Einladung zum .... ⁴.

Gerne bestätige ich den .... ⁵ am 15.09.2018 um

10.00 Uhr. Ich freue mich auf das Gespräch.

Mit freundlichen .... ⁶

Elham Sarif

3c Frau Deutz ruft Frau Sarif an und verschiebt den Termin für das Vorstellungsgespräch. Hören und notieren Sie: Wann soll es jetzt stattfinden? Schreiben Sie dann eine E-Mail und bestätigen Sie den neuen Termin.

36 Ü5

1a   **Wie wirken die Personen? Welche Personen wirken positiv (+), welche eher negativ (−)?**

> angespannt • (zu) ernst • (un)gepflegt • (zu) locker • (un)sympathisch •
> (un)höflich • nervös • (un)sicher • (un)freundlich • gestresst • angespannt

> *Ich finde die Frau auf Foto 1 sehr sympathisch.*

> *Der Mann auf Foto 2 wirkt …*

1b   **Körpersprache – Kommunikation ohne Worte. Verbinden Sie: Was passt?**

Körpersprache	**1**	**A**	der Gesichtsausdruck
die Gestik	**2**	**B**	die Position des Körpers beim Gehen, Stehen oder Sitzen
die Mimik	**3**	**C**	die Bewegung mit Armen, Händen und Kopf während der Kommunikation
die Körperhaltung	**4**	**D**	wie man mit seinem Körper (z. B. mit dem Gesicht oder den Händen) „spricht"

2a   **Überfliegen Sie den Ratgebertext und kreuzen Sie an: Welche Überschrift passt?**
Ü6

☐ Tipps fürs Vorstellungsgespräch   ☐ Körpersprache im Vorstellungsgespräch

---

Sie haben eine Einladung zu einem Vorstellungsgespräch bekommen?
Sie sind jetzt nervös und aufgeregt?
Dann lesen Sie unsere Tipps. Diese helfen Ihnen, einen guten Eindruck zu machen.

☑ 1 Informieren Sie sich vor dem Gespräch über das Unternehmen – z. B. im Internet.

☑ 2 Sie müssen in einem Vorstellungsgespräch etwas über sich erzählen. Bereiten Sie Ihre Selbstpräsentation vor und üben Sie sie mit einem Freund oder einer Freundin.

☑ 3 Finden Sie heraus, wie lange die Fahrt zum Unternehmen dauert, damit Sie pünktlich zum Termin kommen.

☑ 4 Was ziehen Sie an? Ihre Kleidung sollte zur Stelle passen.

☑ 5 Bereiten Sie sich auch auf mögliche Fragen vor – z. B.: Warum haben Sie sich bei uns beworben? Oder: Wo sehen Sie Ihre Stärken und Schwächen?

☑ 6 Zu einem erfolgreichen Vorstellungsgespräch gehören auch die richtige Begrüßung und Verabschiedung. Wichtig sind ein fester Händedruck, Blickkontakt mit dem Gesprächspartner und eine offene Körperhaltung zeigen.

☑ 7 Auch die Körpersprache ist sehr wichtig – also Gestik, Mimik und Haltung. Wer ruhig und sicher in das Gespräch geht, macht einen guten Eindruck.

2b Lesen Sie den Ratgebertext noch einmal. Schreiben Sie drei W-Fragen. Fragen und antworten Sie im Kurs.

> *Worüber sollte man sich vor dem Vorstellungsgespräch informieren?*
> *Was sollte man vorbereiten?*

2c Sehen Sie sich die Zeichnungen an. Was ist das Problem? Was machen die Personen falsch? Ordnen Sie die Absätze aus dem Ratgebertext zu und diskutieren Sie.

3a Lesen Sie die Phasen in einem Vorstellungsgespräch und bringen Sie sie in die richtige Reihenfolge. Hören Sie das Interview mit dem Personalmanager Dr. Fritz zur Kontrolle.

- ☐ Das Unternehmen stellt sich und die Stelle vor
- ☐ Die Verabschiedung
- ☐ Die Begrüßung und Small Talk
- ☐ Fragen des Bewerbers / der Bewerberin
- ☐ Kennenlernen und Selbstvorstellung (Fragen zur Person und zu den Qualifikationen)

3b Hören Sie das Interview noch einmal und beantworten Sie die Fragen schriftlich.

1 Wie lange dauern Vorstellungsgespräche oft?
2 Womit beginnt ein Vorstellungsgespräch?
3 Was macht man bei der Begrüßung?
4 Was ist eine typische Frage zu Beginn eines Vorstellungsgesprächs?
5 Wie lange dauert die Selbstvorstellung ungefähr?
6 Was sagen Bewerber während der Selbstvorstellung?
7 Was ist eine typische Frage nach der Selbstvorstellung?
8 Was erfahren Bewerber in der Phase „Das Unternehmen stellt sich vor"?
9 Was sollten Bewerber nach dem Vorstellungsgespräch tun?

3c Tauschen Sie Ihre Antworten mit einem Partner / einer Partnerin aus und korrigieren Sie seine/ihre Antworten.

C Im Vorstellungsgespräch

1 Hatten Sie schon einmal ein Vorstellungsgespräch? Wie lief das Gespräch ab? Was war leicht, was war schwer für Sie?

> Ich hatte letztes Jahr zwei Vorstellungsgespräche.
> Eins lief gut, das andere nicht so gut.

🔊 38 **2a** Ü7 Hören Sie den Anfang des Vorstellungsgesprächs von Elham Sarif. Kreuzen Sie an: Welche Fragen stellt Frau Deutz?

1 ☐ Haben Sie uns gut gefunden?

2 ☐ Wie war die Anfahrt?

3 ☐ Möchten Sie etwas trinken?

4 ☐ Darf ich Ihnen eine Tasse Kaffee oder ein Glas Wasser anbieten?

5 ☐ Warum möchten Sie als Gartenarbeiterin bei uns arbeiten?

6 ☐ Warum interessieren Sie sich für den Job als Gartenarbeiterin?

2b Ü8 Hören Sie noch einmal und kreuzen Sie an: richtig oder falsch?

		R	F
1	Frau Sarif ist mit der U-Bahn zum Vorstellungsgespräch gefahren.	☐	☐
2	Während des Gesprächs trinkt sie einen Kaffee.	☐	☐
3	Sie arbeitet gerne an der frischen Luft.	☐	☐
4	Nachdem sie ihren Schulabschluss gemacht hatte, ist sie nach Deutschland gekommen.	☐	☐
5	Bevor sie die Umschulung gemacht hat, hatte sie in Deutschland bei ihrem Onkel gearbeitet.	☐	☐

🔊 39 **2c** Ü9 Hören Sie das Gespräch weiter und kreuzen Sie an: Über welche Themen sprechen sie?

☐ Arbeitszeiten   ☐ Arbeitskleidung
☐ Arbeitsaufgaben   ☐ Freizeitaktivitäten
☐ Gehalt   ☐ Deutschkenntnisse
☐ Arbeitspausen   ☐ die Firma Max Huber
☐ Überstunden   ☐ Arbeitsorte

3a Lesen Sie den Rest des Vorstellungsgesprächs und beantworten Sie die Fragen.

1 Was hat Frau Sarif in der Umschulung gelernt?

2 Welche Stärken hat sie?

3 Wie groß ist die Firma Max Huber?

4 Was bietet die Firma ihren Kunden an?

5 Wie ist das Betriebsklima in der Firma?

6 Wie sind die Arbeitszeiten?

7 Wie hoch ist das Gehalt?

- Haben Sie während Ihrer Umschulung auch gelernt, mit den verschiedenen Maschinen umzugehen?
- Natürlich. Ich habe auch gelernt, wie man die Maschinen wartet.
- Das ist gut. Denn unsere Mitarbeiter müssen ganz unterschiedliche Maschinen selbstständig bedienen können. (…) Was sind Ihre Stärken?
- Ich bin sehr zuverlässig und arbeite gern in Teams.
- Ich weiß nicht, ob Sie die Max Huber GmbH kennen.
- Ich habe mir natürlich Ihre Internet-Seite angesehen.
- Dann wissen Sie ja, dass wir ein kleines, familiengeführtes Unternehmen sind. Die Firma gibt es schon seit mehr als 40 Jahren. Zurzeit haben wir ca. 40 Mitarbeiter und Mitarbeiterinnen. Für unsere Kunden planen, bauen und pflegen wir Gärten. Das Betriebsklima ist bei uns sehr gut. Wir gehen alle sehr freundschaftlich miteinander um. Sie würden unser Team im Bereich Gartenpflege unterstützen. Haben Sie denn Fragen zu der Stelle?
- Ja. Sie haben in der Anzeige geschrieben, dass Sie eine sichere Stelle anbieten. Gibt es bei Ihnen auch im Winter für alle Mitarbeiter genug zu tun?
- Ja, auf jeden Fall. Lassen Sie uns zum Schluss über die Arbeitszeiten und das Gehalt sprechen. Wir arbeiten hier 40 Stunden pro Woche von 7.00 bis 15.30 Uhr mit einer halben Stunde Mittagspause. Es gibt bei uns keine Gleitzeit. Manchmal müssen die Mitarbeiter auch Überstunden machen. Diese werden natürlich bezahlt.
- Überstunden sind für mich kein Problem.
- Sie würden den Tariflohn bekommen. Das Einstiegsgehalt beträgt ca. 1900 Euro pro Monat.
- Damit bin ich einverstanden. Ich glaube, die Arbeit bei Ihnen würde mir sehr gut gefallen.
- Es gibt noch einige andere Bewerber. Sie hören aber spätestens in einer Woche von uns. Vielen Dank, dass Sie gekommen sind.
- Vielen Dank für die Einladung zum Vorstellungsgespräch. Ich würde mich sehr freuen, in Ihrer Firma arbeiten zu können. Auf Wiedersehen.
- Auf Wiedersehen, Frau Sarif.

3 b **Lesen Sie noch einmal und notieren Sie die grünen Wörter zu den Erklärungen.**

1 Die Höhe des Gehalts wird in einem Vertrag zwischen Gewerkschaften und Arbeitgebern festgelegt.
2 Das Gehalt, das ein Arbeitnehmer bekommt, wenn er/sie in einer Firma neu anfängt.
3 Ein Unternehmen, das einer Familie gehört. Die Familie leitet auch das Unternehmen.
4 Etwas tun, damit technische Geräte gut funktionieren und nicht so schnell kaputtgehen.

4
Ü10

Arbeitgeberfragen im Vorstellungsgespräch. Überlegen Sie sich, in welchem Unternehmen Sie gerne arbeiten möchten und beantworten Sie sie schriftlich.

1 Was haben Sie bisher gemacht?
2 Warum wollen Sie in dem Beruf … arbeiten?
3 Warum haben Sie sich bei uns beworben?
4 Welche Qualifikationen haben Sie?
5 Wo sehen Sie Ihre Stärken und wo Ihre Schwächen?
6 Was machen Sie gern in Ihrer Freizeit?
7 Welche Fragen haben Sie? Was möchten Sie wissen?

5 Ein Vorstellungsgespräch üben. Arbeiten Sie zu zweit. Wählen Sie eine Stellenanzeige und schreiben Sie einen Dialog. Spielen Sie es dann im Kurs. Achten Sie auf Ihre Körpersprache. Die anderen evaluieren das Gespräch.

STELLENANGEBOT
als Servicemitarbeiter (m/w)
(Frühstücksbereich)
im Hotel Krone

Welche Aufgaben erwarten Sie?
- Gäste schnell und freundlich bedienen
- Unterstützung des Frühstückskochs
- Reinigungsarbeiten im Frühstücksraum sowie in der Frühstücksküche

Was sollten Sie mitbringen?
- Berufserfahrung erwünscht
- Teamfähigkeit
- Bereitschaft zu Wochenenddiensten
- gute Deutschkenntnisse

Was bieten wir Ihnen?
- arbeiten in einem netten Team
- faire Bezahlung
  (ca. 1450 €)
- 40-Stunden-Woche

Wir freuen uns über Ihre aussagekräftige Bewerbung.

LKW-Fahrer / LKW-Fahrerin
am Standort Leipzig

Ihre Aufgaben:
- Transport von weißer Ware
- Be- und Entladetätigkeiten
- LKW-Pflege und leichte Wartungsarbeiten

Ihre Stärken:
- Erfahrung im Nahverkehr und Anlieferung
- Körperlich belastbar
- Fahrklasse C/CE
- Fahren von LKWs bis 13 Tonnen

Wir bieten:
- Einen zukunftsicheren Arbeitsplatz
- Eine leistungsgerechte Bezahlung nach Tarifvertrag
- 30 Tage Urlaub

Wir freuen uns auf Ihre Bewerbungsunterlagen mit Angabe der Kennziffer HFN1803 per E-Mail an
fred.hantsch@CWD-international.de

Arbeitgeber/in:
Begrüßung
Guten Tag, Herr/Frau …

Small Talk
Wie war die Anfahrt?
Möchten Sie etwas trinken?

Kennenlernen + Selbstvorstellung
Warum möchten Sie als … bei uns arbeiten?
Erzählen Sie etwas über sich.

Das Unternehmen stellt sich vor
Wir sind … / Wir haben … Mitarbeiter.
Sie würden von … bis … Uhr arbeiten.

Verabschiedung
Sie hören aber von uns in einer Woche / …
Vielen Dank, dass Sie gekommen sind.

Arbeitnehmer/in:
Begrüßung
Guten Tag, Herr/Frau …

Small Talk
Die Anfahrt war kein Problem.
Ja, gern. Ein Glas Wasser / … bitte.

Kennenlernen + Selbstvorstellung
Ich interessiere mich für die Stelle …, weil …
Ich habe eine abgeschlossene Ausbildung als …

Stärken
Ich bin belastbar/teamfähig/…

Fragen stellen
Wie groß ist das Team?

Verabschiedung
Vielen Dank für das Gespräch / die Einladung.

---

	sehr gut	gut	nicht so gut
Begrüßung und Small Talk	☐	☐	☐
Selbstvorstellung (fachliche Kenntnisse, persönliche Stärken)	☐	☐	☐
Körpersprache (Mimik, Gestik, Blickkontakt)	☐	☐	☐

Hier üben Sie: temporale Nebensätze mit *bevor, während, nachdem* · Vergangenheitsformen

1 a Worum geht es? Lesen Sie die Dialoge und ordnen Sie zu: Was für ein Gespräch ist das?

A

- Warum denken Sie, dass Sie die richtige Person für diese Stelle sind?
- Nun, ich verfüge über all die verlangten Kompetenzen, arbeite sehr gut im Team und bin fleißig und zuverlässig.
- Das klingt gut. Haben Sie auch Schwächen?
- Ganz bestimmt. Ich liebe Kekse.

D

- Na, wie war der Urlaub?
- Ach du, ganz nett. Schönes Wetter, tolle Strände, gutes Essen. Was will man mehr?
- Ja, das stimmt.
- Und du, hast du schon Urlaubspläne?

B

- Ich möchte gerne die grüne Hose anprobieren.
- Gerne. Welche Größe haben Sie denn?
- Größe 40.
- Einen Moment, bitte. Ich bringe Ihnen gleich die Hose.

E

- Haben Sie noch Fragen an uns?
- Ja, ich würde gerne wissen, ab wann die Stelle besetzt wird.
- Eigentlich so schnell wie möglich, aber wir richten uns da gerne nach dem Bewerber, den wir auswählen. Wenn Sie noch Kündigungs- frist haben, so können wir diese berücksichtigen.

C

- In welchem Bereich würden Sie denn gerne arbeiten?
- Nun, ich bin handwerklich begabt.
- Gut. Wie wäre es dann zum Beispiel mit dem Beruf des Dachdeckers oder vielleicht Schreiner?
- Also mit Holz arbeiten, das könnte ich mir schon vorstellen.

F

- Ich würde gerne mit Ihnen über Ihre Auf- stiegsmöglichkeiten bei uns in der Firma sprechen.
- Das freut mich sehr.
- Wir sind sehr zufrieden mit Ihnen und wür- den Sie gerne fördern.
- Welche Möglichkeiten gibt es denn für mich?

1 ☒ Vorstellungsgespräch 3 ☐ Pausengespräch 5 ☐ Verkaufsgespräch
2 ☐ Beratungsgespräch 4 ☐ Mitarbeitergespräch 6 ☐ Vorstellungsgespräch

1 b Was für Gespräche haben Sie im Beruf bereits geführt? Schreiben Sie einen kurzen Text und berichten Sie über die Situation, den Gesprächspartner und das Ergebnis des Gesprächs.

> *Ich hatte schon einmal ein ...*

2 Eine Einladung zum Vorstellungsgespräch. Bringen Sie das Telefonat in die richtige Reihenfolge.

- ☐ • Gut, das mache ich. Vielen Dank und bis Donnerstag.
- ☐ • Donnerstag, der 4. April? Ja, das passt mir gut.
- ☐ *1* • Selima Neyou, hallo.
- ☐ • Auf Wiederhören, Frau Papic.
- ☐ • Hallo, Frau Papic.
- ☐ • Bis Donnerstag. Auf Wiederhören.
- ☐ • Frau Neyou, Sie hatten sich für die Stelle als Kinderpflegerin beworben und ich würde Sie gern zu einem Vorstellungsgespräch einladen. Passt Ihnen der nächste Donnerstag um zehn Uhr?
- ☐ • Guten Tag, Frau Neyou. Papic hier, vom Kinderhaus Sonnenschein.
- ☐ • Prima, dann kommen Sie doch am Donnerstag ins Kinderhaus in der Weserstraße 15. Kommen Sie einfach rein. Sie werden uns gleich alle sehen, denn um zehn Uhr ist das zweite Frühstück zu Ende und wir sitzen dann meist noch mit den Kindern zusammen.

3 Lesen und ergänzen Sie die zwei E-Mails mit den Wörtern aus dem Schüttelkasten.

> Einladung • Bewerbung • Vorstellungsgespräch • Termin • Stelle • Interesse

---

Von: S. Öztorp@firma.com
Betreff: Ihre Bewerbung als Maler und Lackierer
An: Hasim.Chalid@email.com

Sehr geehrter Herr Chalid,

wir haben Ihre _____ [1] für die _____ [2]

als Maler und Lackierer erhalten und bedanken uns für Ihr_____ [3]
an einer Mitarbeit in unserer Firma. Wir würden Sie gern kennenlernen und laden Sie

deshalb am 14.12.2018 um 10 Uhr zu einem _____ [4] in
unserem Büro in der Domstraße 12 ein.

Bitte sagen Sie uns Bescheid, ob Ihnen der _____ [5] passt.

Mit freundlichen Grüßen
Serdar Öztorp

Von: Hasim.Chalid@email.com
Betreff: Terminbestätigung Vorstellungsgespräch
An: S.Öztorp@firma.com

Sehr geehrter Herr Öztorp,

vielen Dank für die _____ [6] zum Vorstellungsgespräch.
Der Termin am 14.12.2018 passt mir gut und ich möchte ihn hiermit bestätigen.

Mit freundlichen Grüßen
Hasim Chalid

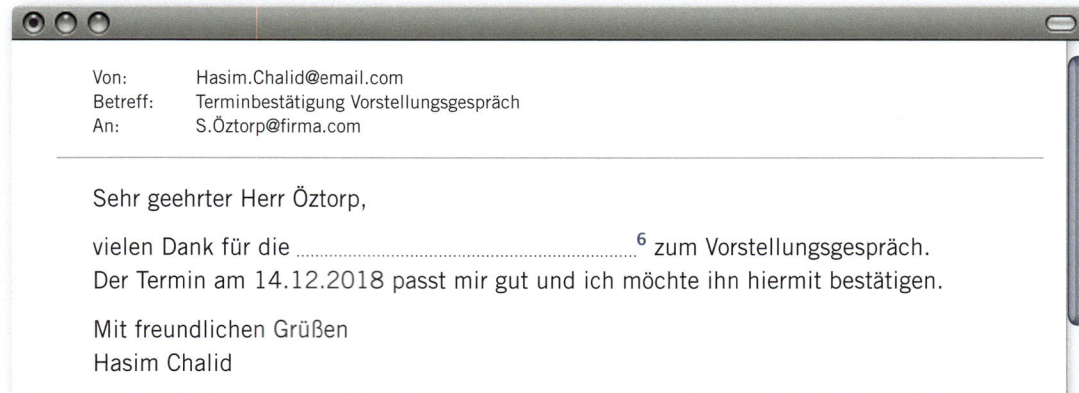

4 Ergänzen Sie die Sätze mit den Verben im Plusquamperfekt.

1 Gestern war mein Vorstellungsgespräch. Ich war sehr müde, denn ich

.... die ganze Nacht nicht .... (schlafen).

2 Ich war spät dran und als ich an der Bushaltestelle stand, sah ich, dass der Bus bereits

.... (wegfahren).

3 Als ich in der Firma ankam, ... der Chef bereits die Firma

.... (verlassen) und war auf die Baustelle gefahren. Er dachte,
ich würde nicht kommen.

4 Die Sekretärin hatte mir den Weg beschrieben, doch nach einer Weile erkannte ich, dass

ich mich .... (verfahren).

5 Ich fragte einen Menschen auf der Straße nach dem richtigen Weg, doch der sagte mir,

dass ich in die falsche Richtung .... (fahren).

6 Nachdem ich aus der Bahn .... (aussteigen)

und in die richtige Bahn .... (einsteigen),
war ich dann auch schnell am Ziel.

7 Mein neuer Chef erzählte mir, dass er bereits in der Firma ....

.... (anrufen), um zu erfahren, ob ich noch gekommen war.

8 Die Sekretärin .... ihm von meinem Missgeschick

.... (erzählen) und ihm gesagt, dass ich zur Baustelle

.... (aufbrechen).

9 Der Chef lachte herzlich und stellte mich den Kollegen vor, die sich schon sehr auf mich

als Verstärkung des Teams .... (freuen).

5 Einen Termin absagen. Korrigieren Sie die Fehler in der E-Mail.

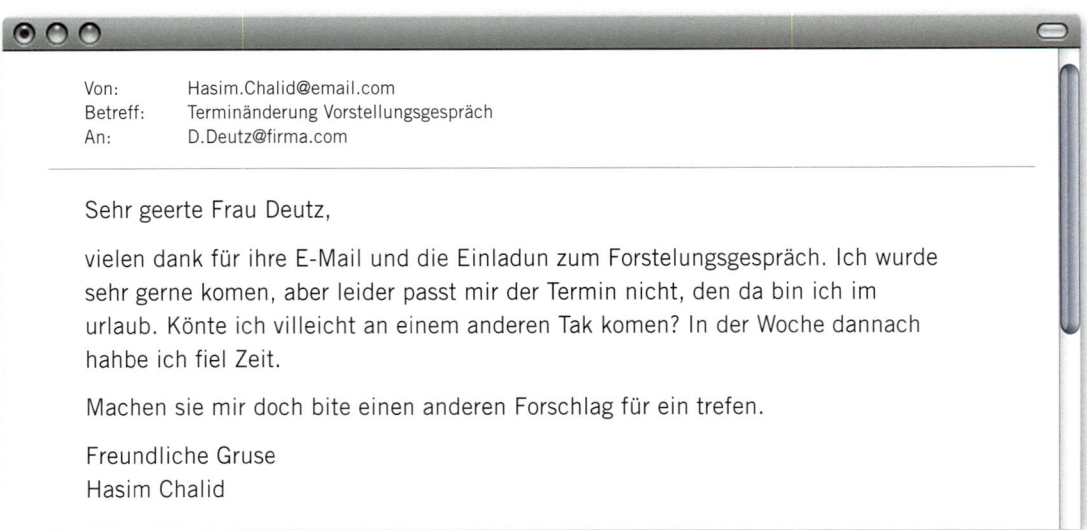

Von: Hasim.Chalid@email.com
Betreff: Terminänderung Vorstellungsgespräch
An: D.Deutz@firma.com

Sehr geerte Frau Deutz,

vielen dank für ihre E-Mail und die Einladun zum Forstelungsgespräch. Ich wurde
sehr gerne komen, aber leider passt mir der Termin nicht, den da bin ich im
urlaub. Könte ich villeicht an einem anderen Tak komen? In der Woche dannach
hahbe ich fiel Zeit.

Machen sie mir doch bite einen anderen Forschlag für ein trefen.

Freundliche Gruse
Hasim Chalid

6 Tipps für die Vorbereitung eines Vorstellungsgesprächs. Entscheiden Sie, welches der beiden Adjektive richtig ist und streichen Sie das falsche durch.

1 Wenn Sie nervös/ruhig sind, machen Sie ein paar Entspannungsübungen.

2 Legen Sie passende Kleidung zurecht, denn ein cooles/ungepflegtes Äußeres macht einen schlechten Eindruck.

3 Üben Sie das Vorstellungsgespräch mit einem Freund oder einer Freundin, damit Sie im Gespräch locker/lustig sind.

4 Schauen Sie sich den Weg zu der Firma vorher an, denn wenn Sie zu spät kommen, erscheinen Sie gestresst/unfreundlich.

5 Überlegen Sie sich Fragen und passende Antworten, das macht Sie sicher/unsicher im Gespräch.

6 Geben Sie bei der Begrüßung die Hand, denn das ist eine unübliche/freundliche Art der Begrüßung.

7 Sagen Sie ab, wenn Sie nicht kommen können. Alles andere ist unhöflich/uninteressant.

8 Üben Sie ein sympathisches/breites Lächeln. Das erweckt einen positiven Eindruck.

7 Im Vorstellungsgespräch. Ordnen Sie die Antworten den Fragen zu.

Haben Sie den Weg gut gefunden? **1**

Darf ich Ihnen etwas zu trinken anbieten? **2**

Warum sind Sie der Richtige für diese Stelle? **3**

Welche Qualifikationen bringen Sie für die Stelle mit? **4**

Warum sind Sie nach Deutschland gezogen? **5**

A Ja, gerne. Ein Mineralwasser, bitte.

B Weil die beruflichen Perspektiven hier besser für mich sind.

C Ja, ich wohne schon seit ein paar Monaten in Jena.

D Ich habe eine abgeschlossene Ausbildung als Maler und drei Jahre Berufserfahrung.

E Weil ich alle geforderten Qualifikationen und Kompetenzen habe.

8 **2.1–2.7** Interview mit einem Bewerber. Wählen Sie aus zwischen Perfekt, Präteritum oder Plusquamperfekt und ergänzen Sie die Verben.

● Wie .... Sie sich auf das Vorstellungsgespräch ....[1] (vorbereiten)?

● Ganz einfach. Ich .... mich mit einer Freundin ....[2] (treffen) und das ....[3] (sein) sehr hilfreich.

● .... Sie mit ihr das Gespräch ....[4] (üben)?

● Ja, genau. Am Tag bevor wir uns ....[5] (zusammensetzen), ... ich mir schon ein paar Fragen ....[6] (überlegen). Die .... wir dann gemeinsam ....[7] (durchgehen). So ....[8] (sein) ich im Gespräch dann sehr sicher.

9 ⚙ 10.13 **Von sich erzählen. Verbinden Sie die Sätze mit *nachdem, bevor* oder *während*.**

1 Ich bin nach Deutschland gekommen. Ich hatte einen Deutschkurs in Serbien gemacht.

Bevor ich nach Deutschland gekommen bin, hatte ich einen Deutschkurs in

Serbien gemacht.

2 Ich war in Deutschland angekommen. Ich habe keinen Job gefunden.

Nachdem

3 Ich habe eine Wohnung gesucht. Ich habe einen Job gesucht.

Bevor

4 Ich habe eine Ausbildung zum Maler gemacht. Ich habe einen Kurs in Holzverarbeitung gemacht.

Während

5 Ich habe die Realschule besucht. Ich habe eine Ausbildung angefangen.

, bevor

6 Ich hatte einen Arbeitsplatz gefunden. Ich habe meine Familie nach Deutschland geholt.

Nachdem

7 Meine Frau hat auch einen Deutschkurs besucht. Sie war nach Deutschland gekommen.

, nachdem

8 Meine Kinder gehen in die Schule. Meine Frau arbeitet halbtags.

Während

10 **Im Vorstellungsgespräch. Kreuzen Sie an: Wie antwortet man am besten?**

1 Können Sie etwas über sich erzählen?
   A ☐ Momentan arbeite ich als Maler. Davor habe ich eine Ausbildung zum …
   B ☐ Über mich? Da gibt es nicht viel zu erzählen.

2 Warum haben Sie sich bei uns beworben?
   A ☐ Ich habe Ihre Anzeige zufällig gefunden.
   B ☐ Sie bieten einen interessanten Arbeitsplatz in einer großen Firma.

3 Was wissen Sie über unsere Firma?
   A ☐ Ich habe gelesen, dass Sie …
   B ☐ Nicht so viel.

4 Was sind Ihre Stärken?
   A ☐ Ich kann eigentlich alles gut.
   B ☐ Ich arbeite gerne zusammen mit Kollegen im Team und ich bin flexibel.

5 Was machen Sie in Ihrer Freizeit?
   A ☐ Am liebsten sitze ich vor dem Fernseher.
   B ☐ Ich spiele Tischtennis und ich reise gern.

6 Welche Fragen haben Sie an uns?
   A ☐ Keine. Sie haben ja schon alles gesagt.
   B ☐ Wie viele Kollegen arbeiten in der Abteilung?

ein Gespräch führen ....

das Mitarbeitergespräch, -e ....

das Beratungsgespräch, -e ....

das Verkaufsgespräch, -e ....

Selbstvorstellung ....

Stärken und Schwächen ....

die Begrüßung, -en ....

die Verabschiedung, -en ....

A Vor dem Vorstellungsgespräch

die Vorbereitung, -en ....

einen Termin bestätigen ....

Auskunft geben (über) ....

einen Termin wahr}nehmen ....

eine E-Mail verschicken ....

der/die Empfänger/in, -/-nen ....

der Anhang, "-e ....

B Ein Vorstellungsgespräch vorbereiten

angespannt ....

ernst ....

gepflegt ....

ungepflegt ....

locker ....

nervös ....

sicher ....

unsicher ....

gestresst ....

einen positiven Eindruck machen ....

die Körpersprache ....

die Körperhaltung ....

die Gestik ....

die Mimik ....

die Selbstpräsentation/

C Im Vorstellungsgespräch

die Arbeitsaufgaben ....

die Arbeitspausen ....

die Arbeitskleidung ....

der Arbeitsort, -e ....

das Betriebsklima ....

die Gleitzeit ....

die Gewerkschaft, -en ....

der/die Arbeitgeber/in, -/-nen ....

der Tariflohn, "-e ....

fest}legen ....

die Gartenpflege ....

pflegen ....

unterstützen ....

Maschinen warten ....

ein familiengeführtes Unternehmen ....

das Stellenangebot, -e ....

der/die Servicemitarbeiter/in, -/-nen ....

Gäste bedienen ....

die Reinigungsarbeiten ....

erwünscht ....

erforderlich ....

die Entlohnung, -en ....

die Freizeitaktivität, -en ....

Ein neuer Arbeitsplatz

1 der Empfang

2 die Kantine

3 die Personalabteilung

PERSONALAK

4 die Arbeitsbekleidung im Spind

5 die Kollegen

6 der Mitarbeiterausweis

Mitarbeiter-ausweis

7 die Schlüssel

Sie lernen

- über den ersten Arbeitstag sprechen
- um Hilfe bitten
- in einer Firma nach dem Weg fragen
- an einer Arbeitsbesprechung teilnehmen
- über Umgangsformen am Arbeitsplatz sprechen

◀)) 40

1 a Der erste Arbeitstag. Hören Sie die Dialoge und kreuzen Sie an: Welche Fotos passen?

1 b Hören Sie noch einmal und beantworten Sie die Fragen.

1 In welcher Abteilung arbeitet Herr Smirnow?
2 Wann kann er den Büroschlüssel abholen?
3 Was macht Frau Marini?

2 Ein typischer erster Arbeitstag. Was passiert? Sammeln Sie im Kurs.
Ü1

> Man wird am Empfang abgeholt.

> In der Personalabteilung bekommt man seinen Mitarbeiterausweis.

> Eine Kollegin oder ein Kollege zeigt den neuen Arbeitsplatz.

A   Der erste Arbeitstag

1 a Lesen Sie die Erfahrungsberichte über den ersten Arbeitstag. Wer hatte am ersten Tag
Ü2   eher positive Erfahrungen, wer eher negative?

Vor einem Jahr habe ich bei der Firma Fensterbau Heincke angefangen. Die Firma ist nicht sehr groß. Es gibt neben der Chefin und dem Chef nur sechs Mitarbeiter. Mein erster Arbeitstag war ziemlich chaotisch. Ich sollte mich um 7.00
5 Uhr im Büro des Chefs melden und das habe ich natürlich auch gemacht. Sie hatten aber den Termin für meinen ersten Arbeitstag verwechselt und waren total überrascht, dass ich schon da war. Leider gab es nicht mehr viel Zeit für Erklärungen. Meine Chefin hat mir nur noch kurz gezeigt, wo
10 ich die Arbeitskleidung finde und zehn Minuten später bin ich mit dem Chef und einem anderen Mitarbeiter schon zu einer Baustelle gefahren. Während der Fahrt haben wir nicht viel geredet, die Stimmung war etwas angespannt, denn am Tag davor hatte es auf der Baustelle einige Probleme gegeben. Obwohl es an diesem Tag eigentlich viel zu tun gab, konnte ich nicht richtig mitarbeiten, weil
15 man mir meine Aufgaben nicht erklärt hatte. Aber ich habe genau zugeschaut, was die Kollegen gemacht haben und so einiges gelernt. Erst in den nächsten Tagen wurde ich eingearbeitet und habe alle wichtigen Informationen über die Firma bekommen und meine Kollegen habe ich auch kennengelernt. Sie sind alle sehr nett und ich fühle mich in der Firma wohl.

Mustafa Aziz

Maryam Akbar

Seit sieben Monaten arbeite ich als Produktionshelferin in einer Fabrik, die große Elektrogeräte herstellt. Angefangen habe ich am ersten Mai. Ich war nicht die einzige neue Mitarbeiterin, denn die Firma hat an diesem Tag
5 insgesamt 20 neue Mitarbeiter und Mitarbeiterinnen in der Produktion für die Nachtschicht eingestellt. Am ersten Arbeitstag sollten wir zum Beginn der Spätschicht, also um 14.00, am Werkstor erscheinen. Ein Schichtmeister hat uns dort abgeholt und zur Personalabteilung gebracht,
10 wo wir unsere Unterlagen abgegeben haben. Von einem Mitarbeiter der Personalabteilung wurden wir für die Mitarbeiterausweise fotografiert, die wir dann am Abend bekommen haben. Außerdem haben wir den Schlüssel für unseren Spind bekommen. Danach sind wir mit dem Schicht- meister zu den Umkleideräumen gegangen. Dort haben wir unsere Arbeitskleidung
15 erhalten und uns umgezogen. Danach sind wir zu unseren neuen Arbeitsplätzen geführt worden. Der Schichtmeister hat uns kurz die Abläufe in der Produktion erklärt und dann wurden wir den Kollegen vorgestellt. Und dann begann für uns die Einarbeitung. Wir haben nicht gleich am nächsten Tag in der Nachtschicht angefangen, sondern die langjährigen Mitarbeiter in der Spätschicht haben uns zwei Tage lang erklärt, was wir machen müssen
20 und wie wir die Maschinen bedienen müssen. Außerdem hat ein Ingenieur mit uns an einem Tag einen Kurs über Sicherheit am Arbeitsplatz gemacht. Danach begann unser Einsatz in der Nachtschicht.

1 b Lesen Sie noch einmal und beantworten Sie die Fragen.

1 Warum war die Chefin in der Fensterbaufirma sehr überrascht?

2 Wohin ist Mustafa Aziz am ersten Tag mit den Kollegen gefahren?

3 Wie war die Stimmung im Auto?

4 Was hat er am ersten Arbeitstag auf der Baustelle gemacht?

5 Wie gefällt ihm die Firma?

6 Wie viele Mitarbeiter hat die Firma, in der Maryam Akbar arbeitet, zum ersten Mai eingestellt?

7 Was hat der Schichtmeister erklärt?

8 Warum hat sie die ersten drei Tage nicht in der Nachtschicht gearbeitet?

9 Was hat der Ingenieur den neuen Mitarbeitern erklärt?

🔊 41 Ü3

2 a Eine Personalberaterin spricht über den ersten Arbeitstag. Hören Sie und kreuzen Sie an: Welcher Satz ist richtig?

1 ☐ In Deutschland gibt es allgemeine Regeln für den ersten Arbeitstag von neuen Mitarbeitern in einem Unternehmen.

2 ☐ Es hängt von der Firma und der Arbeitsstelle ab, was am ersten Arbeitstag passiert.

Ü4

2 b Hören Sie noch einmal und kreuzen Sie an: Über welche Themen spricht Frau Sohr?

CHECKLISTE FÜR NEUE MITARBEITER/INNEN

☐ den/die neue/n Mitarbeiter/in empfangen und begrüßen
☐ den Arbeitsplatz zeigen und die Kollegen vorstellen
☐ dem/der neuen Mitarbeiter/in einen festen Ansprechpartner geben, der für die Einarbeitung zuständig ist
☐ die Unterlagen des neuen Mitarbeiters in der Personalabteilung abgeben
☐ Unterweisung in Arbeitsschutz geben
☐ Informationen über die Hausordnung und Dienstvorschriften geben
☐ Schlüssel für den Spind geben, einen Mitarbeiterausweis ausstellen und Arbeitskleidung zur Verfügung stellen
☐ dem/der neuen Mitarbeiter/in den Arbeitsplatz zeigen
☐ über Arbeitszeiten informieren
☐ Teeküche und Kantine zeigen
☐ Pausenregelungen erklären

Ü5,6,7

2 c Welche Informationen von der Checkliste finden Sie am wichtigsten?

> Ich finde es wichtig, dass ich den Kollegen vorgestellt werde.

3 Der erste Arbeitstag. Begrüßungen im Kurs üben.

> Guten Morgen, ich bin der Neue. Ich heiße …

> Hallo. Ich bin … Schön, dass Sie da sind.

1 a **Hören Sie das Gespräch und kreuzen Sie an: Über welches Gerät sprechen Frau Neumann und Herr Valentiner?**

🔊 42

 1 ☐    2 ☐    3 ☐

1 b **Lesen Sie das Gespräch. Welche Redemittel aus dem Redemittelkasten kommen vor? Markieren Sie.**
Ü8

- Frau Neumann, könnten Sie mir kurz helfen?
- Ja gerne, was gibt es?
- Dieser Fotokopierer ist neu für mich, können Sie mir erklären, wie er funktioniert?
- Natürlich. Sehen Sie, hier ist die Starttaste. Wenn man sie drückt, leuchtet das Display auf. Jetzt geben Sie Ihre Codenummer ein.
- Schon gemacht!
- So, und nun können Sie alle weiteren Informationen auf dem Display lesen.
- Dann ist ja alles ganz einfach.
- Manchmal gibt es Papierstau. Wenn das passiert, rufen Sie mich einfach.
- Das mache ich. Vielen Dank, Frau Neumann.
- Frau Neumann, jetzt brauche ich noch einmal Ihre Hilfe.
- Einen Moment, ich muss das hier erst noch fertig machen … So, was gibt es?
- Der Drucker hat einen Papierstau.
- OK, hier auf dem Display wird angezeigt, wo man das Papier entfernen muss …

Um Hilfe bitten	Auf Bitten reagieren
Könnten Sie mir mal/kurz helfen?	Ja, gerne!
Können Sie mir erklären/sagen, …?	Natürlich!
Ich brauche Ihre Hilfe, ich …	Kein Problem!
Wissen Sie, wie … funktioniert?	Was gibt es?
Ich weiß nicht, wie … funktioniert.	Einen Moment, bitte.

2 **Schreiben und spielen Sie Dialoge. Die Rollenkarten für Partner B finden Sie auf Seite 236.**

Druckerpatrone wechseln: Partner/in A
Sie wissen nicht, wie Sie am Drucker die Patrone wechseln können und bitten einen Kollegen / eine Kollegin um Hilfe.

Druckerpatrone reinigen: Partner/in A
Sie brauchen noch einmal Hilfe, weil die Seiten nach dem Auswechseln der Patrone nicht sauber gedruckt werden.

Ein Dokument im Computer suchen: Partner/in A
Sie können das Formular für die Rechnungen nicht finden und fragen einen Kollegen / eine Kollegin.

3 a Wo finde ich …? Hören Sie und zeichnen Sie den Weg in den Plan.

43 Ü9

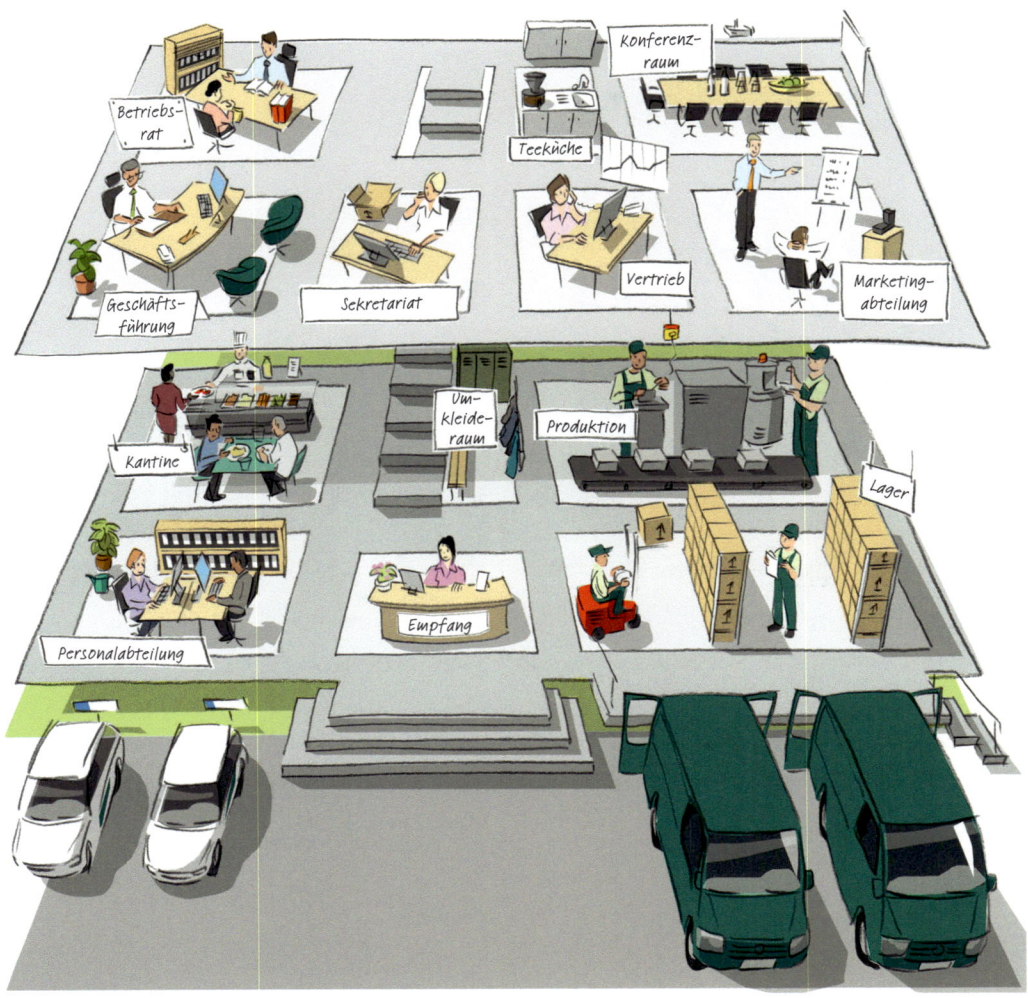

3 b Fragen und antworten Sie. Ausgangspunkt ist immer der Empfang.

> *Wo finde ich den Konferenzraum?*

> *Gehen Sie …*

Nach dem Weg fragen

Wo finde ich …?	Im Erdgeschoss / Im ersten Stock.
Entschuldigen Sie, wo ist …?	Nehmen Sie den Aufzug.
Wie komme ich zum/zur …?	Gehen Sie dann links/rechts.
In welcher Etage ist …?	Der/Die/Das … ist neben dem/der …
Können Sie mir sagen, wo …?	

4 Welche Abteilungen und Bereiche kann es noch in einer Firma geben?
Sammeln Sie im Kurs.

> *Es kann eine Abteilung für Forschung und Entwicklung geben.*

> *Viele Firmen habe auch eine …*

1 Arbeitsbesprechung in der Firma Fensterbau Heincke. Sehen Sie sich das Bild an. Worüber sprechen die Mitarbeiter/innen? Sammeln Sie im Kurs.

Mustafa Aziz   Rolf Tinker

Tamara Netrokawa

Hans Moser

Susanne Kreise

Detlev Heincke

Marion Heincke

2a 🔊 **44** Hören Sie das Gespräch in der Firma Fensterbau Heincke. Welche Positionen haben die Mitarbeiter/innen in der Firma? Ergänzen Sie die Vornamen aus 1.

Sekretärin: ....

Auszubildende: ....

Chef: ....

Glaser: ....

Chefin: ....

Glaserin: ....

2b Hören Sie noch einmal und ergänzen Sie den Terminkalender von Fensterbau Heincke. Wer erledigt was?

Uhrzeit	Donnerstag, 5. Juli
7.00	Arbeitsbesprechung: alle Mitarbeiter
8.00	Telefonat mit Firma Steinbrink wegen eines Angebots: Marion
8.00	Termin in Siegburg:
8.15	Fenster bei Frau Sendlinger reparieren:
8.30	Fenster in der Stadtverwaltung einbauen:
12:00	im Baumarkt Silikon holen:
13.00	Fenster in der Stadtverwaltung reparieren:

2 c
Ü10

Hören Sie noch einmal. Markieren Sie: Welche Redemittel hören Sie?

Einen Vorschlag machen	Zustimmung äußern	Ablehnung/Zweifel äußern
Wir haben heute … Termine.	Das ist eine gute Idee.	Das geht nicht. / Das schaffe(n)
Wir müssen …	Einverstanden.	ich/wir wirklich nicht.
Es ist wichtig, dass …	Ja, das klappt.	Also, ich habe meine Zweifel,
Das sollte(n) … machen.	Ja, in Ordnung.	dass …
Ich schlage vor, dass …	Kein Problem, das können wir	Bis … Uhr können wir / kann ich
Was haltet ihr davon,	machen.	das nicht machen/schaffen.
wenn ich/wir …?	Sicher, das schaffen wir.	Nein, das ist leider zu früh/spät.
	Das schaffe ich bis … Uhr.	

3
Haben Sie schon einmal an einer Arbeitsbesprechung teilgenommen? Was sind Ihre Erfahrungen? Sprechen Sie im Kurs.

> *Unsere Arbeitsbesprechungen waren immer kurz. Der Chef teilte die Arbeit schnell ein.*

> *Ich habe noch nie an einer Arbeitsbesprechung teilgenommen.*

45

4
Textkaraoke. Hören Sie und sprechen Sie die ⬧-Rolle in dem Dialog.

👂 …

⬧ Ich denke, das klappt. Ich nehme Jessica mit.

👂 …

⬧ Ich habe meine Zweifel, dass wir das bis 11.00 Uhr schaffen. Wir haben doch um 9.00 Uhr einen Termin am Rennplatz.

👂 …

⬧ Ja, das kann klappen.

👂 …

⬧ Ja, in Ordnung. Und danach machen wir dann Mittagspause.

5
Eine Arbeitsbesprechung in der Firma Bodenleger Nietlach. Arbeiten Sie in Dreiergruppen. Die Rollenkarten für Mitarbeiter/in A und B finden Sie auf Seite 236.

Chef/Chefin

Erklären Sie die Aufträge für den Arbeitstag.
Sie haben drei Kundentermine:
Frau Schmitz (8 bis 11 Uhr: Fliesen verlegen),
Supermarkt ELEK (8 bis 15 Uhr: Laminat verlegen),
Arztpraxis Bornbauer (14.30 bis 17.00 Uhr: Parkett reparieren).

D Nähe und Distanz am Arbeitsplatz

1 a Am ersten Arbeitstag. Wer darf das Du anbieten? Diskutieren Sie im Kurs.

> Ich duze alle Kollegen von Anfang an, damit ich locker und sympathisch wirke.

> Ich weiß nicht, ob das eine gute Idee ist. Man sollte vielleicht warten, bis ein Kollege das Du anbietet.

1 b *(46)* Hören Sie und kreuzen Sie an: Wer bietet das Du an?

1 ☐ Vorgesetzter ⟷ ☐ Mitarbeiter
2 ☐ jüngerer Mitarbeiter ⟷ ☐ älterer Mitarbeiter
3 ☐ neuer Mitarbeiter ⟷ ☐ langjähriger Mitarbeiter

1 c *(Ü11)* Lesen Sie den Text und vergleichen Sie mit 1b.

> Im Allgemeinen darf der Vorgesetzte dem Mitarbeiter das Du anbieten, aber nicht umgekehrt.
> Bei Mitarbeitern, die die gleiche Position haben, bietet der Ältere dem Jüngeren das Du an.
> Wenn man neu in der Firma ist, sollte man darauf warten, dass die Kollegen das Du anbieten.
> Wenn man unsicher ist, kann man auch nachfragen, ob sich die Kollegen siezen oder duzen.

1 d *(Ü12)* Welche Erfahrung haben Sie mit Duzen und Siezen gemacht? Erzählen Sie.

> **Über Erfahrungen sprechen**
> Ich habe die Erfahrung gemacht, dass …
> Ich habe oft/schon erlebt, dass …
> Ich habe in/bei … gearbeitet. Da haben sich die Kollegen (nicht) geduzt.
> In …, wo ich früher gearbeitet/gewohnt habe, ist der Unterschied von Du und Sie nicht so streng wie / strenger als hier.

2 Distanz bei Gesprächen am Arbeitsplatz. Kreuzen Sie an: Welches Bild passt?

1 ☐   **2** ☐   **3** ☐   **4** ☐

> Distanzzonen:
> ca. 60 cm: So nahe kommen sich Personen nur bei der Begrüßung oder Verabschiedung.
> ca. 1 m: Das ist der ideale Abstand für berufliche und private Gespräche.
> ca. 1–2 m: Wenn Sie eine Person nicht kennen und nicht mit ihr sprechen, ist das der geeignete Abstand.

Übungen

1 a Der erste Arbeitstag. Wo finden Sie was? Was machen Sie wo? Lösen Sie das
Kreuzworträtsel.

Vertikal

1 Hier können die Mitarbeiter essen.

2 Hier kann man seinen Arbeitsvertrag abgeben.

3 Man trägt sie bei der Arbeit.

5 Hier kann man seine normale Kleidung hineinhängen.

Horizontal

4 Ohne ihn darf man nicht auf das Werksgelände.

6 Mit ihm schließt man Türen auf.

7 Die Menschen, mit denen man arbeitet.

8 Hier bekommt man Informationen.

1 b Welche Fragen stellen Sie am ersten Arbeitstag? Ergänzen Sie die Fragen mit den
Wörtern aus dem Kreuzworträtsel.

1 Wo befindet sich die *Kantine?* ....

2 Wie lerne ich die .... kennen?

3 Wer gibt mir meinen ...., damit ich morgens auf das
Werksgelände komme?

4 Bekomme ich von der Firma .... oder muss ich diese selbst
kaufen?

5 Wie kann ich den .... mit meinen Wertsachen abschließen?

6 Wie heißt denn die nette Dame am ....?

7 Wo ist die ...., bitte? Ich muss noch meinen Arbeitsvertrag abgeben.

8 Gibt es nur einen .... für alle Räume?

Übungen

2 Ein Bericht vom ersten Arbeitstag. Ergänzen Sie den Text mit den Wörtern aus dem Schüttelkasten.

> Kollegen • Schichtmeister • Führung • Spind • Nachtschicht • Mitarbeiter • Schlüssel

Ich arbeite seit drei Wochen im Lager eines großen Online-Buchhändlers. Angefangen habe ich am 1. Oktober. Wir waren eine ganze Gruppe neuer .... [1]. Zuerst bekamen wir eine .... [2] durch das Lager und durch die Büroräume. In der ersten Woche war ich für die .... [3] eingeteilt. Da ist es etwas ruhiger als am Tag und mein .... [4] konnte mir ganz viel erklären. Am ersten Tag habe ich auch einen .... [5] und den passenden .... [6] bekommen, damit ich meine Tasche, meine Jacke und meine Wertsachen einschließen kann. In der ersten Woche habe ich einen Teil meiner .... [7] kennengelernt und in der zweiten Woche dann die restlichen.

3 Fragen am ersten Arbeitstag. Ordnen Sie zu: Welche Antworten passen?

In welcher Abteilung arbeiten Sie?	1	A	Einige ja, aber noch nicht alle.
Wo haben Sie vorher gearbeitet?	2	B	Ich bin Kfz-Mechatroniker.
Gefällt Ihnen Ihr erster Tag in der Firma?	3	C	Ich arbeite in der Produktionsabteilung.
Was machen Sie in der Firma?	4	D	Ja, danke. Alle sind sehr hilfsbereit.
Haben Sie Ihre Kollegen schon kennengelernt?	5	E	Ich war vorher bei einem kleinen Elektrobetrieb angestellt.

4a ⚙ 1.12 Checkliste: Was wird gemacht? Schreiben Sie im Passiv Präsens.

1 den neuen Mitarbeiter empfangen   *Der neue Mitarbeiter wird empfangen.*

2 die anderen Kollegen vorstellen

3 die Unterlagen in der Personalabteilung abgeben

4 über die Hausordnung informieren

5 Arbeitskleidung zur Verfügung stellen

6 den Arbeitsplatz einrichten

7 die Teeküche und die Kantine zeigen

8 die Pausenregelungen erklären

4b ⚙ 2.8 Checkliste: Was ist gemacht worden? Schreiben Sie im Passiv Perfekt.

> *1. Der neue Mitarbeiter ist empfangen worden.*

5 Ein neuer Kollege stellt sich vor. Ergänzen Sie den Dialog.

> Danke, das ist nett von Ihnen. • Gut, aber ich habe natürlich noch viele Fragen. •
> Guten Tag, ich bin Ali Qassid, Ihr neuer Kollege.

- ....
- Herzlich willkommen, Herr Qassid. Wie ist Ihr erster Arbeitstag?
- ....
- Das ist ja ganz normal am ersten Tag. Wenn Sie Fragen haben, kommen Sie gerne zu mir.
- ....

6 Welche Personalpronomen werden großgeschrieben? Korrigieren Sie.

„Liebe neue Kolleginnen und Kollegen, ich heiße sie herzlich willkommen in der Firma Erfurt Optik. Wir freuen uns sehr, dass sie unser Team verstärken und ich bin sicher, dass wir alle gut zusammenarbeiten. Ich gebe ihnen gleich ihre Mitarbeiterausweise. Das ist Frau Müller – sie wird sie in der Firma herumführen. Für die erste Zeit wird sie auch ihre Ansprechpartnerin sein. Frau Müller arbeitet in Teilzeit – sie ist nur montags bis mittwochs im Haus. Ich wünsche ihnen nun einen guten Start und viel Freude bei Erfurt Optik!"

7 Der erste Arbeitstag. Ergänzen Sie die Verben im Passiv Präteritum.

2.8

1 Es ist der erste Arbeitstag. Ich ....*wurde*.... wurde von der Sekretärin ....*begrüßt*.... *(begrüßen)*.

2 Ich .... danach von ihr zu meinem neuen Arbeitsplatz .... *(bringen)*.

3 Ich .... von den neuen Kollegen und meinem Vorarbeiter durch die

Werkstatt .... *(führen)*.

4 Die Kollegen .... *(bitten)*, mir am Anfang zu helfen.

5 Der Tag .... mit einem Begrüßungsgetränk .... *(beendet)*.

8 Bitten Sie um Unterstützung. Verwenden Sie die Redemittel auf Seite 116.

1 Sie wissen nicht, wie der Kopierer funktioniert.

   Wissen Sie, wie der Kopierer funktioniert? ....

2 Sie wissen nicht, wie man beim Drucker den Toner wechselt.

   ....

3 Die Bohrmaschine funktioniert nicht.

   ....

4 Sie wissen nicht, wie man das Formular ausfüllt.

   ....

5 Sie wissen nicht, wie die Chipkarte für die Kantine funktioniert.

   ....

9a Den Weg beschreiben. Nehmen Sie dazu die Skizze und die Redemittel aus Aufgabe 3 auf Seite 117. Ausgangspunkt ist der Empfang. Sortieren Sie zuerst die Fragen und bringen Sie die Wörter in die richtige Reihenfolge.

1 bitte – Sie – Entschuldigen, wie – zur Kantine – denn – ich – komme –?

....

2 sagen – Können – mir – Sie – ist – der Vertrieb – wo?

....

3 die Marketingabteilung – ich – Wo – finde?

....

4 zum Betriebsrat – denn – geht – Wo – es – bitte?

....

5 die Teeküche – ist – Wo – denn?

....

6 zum Lager – den Weg – beschreiben – bitte – mir – Sie – Könnten?

....

9b Beantworten Sie dann die Fragen und beschreiben Sie die Wege.

1. Zuerst gehen Sie ...

10 Satzdurcheinander. Bringen Sie die Wörter in die richtige Reihenfolge und schreiben Sie die Sätze neu.

1 Wir viele Termine haben heute.

   Wir haben heute viele Termine.

2 Also, habe ich meine Zweifel, ob das kann klappen.

....

3 Kein Problem, wir können machen das.

....

4 Das wirklich schaffen wir nicht.

....

5 Was ihr davon haltet, wenn wir gehen gemeinsam zu der Konferenz?

....

6 Ich schlage vor, dass wir verschieben die Besprechung.

....

1 1 Duzen oder Siezen? Lesen Sie den Text und entscheiden Sie, ob die Aussagen richtig oder falsch sind. Korrigieren Sie die falschen Aussagen.

Das Du ist das neue Sie

Zarif arbeitet bei Erfurt Optik. Seit kurzem ticken die Uhren hier anders. In einer Betriebsversammlung hat der Geschäftsführer bekannt gegeben, dass sich ab jetzt
5 alle duzen sollen. Woher der Chef die Idee hat? Er war vor einer Weile in Schweden und hat dort eine andere Firma besucht. In Schweden hat er erfahren, dass sich dort immer alle duzen – und zwar egal, ob sich
10 zwei Arbeiter miteinander unterhalten oder der Chef mit dem Auszubildenden spricht. Der Chef fand die Idee gut und hat sie gleich bei Erfurt Optik umgesetzt. Wie Zarif das findet? Zarif fühlt sich komisch,
15 wenn er den Geschäftsführer duzen soll. Meist sagt er aus Versehen Sie. Bei seinem Schichtführer und seinen Kollegen fällt ihm das nicht schwer, denn dort haben sie schon lange ausgemacht, dass sie sich duzen.

20 „Ich habe das Gefühl, dass ich dem Chef nicht genug Respekt entgegenbringe, wenn ich ihn einfach duze", sagt Zarif,

„denn schließlich ist er für die ganze Firma verantwortlich. Außerdem kenne ich
25 ihn fast gar nicht. Seit ich für die Firma arbeite, habe ich ihn vielleicht dreimal gesehen. Warum soll ich dann du zu ihm sagen? Du sage ich zu Freunden oder Menschen, mit denen ich jeden Tag arbeite."
30 So wie Zarif denken einige. Andere aber sehen eine Chance im Duzen. Sie denken, der Umgang miteinander ist unkomplizierter, Entscheidungen werden schneller getroffen und die Mitarbeiter sind alle
35 gleich viel wert.

		R	F
1	Zarif arbeitet in einem Brillengeschäft.	☐	☐
2	Bei Zarif funktionieren die Uhren nicht mehr.	☐	☐
3	In Zarifs Firma muss man zum Chef nicht Sie sagen.	☐	☐
4	Die Entscheidung für das Du kam aus Schweden, denn die Firma gehört nun zu einer schwedischen Firma.	☐	☐
5	In Schweden muss nur der Auszubildende alle siezen.	☐	☐
6	Zarif sagt noch nicht einmal zu seinem Schichtführer Du.	☐	☐
7	Zarif hat seinen Chef noch nicht oft gesehen.	☐	☐
8	Wenn alle Du zueinander sagen, dauert alles viel länger.	☐	☐

1 2 Wie funktioniert das mit dem Duzen und Siezen in Ihrem Heimatland? Schreiben Sie einen kurzen Text. Schreiben Sie über das Duzen und Siezen im Berufsleben und im Privatleben.

> *In meinem Heimatland ...*

der Empfang, "-e ....

die Kantine, -en ....

die Abteilung, -en ....

die Personalabteilung, -en ....

der Mitarbeiterausweis, -e ....

A Der erste Arbeitstag

sich melden (bei) ....

überrascht ....

die Stimmung ....

her}stellen ....

Mitarbeiter ein}stellen ....

die Einarbeitung ....

der/die Schichtmeister/in, -/-nen ....

die Nachtschicht, -en ....

das Werkstor, -e ....

der Spind, -e ....

der Umkleideraum, "-e ....

die Abläufe in der Produktion ....

die Erklärung, -en ....

erklären ....

ab}hängen von ....

die Checkliste, -n ....

empfangen ....

die Hausordnung, -en ....

die Dienstvorschrift, -en ....

die Regel, -n ....

die Pausenregelung, -en ....

zur Verfügung stellen ....

B Viele Fragen in der ersten Arbeitswoche

der Fotokopierer, - ....

funktionieren ....

die Starttaste, -n ....

das Display, -s ....

auf}leuchten ....

der Papierstau, -s ....

anzeigen ....

entfernen ....

die Druckerpatrone, -n ....

reinigen ....

der Konferenzraum, "-e ....

die Geschäftsleitung, -en ....

der Betriebsrat, "-e ....

die Marketingabteilung, -en ....

der Vertrieb ....

Forschung und Entwicklung ....

C Eine Arbeitsbesprechung

die Arbeitsbesprechung, -en ....

der Auftrag, "-e ....

der/die Glaser/in, -/-nen ....

das Telefonat, -e ....

schaffen ....

das klappt ....

der Kundentermin, -e ....

D Nähe und Distanz am Arbeitsplatz

die Nähe ....

die Distanz ....

duzen ....

Sie lernen

- über tägliche Arbeitsaufgaben sprechen
- Mitteilungen schreiben
- höflich um etwas bitten
- Gespräche am Telefon führen

1 **Was macht Frau Novak wann? Erzählen Sie.**
Ü1

> ihre Tochter in die Kita bringen • Waren sortieren •
> Kunden bedienen • Mittagspause machen • Waren im
> Zentrallager bestellen • an einer Teambesprechung mit
> Kollegen teilnehmen • ihre Tochter von der Kita abholen

> *Um halb acht bringt Frau Novak ihre Tochterin die Kita. Dann …*

2 **Wie sieht Ihr Arbeitsalltag heute aus, wie war er früher? Berichten Sie.**
Ü2

> *Ich arbeite zurzeit nicht. Aber früher waren meine Arbeitstage immer anders.*

> *In meinem Arbeitsalltag gab/gibt es viel Routine.*

> *Immer wenn ich zur Arbeit gekommen bin / komme …*

> *Um … Uhr habe ich regelmäßig …*

1 a Betrachten Sie die Fotos. Was meinen Sie, was ist Frau Alonso von Beruf? Wo arbeitet
Ü3 sie? Vergleichen Sie im Kurs.

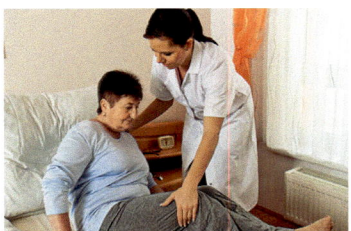  

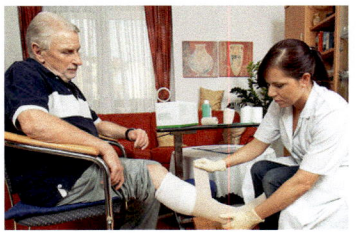 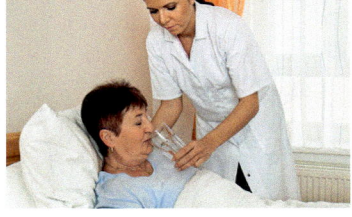

1 Frau Alonso arbeitet als ...

    A ☐ Krankenschwester.

    B ☐ Ärztin.

    C ☐ Altenpflegerin.

2 Sie arbeitet ...

    A ☐ in der eigenen Praxis.

    B ☐ im Seniorenheim.

    C ☐ im Krankenhaus.

1 b Was macht Frau Alonso auf den Fotos?

> Sie hilft beim ...

> Frau Alonso betreut alte Menschen.

> Am Nachmittag spielt sie ...

2 a Lesen Sie den Schichtplan und ordnen Sie die Abkürzungen zu.

Schichtplan Station Eckert | KW 17 und 18

F 05.30–14.00 Uhr						
Mo	Di	Mi	Do	Fr	Sa	So
Hr. Möller	Hr. Möller	Hr. Möller	Hr. Möller	Hr. Möller	Hr. Möller	
Fr. Alonso	Fr. Alonso	Fr. Alonso	Fr. Alonso	Fr. Alonso	Fr. Alonso	
S 13.30–22.00 Uhr						
Mo	Di	Mi	Do	Fr	Sa	
Fr. Dubcek	Fr. Dubcek	Fr. Dubcek	Fr. Dubcek	Fr. Dubcek		
Hr. Adamov	Hr. Adamov	Hr. Adamov	Hr. Adamov	Hr. Adam		

Frühschicht: ....*F*........   Spätschicht: ....   Kalenderwoche: ....

Montag: ....   Dienstag: ....   Mittwoch: ....

Frau: ....   Herr: ....

2 b Wie sind die Arbeitszeiten der Mitarbeiter in den zwei Wochen?

> Herr Möller muss immer von ...

3 a Hören Sie und ordnen Sie zu:
Was macht Frau Alonso wann?

06.30 – 07.30 Uhr	**1**	**A**	die Körperpflege
07.30 – 09.30 Uhr	**2**	**B**	die Büroarbeiten
09.30 – 11.30 Uhr	**3**	**C**	die Übergabe
11.30 – 13.00 Uhr	**4**	**D**	die Zimmer aufräumen
13.00 – 14.00 Uhr	**5**	**E**	das Mittagessen

3 b Lesen Sie den Bericht von Frau Alonso. Unterstreichen Sie die Begriffe aus 3a.
Ü5–7

> Wenn ich Frühschicht habe, treffe ich mich mit den Kollegen vom Nachtdienst
> um 6.30 Uhr zur Übergabe. Sie berichten, was in der Nacht passiert ist. In dem
> Wohnbereich, in dem ich jetzt eingesetzt bin, wohnen 22 Senioren. Ich betreue sieben
> Senioren.
>
> 5 Von 7.30 bis 9.30 Uhr helfe ich ihnen bei der Körperpflege: Waschen, Zähneputzen,
> Haarekämmen und Anziehen. Danach unterstütze ich sie, in den Speisesaal zu gehen
> oder ich fahre sie mit dem Rollstuhl dorthin, damit sie frühstücken können. Wenn sie
> Hilfe beim Essen und Trinken brauchen, helfe ich ihnen.
> Danach räume ich von 9.30 Uhr bis 11.30 Uhr die Zimmer auf. Ich mache die
> 10 Betten oder beziehe sie neu und bringe die Bettpfannen zum Desinfizieren in den
> Schmutzraum. Zum Schluss räume ich das Frühstücksgeschirr ab, wenn die Senioren
> bettlägerig sind und nicht in den Speisesaal gehen können.
> Von 11.30 bis 13 Uhr kümmere ich mich um das Mittagsessen. Zuerst decke ich den
> Tisch im Speisesaal, dann hole ich das Essen in der Küche ab und teile es dann aus.
> 15 Nach dem Essen legen sich viele Senioren zur Mittagsruhe hin.
> Von 13 bis 14 Uhr erledige ich die Büroarbeiten. Ich dokumentiere meine
> Arbeitsschritte, damit auch nach der Übergabe an den Spätdienst alle Informationen
> vorhanden sind. Ich bestelle außerdem Medikamente, vereinbare Arzttermine und
> telefoniere mit Angehörigen. Wenn es Probleme mit einem technischen Gerät gibt, dann
> 20 kümmere ich mich um die Reparatur. Mein Arbeitstag endet mit der Übergabe wichtiger
> Informationen an den Spätdienst.
> Wenn ich Spätschicht habe, decke ich ab 14.30 Uhr die Tische im Speisesaal, denn
> ab 15.00 Uhr bekommen die Senioren Kaffee und Kuchen. Ich unterhalte mich beim
> gemeinsamen Kaffeetrinken mit ihnen. Anschließend singen wir Lieder, basteln oder
> 25 spielen Brettspiele.
> Leider habe ich manchmal kaum Zeit für die Senioren. Ich hätte gerne weniger
> Büroarbeit, dann könnte ich mich mehr mit den Senioren unterhalten. Viele von
> ihnen haben interessante Lebensgeschichten und ich würde gern mehr über ihr Leben
> erfahren. Außerdem ist es für meinen Arbeitgeber schwer, Mitarbeiter zu finden. So
> 30 sollte auf der Station, wo ich arbeite, eigentlich pro Schicht ein Mitarbeiter mehr sein.
> Die Arbeit wäre für uns weniger hektisch, wenn hier mehr Leute arbeiten würden.

3 c Lesen Sie noch einmal. Was bedeuten die unterstrichenen Wörter in 3b?

die Übergabe: Kollegen berichten, was passiert ist

4 Was würden Sie machen, wenn …? Berichten Sie.

> *Wenn ich eine gute Arbeit finden würde, würde ich …*

> *Wenn ich gut verdienen würde, könnte ich …*

B Bitten und Aufforderungen

1 a
Ü8

Lesen Sie die Mitteilungen. Was passt? Ordnen Sie zu.

A ☐

Lieber Herr Kurz, am Mittwochvormittag kommt um 11.00 Uhr ein Mitarbeiter der Firma Enderle, um die Spülmaschine zu reparieren. Könnten Sie ihn empfangen und ihm die Spülmaschine in der Tee-küche zeigen? Ich habe keine Zeit, denn ich habe einen Kundentermin.
Walter Schmidt

B ☐

Guten Morgen, Frau Baholzer, mein Sohn ist krank. Ich gehe mit ihm heute um 9.00 Uhr zum Kinderarzt. Deshalb kann ich heute Vormittag nicht zur Arbeit kommen. Um 12.00 Uhr kommt meine Mutter und kümmert sich um ihn. Ich bin dann ca. 12.30 Uhr im Büro.

Freundliche Grüße
Fabiano Morales

C ☐

Hallo Ewa,

weißt du das Passwort für den Kopierer im Flur? Ich kenne es nicht. Unsere neue Mitarbeiterin Frau Söllner braucht es. Kannst du es ihr geben?

Vielen Dank
Guiseppe

D ☐

Liebe Frau Marinetti,
uns fehlen Druckerpatronen für unseren Drucker XP Caron3. Bitte bestellen Sie fünf schwarze Patronen und drei rote Patronen bei der Firma Welte.

Gruß
Dr. Carlos Sanche

E ☐

Herr Warnsdorf,

bitte vergessen Sie nicht, die Unterlagen auszudrucken. Ich brauche sie morgen auf der Konferenz. Bis 16.00 Uhr möchte ich sie auf meinem Schreibtisch haben.

Katrina Ravn

1 Ein Mitarbeiter hat keine Zeit, den Mechaniker zu empfangen.
2 Es fehlen Druckerpatronen.
3 Die neue Mitarbeiterin braucht ein Passwort.
4 Bis zum Nachmittag sollen alle Unterlagen für die Konferenz ausgedruckt sein.
5 Ein Mitarbeiter kommt heute später, weil sein Kind krank ist.

1 b **Lesen Sie und ordnen Sie zu: Zu welchen Mitteilungen passen die Antworten?**

☐ Tut mir leid, das geht leider nicht. Am Mittwoch habe ich frei. Aber ich habe Frau Pustola Bescheid gesagt.

☐ Klar, mache ich. In welchem Büro sitzt die neue Kollegin?

☐ Vielleicht schaffe ich es nicht, die Unter-lagen bis 16.00 Uhr zu liefern. Ich bin mit Frau Alonso bis heute Nachmittag unter-wegs. Ist es für Sie in Ordnung, wenn ich die Unterlagen erst um 17.30 fertig habe?

☐ Danke für die Mitteilung. Dann wissen wir Bescheid. Gute Besserung für Ihren Sohn.

☐ Das habe ich gestern schon erledigt. Die Patronen werden morgen geliefert.

2a Bringen Sie die Mitteilung in die richtige Reihenfolge.

☐ wir wollten um 16.00 Uhr die neuen Computer einrichten.

☐ Peter Hase

☐ Können wir uns morgen oder übermorgen um die Computer kümmern?

☐ Viele Grüße

☐ Leider geht es nicht, denn ich habe einen Termin bei der Chefin.

1 Liebe Frau Hantelmann,

2b Schreiben Sie zwei weitere Mitteilungen und Antworten. Die Antworten finden Sie auf Seite 237.

Situation 1

Sie sind um 13.00 Uhr mit einer Kollegin zum Essen in der Kantine verabredet. Sie können nicht kommen, weil sie einen wichtigen Anruf erwarten.

Situation 2

Sie haben nächste Woche Urlaub. Eine Kollegin soll Ihre Post in Ihr Büro bringen. Den Schlüssel für Ihr Büro haben Sie bei der Rezeption abgeben. Ihre Kollegin kann ihn dort abholen.

3a Wer spricht mit wem? Sehen Sie sich die Bilder an und ordnen Sie zu.

A Mitarbeiter mit Lieferant • **B** Mitarbeiter mit Kunden • **C** Mitarbeiter mit Mitarbeiter

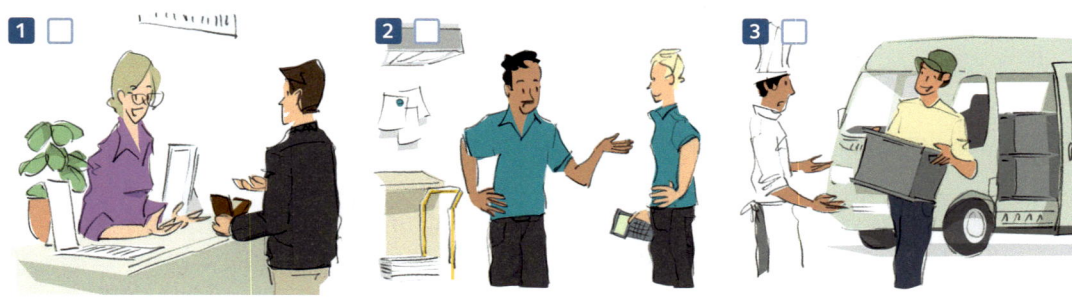

1 ☐   2 ☐   3 ☐

3b Hören Sie die Dialoge und ordnen Sie sie den Bildern in 3a zu.

🔊 48

3c Hören Sie noch einmal. Welche Redemittel hören Sie? Unterstreichen Sie.

Aufforderungen und Bitten	
Formell	**Informell**
Könnten Sie bitte …?	Kannst du bitte/mal …
Würden Sie bitte …?	Sag mal … Bescheid …
Machen Sie bitte …?	Bring/Gib mir mal …
Nehmen Sie bitte …	Dann ist es am besten, du …
Wäre es möglich, dass …?	Hast du Zeit, …?
Sie müssen …	Du musst …

4a Lesen Sie die Aufforderungen. Kreuzen Sie an: formell oder informell?

Ü9

		formell	informell
1	Kannst du das bitte in den Geräteraum bringen?	☐	☐
2	Gib mir mal den Schlüssel.	☐	☐
3	Könnten Sie das hier bitte an Frau Schröder weiterleiten?	☐	☐
4	Mach du das, bitte.	☐	☐
5	Kannst du mal schnell ins Lager gehen?	☐	☐
6	Könnten Sie bitte Frau Deutz später zurückrufen?	☐	☐
7	Könnten Sie bitte Ihrem Chef Bescheid sagen?	☐	☐
8	Machst du das?	☐	☐
9	Bitte nehmen Sie doch Platz.	☐	☐

🔊 **4b** Hören Sie drei Aufforderungen aus 4a in zwei Varianten. Welche Variante ist höflich,
49   welche ist weniger höflich?

Aufforderung 1: höflich: Variante ....   weniger höflich: Variante ....

Aufforderung 2: höflich: Variante ....   weniger höflich: Variante ....

Aufforderung 3: höflich: Variante ....   weniger höflich: Variante ....

4c Formulieren Sie die Aufforderungen in 4a formell bzw. informell um.

> 1. Bring das bitte in den Geräteraum.
>
> 2. Könntest du ...

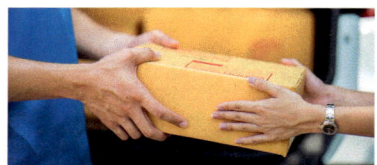

5 Spielen Sie formelle und informelle Dialoge zu zweit.

> das Lager bis morgen Nachmittag um 15.00 Uhr aufräumen •
> die Maschine ausschalten • Kopien machen • später anrufen • die Post verteilen •
> die Rechnungen ausdrucken • Adresslisten aktualisieren

> Kannst du mal die Rechnungen ausdrucken?

> Ja, das mache ich gleich.

> Würden Sie bitte die Rechnungen ausdrucken?

Auf Aufforderungen reagieren

Das mache ich gerne.   Ja, mache ich.
Einen Moment noch, ich muss zuerst   Ich habe jetzt keine Zeit. Kann das nicht ...
das hier fertig machen.   machen / bis morgen / ... warten?
Das erledige ich sofort.   Ich glaube, bis ... schaffe ich das nicht.

1a Hören Sie die Telefonate und kreuzen Sie an: Zu welchem Foto passen sie?

1b Hören und lesen Sie die Telefonate noch einmal: Wie sprechen die Personen? Beschreiben Sie die Unterschiede.

- Hallo Hatice, ich wollte mal nachfragen, wie es dir so geht!
- Hey Doro! Super, dass du anrufst! Mir geht es gut.
- Hast du demnächst Zeit für ein Treffen?
- Ja klar, warum nicht? Wie wäre es am Freitagnachmittag?
- Freitagnachmittag? Das klingt gut. Treffen wir uns um vier Uhr im Café Einstein?
- Abgemacht. Dann bis Freitag.
- Bis Freitag. Tschüss!

- Guten Tag, hier spricht Elva Macherek von der Firma Sälzer. Könnte ich bitte Herrn Keller sprechen?
- Es tut mir leid, Herr Keller ist gerade zu Tisch.
- Soll ich ihm etwas ausrichten?
- Ja, könnten Sie ihn bitten, dass er mich zurückruft?
- Ja, das mache ich gerne. Auf Wiederhören Frau Macherek.
- Auf Wiederhören.

2a Hören Sie drei Anrufe. Ordnen Sie zu: Worum geht es?

- ☐ Eine Person möchte einen Mitarbeiter einer Firma sprechen.
- ☐ Eine Person meldet sich krank.
- ☐ Eine Person soll die Büroschlüssel abgeben.
- ☐ Eine Person braucht Informationen zu einer Bestellung.

2b Hören Sie noch einmal, machen Sie Notizen und beantworten Sie die Fragen.

1 Warum kann Frau Nikolaidis jetzt nicht mit Herrn Kettgen sprechen?
2 Ab wann ist Frau Nikolaidis wieder im Büro erreichbar?
3 Wie lautet ihre Handynummer?

4 Wann geht Aneta zum Arzt?
5 Was soll Frau Kaminsky Herrn Röttiger ausrichten?
6 Was wünscht Tanja Kaminsky ihrer Kollegin?

> Frau Nikolaidis kann jetzt nicht mit Herrn Kettgen sprechen, weil …

7 Wann liefert die Firma Röttiger die Kopiergeräte?
8 Was möchte Frau Kaminsky wissen?
9 Was braucht der Kopierladen nach der Lieferung der Kopiergeräte noch?

3
Ü10

Bringen Sie die Dialoge in die richtige Reihenfolge und lesen Sie dann zu zweit.

☐ Die Leitung ist gerade belegt. Soll er Sie zurückrufen?

☐ Guten Tag, hier spricht Müller. Können Sie mich mit Herrn Kramer verbinden?

☐ Orto AG. Sie sprechen mit Frau Franzen. Was kann ich für Sie tun?

☐ Das ist nicht nötig. Ich rufe später noch einmal an.

☐ Das ist die 321 und dann die 8487.

☐ Vielen Dank. Auf Wiederhören.

☐ Können Sie mir die Durchwahl von Frau Steinmann geben?

☐ Auf Wiederhören.

☐ Nein, Sie sind mit der Stadtverwaltung verbunden.

☐ Oh, ist da nicht die Orto AG?

☐ Kein Problem!

☐ Oh, dann habe ich mich wohl verwählt.

🔊 52

4

Textkaraoke. Hören Sie und sprechen Sie die 👄-Rolle in dem Dialog.

👂 …

👄 Hallo Tanja, hier ist Aneta. Ich kann heute nicht kommen. Ich bin krank.

👂 …

👄 Ja, ich habe halb elf einen Termin. Ich habe noch eine Bitte an dich.

👂 …

👄 Kannst du dem Haumeister ausrichten, dass Herr Vogt noch keine Schlüssel hat?

👂 …

👄 Danke, bis bald.

5

Schreiben Sie die Tabelle in Ihr Heft und ergänzen Sie wichtige Sätze aus 1b, 3 und 4.

Beruflich telefonieren

ein Gespräch beginnen	sich verbinden lassen	nachfragen / um etwas bitten	das Gespräch beenden
Guten Tag, hier ist …	Ich möchte gerne mit … sprechen.	Können Sie das bitte wiederholen?	Dann möchte ich nicht weiter stören.

6
Ü11

Spielen Sie Dialoge am Telefon. Die Informationen für Partner/in B finden Sie auf Seite 237.

Situation 1: Partner/in A
Sie sind krank. Sie rufen bei Ihrem Arbeitgeber an und sagen, dass sie heute nicht zur Arbeit kommen. Sie haben für den Nachmittag einen Arzttermin. Das Sekretariat soll die Post für Sie annehmen.

Situation 2: Partner/in B
Sie arbeiten bei der Firma Lonz GmbH und rufen bei der Firma Orto AG an. Sie möchten Frau Costa sprechen. Das Sekretariat der Orto AG soll Frau Costa ausrichten, dass Sie sie morgen um 10.00 Uhr mit dem Auto abholen.

1 a   Tägliche Tätigkeiten. Ordnen Sie zu: Welche Verben passen?

> abholen • sortieren • machen • bestellen • bedienen • bringen

1 die Kinder in die Kita ....

2 die Lieferung ....

3 Waren ....

4 Kunden ....

5 Pause ....

6 die Kinder von der Kita ....

1 b   Was macht Frau Peters wann? Sortieren Sie ihren Tagesablauf.

☐1 Früh am Morgen stehe ich auf.

☐ Mittags kommt meine Kollegin. Sie löst mich ab.

☐ Um 13 Uhr hole ich meine Kinder aus der Schule ab.

☐ Zuhause koche ich für die Kinder und mich das Mittagessen.

☐ Dann mache ich Frühstück für die Kinder und trinke einen Kaffee.

☐ Um 21 Uhr schlafe ich müde auf dem Sofa ein.

☐ Um 9 Uhr schließe ich den Laden auf.

☐ Zuerst mache ich mich im Bad fertig für den Tag.

☐ Als erstes stelle ich die Kisten mit dem Obst und dem Gemüse nach draußen.

☐ 18.30 Uhr essen wir alle zusammen Abendbrot.

☐ Ich bringe die Kinder in die Schule und fahre mit der Straßenbahn zur Arbeit.

☐ Danach ist die Hausarbeit dran.

☐ Nachmittags kommt meine Mutter und wir trinken Kaffee und essen Kuchen.

☐ Danach helfe ich den Mädchen bei den Hausaufgaben.

☐ Dann müssen die Kinder ins Bett.

2   Was machen Sie wann? Schreiben Sie Ihren Tagesablauf auf.

> *Ich muss immer sehr früh aufstehen, schon um …*

3 Tätigkeiten in Pflegeberufen. Ordnen Sie zu.

> **A** Patienten pflegen und betreuen • **B** beim Essen und Trinken helfen •
> **C** Verband wechseln • **D** Pflegemaßnahmen dokumentieren • **E** bei der Körperpflege
> helfen • **F** Medikamente geben • **G** Spritzen geben • **H** Blutdruck messen

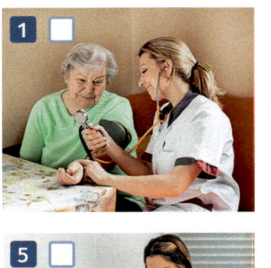 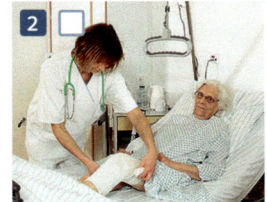 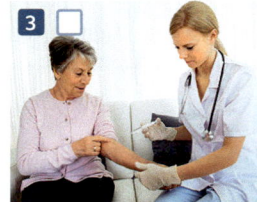 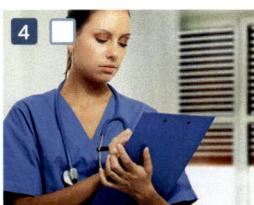

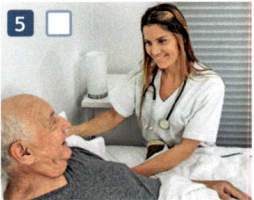   

4 Adi Ibrahim arbeitet in einem Seniorenheim und liefert „Essen auf Rädern" aus. Schreiben Sie einen Text über seinen Tagesablauf.

8.00–9.00 Uhr	Auslieferung vorbereiten: Bestellungen kontrollieren und an die Küche weitergeben
9.00–9.30 Uhr	Thermoboxen bereitstellen
9.30–10.00 Uhr	Pause
10.00–11.00 Uhr	Essen von der Küche abholen und in Thermoboxen stellen
11.00–14.30 Uhr	Essen ausliefern, Geschirr vom Vortag mitnehmen und zurück zum Seniorenheim bringen
14.30–15.30 Uhr	Pause
15.30–16.30 Uhr	Geschirr an die Küche zurückgeben, Thermoboxen reinigen

Von 8.00 Uhr bis 9.00 Uhr bereitet Herr Ibrahim die Auslieferung vor. Er …

 5 Wie viele Wörter stecken in der Wörterschlange? Trennen Sie die Wörter zuerst ab und schreiben Sie sie dann auf. Achten Sie auf Groß- und Kleinschreibung.

ÜBERGABEBETTLÄGERIGKÖRPERPFLEGEHELFENPRAXISFRÜHSTÜCKENSENIOREN FRÜHDIENST

....

....

6 Welche Verben passen? Lesen Sie noch einmal den Text auf S. 129 und ergänzen Sie.

1 Zähne *p* ....
2 Haare *k* ....
3 Betten *m* ....
4 Geschirr *a* ....
5 den Tisch *d* ....

6 Essen *a* ....
7 Büroarbeiten *e* ....
8 Arbeitsschritte *d* ....
9 Medikamente *b* ....
10 Arzttermine *v* ....

7 Was würden Sie tun, wenn ...? Ergänzen Sie die Sätze.

1 Wenn ich frei über meine Zeit verfügen könnte, ...

2 Wenn ich überall arbeiten könnte, ...

3 Wenn ich nicht mehr arbeiten müsste, ...

4 Ich würde den ganzen Tag Kaffee trinken, wenn ....

5 Ich würde mich mehr um die Bewohner kümmern, wenn ....

6 Ich würde mit den Bewohnern einen Ausflug machen, wenn ....

8 Bitten und Aufforderungen. Schreiben Sie passende Fragen.

1 Oh, das tut mir leid. Am Dienstag habe ich einen Arzttermin. Aber fragen Sie doch Frau Betsch. Vielleicht kann die für Sie einspringen. *(Dienst tauschen)*

Könnten wir am Dienstag den Dienst tauschen? ....

2 Klar, mache ich. Ich bringe sie gleich in Ihr Büro. *(die Post vom Empfang abholen)*

3 Ich sage es der Lehrerin. Gute Besserung Ihrem Sohn. *(Lehrerin Bescheid sagen)*

4 Ich habe die Patronen schon bestellt. Sie kommen bestimmt morgen. *(Patronen bestellen)*

5 Ich bin noch eine Stunde hier. Dann mache ich es aus. *(Licht ausmachen)*

9 Bringen Sie die Wörter in die richtige Reihenfolge und schreiben Sie Sätze.

1 Könnten – mich – verbinden – mit Herrn Baumann – Sie

Könnten Sie mich mit Herrn Baumann verbinden?

2 Blatt – Wie viel – Sie – brauchen – denn?

3 gerne – würde – Kopierpapier – Ich – bestellen. – für unsere Firma

4 soll – Wie schwer – sein? – das Papier – denn

5 wann – liefern – Bis – das Papier? – Sie

6 sagen? – Würden – Ihre Kundennummer – Sie – bitte – mir

7 Ihren Auftrag. – für – Vielen Dank

8 preisgünstiger? – Ist – denn – das

10 Sortieren Sie die Sätze aus 9 und die Sätze aus dem Schüttelkasten in die Tabelle ein.

> Dann wünsche ich Ihnen noch einen schönen Tag. • Bis wann liefern Sie das Papier? • Was kann ich für Sie tun? • Haben Sie noch einen Wunsch? • Auf Wiederhören. • Ich möchte Herrn Baumann sprechen. • Guten Tag, Firma Wellenbrink Papier, Frau Berger am Apparat. • Worum geht es denn?

ein Gespräch beginnen	sich verbinden lassen	nachfragen/ um etwas bitten	ein Gespräch beenden
	Könnten Sie mich mit Herrn Baumann verbinden?		

11 Vervollständigen Sie den Dialog. Verwenden Sie die Sätze aus Übung 9 und 10.

• Guten Tag, Firma Wellenbrink Papier, Frau Berger am Apparat. ....
....

• Guten Tag, Arslan hier. Ich möchte Herrn Baumann sprechen. ....
....

• Oh, das tut mir aber leid. Bei uns gibt es nur eine Frau Baumann. Vielleicht liegt nur eine
Verwechslung vor?

• ....

• Ach, das können Sie auch bei mir. Wie viel Blatt brauchen Sie denn?
• Wir benötigen 50 Päckchen mit je 500 Blatt A4-Papier.

• ....

• 80 Gramm, bitte.
• Möchten Sie normales, strahlend weißes Kopierpapier oder bevorzugen Sie
Umweltschutzpapier?
• Wir nehmen immer das Umweltschutzpapier.

• Das nicht, aber da sie ein langjähriger, guter Kunde sind kann ich Ihnen einen guten Preis
machen, ein Sonderangebot sozusagen.
• Das ist ja toll. Vielen Dank.

• Wenn ich es heute noch verschicke, haben Sie das Papier bis Ende der Woche.
• Super. So lange reicht unser Papier gerade noch.

• ....

• Ja, das ist die 5938793.
• Ah ja, ich sehe Sie bereits hier auf meinem Computer. Gut, der Auftrag ist eingegeben.

• Im Moment nicht, danke.

• ....
Vielen Dank für Ihren Auftrag. Auf Wiederhören.
• Das wünsche ich Ihnen auch.

....

der Arbeitsalltag ....

die Routine ....

die Teambesprechung, -en ....

A Ein Tagesablauf in der Pflege

der Tagesablauf, "-e ....

die Pflege ....

das Seniorenheim, -e ....

die Station, -en ....

der/die Senior/in, -en/-nen ....

betreuen ....

der Schichtplan, "-e ....

die Kalenderwoche, -n ....

die Körperpflege ....

die Büroarbeiten (Pl.) ....

die Übergabe, -n ....

der Nachtdienst, -e ....

der Spätdienst, -e ....

der Speisesaal, "-e ....

der Rollstuhl, "-e ....

bettlägerig ....

den Tisch decken ....

Essen aus{teilen ....

die Mittagsruhe ....

der Arbeitsschritt, -e ....

erledigen ....

dokumentieren ....

basteln ....

der/die Angehörige, -n ....

hektisch ....

sich wohl fühlen ....

B Bitten und Aufforderungen

die Bitte, -n ....

die Aufforderung, -en ....

die Konferenz, -en ....

Bescheid sagen ....

aus{drucken ....

die Mitteilung, -en ....

die Rezeption, -en ....

der/die Lieferant/in, -en/-nen ....

der Geräteraum, "-e ....

der Anruf, -e ....

weiter{leiten ....

zurück{rufen ....

die Post verteilen ....

C Am Telefon

verbinden ....

die Durchwahl, -en ....

sich verwählen ....

nach{fragen ....

aus{richten ....

erreichbar sein ....

stören ....

die Leitung, -en ....

belegt ....

sich krank melden ....

die Stadtverwaltung, -en ....

das Sekretariat, -e ....

Post an{nehmen ....

der/die Hausmeister/in, -/-nen ....

Arbeitsschutz

Sie lernen

- über Sicherheit am Arbeitsplatz sprechen
- über Berufskleidung sprechen
- einen Unfall melden
- Informationen über die Unfallversicherung verstehen

🔊 53

1 a Sehen Sie die Fotos an und hören Sie das Interview.
Über welche Berufe spricht die Versicherungsexpertin?

1 b Hören Sie noch einmal und ergänzen Sie: Welche Berufe
Ü1 sind gefährlich?

1 Das Risiko, abzustürzen haben besonders ....

2 Wenn .... ausrutschen, können sie sich an kaputten Gläsern
schneiden.

3 .... können von vorbeifahrenden Zügen erfasst werden.

4 Wenn es unordentlich ist, können .... über am Boden liegende
Kabel stolpern.

1 c Welche Risiken gibt es in den Berufen, über die Frau Hornbach nicht spricht?
Ü2 Sammeln Sie und sprechen Sie im Kurs.

> von vorbeifahrenden Autos erfasst werden • sich durch herabfallende
> Gegenstände verletzen • mit dem Gabelstapler einen Unfall haben •
> vom Gerüst fallen und sich verletzen • …

1a Sicherheit am Arbeitsplatz. Was bedeuten die Sicherheitszeichen? Ordnen Sie zu.
Ü3

1 ☐    2 ☐    3 ☐    4 ☐    5 ☐

6 ☐    7 ☐    8 ☐    9 ☐    10 ☐

a Hier muss man die Hände waschen.	**f** Hier findet man Erste Hilfe.
b Vorsicht, Stolpergefahr!	**g** Hier darf man nicht rauchen.
c Hier gibt es einen Brandmelder.	**h** Vorsicht, gefährlicher Strom!
d Hier muss man einen Schutzhelm tragen.	**i** Hier findet man den Notausgang.
e Hier darf man Feuer nicht mit Wasser löschen.	**j** Hier gibt es einen Feuerlöscher.

1b Lesen Sie. Ordnen Sie aus 1a zu und ergänzen Sie die Formen und Farben.

> dreieckig • quadratisch • rund • blau • gelb • grün • rot

 Darf ich hier rauchen? Muss ich einen Schutzhelm tragen? Am Arbeitsplatz gibt es oft Hinweis-schilder, Warnschilder und Verbotsschilder. Sie haben jeweils eine bestimmte Form und Farbe.

Sicherheitszeichen	Form	Farbe
1 ☐ Verbotszeichen		
☐ ☐ Warnzeichen		
☐ ☐ Rettungszeichen	*quadratisch*	
☐ ☐ Brandschutzzeichen		
☐ ☐ Gebotszeichen		*blau*

2 Projekt. Fotografieren Sie Sicherheitszeichen an Ihrem Arbeitsplatz, in der Schule oder in öffentlichen Gebäuden. Präsentieren Sie Ihre Fotos im Kurs und berichten Sie.

> *Dieses Zeichen habe ich ... fotografiert. Es bedeutet ...*

1 Welche Pflichten haben Arbeitgeber und Arbeitnehmer? Sprechen Sie im Kurs.
Ü4+5

> Maschinen und Geräte erklären • Mitarbeiter vor Gefahren schützen •
> Sicherheitsvorschriften beachten • für Fluchtwege im Betrieb sorgen •
> Arbeitskleidung tragen • über Gefahren im Betrieb informieren •
> Arbeitsmittel korrekt verwenden • Arbeitskleidung zur Verfügung stellen

> Er/Sie hat die Pflicht, … zu (+ Infinitiv)
> Er/Sie ist verpflichtet, … zu (+ Infinitiv)
> Zu seinen Pflichten gehört es, … zu (+ Infinitiv)

Der Arbeitgeber muss den Arbeitnehmern die Maschinen und Geräte erklären.

Der Arbeitgeber hat die Pflicht, …

Es gehört zu den Pflichten des Arbeitgebers, die Mitarbeiter vor Gefahren zu schützen.

2a Wer sagt was? Hören Sie die Aussagen und ordnen Sie sie den Personen zu.
54

Lukas Król

Olga Rosanowski

Ali Özer

Daniela Sala

2b Hören Sie noch einmal und kreuzen Sie an: richtig oder falsch?
Ü6

	R	F
1 Frau Rosanowski muss die Arbeitskleidung für die Mitarbeiter kostenlos bereitstellen.	☐	☐
2 Sie muss sich um betriebliche Flucht- und Rettungspläne kümmern.	☐	☐
3 Herr Özer muss bei einem Brand alle Fenster öffnen.	☐	☐
4 Er muss alle Mitarbeiter von der Sammelstelle abholen.	☐	☐
5 Herr Król muss die Sicherheitsvorschriften der Firma beachten.	☐	☐
6 Er muss eine Sicherheitsunterweisung leiten.	☐	☐
7 Frau Sala muss ihrem Arbeitgeber ihre Schwangerschaft mitteilen.	☐	☐
8 Frau Sala will bis zur Geburt ihres Kindes arbeiten.	☐	☐

3 Welche Erfahrung haben Sie mit Arbeitsschutz gemacht? Erzählen Sie im Kurs.

Ich musste bei meiner letzten Stelle Arbeitskleidung tragen.

1 a **Warum gibt es in vielen Berufen Berufskleidung? Sprechen Sie im Kurs.**
Ü7

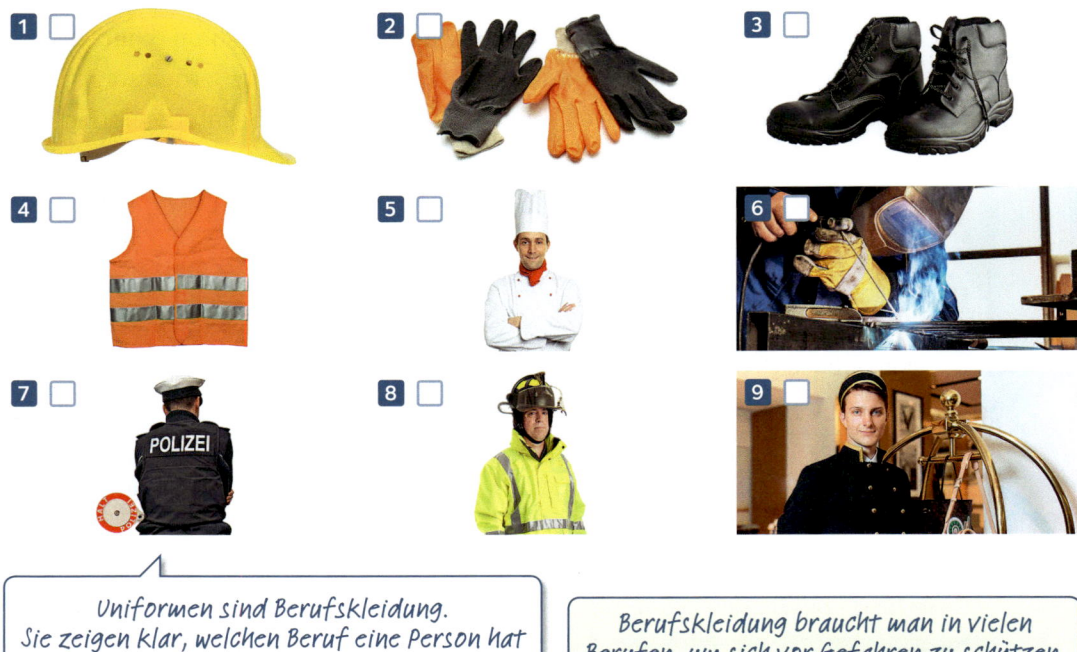

> *Uniformen sind Berufskleidung.*
> *Sie zeigen klar, welchen Beruf eine Person hat*
> *und zu welcher Gruppe sie gehört.*

> *Berufskleidung braucht man in vielen*
> *Berufen, um sich vor Gefahren zu schützen.*

1 b **Ordnen Sie die Wörter den Fotos zu.**

A die Uniform	**D** die Kochmütze	**G** die Schutzmaske
B die Sicherheitsweste	**E** die Sicherheitshandschuhe	**H** die Sicherheitsschuhe
C der Schutzhelm	**F** die Servicekleidung	**I** der Schutzanzug

1 c **In welchen Berufen braucht man diese Kleidung?**

> *Im Hotel müssen die Angestellten*
> *Servicekleidung tragen.*

> *Sicherheitsschuhe braucht man*
> *in vielen Berufen.*

> *Sicherheitsschuhe brauchen zum Beispiel Feuerwehrleute.*

2 a **Lesen Sie den Eintrag im Firmenintranet über den Mitarbeiter Ioannis Sikelianos.**
Was ist er von Beruf und was macht er? Sprechen Sie im Kurs.

Dipl.-Ing. Ioannis Sikelianos
Fachkraft für Arbeitssicherheit
Büro: 5.984
Telefon: 3902 859
Email: i.sikelianos@lasotek-ag.de

- Beratung und Schulung zu Fragen der Arbeitssicherheit
- Kontrolle der Einhaltung von Arbeitsschutzvorschriften
- Dokumentation von Arbeitsunfällen
- Beurteilung und Kontrolle von Maßnahmen des Arbeitsschutzes
- Vorschläge zur besseren Arbeitsplatzgestaltung
- Zusammenarbeit mit dem Betriebsarzt

2 b Ioannis Sikelianos berichtet über seine Arbeit. Welche Aufgaben aus 2a nennt er?
Ü8+9

Lasotek aktuell > III / 2019

Mitarbeiterportrait: Sicherheitsexperte Ioannis Sikelianos

Fast jeden Tag mache ich einen Rundgang durch die Firma, um zu sehen, ob sich unsere Mitarbeiter an die Sicherheitsvorschriften halten. Es ist wichtig,
5 dass es an allen Arbeitsplätzen möglichst keine Risiken gibt, so dass die Mitarbeiter gefahrlos arbeiten können.

Ich arbeite auch mit unserem Betriebsarzt zusammen, wenn es zum Beispiel
10 um Gesundheitsgefahren an den Arbeitsplätzen geht. Und wenn neue Produktionsmethoden eingeführt werden, erarbeiten wir gemeinsam Vorschläge zum Gesundheitsschutz.

15 Wenn ein Unfall passiert und die Sicherheitsvorschriften nicht eingehalten wurden, kann es auch Probleme mit der Versicherung geben. Letztes Jahr hat z. B. ein Mitarbeiter keine Sicherheits
20 handschuhe beim Umgang mit Säuren getragen und sich an der Hand verletzt. Die Unfallversicherung hat dann nur einen Teil der Krankenkosten übernommen. Dieses Beispiel zeigt, dass die
25 Sicherheitsvorschriften in unserer Firma sehr wichtig sind.

Nicht nur Sicherheitsausrüstung und Sicherheitskleidung, sondern auch Arbeitskleidung ganz allgemein ist in
30 unserer Firma seit vielen Jahren Pflicht. Dazu gibt es auch eine Betriebsvereinbarung zwischen dem Betriebsrat und der Geschäftsleitung.

In der Produktion tragen alle Mitarbeiter
35 robuste, praktische Kleidung, die man leicht reinigen kann. Dazu gehören auch Sicherheitshandschuhe, Schutzhelm, Schutzbrille und Gehörschutz. Die Mitarbeiter in der Lackierabteilung tragen
40 außerdem komplette Schutzanzüge und Atemmasken. In der Kantine sind Hygiene und Sauberkeit sehr wichtig, deshalb tragen die Mitarbeiter dort Kopfbedeckungen und weiße Arbeitskleidung, die man
45 gut reinigen kann. So gibt es z. B. mehr Schutz vor Infektionskrankheiten. Auch in den Bereichen mit Kundenkontakt haben unsere Mitarbeiter Arbeitskleidung. Die Empfangsmitarbeiter zum Beispiel tragen
50 eine dunkelblaue Jacke mit Bluse oder Hemd und eine graue Hose. Die Jacken haben links eine Aufschrift mit unserem Firmenlogo: „Lasotek Maschinenbau AG" und darunter ein Namensschild. Diese
55 Kleidung hat natürlich keine Schutzfunktion, sie ist aber wichtig, damit Kunden und Besucher sie sofort als Mitarbeiter unserer Firma erkennen.

2 c Lesen Sie noch einmal und beantworten Sie die Fragen.

1 Warum kontrolliert Herr Sikelianos regelmäßig die Einhaltung der Sicherheitsvorschriften?

2 Was bespricht er mit dem Betriebsarzt?

3 Warum hat die Unfallversicherung nur einen Teil der Krankenkosten bezahlt, als ein Mitarbeiter einen Arbeitsunfall hatte?

4 Was müssen die Mitarbeiter in der Lackiererei tragen?

5 Warum tragen die Mitarbeiter in der Kantine besondere Kleidung?

6 Welche Funktion hat die Kleidung der Mitarbeiter im Kundenbereich?

D Einen Unfall melden

55 **Ü10**

1 a Ein Notruf. Hören Sie und kreuzen Sie an:
Was ist passiert?

A ☐ Andreas Müller von der Firma Schäfer
hatte einen Arbeitsunfall.

B ☐ Eine Kollegin von Herrn Müller hat sich
bei der Arbeit am Arm verletzt.

C ☐ Zwei Mitarbeiter wurden verletzt und
haben starke Schmerzen.

1 b Ergänzen Sie den Dialog. Kontrollieren Sie dann mit der CD.

> Rettungskräften • Unfall • Schmerzen • Rückrufnummer • blutet •
> verletzt • Feuerwehr • Unfallort • Rettungswagen • Notrufzentrale

- _____¹ und Rettungsdienst Hamburg, _____²,
  guten Tag.
- Hier ist ein _____³ passiert, kommen Sie bitte schnell.

- Was ist die genaue Adresse vom _____⁴?
- Opitzstraße 34, Halle 4, bei der Firma Schäfer.

- Wie lauten Ihr Name und Ihre _____⁵?
- Andreas Müller, und die Telefonnummer ist die 01739413629.
- Beschreiben Sie mir bitte genau, was passiert ist.

- Meine Kollegin hat sich an einer Maschine _____⁶. Sie

  _____⁷ am Arm und hat starke _____⁸.
  Die Kollegen kümmern sich um sie. Aber wir wissen nicht, was wir machen sollen.

- Wir schicken Ihnen einen _____⁹. Warten Sie bitte am Firmen-

  eingang, damit Sie den _____¹⁰ den Weg zeigen können. Wir sind
  in zehn Minuten bei Ihnen.

1 c Spielen Sie den Dialog mit Ihrem Lernpartner / Ihrer Lernpartnerin.

2 a Welche Informationen braucht die Notrufzentrale? Ordnen Sie die W-Fragen zu.

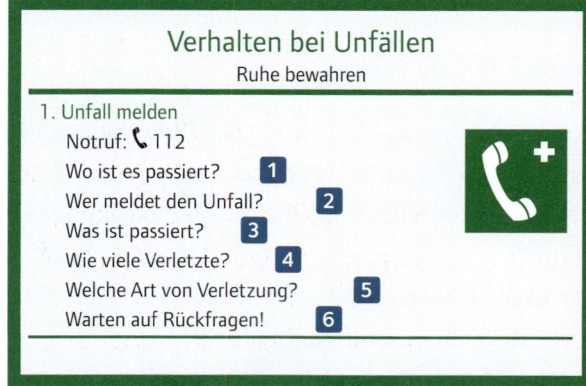

Verhalten bei Unfällen
Ruhe bewahren

1. Unfall melden
   Notruf: ☎ 112
   Wo ist es passiert? **1**
   Wer meldet den Unfall? **2**
   Was ist passiert? **3**
   Wie viele Verletzte? **4**
   Welche Art von Verletzung? **5**
   Warten auf Rückfragen! **6**

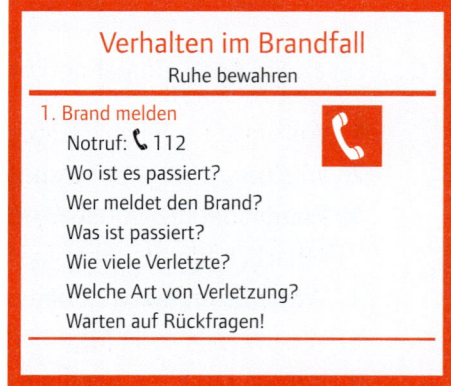

Verhalten im Brandfall
Ruhe bewahren

1. Brand melden
   Notruf: ☎ 112
   Wo ist es passiert?
   Wer meldet den Brand?
   Was ist passiert?
   Wie viele Verletzte?
   Welche Art von Verletzung?
   Warten auf Rückfragen!

A ☐ Anweisungen oder Fragen der Notrufzentrale abwarten und nicht sofort auflegen
B ☑ Straßennamen, Hausnummer, Stockwerk, Ort, Ortsteil nennen
C ☐ die Anzahl der verletzten Personen nennen
D ☐ Vor- und Nachnamen und Rückrufnummer nennen
E ☐ den Unfall genau beschreiben
F ☐ die Verletzung beschreiben

2 b **Was sollte man beachten, wenn man einen Unfall meldet? Sprechen Sie im Kurs.**

> Es ist wichtig, dass man seinen Vor- und Nachnamen nennt.

> Man darf nicht vergessen, den Unfall genau zu beschreiben.

> Zu beachten ist, dass…

🔊 56

3 **Textkaraoke. Hören Sie und sprechen Sie die 👄-Rolle in dem Dialog.**

👂 …

👄 Guten Tag, mein Name ist … Hier in der Firma Lasotek ist ein Unfall passiert. Wir brauchen einen Arzt.

👂 …

👄 In der Lasotek Maschinenbau AG in der Hauptstraße 52.

👂 …

👄 Mein Kollege hat auf dem Gerüst gearbeitet, als es um-gefallen ist. Er liegt jetzt verletzt am Boden und hat starke Schmerzen.

👂 …

👄 Er hat eine Platzwunde am Kopf und blutet stark. Außerdem kann er das rechte Bein nicht bewegen und hat Rückenschmerzen.

👂 …

👄 Ich heiße … Die Telefonnummer ist 0172 335 1741.

👂 …

👄 Ja, das mache ich. Vielen Dank.

4 **Notfälle melden und Notfälle annehmen. Machen Sie Notizen und spielen Sie Dialoge. Partner/in B arbeitet in der Notrufzentrale und nimmt den Anruf an.**

1. Unfall in der Schreinerei
Partner/in A
Sie arbeiten in einer Schreinerei.
Ein Kollege / Eine Kollegin hat sich
an einer Säge geschnitten. Seine/Ihre
Hand blutet. Er/Sie ist sehr unruhig.
Tel.: 569886909 / Adresse: Schreinerei
Schwarz, Brünnerstraße 7, Erdgeschoss

2. Feuer im Restaurant
Partner/in A
Sie arbeiten in einem Restaurant.
Aus der Küche kommt plötzlich Rauch.
Ein Kochtopf auf dem Gasherd brennt.
Tel.: 83 77 85 / Adresse: Restaurant
Druschka, Linnestraße 205

1 a
Ü11

Lesen Sie die Zeitungstexte und den Infotext und ergänzen Sie passende Überschriften.

1 ....

Kleinstetten. Arbeitsunfälle sind auch an Sonntagen oder während einer Kur möglich. Eine 48-jährige Frau war in Kur, um abzunehmen, und machte am Sonntag einen Spaziergang. Dabei wurde sie von einem Radfahrer, der auf dem Gehweg fuhr, angefahren. An dem Unfall hatte sie keine Schuld. Das Sozialgericht Köln sah in diesem Unfall einen Arbeitsunfall, weil die Ärzte der Frau Spaziergänge empfohlen hatten. Entscheidend war auch, dass die Kur das Ziel hatte, die Frau wieder arbeitsfähig zu machen.

2 ....

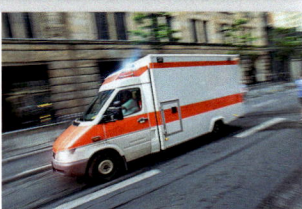

Unterrode. In der Metzgerei Krönecke in der Industriestraße geschah am Donnerstag in der Spätschicht ein Unfall. Wie die Polizei mitteilt, klemmte ein Aushilfsarbeiter seinen rechten Arm in einer Maschine ein. Nur mit Mühe konnten die Rettungskräfte die Maschine öffnen und den Mitarbeiter befreien. Er wurde sofort mit dem Rettungswagen ins Krankenhaus gebracht und noch am gleichen Tag operiert.

Die gesetzliche Unfallversicherung ist eine Sozialversicherung. Die Beiträge bezahlen die Arbeitgeber für die Arbeitnehmer. Die Unfallversicherung bezahlt unter anderem bei körperlichen und psychischen Schäden, die Arbeitnehmer durch Unfälle bekommen, die im Zusammenhang mit der Arbeit stehen. Auch der direkte Weg von und zur Arbeit ist von der Unfallversicherung versichert. Nach einem Arbeitsunfall zahlt der Arbeitgeber den Lohn oder das Gehalt für sechs Wochen weiter, danach bekommt man das sogenannte Verletztengeld, das die Krankenkasse auszahlt. Es beträgt 80 % des letzten Bruttolohns oder –gehalts.

1 b   **Lesen Sie die Zeitungstexte noch einmal und diskutieren Sie im Kurs.**

1 Welche Meinung haben Sie zu der Entscheidung des Sozialgerichts in Köln?
2 Bezahlt die Unfallversicherung den Unfall bei dem Fleischhersteller?

> *Ich kann das Gerichtsurteil gut verstehen. Die Frau macht die Kur auch, damit sie später besser arbeiten kann.*

> *Die Unfallversicherung zahlt ganz sicher für den Mitarbeiter der Fleischfabrik.*

2   **In welchen Fall zahlt die Unfallversicherung, in welchem nicht?**

1 Herr Wuttke hat seinen Sohn in die Kita gebracht und wollte danach zu seinem Arbeitsplatz fahren. Auf dem Rückweg von der Kita zu seinem Auto ist er gestolpert und hat sich das rechte Bein gebrochen.
2 Frau Grabowski ist in der Kantine zum Mittagessen gegangen. Als sie mit dem Tablett zu einem Tisch gehen wollte, ist sie ausgerutscht und hingefallen. Sie hat sich den linken Arm gebrochen.

1   **Partizip I. Bilden Sie zuerst das Partizip I und ergänzen Sie dann die Sätze. Achten Sie auf die richtigen Endungen!**

1 liegen   ....

Stolpern Sie nicht über am Boden *liegende*..Kabel.

2 vorbeifahren   ....

Achten Sie auf ....
Züge.

3 herabfallen   ....

Tragen Sie zum Schutz vor .... Gegenständen einen Helm.

4 sinken   ....

Bei ....Temperaturen ist warme Kleidung wichtig.

5 schützen   ....

....Arbeitskleidung kann auch ein Helm oder
Sicherheitsschuhe sein.

6 klingeln   ....

Am Arbeitsplatz sind ....Handys sehr
störend.

2a   **Welche Berufe hat Frau Hornbach genannt? Notieren Sie sie mit Artikel.**

> BÜ • BAU • NER • BEI • KELL • DE • AR • ER •
> RO • TER • GLEIS • DACH • CKER • MIT

1 ....   **3** ....

2 ....   **4** ....

2b   **Schreiben Sie, was diese Personen in ihrem Beruf machen.**

Ein Büromitarbeiter...

....

....

....

3 a Welches Wort passt zu welchem Sicherheitszeichen? Ordnen Sie zu.

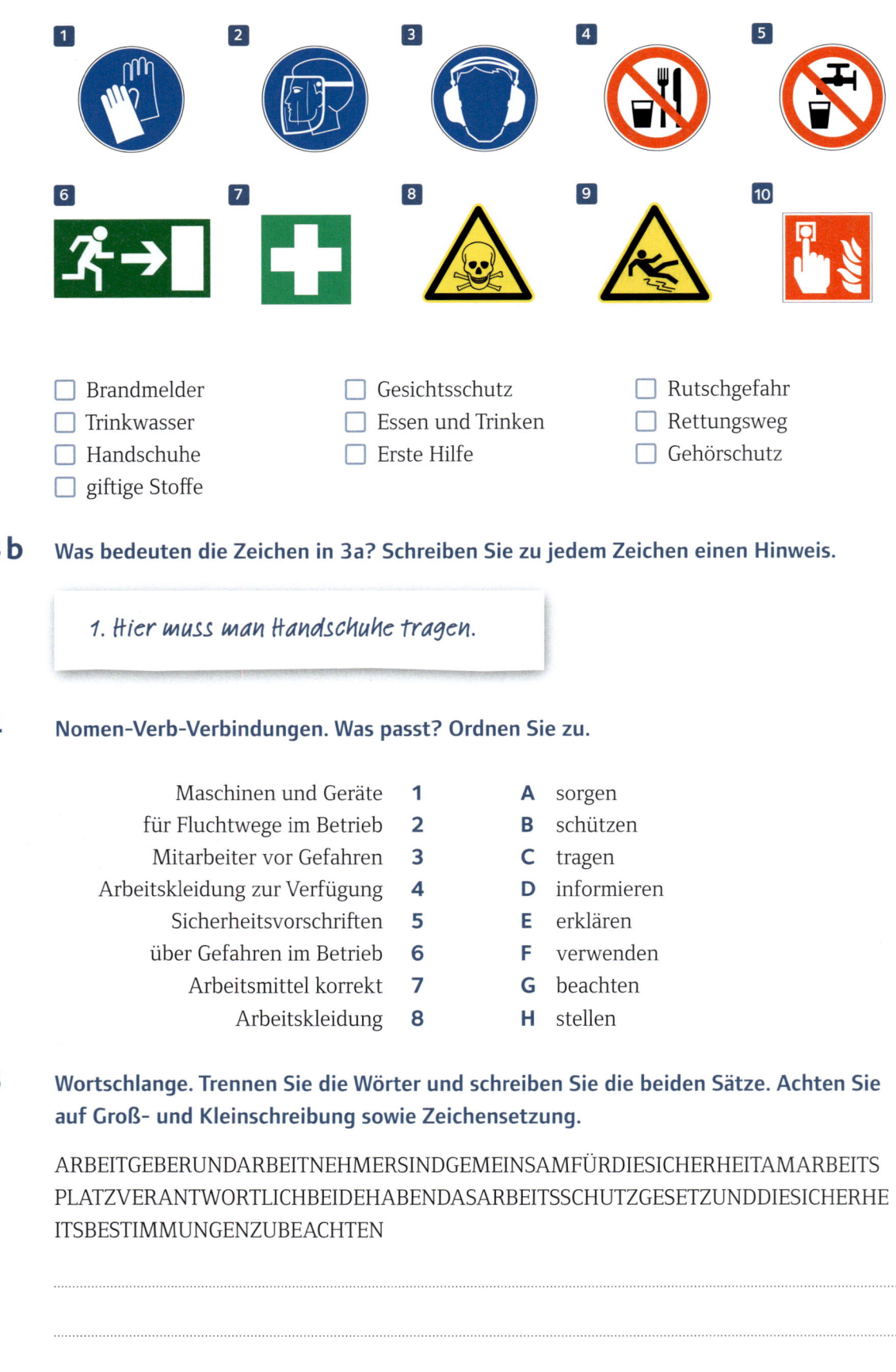

- ☐ Brandmelder
- ☐ Trinkwasser
- ☐ Handschuhe
- ☐ giftige Stoffe

- ☐ Gesichtsschutz
- ☐ Essen und Trinken
- ☐ Erste Hilfe

- ☐ Rutschgefahr
- ☐ Rettungsweg
- ☐ Gehörschutz

3 b Was bedeuten die Zeichen in 3a? Schreiben Sie zu jedem Zeichen einen Hinweis.

1. Hier muss man Handschuhe tragen.

4 Nomen-Verb-Verbindungen. Was passt? Ordnen Sie zu.

Maschinen und Geräte	1	A	sorgen
für Fluchtwege im Betrieb	2	B	schützen
Mitarbeiter vor Gefahren	3	C	tragen
Arbeitskleidung zur Verfügung	4	D	informieren
Sicherheitsvorschriften	5	E	erklären
über Gefahren im Betrieb	6	F	verwenden
Arbeitsmittel korrekt	7	G	beachten
Arbeitskleidung	8	H	stellen

✎ 5 Wortschlange. Trennen Sie die Wörter und schreiben Sie die beiden Sätze. Achten Sie auf Groß- und Kleinschreibung sowie Zeichensetzung.

ARBEITGEBERUNDARBEITNEHMERSINDGEMEINSAMFÜRDIESICHERHEITAMARBEITS
PLATZVERANTWORTLICHBEIDEHABENDASARBEITSSCHUTZGESETZUNDDIESICHERHE
ITSBESTIMMUNGENZUBEACHTEN

....

....

....

6 **Sicherheitsmaßnahmen im Betrieb. Formulieren Sie die Sätze um und schreiben Sie wie im Beispiel.**

1 Der Arbeitgeber ist verpflichtet, kostenlose Arbeitskleidung für die Mitarbeiter bereitzustellen.

Der Arbeitgeber muss kostenlose Arbeitskleidung für die Mitarbeiter bereitstellen.

2 Er hat die Pflicht, sich um betriebliche Flucht- und Rettungspläne zu kümmern.

3 Herr Król ist als Arbeitnehmer verpflichtet, die Sicherheitsvorschriften der Firma zu beachten.

4 Zu den Pflichten des Arbeitgebers gehört es, eine Sicherheitsunterweisung durchzuführen.

5 Der Brandschutzhelfer ist verpflichtet zu kontrollieren, ob alle Fenster geschlossen sind.

6 Frau Sala ist verpflichtet, ihrem Arbeitgeber ihre Schwangerschaft mitzuteilen.

7 **Wer trägt welche Kleidung? Ein Rätsel.**

Vertikal

1 Wie heißt die Arbeitskleidung eines Polizisten?

2 Womit schützt man sich beim Schweißen?

Horizontal

3 Was trägt ein Koch?

4 Wenn man mit gefährlichen Dämpfen oder Gasen arbeitet, sollte man sie tragen.

5 Das sollte ein Gleisarbeiter immer tragen.

6 Als Arbeiter auf einem Gerüst braucht man ihn unbedingt.

8a **Adjektive mit *un-* oder *-los*. Welches Adjektiv ist in welchem Satz richtig? Entscheiden Sie.**

9.3

> ungefährlich • gefahrlos • gefährlich

1 Diese Tabletten sind völlig .... Sie sind rein pflanzlich.

2 Arbeitsplätze sollten so eingerichtet sein, dass sie für die Mitarbeiter .... sind.

3 Das Arbeiten an einer Maschine kann .... sein, wenn man unvorsichtig ist.

> unsinnig • sinnlos • sinnvolle

4 Es ist ...., die Entscheidung des Chefs nicht zu akzeptieren.

5 Sicherheitskleidung zu tragen ist eine .... Schutzmaßnahme.

6 Diese Übung ist wirklich total ....

> unruhig • ruhelose • ruhiger

7 Herr Müller ist ein sehr geduldiger und .... Kollege.

8 Ein Mitarbeiter hat sich an einer Maschine verletzt und ist nun sehr ...., weil seine Hand blutet.

9 Im Büro zu arbeiten ist nichts für .... Menschen, die immer in Bewegung sein müssen.

8b **Adjektive mit *un-* oder *-los*? Entscheiden Sie.**

1 ....ruhig......... **4** ....sicher.........
2 ....abhängig......... **5** ....arbeits.........
3 ....sorg......... **6** ....kosten.........

9 **Wortfamilien. Ergänzen Sie die Tabelle mit den fehlenden Wörtern.**

Substantiv	Verb	Adjektiv
	gefährden	*gefahrlos*
	arbeiten	
Problem		
Sicherheit		
Sauberkeit		

10 **Ein Notruf. Sortieren Sie den Dialog.**

- ☐ • Wo genau ist der Unfallort?
- ☐ • Bitte erklären Sie mir genau, was passiert ist.
- ☐ • Können Sie mir sagen, welche Art von Verletzungen die beiden Mitarbeiter haben?
- ☐1 • Feuerwehr und Rettungsdienst Stuttgart, Notrufzentrale, guten Tag.
- ☐ • Wie lauten Ihr Name und Ihre Rückrufnummer?
- ☐ • Und wie viele Verletzte gibt es?
- ☐ • Gut, wir schicken Ihnen sofort einen Rettungswagen. Er wird in etwa zehn Minuten bei Ihnen sein. Bitte warten Sie beim Firmeneingang, damit Sie dem Notarzt den Weg zum Unfallort zeigen können.

- ☐ • Gut, das mache ich. Vielen Dank.
- ☐ • Guten Tag, Sikelianos. Hier in der Firma Lasotek ist ein Unfall passiert. Bitte schicken Sie schnell Hilfe.
- ☐ • In der Lasotek-Maschinenbau AG in der Hauptstraße 52.
- ☐ • Einer hat eine Platzwunde am Kopf und blutet stark. Außerdem hat er Schmerzen im Arm. Der andere hat starke Rückenschmerzen und kann nicht aufstehen.
- ☐ • Ein Gerüst, auf dem einige unserer Mitarbeiter gearbeitet haben, ist umgefallen.
- ☐ • Ioannis Sikelianos. 0711-39902859.
- ☐ • Zwei.

11 **Lesen Sie die Zeitungstexte auf Seite 146 noch einmal und kreuzen Sie an: Welche Aussagen sind richtig? Korrigieren Sie dann die falschen.**

Zeitungstext 1
1 ☐ Die Frau war wegen eines Herzinfarkts auf Kur.
2 ☐ Sie hatte einen Unfall mit einem Fahrradfahrer.
3 ☐ Die Frau hat gegen den Rat der Ärzte Spaziergänge gemacht.
4 ☐ Die Frau ist seit der Kur arbeitsunfähig.

Zeitungstext 2
5 ☐ Ein Kunde hatte in der Metzgerei einen Unfall.
6 ☐ Der Unfall passierte am späten Vormittag.
7 ☐ Der Mann verlor seinen rechten Arm in einer Maschine.
8 ☐ Der Mann wurde noch im Rettungswagen operiert.

....

....

....

....

....

....

der Arbeitsschutz ....

das Risiko, Risiken ....

sich verletzen ....

vom Gerüst fallen ....

ausrutschen ....

der Gabelstapler, - ....

A Sicherheitszeichen

Vorsicht! ....

gefährlich ....

das Warnschild, -er ....

das Verbotsschild, -er ....

der Brandmelder, - ....

der Schutzhelm, -e ....

löschen ....

der Feuerlöscher, - ....

die Erste Hilfe ....

der Strom ....

der Notausgang, "-e ....

B Sicherheitsmaßnahmen im Unternehmen

die Sicherheitsvorschrift, -en ....

der Fluchtweg, -e ....

die Arbeitskleidung ....

sorgen (für) ....

verwenden ....

zur Verfügung stellen ....

verpflichtet sein ....

schützen (vor) ....

die Gefahr, -en ....

der Brand, "-e ....

beachten ....

C Die richtige Kleidung

die Uniform, -en ....

die Sicherheitsweste, -n ....

die Schutzmaske, -n ....

die Schutzbrille, -n ....

die Feuerwehrleute (Pl.) ....

sich halten (an) ....

der Gesundheitsschutz ....

der/die Betriebsarzt/ärztin, "-e/-nen ....

die Unfallversicherung, -en ....

D Einen Unfall melden

der Notfall, "-e ....

die Rettungskräfte (Pl.) ....

der Rettungswagen, - ....

die Notrufzentrale, -n ....

die Rückrufnummer, -n ....

bluten ....

brennen ....

E Arbeitsunfälle und Versicherungsschutz

Schuld haben ....

arbeitsfähig ....

die Entscheidung, -en ....

das Gerichtsurteil, -e ....

stolpern ....

hinfallen ....

Der Prüfungsteil Lesen hat fünf Teile. Sie sollen
- die Hauptinformationen aus einem Informationsblatt (z.B. einen Auszug aus einem Katalog oder Ähnlichem) verstehen,
- zu vorgegebenen Situationen die passenden Anzeigen finden,
- Informationen in Presse- oder anderen Mitteilungen verstehen,
- die Hauptaussagen in einer Informationsbroschüre verstehen und
- Wörter in einem Brief ergänzen.

Denken Sie immer an die Zeit. Insgesamt haben Sie für den gesamten Teil Lesen 45 Minuten. Diese Zeit können Sie sich frei einteilen.
In unserem Prüfungsbeispiel auf den nächsten Seiten werden wir Ihnen zu jedem Teil einen Zeitvorschlag angeben.

Versuchen Sie, unser Prüfungsbeispiel zu lösen. Während der Aufgaben wollen wir diesen Prüfungsteil erläutern und einige Tipps und Hilfen geben.

Lesen Sie immer zuerst die Aufgaben. Unterstreichen Sie immer wie im Prüfungsteil Hören wichtige Wörter. Suchen Sie dann die Lösung in den Texten. Was wird im Text gesagt? Oft werden die Wörter aus den Aufgaben in den Lesetexten anders ausgedrückt oder sie stehen in einem anderen Kontext.
Sie müssen also sehr konzentriert lesen und auf die unterstrichenen Wörter achten.

Markieren Sie immer eine Lösung, auch wenn Sie sich nicht sicher sind. Für falsch markierte Lösungen gibt es keinen Punkteabzug.

Es kann sein, dass Sie Wörter in den Texten nicht kennen. Sie werden sehen, dass Sie die Aufgaben trotzdem lösen können. Werden Sie nicht nervös. Lesen Sie weiter.
Wenn Sie eine Aufgabe nicht lösen können, machen Sie mit der nächsten Aufgabe weiter.

Arbeiten Sie ohne Wörterbuch. Smartphones sind nicht erlaubt.

Vorbereitung auf den Prüfungsteil Lesen im Kurs

Lesen Teil 1: Sammeln Sie Übersichten aus Katalogen oder fotografieren Sie Orientierungsseiten aus dem Bereich Arbeit und Beruf (z.B. Internetseite des BiZ, wo bekomme ich welche Info, Raumplan eines Behördenzentrums). Schreiben Sie selbst ähnliche Aufgaben. Tauschen Sie im Kurs die Aufgaben aus.
Lesen Teil 2: Sammeln Sie Anzeigen wie in und notieren Sie zu jeder Anzeige eine passende Situation.
Lesen Teil 3 und 4: Arbeiten Sie in Gruppen. Suchen Sie einen interessanten Artikel aus dem Internet, der Zeitung oder dem Kursbuch. Die andere Gruppe notiert Fragen zu dem Artikel.
Lesen Teil 5: Sammeln Sie Briefe aus dem Arbeitsalltag, die Sie bekommen haben. Gibt es Formulierungen, die häufig auftauchen? Sammeln Sie diese im Kurs.

ZEIT

Versuchen Sie, Lesen Teil 1 in 5–7 Minuten zu lösen.

Lesen Teil 1

Sie suchen Informationen für das Gewerbe-und Industriegebiet Unterrode. Lesen Sie die Aufgaben 21–25 auf der Internetseite. Wo (a, b oder c) finden Sie etwas Passendes? Markieren Sie Ihre Lösungen für die Aufgaben 21–25 auf dem Antwortbogen auf Seite 241.

Beispiel

01 Herr Bennecke ist Taxifahrer und fährt zu seinem Arbeitgeber.
  a Fabrikstraße
  b Werkstraße
  c andere Straße

Lesen Teil 1

⭕ ✕ ⭕
a   b   c

Was ist richtig: **a**, **b** oder **c**? Wenn Sie unter **a** und **b** keine passende Straße finden, suchen Sie nicht weiter. Dann ist **c** richtig: andere Straße.

21 Sie sind LKW-Fahrer und wollen tanken.
  a Industriestraße
  b Weberstraße
  c andere Straße

22 Sie haben sich als Paketbote beworben und wollen zum Vorstellungsgespräch.
  a Ratstraße
  b Gewerbestraße
  c andere Straße

23 Ihr Partner / Ihre Partnerin ist Straßenbahnfahrer/in von Beruf. Sie holen ihn/sie von der Arbeit ab.
  a Steinstraße
  b Handelsstraße
  c andere Straße

24 Sie wollen einen Kleintransporter mieten.
  a Werkstraße
  b Gewerbestraße
  c andere Straße

25 Frau Bennecke verkauft Obst- und Gemüse auf Wochenmärkten und muss dafür Ware kaufen.
  a Fabrikstraße
  b Industriestraße
  c andere Straße

ORIENTIERUNG IM GEWERBE- UND INDUSTRIEGEBIET UNTERRODE

Steinstraße
Baumarkt Haier – Elektrogroßhandels GmbH – Autosalon Reimann – Möbel Schwarz – Straßenbahndepot

Werkstraße
Imbiss Kurz – Taxizentrale Ruf – Getränkemarkt – Papiergroßhandel Kern – Diskothek Heuboden

Industriestraße
Kart-Bahn – Rechtsanwaltskanzlei Schelling – Küchenstudio Reba – Gemüsegroßmarkt – Tankstelle Arol

Gewerbestraße
Schreinerei Klinger – Fertighäuser Weber – Teppichhändler Kubeck – Elektromarkt Hauser – Autovermietung Abus

Fabrikstraße
Autoteile Enger – Güterbahnhof – Paketzentrum – Buchgroßhandel Librus – Kulturzentrum

Güterstraße
Brauerei Galter – Cernolsen Schulverlage – Briefzentrum – Webber Fertighäuser

Handelsstraße
Haberland Motoren, Werk Unterrode – Bauhof Unterrode – Stadtgärtnerei – Pudes Hausmeisterdienste

Weberstraße
Gieselmann Optische Systeme, Werk Unterrode – Fensterbau Vela – Hallmann Gerüstbau – Schulze Badezimmerausstattungen – TÜV

Standstraße
Spedition Schank – Merkur Anhängeverleih – Fahrradmanufaktur Berlis – Wäscherei Ghufran – Warenlager Werner Versandhandel

Ratstraße
Recyclinghof - Schuhfabrik Gant – Tonstudio Rock – Druckerei Ruf – Immobilien Schad

Lesen Teil 2

Lesen Sie die Situationen 26–30 und die Anzeigen a-h. Finden Sie für jede Situation die passende Anzeige. Markieren Sie Ihre Lösungen für die Aufgaben 26 – 30 auf dem, Antwortbogen auf Seite 241. Für eine Situation gibt es keine passende Anzeige. Markieren Sie in diesem Fall ein X.

26 Sie wollen sich selbstständig machen und brauchen Informationen.

27 Sie haben in Ihrem Büro ein Zimmer frei, das Sie für 230 Euro pro Monat vermieten wollen.

28 Sie wollen eine Firma gründen und brauchen einen Kredit.

29 Ihr ausländisches Pflegeexamen ist in Deutschland jetzt anerkannt. Nun suchen Sie eine passende Arbeit.

30 Sie haben in Ihrer Heimat als Maler gearbeitet und brauchen Informationen über die Anerkennung ausländischer Berufsabschlüsse.

Lesen Sie zuerst genau die Situationen, dann die Anzeigen.
Unterstreichen Sie wichtige Wörter und suchen Sie dann die richtige Anzeige.
Oft gibt es ähnliche Wörter, die allerdings nicht zum Kontext passen.
Oft werden die Wörter aus der Aufgabe in den Anzeigen anders ausgedrückt.
Jede Anzeige kann nur einmal verwendet werden.
Für eine Aufgabe gibt es keine Lösung (nur für eine!).
Lösen Sie zuerst die einfachen Aufgaben.

a Trend Backshops
Für unsere Bäckereifilialen in Unterrode suchen wir für das Wochenende Mitarbeiter auf 450-Euro-Basis. Fragen Sie das Personal hier in der Filiale.

b Freier Übersetzer sucht kleinen Büroraum in Bürogemeinschaft, gerne im Gewerbegebiet Nord, bis 250 Euro Warmmiete pro Monat.

c Büroräume im Zentrum von Saarbrücken, 165 m² ab dem 01.10. zu vermieten. Sehr gut für Arztpraxis geeignet. Kaltmiete: 1.400 Euro pro Monat.

d Ali Demirbüker. Selbstständiger Buchhalter seit 2009. Ich übernehme Ihre laufende Buchführung, erstelle Abrechnungen und mache den Jahresabschluss für Sie. Werderstraße 15, 76137 Karlsruhe. Tel. 0721 45 67 891
E-Mail: info@buchhaltung-demirbüker.de, Webseite: www.buchhaltung-demirbüker.de Sprechzeiten montags, mittwochs und donnerstags 14.00 bis 17.00 Uhr

e IHK Kleinstetten Seminar für Existenzgründer. Hier lernen Sie die Grundlagen der Buchhaltung, wie man ein Geschäftsplan schreibt und wir beantworten Fragen zur Finanzierung. Beginn: 6.7., 17.30–20.45 Uhr, insgesamt 5 Termine. Kosten: 160,00 Euro

f Ausgebildeter Malergeselle mit vier Jahren Berufserfahrung sucht Teilzeitarbeit. Tel. 0172 310 89 455 oder joerg.schmitt5@web.de

g Pflegedienst sucht dringend Pflegekräfte mit Examen für Vollzeit. Sie arbeiten im Schichtdienst, Wochenendarbeit. Ihre Bewerbung richten Sie bitte an: info@pflege-daheim.de. Für weitere Informationen können Sie uns auch gerne telefonisch kontaktieren: 030 8651 341 60

h Handwerkskammer Kleinstetten – Abteilung Anerkennung
Öffnungszeiten:
Montag-Freitag 9.00 bis 13.00 Uhr, Telefon 09139 207 381
E-Mail: anerkennung@hwk-kleinstetten.de

Lesen Teil 2

	a	b	c	d	e	f	g	h	x
26									X
27									

ZEIT

Versuchen Sie, Lesen Teil 3 in 10–12 Minuten zu lösen.

Lesen Teil 3

Lesen Sie die drei Texte. Zu jedem Text gibt es zwei Aufgaben. Entscheiden Sie bei jedem Text, ob die Aufgabe richtig oder falsch ist und welche Antwort (a, b oder c) am besten passt. Markieren Sie Ihre Lösungen für die Aufgaben 31–36 auf dem Antwortbogen auf Seite 241.

Liebe Kolleginnen und Kollegen,

wie in jedem Jahr gibt es auch in diesem Jahr wieder einen Betriebsausflug. Er findet am Freitag, dem fünften Juli statt. Ziel ist dieses Mal Köln, wo wir das Museum Ludwig besuchen wollen. Wir treffen uns am Hauptbahnhof von Solingen um 13.00 Uhr und nehmen dann den Regionalexpress nach Köln. Nach dem Museumsbesuch ist ein Spaziergang am Rhein geplant, am Abend ist dann für uns ein Tisch in einem gemütlichen Restaurant reserviert. Um 21.00 Uhr fahren wir zurück nach Solingen. Das Essen im Restaurant bezahlt die Firma, den Eintritt in das Museum müsst ihr selbst bezahlen. Wenn wir eine Gruppenkarte nehmen, bezahlt jeder 9 Euro für den Museumsbesuch. Ich bitte bis zum ersten Juli um eine kurze Rückmeldung per Mail an mich, ob ihr mitkommen wollt.

Viele Grüße
Stefanie Beeger
Assistentin der Geschäftsleitung

Lesen Sie zuerst die Aufgaben, danach die Texte. Die erste Aufgabe (**richtig/falsch**) ist immer eine Aufgabe zum gesamten Text (Situation, was wird gesagt?), die zweite Aufgabe (**a,b,c**) fragt nach einem Detail. Unterstreichen Sie in den Aufgaben wichtige Wörter. Suchen Sie im Text passende Stellen zu den unterstrichenen Wörtern. Vergleichen Sie diese Textstellen mit den markierten Wörtern in den Aussagen, markieren Sie dann die Lösung.

31 Die Mitarbeiter der Firma müssen am Freitagnachmittag arbeiten.
richtig/falsch?

32 Die Mitarbeiter
a müssen am 05.07. nach Köln fahren.
b sollen Stefanie Beeger eine Rückmeldung geben.
c müssen das Restaurantessen bezahlen.

33 Das Krankenhaus hat Personalprobleme.
richtig/falsch?

Lesen Teil 3
31 ⚪ ⚪
    richtig falsch
32 ⚪ ⚪ ⚪
    a b c

Personalprobleme in der Pflege

Die Mitarbeiter des städtischen Krankenhauses von Unterrode haben sich in einem offenen Brief an die Stadtverwaltung von Unterrode über die Personalsituation beschwert. Das Pflegepersonal muss zu viele Überstunden machen und oft an drei Wochenenden nacheinander arbeiten. Sie kritisieren, dass die Stadt zu wenig tut, um weiteres Personal zu finden und versucht, bei den Kosten für das Krankenhaus zu sparen. Louis Marcos, der Sprecher der Stadtverwaltung sagte dazu: „Wir verstehen den Ärger der Mitarbeiter, aber es ist nicht richtig, dass die Stadt bei den Personalkosten sparen will. Wir wissen sehr gut, dass es für die Hygiene und Sicherheit sehr wichtig ist, genug Personal zu haben." Wie unsere Zeitung erfahren hat, plant die Stadt jetzt eine größere überregionale Werbekampagne, um neue Mitarbeiter für das Krankenhaus zu finden.

34 Das Pflegepersonal

   a will mehr Geld.

   b hat einen Brief an die Verwaltung des Krankenhauses geschrieben.

   c ist mit den Arbeitsbedingungen unzufrieden.

Hausverwaltung Ziegler – Brückenstraße 5 – 31582 Nienburg

Steuerberaterin Andrea Immer und Partner
Herold-Passage 6
31582 Nienburg

Kündigung der Büroräume Friedrichstraße 37

Sehr geehrte Frau Immer,
mit diesem Schreiben kündigen wir die von Ihnen angemieteten Büroräume fristgerecht zum
31.5.2018. Wie bedauern diesen Schritt, aber die Varte Akademie, die bereits die 3. und 5. Etage
angemietet hat, benötigt auch die 4. Etage für ihre Unterrichtsräume.
Eine Renovierung der Büroräume ist nicht erforderlich. Bitte vereinbaren Sie mit dem Hausmeister
Herrn Stankovic einen Termin für die Übergabe der Büroräume.

Wir bedanken uns für das angenehme Mietverhältnis und verbleiben
Mit freundlichen Grüßen

Matthias Ziegler

---

35 Die Hausverwaltung Ziegler will die Büroräume an einen anderen Mieter vermieten.
richtig/falsch

36 Die Steuerberaterin

   a hatte Probleme mit der Hausverwaltung.

   b muss die Wohnung nicht renovieren.

   c braucht neue Unterrichtsräume.

Lesen Teil 4

**Lesen Sie die Informationen und lösen
Sie die Aufgaben 37–39. Markieren Sie
Ihre Lösungen für die Aufgaben 37–39
auf dem Antwortbogen auf Seite 241.**

37 Die Arbeitnehmer können nicht selbst
entscheiden, wann sie Urlaub nehmen.
richtig/falsch

38 Arbeitnehmer mit Kindern bekommen
mehr Urlaub als andere Arbeitnehmer.
richtig/falsch

39 Der Arbeitgeber darf die Urlaubszeiten
der Arbeitnehmer nur ändern, wenn
die Arbeitnehmer mit den Änderungen
einverstanden sind.
richtig/falsch

> **ZEIT**
>
> Versuchen Sie, Lesen Teil 4
> in 10 Minuten zu lösen.

> Lesen Teil 4 (Text auf der nächsten Seite)
> ist der schwierigste Lesetext. Lesen Sie zuerst
> die Einleitung, um das Thema zu erfahren.
> *Zwischen der Firma Schottel GmbH und
> dem Betriebsrat der Firma Schottel GmbH
> wird vereinbart …*
> Thema: Betriebsvereinbarungen.
> Lesen Sie dann die Aufgaben 37–39 nach-
> einander und suchen Sie die jeweilige
> Lösung im Text. Lesen Sie auf keinen Fall
> den Text detailliert, sondern suchen Sie die
> Textstellen zur Lösung der Aufgabe. Falls
> Sie nur noch wenig Zeit haben, lösen Sie
> zuerst Lesen Teil 5. Bei richtiger Lösung
> gibt es hier doppelt so viele Punkte wie in
> Lesen Teil 4.

Zwischen der Firma Schottel GmbH und dem Betriebsrat der Firma Schottel GmbH wird vereinbart:

1. Jeder Arbeitnehmer trägt seine Urlaubswünsche bis zum 31.3. in die Urlaubsliste seiner Abteilung ein. Urlaubswünsche die nach dem 31.3. geäußert werden, können nur berücksichtigt werden, wenn es keine Konflikte mit den Urlaubswünschen der anderen Beschäftigten gibt.
2. Der Urlaub muss vom Abteilungsleiter genehmigt werden.
3. Folgende Arbeitnehmergruppen haben bei den Urlaubswünschen Vorrang:
   · Arbeitnehmer mit schulpflichtigen Kindern sollten in den Schulferien Urlaub bekommen.
   · Arbeitnehmern mit berufstätigem Ehepartnern ist der Urlaub so zu genehmigen, dass sie gemeinsam in Urlaub gehen können.
4. Wenn es Überschneidungen der Urlaubswünsche bei diesen bevorrechtigten Personen gibt, trifft der Abteilungsleiter auf Basis der sozialen Aspekte eine sachgerechte Entscheidung. Dabei haben Beschäftigte mit schulpflichtigen Kindern grundsätzlich Vorrang.
5. Die zeitliche Lage des Urlaubs kann auf Wunsch des Arbeitgebers aus dringenden betrieblichen Gründen verändert werden. Zu den dringenden betrieblichen Gründen zählen insbesondere
   · krankheitsbedingte Ausfälle mehrerer Mitarbeiter,
   · eine erhöhte und unvorhersehbare Produktionsnachfrage.
6. Diese Betriebsvereinbarung tritt mit dem Tage der Unterzeichnung in Kraft und kann von beiden Seiten mit einer Frist von drei Monaten gekündigt werden.

Lesen Teil 5

Lesen Sie den Text und schließen Sie die Lücken 40–45. Welche Lösung (a, b oder c) passt am besten? Markieren Sie Ihre Lösungen für die Aufgaben 40–45 auf dem Antwortbogen auf Seite 241.

ZEIT

Versuchen Sie, Lesen Teil 5 in 5 Minuten zu lösen.

Hallo Miguel,

...**0**... du weißt, arbeite ich ...**40**... drei Wochen bei einem Papiergroßhandel in ...**41**... Verwaltung. Ich ...**42**... ein Büro und mir gefällt der Job sehr ...**43**... . Meine frühere Arbeit war viel stressiger, ich ...**44**... sehr oft Überstunden machen. Das ist ...**45**... anders, ich bin immer um 17.00 Uhr zu Hause.
Viele Grüße
Jennifer

Mischung aus Grammatiktest und Test zur Überprüfung des Textverständnisses.
Zuerst die einfachen Aufgaben lösen. Wenn Sie etwas nicht sofort wissen, gleich mit der nächsten Aufgabe weitermachen.

Beispiel		**Lesen Teil 5**
0	**a** als	**Beispiel**
	b wie	⚪ ✗ ⚪
	c wenn	**a** **b** **c**

40   **a**   seit
      b   in
      c   vor

41   **a**   dem
      b   der
      c   die

42   **a**   habe
      b   hatte
      c   hätte

43   **a**   besser
      b   gut
      c   gern

44   **a**   musste
      b   muss
      c   mussten

45   **a**   bald
      b   später
      c   jetzt

A 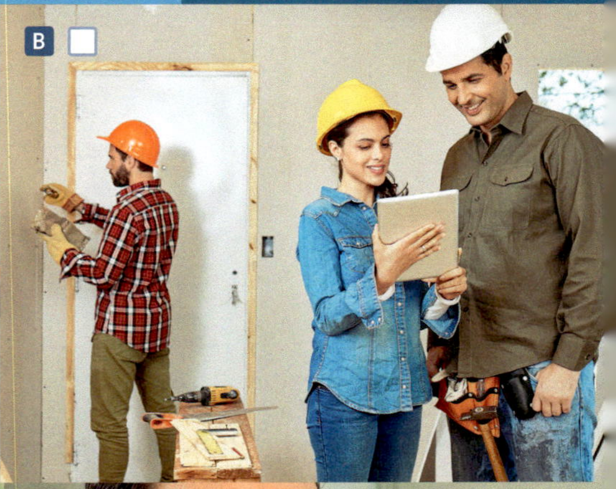 ☐ **B** ☐

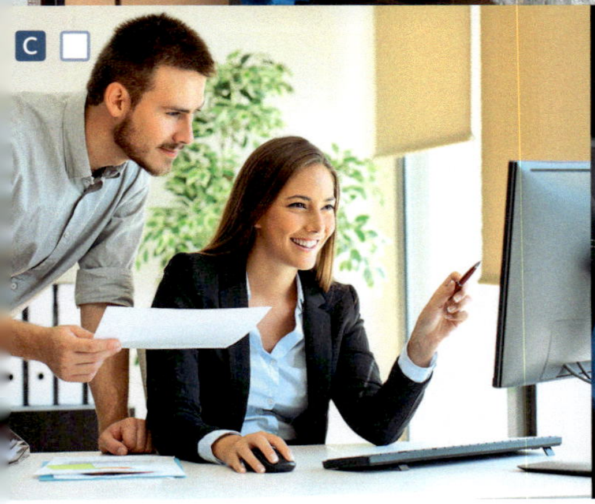

C 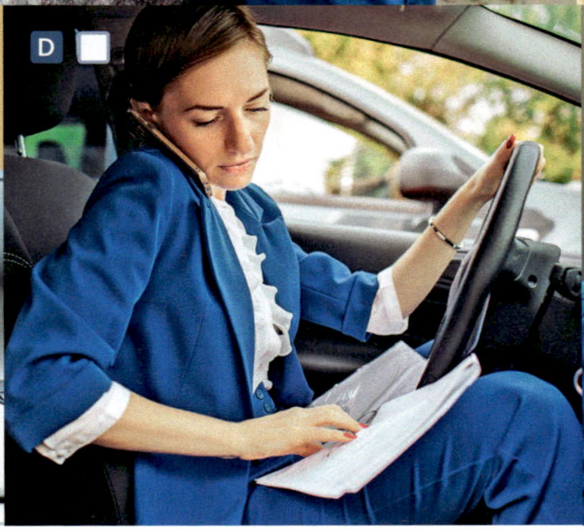 ☐ **D** 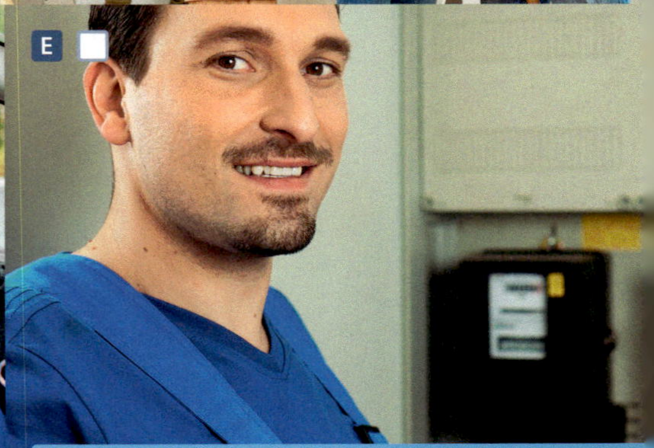 ☐ **E** ☐

1a Arbeitssituationen. Schauen Sie die Fotos an. Was machen die Personen vielleicht? Sprechen Sie im Kurs.

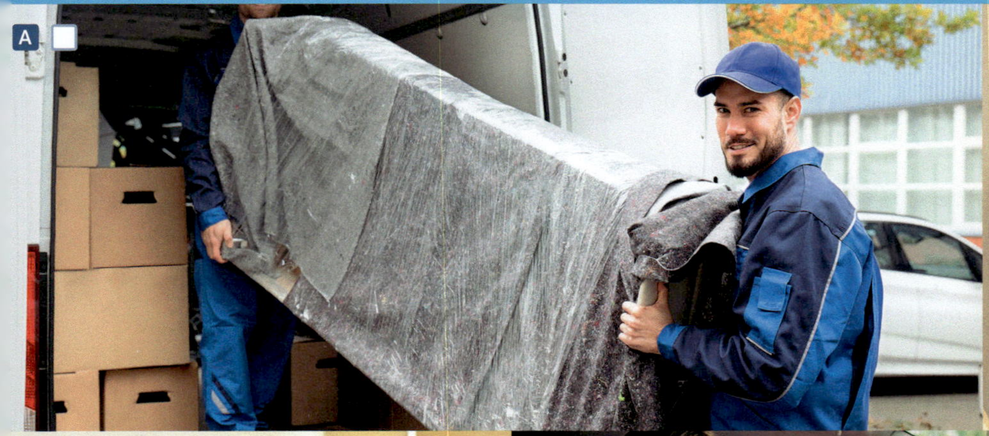

> Ich glaube der Mann auf Foto E ist ein Stromableser. Er …

1b ◼️))) 57 Arbeit und Termine. Hören Sie und ordnen Sie die Dialoge den Fotos zu.

1c Ü1 Hören Sie die Dialoge noch einmal und vervollständigen Sie die Sätze.

1 Die Frau hat den Bericht ....

2 Der Stromableser muss in der Wohnung ....

3 Mustafa und sein Kollege können die Möbel nicht zum vereinbarten Termin ausliefern,

 weil ....

4 Die Frau sagt, dass sie die Wohnung ....

5 Frau Strunz kann nicht pünktlich zur Besprechung kommen, weil ....

 ....

2 Welche Erfahrungen mit Terminen in der Arbeitswelt haben Sie gemacht?

58 **1a** Einen Termin finden und vereinbaren.
Hören Sie das Telefongespräch und
ergänzen Sie die Tabelle.

Was wird geliefert?	Wann wird geliefert? Liefertermin: (Tag und Uhrzeit)	Wohin wird geliefert? Lieferadresse: (Straße und Hausnummer)
Kleiderschrank und ...		

1b Hören Sie das Telefongespräch noch einmal und kreuzen Sie an: Was ist richtig?
Ü2

1 ☐ Das Möbelhaus Walter kann die Möbel am Freitag zwischen 14.00 und 17.00 Uhr
nicht liefern, weil Frau Dreißig dann auf Arbeit ist.

2 ☐ Frau Dreißig möchte, dass ihre Möbel am kommenden Montag geliefert werden,
weil sie dann einen Gleittag hat.

3 ☐ Herr Müller und Frau Dreißig vereinbaren einen Liefertermin für die Möbel am
Mittwochvormittag.

4 ☐ Frau Dreißig wohnt im vierten Stock.

1c Termine, Termine. Ordnen Sie die Redemittel zu.

einen Termin bestätigen **1**   **A** Entschuldigung. Ich stecke im Stau. Geht es auch
einen Termin ablehnen **2**   später?
einen Termin vorschlagen **3**   **B** Tut mir leid. Da habe ich leider keine Zeit.
einen Termin verschieben **4**   **C** Gut, dann treffen wir uns morgen um 10.00 Uhr.
einen Termin absagen **5**   **D** Ich kann leider doch nicht wie geplant kommen.
                                     E Geht es bei Ihnen am nächsten Mittwoch?

1d Termine bestätigen, ablehnen oder absagen. Fragen und antworten Sie zu zweit.
Ü3

Können wir uns morgen zu einer Besprechung treffen?	Ja, das geht.
Können Sie den Schrank am Freitag liefern?	Selbstverständlich.
Können Sie mein Auto heute noch reparieren?	Ja, klar!
Können Sie den Bericht bis zum Ende der Woche abgeben?	Nein, das geht leider nicht.
Können Sie den Auftrag bis morgen Abend erledigen?	Nein, wir haben zu viel zu tun.
Können Sie am kommenden Montag in die Firma kommen?	Leider nicht. Es ist etwas
…	dazwischengekommen.

59 **2a** Hören Sie das Telefongespräch zwischen Herrn Müller und Frau Dreißig. Kreuzen Sie an:
Warum ruft er sie an?

A ☐ Herr Müller muss den Liefertermin absagen.

B ☐ Herr Müller muss den Liefertermin verschieben.

C ☐ Herr Müller möchte den Liefertermin bestätigen.

2b

Ü4

Lesen Sie den Dialog und ergänzen Sie die Verben. Hören Sie noch einmal zur Kontrolle.

> passen • verschieben • liefern •
> vereinbaren • sein • geliefert • bringen

● Guten Tag, Frau Dreißig. Hier Müller vom Möbelhaus Walter am Apparat. Es gibt ein Problem mit der Lieferung Ihrer Möbel. Wir müssen den Liefertermin heute Nachmittag leider kurzfristig _____ ¹.
Der LKW hatte nämlich eine Panne. Wir müssen deshalb einen neuen Termin _____ ².

● Das ist aber ärgerlich. Können Sie die Möbel morgen _____ ³?

● Ja, das geht. Wir können Ihnen Ihre Möbel entweder am Vormittag oder am Nachmittag _____ ⁴. Wann würde es Ihnen besser _____ ⁵?

● Morgen habe ich Frühschicht. Ich kann also schon um 14.30 Uhr zu Hause _____ ⁶. Also ab 15.00 Uhr würde es mir sehr gut passen.

● Ja, das geht. Unsere Spedition wird zwischen 15.00 und 17.00 Uhr bei Ihnen sein.

● Okay, meine Möbel werden also definitiv morgen Nachmittag _____ ⁷? Sie verschieben den Termin nicht noch einmal?

● Nein, auf keinen Fall. Auf Wiederhören und vielen Dank für Ihr Verständnis.

2c

🔊 60

Hören Sie die Nachricht auf dem Anrufbeantworter. Kreuzen Sie an: richtig oder falsch?

		R	F
1	Herr Müller muss den Liefertermin für das Regal kurzfristig absagen.	☐	☐
2	Das Regal kann aber morgen ausgeliefert werden.	☐	☐
3	Er bittet Herrn Lauer um Rückruf.	☐	☐

3

Eine Nachricht auf dem Anrufbeantworter hinterlassen. Schreiben und spielen Sie im Kurs.

Situation 1

Sie arbeiten für die Firma Computer Systems und haben um 17.00 Uhr einen Kundentermin. Es geht um die Reparatur eines Computers. Sie müssen den Termin absagen, weil der Zulieferer das Ersatzteil noch nicht geliefert hat. Sie erreichen den Kunden / die Kundin nicht persönlich und sprechen ihm/ihr auf die Mailbox.

Situation 2

Sie arbeiten für die Firma Franz Haushaltsgeräte und haben um 11.00 Uhr einen Kundentermin. Es geht um die Lieferung eines Wäschetrockners. Sie möchten den Termin um einen Tag verschieben, weil ihr Lieferwagen zur Reparatur in die Werkstatt musste. Sie entschuldigen sich bei dem Kunden / der Kundin und versuchen, einen neuen Termin zu vereinbaren.

4
Ü5

Einen Termin telefonisch vereinbaren. Finden Sie mit Ihrem Partner / Ihrer Partnerin einen Termin. Die Rollenkarte für Partner/in B finden Sie auf Seite 237.

Partner/in A

Sie arbeiten im technischen Kundendienst für die Firma Brunner Gastrohandel. Die Firma bietet u. a. Kaffeekomplettlösungen für Unternehmen an. Sie liefern die Kaffeemaschinen aus, nehmen sie in Betrieb und warten sie. Die Firma Karl Lang hat sechs Kaffeevollautomaten bestellt. Schauen Sie sich Ihren Terminkalender an und vereinbaren Sie einen Termin für die Lieferung.

> *Guten Tag, Herr/Frau … Es geht um die Kaffeevollautomaten. Ich möchte gern einen Termin mit Ihnen vereinbaren. Ich könnte am Montag um 10.30 Uhr kommen.*

	Mo. 24.09.	Di. 25.09.	Mi. 26.09.	Do. 27.09.	Fr. 28.09.
9.00	Teambesprechung			Schulung (neue Kaffeemaschinen)	Kundentermin (Auslieferung)
10.00				Schulung	
11.00				Schulung	Jahresgespräch mit dem Chef
12.00					
13.00	Kundentermin bei der Werner GmbH (Wartung)	Gleittag			
14.00	Kundentermin bei der Werner GmbH (Wartung)				
15.00	Kundentermin bei der LACOS GmbH (Auslieferung)				
16.00	Kundentermin bei der LACOS GmbH (Auslieferung)				

Nach einem möglichen Termin fragen
Wann würde es Ihnen passen?
Haben Sie einen Terminvorschlag?

Einen Termin vorschlagen
Ich könnte am Montag / … um … Uhr kommen.
Geht es am Mittwoch / … um … Uhr?

Einen anderen Termin vorschlagen
Geht es bei Ihnen auch am Montag / … um … Uhr?

Einem Termin zustimmen
Ja, das passt. / Ja, das geht. / Einverstanden.

Einen Termin ablehnen
Das geht/passt mir leider nicht.
Da habe ich keinen Termin frei.

Einen Termin bestätigen
Gut/Also, dann notiere ich den …
von … bis … Uhr.

61

1a Ari Barzani arbeitet im Technischen Kunden-
dienst für die Firma Brunner Gastrohandel.
Hören Sie das Telefonat mit seiner Kollegin
Emma Palme und beantworten Sie die
Fragen.

1 Warum ruft sie Herrn Barzani an?
2 Wer ist Dr. Rug? Was glauben Sie?

1b Hören Sie das Telefonat noch einmal. Kreuzen Sie an: Was ist richtig (A, B oder C)?

1 Ari Barzani ist
   A in der Firma Karl Lang.
   B bei Computer Systems.
   C im Auto.

2 Der Termin bei Computer Systems ist um
   A 15.00 Uhr.
   B 11.00 Uhr.
   C 13.00 Uhr.

3 Der Termin mit Dr. Rug findet in der
   A Wilhelmstraße
   B Augsburger Straße
   C Südstadt statt.

4 Der Termin mit Dr. Rug dauert
   A 90 Minuten.
   B 60 Minuten.
   C eine halbe Stunde.

5 Bei dem Termin geht es um
   A die Teambesprechung
   B einen großen Auftrag
   C die neuen Kaffeevollautomaten.

6 Ari trifft Herrn Barzani Dr. Rug
   A bei Gärtner Automotiv.
   B bei der Kunert GmbH.
   C in der Südstadt.

1c Lesen Sie die E-Mails. Welche hat Herr Barzani an Herrn Rug geschrieben? Warum?

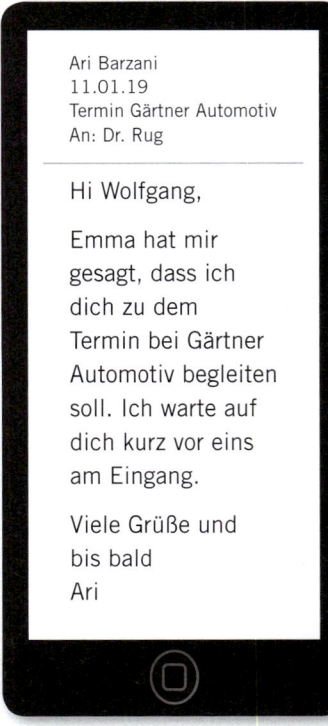

Ari Barzani
11.01.19
Termin Gärtner Automotiv
An: Dr. Rug
_____

Hi Wolfgang,

Emma hat mir
gesagt, dass ich
dich zu dem
Termin bei Gärtner
Automotiv begleiten
soll. Ich warte auf
dich kurz vor eins
am Eingang.

Viele Grüße und
bis bald
Ari

Ari Barzani
11.01.19
Termin Computer Systems
An: Dr. Rug
_____

Lieber Herr Rug,

Emma hat mir
gesagt, dass ich Sie
zu dem Termin bei
Computer Systems
begleiten soll. Ich
warte auf Sie kurz
vor 13.00 Uhr am
Eingang.

MfG
Ari Barzani

Ari Barzani
11.01.19
Termin Gärtner Automotiv
An: Dr. Rug
_____

Hallo, Herr Dr. Rug,

Frau Palme hat mir
gesagt, dass ich Sie
zu dem Termin bei
Gärtner Automotiv
begleiten soll. Ich
warte auf Sie kurz
vor 13.00 Uhr am
Eingang.

Mit freundlichen
Grüßen
Ari Barzani

Ich glaube, Herr Barzani duzt Herrn Dr. Rug nicht. Darum glaube ich nicht, dass ...

2
Ü6

Lesen Sie die E-Mails und ordnen Sie zu.

1 einen Termin bestätigen   **2** einen Termin anfragen   **3** einen Termin vorschlagen

---

☐ An: Dr. Rug
Kopie: Ewa Bluszcz
Betreff: Reparatur Kaffeemaschinen
Von: Michael Kohl

Sehr geehrter Herr Dr. Rug,

letzte Woche war Herr Barzani hier und hat unsere neuen Kaffeevollautomaten repariert. Seit heute funktionieren sie nicht richtig. Man kann die Milch nicht mehr aufschäumen.
Können Sie bitte so schnell wie mögich einen Techniker schicken?

Mit freundlichen Grüßen
Michael Kohl

☐ An: Michael Kohl
Kopie: Dr. Rug
Betreff: Reparatur Kaffeemaschinen
Von: Ari Barzani

Sehr geehrter Herr Kohl,

mein Chef Herr Dr. Rug hat mir Ihre Mail weitergeleitet. Leider habe ich Sie telefonisch nicht erreicht. Es tut mir leid, dass die Kaffeemaschinen nicht funktionieren. Wir werden sie natürlich so schnell wie möglich reparieren. Passt Ihnen morgen früh um 9.00 Uhr?

Mit freundlichen Grüßen
Ari Barzani

☐ An: Ari Barzani
Kopie: Ewa Bluszcz, Dr. Rug
Betreff: Reparatur Kaffeemaschinen
Von: Michael Kohl

Sehr geehrter Herr Barzani,

vielen Dank für die schnelle Rückmeldung. Ihr Terminvorschlag passt mir sehr gut. Ich erwarte Sie dann morgen um 9.00 Uhr.

Mit freundlichen Grüßen
Michael Kohl

3
Ü7

Arbeiten Sie zu zweit und schreiben Sie kurze Mails, in denen Sie einen Termin vorschlagen, den Termin ablehnen, einen neuen vorschlagen und diesen bestätigen.

Partner/in A
Ihre Firma hat den Kaffeevollautomaten C200 von der Firma Brunner Gastrohandel gekauft. Er ist kaputt. Sie möchten einen Termin mit einem Techniker vereinbaren.

Partner/in B
Sie sind Techniker und arbeiten für die Firma Brunner Gastrohandel. Sie haben viele Termine.

Schriftlich einen Termin vorschlagen
Das Gerät /… reparieren wir so schnell wie möglich.
Wir können Ihnen am … um … Uhr einen Techniker schicken.

Bitte geben Sie uns eine kurze Rückmeldung, ob Ihnen der Termin passt.

Schriftlich einen Termin zusagen
Der Terminvorschlag passt mir sehr gut.
Ich halte den Termin am … um … Uhr fest.

1 a Wann haben Sie sich das letzte Mal verspätet? Warum? Sprechen Sie im Kurs.

> *Gestern bin ich zu spät zum Deutschkurs gekommen, weil …*

> *Ich bin meistens pünktlich, aber …*

1 b Wie pünktlich muss man sein? Diskutieren Sie.

1 Die jährliche Betriebsfeier in einem Restaurant beginnt um 18.00 Uhr. Herr Behm kommt um 18.30 Uhr.
2 Die wöchentliche Teamsitzung beginnt um 9.00 Uhr. Frau Haffner kommt fünf nach neun.
3 Frau Jung und Herr Marx haben sich um 12.00 Uhr zum Mittagessen in der Kantine verabredet. Herr Marx ist um zehn nach zwölf da.
4 Die Maler vom Malerbetrieb Multicolor sollen um 7.30 Uhr beim Kunden sein, um seine Wohnung zu streichen. Sie klingeln um 7.15 Uhr bei ihm.
5 Es hat in der Nacht geschneit. Frau Meier kommt deshalb 15 Minuten zu spät zur Arbeit.

🔊 62

2 a Pünktlichkeit am Arbeitsplatz. Hören Sie die Dialoge. Kreuzen Sie an: Wie reagieren die Personen auf das Zuspätkommen?

☐ Sie sind verärgert.   ☐ Sie haben Verständnis.

2 b Hören Sie noch einmal und ergänzen Sie die Tabelle: Wo und warum sind die Personen zu spät gekommen?

	Was?	Warum (Grund)?	Konsequenzen?
Person 1	*Teamsitzung*		
Person 2			
Person 3			

3 Wie geht man mit Unpünktlichkeit in Ihrer Heimat um? Welche Erfahrungen haben Sie
Ü8 mit dem Thema in Deutschland gemacht? Berichten Sie im Kurs.

Zuspätkommen bei der Arbeit – mögliche rechtliche Konsequenzen
Es kann viele Gründe geben, warum ein Arbeitnehmer zu spät zur Arbeit kommt oder die Pausen überzieht. Wenn ein Arbeitnehmer allerdings sehr oft unpünktlich ist, kann er vom Arbeitgeber eine Abmahnung wegen Unpünktlichkeit bekommen. Der Arbeitgeber muss aber in der Abmahnung dokumentieren, wann und wie viele Minuten der Arbeitnehmer zu spät zur Arbeit gekommen ist. Wenn ein Arbeitnehmer nach einer Abmahnung weiterhin regelmäßig verschläft oder unentschuldigt fehlt, kann der Arbeitgeber auch eine Kündigung aussprechen.

4a Lesen Sie die Zeitungstexte und ordnen Sie die Überschriften zu.

Ü9–12

A Feiertage, Festtage und Welttage   **C** Staus und die Kosten

B Abschied vom Acht-Stunden-Tag   **D** Pünktlichkeit bedeutet Respekt

1 ☐

Wer kennt sie nicht, die Verkehrsstaus auf deutschen Straßen? Millionen von Menschen fahren in Deutschland täglich mit dem Auto zur Arbeit. Oft stehen sie dann im Stau und kommen morgens zu spät zur Arbeit. Der ADAC zählt durchschnittlich fast 2000 Staus pro Tag. Die meisten der Staukilometer gibt es dabei in den Bundesländern Nordrhein-Westfalen, Bayern und Baden-Württemberg. Von allen Städten in Deutschland hat München die meisten Staus. Durchschnittlich verbringen Autofahrer hier jährlich 49 Stunden im Stau. Staus kosten aber nicht nur Zeit und Nerven, sondern auch sehr viel Geld. Verkehrsexperten schätzen, dass Verkehrsstaus allein in Deutschland 69 Milliarden Euro Schaden verursachen.

2 ☐

Wussten Sie, dass es neben den gesetzlichen Feiertagen in Deutschland auch noch viele inoffizielle Feiertage gibt? Diese heißen manchmal auch Welttage oder weltweite Gedenktage. Wenn Sie heute zum Beispiel zu spät zur Arbeit gekommen sind, müssen Sie sich nicht entschuldigen oder eine Ausrede suchen, denn der 30. Juli ist der „offizielle" Zuspätkomm-Tag. Er gehört zu den skurrilsten „Feiertagen". Er wurde 2006 von einem Blogger gestartet. Sie können sich auch noch auf den 10. August freuen, denn das ist der „Faulpelz-Tag". An diesem Tag gilt es, faul zu sein – ganz ohne schlechtes Gewissen. Und der letzte Samstag im November ist der Kauf-Nix-Tag.

4 ☐

Die Arbeitszeit hat sich in den letzten Jahren in vielen Branchen und Berufen stark verändert. Vor allem bei Büroarbeiten in größeren Unternehmen haben sich „flexible" Arbeitszeiten etabliert. Die meisten Arbeitnehmer wollen nicht mehr den klassischen Acht-Stunden-Tag, sondern möchten in einem gewissen Rahmen selbst entscheiden, wann sie zur Arbeit kommen und wann sie wieder nach Hause gehen. Flexible Arbeitszeiten helfen vor allem auch Müttern und Vätern, Beruf und Familie besser miteinander zu vereinbaren. Private Termine, wie zum Beispiel Arztbesuche oder Behördentermine lassen sich so auch besser organisieren. Selbstständigkeit und Freiheit in der Zeitplanung zählen heute neben Gehalt und Arbeitsplatzsicherheit zu den wichtigsten Kriterien bei der Auswahl eines Arbeitsplatzes.

3 ☐

Vielleicht gehören Sie ja zu den Menschen, die glauben, Pünktlichkeit ist weder im Privat- noch im Arbeitsleben besonders wichtig. Natürlich ist es jedem schon einmal passiert: Man kommt zu spät zur Schule, zur Arbeit oder zu einem Termin. Dann versuchen die meisten, eine glaubhafte Ausrede zu finden. Es gibt immer wieder Situationen, in denen man eine Verspätung nicht vermeiden kann. Im privaten Bereich finden ca. 33 % der Deutschen, dass ein Zuspätkommen ab elf Minuten unhöflich ist. Wer andere warten lässt, gilt also als unhöflich. Und am Arbeitsplatz ärgert Unpünktlichkeit nicht nur den Chef, sondern meistens auch die Kollegen. Und man kann deshalb sogar seinen Job verlieren.

4b Sprechen Sie über die Artikel im Kurs.

Ich habe nicht gewusst, dass …	Mich hat überrascht, dass…
Ich frage mich, warum …	Ich kann mir nicht vorstellen, dass…
Stimmt es wirklich, dass …	Ich weiß nicht, warum …

Übungen

Hier üben Sie: temporale Präpositionen · Adjektive im Superlativ

1 a   Uhrzeiten – formell und informell. Schreiben Sie die Uhrzeiten wie im Beispiel.

1   16:30   *sechzehn Uhr dreißig*   *halb fünf*

2   13:00

3   11:15

4   09:45

5   14:20

6   22:50

1 b   Das Datum. Schreiben Sie das Datum wie im Beispiel.

Heute ist der ...   **Passt es Ihnen am ...?**

1   18.02.   *achtzehnte Februar.*   *achtzehnten Februar?*

2   21.03.

3   15.06.

4   24.08.

5   31.10.

6   01.11.

7   07.04.

⚙ 2   Wann können wir uns treffen? Ergänzen Sie die Präpositionen aus dem Schüttelkasten.
8.1–8.3

> im • im • um • am • am • am • am • am • am • am

1   .... April sind wir auf der Baumesse in Leipzig.

2   .... Sommer mache ich zwei Wochen Urlaub.

3   Könnten wir uns .... Freitag treffen? – .... Vormittag habe ich einen Termin, aber

    .... Nachmittag müsste es gehen. Vielleicht .... 16 Uhr?

4   .... Montag kann ich leider nicht. – Und .... Dienstag? Haben Sie da Zeit?

5   Ich komme .... 6. April aus Köln zurück. Das ist ein Samstag.

6   .... Wochenende machen wir einen Betriebsausflug.

3 **Redemittel. Verbinden Sie: Was passt zusammen?**

Nein, wir haben	**1**		**A**	leider nicht.
Haben Sie	**2**		**B**	um 16 Uhr kommen.
Selbstverständlich. Das passt	**3**		**C**	etwas dazwischengekommen.
Nein, das geht	**4**		**D**	zu viel zu tun.
Geht es bei Ihnen	**5**		**E**	besser passen?
Ja, klar	**6**		**F**	sehr gut.
Leider nicht. Es ist	**7**		**G**	geht das!
Ich könnte am Montag	**8**		**H**	einen Terminvorschlag?
Wann würde es Ihnen	**9**		**I**	am nächsten Mittwoch?

4 **Eine Terminvereinbarung am Telefon. Ordnen Sie den Dialog.**

☐ • Ja, einen Moment bitte … Würde es Ihnen am Mittwoch um 14 Uhr passen?

☐ • Leider nicht. Wie wäre es stattdessen mit Freitag um halb fünf?

☐ • Gut, vielen Dank. Der Techniker kommt dann zu Ihnen. Auf Wiederhören.

1 • Elektro Rödecke GmbH, Martin Rödecke am Apparat. Was kann ich für Sie tun?

☐ • Gut, dann halten wir Freitag um 16.30 Uhr fest. Bitte sagen Sie mir noch Ihren Namen, Ihre Adresse und Ihre Telefonnummer.

☐ • Guten Tag, Djamila Masaad. Ich habe ein Problem mit meinem Geschirrspüler. Könnten Sie mir bitte einen Techniker schicken?

☐ • Djamila Masaad, Gerberstraße 24, ich wohne im dritten Stock.

☐ • Das ist schlecht, ich muss bis 16 Uhr arbeiten? Geht es auch später?

☐ • Einverstanden, das passt mir sehr gut.

5 **Eine Terminanfrage. Wie reagieren Sie? Wählen Sie aus den Redemitteln aus Aufgabe 3 aus oder formulieren Sie einen eigenen Satz.**

„Guten Tag, Papier Schröder. Wir würden morgen gerne das Kopierpapier liefern.“

Bestätigen Sie den Termin: ....

....

Lehnen Sie den Termin ab: ....

....

Verschieben Sie den Termin: ....

....

Sagen Sie den Termin ab: ....

....

6 Sortieren Sie die E-Mail und bringen Sie sie in die richtige Reihenfolge.

☐ Leider müssen wir den Termin verschieben. Unser Zulieferer hat Lieferschwierigkeiten und das Ersatzteil ist noch nicht bei uns eingetroffen.

☐ Mit freundlichen Grüßen
Martin Rödecke

☐ Könnten wir daher den Termin von Freitag auf Mittwoch nächste Woche verschieben? Die Uhrzeit würde dieselbe bleiben, also auch um 16.30 Uhr.

☐ Sehr geehrte Frau Masaad,

☐ am Freitag um 16.30 Uhr wollten wir zu Ihnen kommen und Ihre Geschirrspülmaschine reparieren.

☐ Bitte bestätigen Sie uns die Terminänderung.

☐ **Betreff**: Terminverschiebung wegen Lieferschwierigkeiten

7 Schriftlich einen Termin vereinbaren. Ergänzen Sie die fehlenden Verben.

bestätigen • zusagen • ~~anbieten~~ • vereinbaren • vorschlagen

Betreff: Terminvorschlag Reparatur Wäschetrockner 3. Juni 16.00 Uhr

Sehr geehrte Frau N'die,

als Termin für die Reparatur Ihres Wäschetrockners könnte ich Ihnen

Donnerstag, den 3.6. um 11.30 Uhr *anbieten* .... [1].

Bitte .... [2] Sie den Termin oder schicken Sie uns eine kurze

Nachricht, damit wir einen anderen Termin .... [3] können.

Mit freundlichen Grüßen
Martin Rödecke

Betreff: Re: Terminvorschlag Reparatur Wäschetrockner 3. Juni 16.00 Uhr

Sehr geehrter Herr Rödecke,

vielen Dank für Ihren Terminvorschlag. Leider kann ich den Termin aber

nicht .... [4], da ich berufstätig bin. Könnten Sie bitte einen

Termin nach 16 Uhr .... [5]?

Mit freundlichen Grüßen
Savannah N'die

8 Wie schreibt man es? Entscheiden Sie: *ei* oder *ie*?

Nicola Amhold über Pünktlichkeit:

„Mir fällt es sehr schwer, morgens aus dem Bett zu kommen. Zum Glück gibt es in m......ner Firma Gl......tz......t. So habe ich Z......t bis 9 Uhr. Dann muss ich aber im Büro s......n. Oft komme ich erst nach 9 Uhr. Deshalb habe ich schon zw...... Ermahnungen und ......ne Abmahnung bekommen. Auch zu Treffen mit Freunden komme ich immer w......der zu spät. S...... sind schon sauer auf mich. Ich verstehe das nicht. B...... der Arb......t kann ich es verstehen, dass m ......ne Kollegen nicht auf mich warten können, aber b...... Verabredungen zum Kaffee oder Sport ist das doch egal, oder?"

9 Lesen Sie die Zeitungstexte auf S. 168 noch einmal und kreuzen Sie an: richtig oder falsch?

Text 1

		R	F
1	Sehr viele Menschen stehen auf dem Weg zur Arbeit im Stau.	☐	☐
2	In Deutschland gibt es täglich 2000 km Stau.	☐	☐
3	Staus kosten zwar Zeit, aber wenigstens kein Geld.	☐	☐

Text 2

		R	F
4	Nicht alle Feiertage in Deutschland sind gesetzlich.	☐	☐
5	Auch bei den inoffiziellen Feiertagen muss man nicht arbeiten gehen.	☐	☐

Text 3

		R	F
6	Pünktlichkeit ist im Privatleben und im Arbeitsleben nicht wichtig.	☐	☐
7	Wenn man zu spät kommt, erfindet man oft eine kleine Lüge.	☐	☐
8	Wer im Job zu spät kommt, kann gekündigt werden.	☐	☐

Text 4

		R	F
9	Die meisten Arbeitnehmer wollen keine acht Stunden arbeiten.	☐	☐
10	Flexible Arbeitszeiten bedeuten, dass der Chef bestimmt, wann man arbeitet.	☐	☐
11	Flexible Arbeitszeiten machen Männern und Frauen das Leben leichter.	☐	☐

10a Vervollständigen Sie die Tabelle mit den passenden Superlativen.

7.4

Adjektiv	Komparativ	Superlativ
häufig	häufiger	
viel	mehr	
kurz	kürzer	
wichtig	wichtiger	
gut	besser	
schlecht	schlechter	
wenig	weniger	

10b Ergänzen Sie die Sätze mit den Superlativen aus Übung 10a.

1 Unpünktlichkeit ist der .... Grund für eine Kündigung.

2 Arbeitnehmer haben .... Verständnis für unentschuldigtes Fehlen.

3 Herrn Müllers Ergebnis ist das .... von allen. Herr Müller ist enttäuscht.

4 Alper Özmen ist der .... Auszubildende des Jahres 2017.

5 Kopieren macht mir .... Spaß.

6 Gut sprechen zu können ist in einem Beruf im Call-Center ....
 Alles andere kann man lernen.

7 Der Betreff ist der .... Satz in der ganzen E-Mail.

11 Entscheiden Sie: Welcher Superlativ passt? Streichen Sie den falschen durch.

1 Pünktlichkeit und Zuverlässigkeit sind ~~am besten~~ / die besten Voraussetzungen für
 ein gutes Arbeitszeugnis.

2 Die Arbeitszeit hat sich in Deutschland in den letzten Jahrzehnten am meisten /
 die meisten verändert.

3 Verkehrsunfälle sind am häufigsten / die häufigste Ursache für Staus.

4 Mit dem Chef gut auszukommen, ist mir am wichtigsten / der wichtigste von allen
 Faktoren beruflicher Zufriedenheit.

5 Den Tag des Spickzettels finde ich am lustigsten / den lustigsten Feiertag von allen.

6 Muriel hat in der Berufsschule dieses Jahr am häufigsten / den häufigsten gefehlt.

12 Was trifft auf Sie zu? Schreiben Sie Sätze. Verwenden Sie den Superlativ.

1 private E-Mails / berufliche E-Mails *(häufig, schreiben)*

 Am häufigsten schreibe ich private E-Mails

2 gesundes Essen / viel Bewegung *(wichtig, finden)*

 ....

3 unfreundliche Kollegen / ungerechte Chefs *(wenig, mögen)*

 ....

4 persönlich / telefonisch *(gut, mit Kunden umgehen können)*

 ....

5 Rechtschreibung / Grammatik *(schlecht, sein)*

 ....

6 Romane / Krimis *(lesen, gern)*

 ....

der/die Stromableser/in, -/-nen ....

aus}liefern ....

die Besprechung, -en ....

der Bericht, -e ....

A Termine finden und vereinbaren

der Terminvorschlag, "-e ....

Termine vereinbaren ....

bestätigen ....

ab}lehnen ....

verschieben ....

ab}sagen ....

kurzfristig ab}sagen ....

etwas ist dazwischen-gekommen ....

der Stau, -s ....

der Liefertermin, -e ....

der Lieferwagen, - ....

der Zulieferer, - ....

das Ersatzteil, -e ....

der Kundendienst, -e ....

die Spedition, -en ....

die Wartung, -en ....

der Wäschetrockner, - ....

die Panne, -n ....

der Rückruf, -e ....

die Schulung, -en ....

der Gleittag, -e ....

selbstverständlich ....

ärgerlich ....

B Termine schriftlich vereinbaren

begleiten ....

die Rückmeldung, -en ....

erwarten ....

der/die Techniker/in, -/-nen ....

jemanden erreichen ....

frühestmöglich ....

C Pünktlichkeit

die Pünktlichkeit ....

pünktlich ....

unpünktlich ....

die Verspätung, -en ....

Schaden verursachen ....

der Respekt ....

die Betriebsfeier, -n ....

die Teamsitzung, -en ....

sich verabreden ....

der Malerbetrieb, -e ....

die Wohnung streichen ....

verärgert ....

Verständnis haben ....

unentschuldigt fehlen ....

die Abmahnung, -en ....

die Kündigung, -en ....

die Ausrede, -n ....

der Behördentermin, -e ....

der Acht-Stunden-Tag, -e ....

überraschen ....

Aufträge

Sie lernen

- über Angebote von Firmen sprechen
- Aufträge vergeben und annehmen
- Geräte beschreiben
- E-Mails zu Angeboten und Bestellungen verstehen
- mit Beschwerden und Reklamationen umgehen

1 a Welche Aufträge bekommen diese Firmen? Welche Dienstleistungen bieten sie an? Sprechen Sie im Kurs.
Ü1

> Ein Pizzaservice bekommt den Auftrag, ...

1 b Welche Dienstleistungen nehmen Sie in Anspruch? Gab es schon einmal Probleme? Was sind Ihre Erfahrungen?

> Ich miete manchmal ein Auto. Das ist immer ganz unkompliziert, aber einmal ...

> Ich bestelle nur selten etwas beim Pizzaservice. Manchmal ...

> Zum Glück hatte ich noch nie Probleme, wenn ich ...

🔊 **1 a** **Hören Sie die Telefongespräche und ordnen Sie zu: Zu welchen Betrieben passen sie?**
63 Ü2

☐ Copyshop ☐ Heizungsfirma ☐ Spedition ☐ Wäscherei

1 b **Hören Sie noch einmal und kreuzen Sie an: richtig oder falsch?**

		R	F
1	Die Heizung von Frau Paulsen wurde zuletzt vor einem Jahr gewartet.	☐	☐
2	Sie ist für die Firma Enderle Wärmeservice eine Neukundin.	☐	☐
3	Sergej Bourmistrov will Möbel nach Heidelberg transportieren lassen.	☐	☐
4	Die Spedition kann die Möbel am Donnerstag nicht mitnehmen.	☐	☐
5	Die Wäscherei will alte Waschmaschinen verkaufen.	☐	☐
6	Der Termin bei der Firma Lavamet ist am nächsten Montag.	☐	☐
7	Die Firma Script Papiergroßhandel kann das Fotopapier wieder liefern.	☐	☐
8	Bei den anderen Papiersorten gibt es Lieferschwierigkeiten.	☐	☐

🔊 **2** **Textkaraoke. Hören, lesen und sprechen Sie die 👄-Rolle in dem Dialog.**
64

📎 …

👄 Guten Tag, mein Name ist Amanda Paulsen.
Unsere Heizung muss gewartet werden.

📎 …

👄 Nein, bis jetzt hat das immer eine andere Firma
gemacht, aber die hat jetzt geschlossen.

📎 …

👄 Amanda Paulsen.

📎 …

👄 Die Nummer finde ich leider nicht, aber es ist eine Gasheizung von der Firma
Baderas. Sie ist jetzt fünf Jahre alt.

📎 …

👄 Kantstraße 45.

3 **Spielen Sie Dialoge. Die Rollenkarten für Partner/in B finden Sie auf Seite 238.**

Situation 1: Partner/in A
Ihre Waschmaschine der Marke Porsch ist kaputt. Die Tür klemmt und sie
kann nicht starten. Die Maschine ist vier Jahre alt. Sie rufen den Kundendienst
der Firma Porsch an. Der Gerätetyp ist HV 12.

Situation 2: Partner/in A
Sie sind Mitarbeiter der Restaurantkette Burger Mac. Sie wollen in Kiel,
Schwerin und Rostock drei neue Filialen eröffnen und brauchen neue Küchengeräte.
Besonderes Interesse haben Sie an Gasherden und Backöfen. Sie brauche mindestens
neun Gasherde und sechs Backöfen. Sie rufen bei der Firma Profigast an und fragen
nach Angeboten.

1 a
Ü3

Lesen Sie den Prospekt und vergleichen Sie die Waschmaschinen.

Angebote Industriewaschmaschinen

TOPANGEBOTE

AMD 1110		Frontlader
Wasserverbrauch	**62 Liter (Baumwolle)**	
Trommelvolumen	**101 Liter**	
Wäschekapazität	**12 kg**	
Programme	**9**	
Maße	**H 101 x B 81,3 x T 68,6 cm**	

AMD X 1720		Toplader
Wasserverbrauch	**58 Liter**	
Trommelvolumen	**87 Liter**	
Wäschekapazität	**10,5 kg**	
Waschprogramme	**8**	
Maße	**H 108 x B 68,5 x T 65 cm**	

Electropro WE 1210		Frontlader
Wasserverbrauch	**65 Liter**	
Trommelvolumen	**65 Liter**	
Wäschekapazität	**8 kg**	
Programme	**11**	
Maße	**H 98 x B 75 cm x T 65,5 cm**	

> Die AMD X 1720 verbraucht am wenigsten Wasser.

> Die AMD 1110 hat den Vorteil, dass man mit ihr 12 kg waschen kann.

1 b
65

Hören Sie das Beratungsgespräch. Über welche Waschmaschinen wird gesprochen?

1 c

Hören Sie noch einmal und beantworten Sie die Fragen.

1 Welche Wäschekapazität sollen die Waschmaschinen für die Firma Enderle haben?
2 Wie viel kostet eine Waschmaschine?
3 Wann kann die Firma Enderle einen Rabatt bekommen?
4 Wie viele Wartungen bezahlt der Kunde, wenn die Firma Enderle vier Maschinen wartet?
5 Wovon hängen die Kosten für die Lieferung ab?

2 a
66 Ü4

Ein Gerät beschreiben. Hören Sie einen Teil des Gesprächs noch einmal und ordnen Sie zu.

- ☑ 1 Strom
- ☐ Startknopf für die Programme
- ☐ Programmwahl
- ☐ automatische Dosierung
- ☐ Fach für Waschmittel
- ☐ Einstellung von Drehzahl, Temperatur und automatischer Dosierung

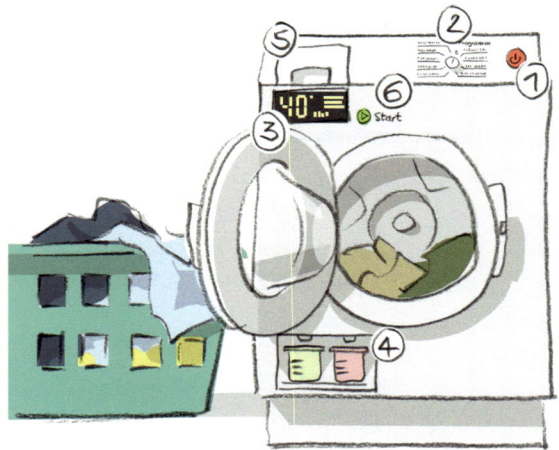

2 b
Ü5+6

Erklären Sie, wie die Waschmaschine funktioniert.

> Mit dem Knopf oben rechts schaltet man den Strom ein. Das Programm wählt man mit ...

1 a   Ü7+8   **Lesen Sie die Mitteilungen und ordnen Sie zu: Was ist das?**

> **1** Rechnung • **2** Lieferschein • **3** Angebot • **4** Auftragserteilung

---

Von: verkauf@script-papiergroßhandel.de
An: einkauf@kopier-center.de
Betreff: Angebot für Kopierpapier

Sehr geehrte Frau Gollwitz,

Vielen Dank für Ihre telefonische Anfrage. Ich kann Ihnen dazu folgendes
Angebot machen:

- Fotopapier Foto-Karton A4 200g/m²: 18 Euro je 100 Blatt
  (Artikel-Nr. 353 305-4-090)
- Hochwertiges Kopierpapier A4 100g/m², cremeweiß: 3,50 Euro je 500 Blatt.
  (Artikel-Nr. 358 425-4-100)

Bitte beachten Sie, dass das Fotopapier erst ab nächster Woche wieder lieferbar
ist. Alle unsere Preise sind Nettopreise und verstehen sich zuzüglich 19%
Mehrwertsteuer. Die Lieferung erfolgt frei Haus.

Freundliche Grüße
Berkay Adeniz
SCRIPT Papiergroßhandel, Verkauf

Betreff: Fotopapier A4 200g/m² und Papier 100 g/m

Sehr geehrter Herr Adeniz,

herzlichen Dank für Ihr Angebot. Wie bestellen hiermit zu den genannten
Konditionen:
1. 353 305-4-090 A4 200g / m²: 2.000 Blatt
2. 358 425-4-100 A4 100g / m², cremeweiß: 20.000 Blatt
Wir benötigen die Ware spätestens 10 Tage nach Auftragserteilung.´

Mit freundlichen Grüßen
Barbara Gollwitz
Kopier-Center Einkauf

Script Papiergroßhandel · Goethestraße 11 · 34127 Kassel    **Script** Papiergroßhandel

Kopier-Center   Kundennummer: 394712
Hauptstr. 27   Auftragsnummer: 201302-17
12165 Berlin   Datum: 25.04.2018

Lieferschein
Menge

1. 200 x 100 Blatt 353 305-4-090 A4 200g / m²
2. 4 x 500 Blatt 358 425-4-100 A4 100g / m²

Ordnungsgemäßen Empfang der Ware bestätigt: ....

Datum und Unterschrift

☐

Script Papiergroßhandel · Goethestraße 11 · 34127 Kassel

S **Script** Papiergroßhandel

Kopier-Center   Kundennummer: 394712
Hauptstr. 27   Auftragsnummer: 201302-17
12165 Berlin

Datum: 25.04.2018

Rechnungsnummer Re 17/1823

Pos.	Art.-Nr.	Bezeichnung	Menge	Einzelpreis in €	Gesamtpreis in €
1	353 305-4-090	Fotopapier	200	18,00	**3.600,00**
2	358 425-4-100	Kopierpapier	4	3,50	**14,00**
				Summe ohne MwSt.	3.614,00
				Zzgl. MwSt. 19 %	686,66
				Gesamtsumme	**4.300,66**

Bitte überweisen Sie den Rechnungsbetrag innerhalb von 14 Tagen auf
untenstehendes Konto.

Script Papiergroßhandel   Tel. 0561 2190-0   Bankverbindung
Goethestraße 11   E-Mail   Ederbank Kassel
34127 Kassel   info@script-papiergroßhandel.org   IBAN DE64520607000002501000004

1 b   **Lesen Sie noch einmal und beantworten Sie die Fragen.**

   1 Wie viel kosten 100 Blatt Fotopapier und 500 Blatt Kopierpapier?
   2 Ab wann kann der Großhandel das Fotopapier liefern?
   3 Muss das Kopier-Center für die Lieferung bezahlen?
   4 Wie viel Kopierpapier bestellt das Kopier-Center?
   5 Wann braucht das Kopier-Center das Papier?
   6 Wie viel Fotopapier und wie viel Kopierpapier liefert der Papiergroßhandel?
   7 Wie hoch ist der Nettobetrag in der Rechnung?
   8 Wie viel Mehrwertsteuer muss für das gelieferte Papier bezahlt werden?
   9 Wann soll das Kopier-Center die Ware bezahlen?
   10 Auf welches Konto soll das Kopier-Center den Rechnungsbetrag überweisen?

2   **Der Papiergroßhandel hat nicht die bestellte Papiermenge geliefert. Was kann das
Kopier-Center tun? Diskutieren Sie im Kurs.**

Das Kopier-Center sollte die Ware
zurückschicken.

Ich denke, der Papiergroßhandel sollte alles
abholen, was er zu viel geliefert hat.

Ja, und dann alles nachliefern,
was er zu wenig geliefert hat.

D   Beschwerden

1 a
Ü9

Lesen Sie die E-Mails und ergänzen Sie die Wörter aus dem Schüttelkasten.

> bestellt • Bestellung • Rechnung • bitten • Lieferung •
> geliefert • nachzuliefern • Menge

Von: einkauf@kopier-center.de
An: verkauf@script-papiergroßhandel.de

Betreff: .... [1] von Kopierpapier

Sehr geehrter Herr Adeniz,

leider entspricht Ihre Papierlieferung von heute nicht unserer

.... [2] vom 20.04.2018. Sie haben 200 mal 100 Blatt

Fotopapier und 4 mal 500 Blatt Kopierpapier .... [3].

Wir haben aber 40 mal 500 Blatt Kopierpapier und 20 mal 100 Blatt Fotopapier

.... [4]. Wir möchten Sie .... [5]

die fehlende .... [6] Kopierpapier so schnell wie möglich

.... [7] und die korrekte .... [8]

beizulegen. Das zu viel gelieferte Fotopapier senden wir auf Ihre Kosten zurück.

Mit freundlichen Grüßen
Barbara Gollwitz

> übernehmen • zuschicken • Fehlerhafte • Kosten • Rücksendung • Versehen

---

Von: verkauf@script-papiergroßhandel.de
An: einkauf@kopier-center.de

Betreff: .... [1] Lieferung

Sehr geehrte Frau Gollwitz,

wir möchten Sie bitten, unser .... [2] zu

entschuldigen. Wir werden Ihnen noch heute die korrekte Menge Kopierpapier

.... [3]. Die .... [4] für die

.... [5] des Fotopapiers .... [6]

selbstverständlich wir.

Freundliche Grüße
Berkay Adeniz

---

1 b   **Lesen Sie die E-Mails noch einmal und beantworten Sie die Fragen.**

1 Was soll der Papiergroßhandel machen?

2 Was will das Kopier-Center machen?

3 Was verspricht der Papiergroßhandel?

2 **Schreiben Sie eine E-Mail an den Papiergroßhandel in Ihr Heft.**

Sie sind Mitarbeiter im Kopier-Center und haben 10.000 Blatt gelbes Kopierpapier und 5.000 Blatt blaues Kopierpapier bestellt. Der Papiergroßhandel hat aber 20.000 Blatt gelbes Kopierpapier und 500 Blatt blaues Kopierpapier geliefert.

3a **Reklamationen. Hören Sie die Telefongespräche und ordnen Sie die Probleme zu.**

☐ Es gibt ein Problem mit Waschmaschinen.

☐ Es wurde die falsche Papiermenge geliefert.

☐ Die Heizung funktioniert nicht.

☐ Der Fotoapparat ist kaputt.

3b **Hören Sie noch einmal und beantworten Sie die Fragen.**

1 Wann will die Firma Enderle Wärmeservice kommen?
2 Wie lange dauert die Reparatur des Fotoapparates?
3 Welches Problem gibt es bei den Waschmaschinen?
4 Was soll Herr Adeniz machen?

4 **Spielen Sie weitere Dialoge. Die Rollenkarten für Partner/in B finden Sie auf Seite 238.**

Situation 1: Partner/in A

Sie arbeiten an der Information eines Elektromarktes. Ein Kunde bringt eine Kaffeemaschine, die er vor einer Woche gekauft hat. Sie ist kaputt. Sie untersuchen die Kaffeemaschine kurz, aber Sie können keinen Fehler finden. Sie fragen nach der Quittung und bieten dem Kunden an, die Kaffeemaschine umzutauschen.

Situation 2: Partner/in A

Sie sind Mitarbeiter einer Elektrofirma. Ihre Firma hat vor vier Tagen Elektroleitungen in einem Mehrfamilienhaus, das neu gebaut wird, verlegt. Die Baufirma, von der Sie den Auftrag bekommen haben, ruft an, weil in zwei Wohnungen in der Küche und im Badezimmer keine Leitungen gelegt wurden.

Kunde/Kundin	Verkäufer/in
Guten Tag, ich habe hier … gekauft.	Darf ich mal sehen?
Leider funktioniert … nicht mehr.	Vielleicht ist … kaputt.
Was passiert jetzt?	Da ist tatsächlich ein Fehler. Haben Sie …?
	Ich kann Ihnen …
Guten Tag, ich bin … von der Baufirma.	Gibt es ein Problem?
Sie haben für uns …	
Ja, in zwei Wohnungen …	Das ist mir sehr peinlich. Wir kommen … und machen die Arbeiten noch / erledigen das.

1 a
Ü10+11

Lesen Sie die Texte. In welchen Branchen arbeiten die Personen? Ordnen Sie zu.

☐ Bauhandwerk ☐ Objektverwaltung ☐ Hotellerie

Dick Verbeet
Hotelfachmann

Seit sieben Jahre arbeite ich an der Rezeption eines Hotels in Köln. Die Gäste sind meistens zufrieden, aber manchmal beschweren sie sich zum Beispiel, wenn sie ihr Zimmer zu laut finden. Das passiert meistens im Sommer, wenn die Gäste die Fenster geöffnet haben und unten auf dem Platz vor dem Hotel noch viele Leute unterwegs sind. Ich versuche dann eine Lösung zu finden, indem ich ihnen ein anderes Zimmer anbiete. Es kommt aber auch vor, dass sich die Gäste beschweren, weil im Frühstücksraum zum Beispiel keine Eier oder kein Brot mehr da waren oder weil es Probleme mit dem Kaffeeautomaten gab. Ich bedanke mich dann bei den Gästen für ihre Information und gebe ihre Beschwerde an die Kollegen in der Küche weiter, damit am nächsten Tag alles in Ordnung ist. Je freundlicher ich reagiere, desto zufriedener sind die Gäste.

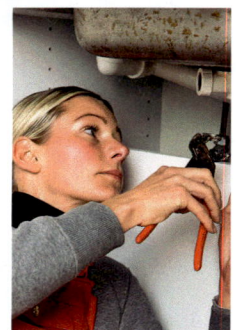

Aneta Podolsky
Installateurin

Wir versuchen immer, sehr sorgfältig zu arbeiten. Trotzdem kann es Probleme geben, wenn wir bei den Kunden etwas reparieren oder in Neubauten die Wasser- und Abwasserleitungen verlegen. So hatten wir zum Beispiel vor einigen Tagen eine Beschwerde, weil bei einem Kunden die Wasserhähne im Badezimmer nicht dicht waren, nachdem wir neue Armaturen installiert hatten. Wir haben die Sache sofort in Ordnung gebracht. Das ist wichtig. Der Kunde soll zufrieden sein und uns neue Aufträge geben und weiterempfehlen. Aber auch wir müssen uns manchmal beschweren, wenn zum Beispiel unsere Lieferanten für Rohre, Waschbecken, Wasserhähne und so weiter etwas falsch oder zu spät geliefert haben. Dann erwarten wir auch, dass die Probleme so schnell wie möglich gelöst werden.

1 b
Lesen Sie noch einmal und ergänzen Sie die Sätze.

1 Die meisten Gäste sind in dem Hotel zufrieden. Trotzdem ....

2 Im Sommer beschweren sich die Gäste manchmal, weil ....

3 Wenn sich die Gäste beschwert haben, ...

4 Nachdem die Installateure im Badezimmer die Wasserhähne installiert hatten, ...

....

5 Für Aneta Podolsky ist es wichtig, dass ....

2
Ü12

Wie kann man reagieren, wenn Kunden Beschwerden haben oder etwas reklamieren? Diskutieren Sie im Kurs.

In modernen Unternehmen hat das Beschwerdemanagement große Bedeutung. Beschwerden sollten die Unternehmen auch als Chance verstehen, Fehler zu korrigieren und konkurrenzfähiger zu werden. Wichtig ist, dass die Unternehmensmitarbeiter bei Beschwerden immer freundlich bleiben.

Übungen

Hier üben Sie: *je … desto* · *n*-Deklination

1 a **Wie heißen die Firmen auf Seite 177? Ergänzen Sie die fehlenden Vokale.**

1 der C_p_sh_p

2 die A_t_v_rm_ _t_ng

3 die Gr_ßw_sch_rei

4 der P_zz_s_rv_c_

5 die B_ _f_rm_

6 die Sp_d_t_ _n

1 b **Ergänzen Sie die Sätze mit den Wörtern aus 1a.**

1 Wenn man bei einem *Pizzaservice* .... arbeiten möchte, braucht man einen Führerschein.

2 Eine .... beschäftigt sich mit dem Transport von Möbeln.

3 In einem .... kann man kopieren oder auch wissenschaftliche Arbeiten binden lassen.

4 Hotels bringen dreckige Textilien in die ....

5 Wenn man kein eigenes Fahrzeug besitzt, kann man es bei einer .... mieten.

6 Wer in einer .... arbeitet, sollte viel Kraft haben und gerne draußen arbeiten.

2 **Ordnen Sie den Dialog. Lesen Sie ihn zur Kontrolle auf Seite 289.**

☐ • Ja, natürlich gerne, wann wollen Sie kommen?

☐ • Ja, das geht. Ich erwarte Sie dann. Noch eine Frage: Wie viele Waschmaschinen und Trockner brauchen Sie denn?

☐ • Wenn Sie so viel abnehmen, kann ich Ihnen sicher ein günstiges Angebot machen. Sagen Sie mir bitte noch einmal Ihren Namen und den Namen Ihrer Firma?

1 • Lavamet GmbH, Michael Oliveira, guten Tag.

☐ • Michael Oliveira. Ich habe alles notiert Frau Jeschke. Können Sie mir noch eine Telefonnummer geben, damit ich Sie anrufen kann, falls etwas dazwischenkommt?

☐ • Dann bis Montag, Frau Jeschke. Auf Wiederhören.

☐ • Uns würde am besten der nächste Montag um 12.00 Uhr passen.

☐ • Für beide Standorte so um die 50 und auch mehrere Trockner.

☐ • Guten Tag, ich bin Rebecca Jeschke von der Großwäscherei Braun in Ludwigsburg. Wir wollen in Stuttgart und Böblingen neue Filialen eröffnen und dafür brauchen wir neue Geräte, also neue Waschmaschinen und Trockner. Wir haben Ihre Internetseite gefunden und würden gerne mal bei Ihnen vorbeikommen.

☐ • Rebecca Jeschke von der Großwäscherei Braun. Wie war doch gleich Ihr Name?

☐ • Ich bin telefonisch unter 07141 345 698 erreichbar oder per Handy unter 0172 7861213.

3 Um welche Maschine handelt es sich? Lesen Sie die Beschreibung und notieren Sie die Modellnummer von Seite 179.

1 Diese Maschine hat sehr viele Waschprogramme, wäscht aber nur wenig Wäsche. Dafür, dass sie so wenig wäscht, ist sie aber sehr teuer im Betrieb. Wenn man viel mit der Maschine wäscht, kann man Rücken- oder Knieprobleme bekommen.

Modell: ....

2 Diese Maschine wäscht unwahrscheinlich viel Wäsche und verbraucht dabei nicht viel, aber auch nicht wenig Wasser. Sie ist die größte Maschine von allen. Aber auch bei ihr kann man Rücken- oder Knieprobleme bekommen.

Modell: ....

3 Diese Maschine ist im wahrsten Sinne des Wortes Mittelmaß. Sie hat mehr Volumen als die eine, aber weniger als die andere Maschine. Aber: Sie ist rückenfreundlich.

Modell: ....

4 Die Funktionsweise einer Waschmaschine beschreiben. Lesen Sie noch einmal den Dialog zu 1b auf Seite 290 und kreuzen Sie an: richtig oder falsch?

		R	F
1	Eine industrielle Waschmaschine ist ganz anders zu bedienen als eine Haushaltswaschmaschine.	☐	☐
2	Den Strom stellt man durch das Drücken eines Knopfes an.	☐	☐
3	Der Frontlader hat neun Knöpfe für neun Programme.	☐	☐
4	Ein Display zeigt an, welches Programm eingestellt ist.	☐	☐
5	Es gibt drei Behälter für Waschmittel.	☐	☐
6	Das Waschmittel muss von Hand ganz exakt dosiert werden.	☐	☐

5 Wählen Sie ein Gerät aus. Schreiben Sie einen kurzen Text und beschreiben Sie, wie das Gerät funktioniert.

> Smartphone • Geschirrspülmaschine • Staubsauger • Mixer

Das Gerät, das ich nun beschreibe, ist ein(e) ....

6 Groß- und Kleinschreibung. Korrigieren Sie die Fehler im Text.

ein kaffeeautomat ist schwieriger zu bedienen, als man denkt. die erste hürde besteht darin, die richtige tasse auszuwählen. macht man dies falsch, hat man eine sauerei, denn die kaffeetasse läuft über. nun geht es an den milchschaum. hier kann auch einiges schiefgehen. entweder ist die milch zu heiß oder sie ist nicht schaumig genug. die sache mit der temperatur kann auch beim kaffee zum problem werden. kaffeeautomaten sind sehr störanfällig und wenn der kaffee nicht mehr heiß wird, dann ist es zeit für eine reparatur der maschine. und die kostet meist viel geld. darum hören sie auf den rat des experten: kaufen sie keinen kaffeeautomaten.

7a Finden Sie neun weitere Wörter und notieren Sie sie mit Artikel und Plural (wo möglich).

K	S	B	A	U	F	T	R	A	G	I	T	L
U	E	N	K	I	H	O	G	T	D	C	R	I
N	M	L	Ä	J	M	Z	K	O	S	ß	E	E
D	ß	X	W	**W**	**A**	**R**	**E**	C	E	K	C	F
E	N	Q	A	J	E	M	P	R	G	D	H	E
S	A	L	I	E	F	E	R	U	N	G	N	R
A	R	P	E	I	T	S	M	A	R	G	U	S
Ö	H	S	R	D	H	L	O	Q	Ä	N	N	C
G	R	O	ß	H	A	N	D	E	L	U	G	H
S	T	M	E	O	E	M	R	H	S	N	M	E
K	O	N	T	O	P	R	L	E	A	C	Y	I
P	S	T	W	M	F	D	V	S	L	H	J	N
L	A	G	E	R	F	I	R	A	T	E	O	N
D	X	E	H	I	N	E	B	G	Ü	R	ß	T
I	N	F	O	R	V	E	R	S	A	N	D	S

1 *die Ware, die Waren*   6

2   7

3   8

4   9

5   10

7b Welche Wörter passen? Ergänzen Sie die Wörter aus 7a.

„Ich bin Buchhalterin und arbeite im Copyshop. Wir sind ein ziemlich großes Team und es gibt immer viel zu tun. Ich muss _____[1] bearbeiten und beim

_____[2] neue _____[3] bestellen. Die wird dann direkt an die Warenannahme geliefert. Die Mitarbeiter dort kontrollieren die _____[4]

und sortieren alles ins _____[5] ein. Natürlich liefern wir auch selbst Waren aus. Wenn uns eine Bestellung erreicht, stellen unsere Mitarbeiter die Ware zusammen und

verpacken Sie für den _____[6]. Ich schreibe den _____[7]

und lege ihn und die _____[8] der Sendung bei. Später kontrolliere ich, ob

Zahlungen auf dem _____[9] eingegangen sind. Im Verkaufsbereich arbeiten

drei Mitarbeiter. Sie beraten die _____[10].

8 Bestellung und Auftragsbestätigung. Ergänzen Sie die Verben.

---
liefern • benötigen • entnehmen • bestätigen • bestellen • nennen • danken
---

Betreff: Bestellung Papier

Sehr geehrter Herr Adeniz,

wir ....[1] Ihnen für Ihr Angebot vom 12. März und

....[2] hiermit: 353 377-4-110; A4 80g/m2, Recycling,
50.000 Blatt.

Wir ....[3] die Ware spätestens eine Woche nach
Auftragserteilung.

Bitte ....[4] Sie uns Ihre Zahlungsbedingungen.

Mit freundlichen Grüßen
Barbara Gollwitz
Kopier-Center, Einkauf

Betreff: Auftragsbestätigung Nr. 500637

Sehr geehrte Frau Gollwitz,

vielen Dank für Ihre Bestellung vom 15.3., die wir gern ....[5].

Wir ....[6] innerhalb einer Woche nach Eingang der Bestellung.
Der Kaufpreis ist innerhalb von 30 Tagen nach Rechnungsdatum ohne Abzug fällig.

Die Zahlungs- und Lieferbedingungen ....[7] Sie bitte auch
unseren beigefügten AGB.

Mit freundlichen Grüßen
Berkay Adeniz
SCRIPT Papiergroßhandel, Verkauf.

9 Eine schriftliche Reklamation. Bringen Sie den Brief in die richtige Reihenfolge und schreiben Sie ihn in Ihr Heft.

Bitte liefern Sie uns die richtige Ware möglichst schnell. • Barbara Gollwitz, Kopier-Center, Einkauf • Sehr geehrter Herr Adeniz, • Der Spediteur kann bei Lieferung die versehentlich zugeschickten Produkte wieder mitnehmen. •
Mit freundlichen Grüßen • wir haben Ihre Lieferung erhalten. • Sollte die Lieferung nicht innerhalb der nächsten Woche bei uns eintreffen, sehen wir uns gezwungen, vom Kauf zurückzutreten. • Leider haben Sie uns aber nicht den bestellten Artikel geliefert. •
~~Reklamation der Lieferung vom 18.03.18~~

Reklamation der Lieferung vom 18.03.18

10 Verbinden Sie die Sätze mit *je ... desto.*

1 Ich reagiere freundlich. Die Gäste sind zufrieden.

Je freundlicher ich reagiere, desto zufriedener sind die Gäste.

2 Ich gebe schnell eine Beschwerde weiter. Die Küche kann schnell reagieren.

3 Ich arbeite sorgfältig. Ich bekomme mehr Aufträge.

4 Ich beschwere mich oft. Meine Probleme werden schnell gelöst.

5 Ich arbeite schnell. Ich kann früh nach Hause gehen.

11 Eine Beschwerde. Ergänzen Sie die Endungen, aber Achtung: Nicht immer wird eine Endung benötigt.

Sehr geehrter Herr Adeniz,

wir haben die drei Lieferung____[1] zum verabredet____[2] Termin____[3] erhalten.
Sie wurden von meinem Kollege____[4] entgegengenommen, der wie immer sehr
vorsichtig war.
Leider jedoch war eines der Paket____[5] aufgerissen und die Verpackung____[6] war
beschädigt. Ein Teil des Papier____[7] war schmutzig. So können wir das Papier____[8]
leider nicht an unsere Kunde____[9] weiterverkaufen. Wir möchten Sie daher
bitten, die verschmutz____[10] Ware____[11] zurückzunehmen. Bitte liefern Sie uns
schnellstmöglich Ersatz____[12]. Der Spediteur kann die beschädigt____[13] Ware bei
einer der nächste____[14] Lieferung____[15] wieder mitnehmen.

Mit freundlich____[16] Grüß____[17]
Barbara Gollwitz

12 Ergänzen Sie die Tabelle mit den richtigen Deklinations-Endungen.

Nominativ	Der Herr hat Recht.
Akkusativ	Ich kenne den Herr_ schon seit Jahren.
Dativ	Ich gebe dem Herr_ Recht.
Genitiv	Der Wunsch des Herr_ ist verständlich.

Nominativ	Meine Nachbarn sind sehr nett.
Akkusativ	Fatin kennt die Nachbar_ schon sehr lange.
Dativ	Der Bürgermeister spricht den Nachbar_ ein Lob aus.
Genitiv	Der Wunsch der Nachbar_ nach Ruhe ist verständlich.

A Auftragsannahme

die Heizungsfirma, -firmen ....

die Heizung warten ....

die Gasheizung, -en ....

der Gasherd, -e ....

der Backofen, "- ....

die Wäscherei, -en ....

die Restaurantkette, -n ....

die Filiale, -n ....

der Papiergroßhandel, - ....

der Neukunde, -n ....

die Lieferschwierigkeiten (Pl.) ....

B Geräte

der Wasserverbrauch ....

verbrauchen ....

der Vorteil, -e ....

die Kosten (Pl.) ....

abhängen (von) ....

der Rabatt, -e ....

C Vom Angebot bis zur Lieferung

die Anfrage, -n ....

das Angebot, -e ....

die Auftragserteilung, -en ....

die Rechnung, -en ....

die Kundennummer, -n ....

die Auftragsnummer, -n ....

der Rechnungsbetrag, "-e ....

der Nettopreis, -e ....

der Nettobetrag, "-e ....

zuzüglich Mehrwertsteuer ....

die Konditionen (Pl.) ....

Lieferung frei Haus ....

der Lieferschein, -e ....

die Menge, -n ....

der Empfang der Ware ....

lieferbar ....

überweisen ....

das Konto, Konten ....

D Beschwerden

die Beschwerde, -n ....

die Reklamation, -en ....

beschädigt ....

fehlerhaft ....

das Versehen ....

die Rücksendung, -en ....

Kosten übernehmen ....

die Quittung, -en ....

die Baufirma, -firmen ....

Leitungen legen ....

E Beschwerdemanagement

sich beschweren ....

der/die Installateur/in, -e/-nen ....

installieren ....

der Wasserhahn, "-e ....

die Armatur, -en ....

sorgfältig ....

das Bauhandwerk ....

die Hotellerie ....

Digitale Kommunikation

Sie lernen

- über Computer und Computeranwendungen sprechen
- über Regeln für die E-Mail-Kommunikation sprechen
- E-Mails schreiben
- mit dem IT-Support telefonieren
- eine Grafik auswerten

1 a Ein typischer Arbeitstag in der Matzon AG. Schauen Sie die Fotos an. Wo arbeiten die Personen vielleicht? Was machen sie?

> *Ich glaube die Personen auf Foto E sind IT-Experten. Wahrscheinlich hat es ein Problem mit dem Server gegeben.*

1 b 68 Hören Sie die Dialoge und ordnen Sie zu: Zu welchen Fotos passen sie?

1 ☐ 2 ☐ 3 ☐ 4 ☐ 5 ☐

2 a 69 Hören Sie das Gespräch in der Kantine. Worüber sprechen die Personen?

2 b Hören Sie das Gespräch noch einmal und beantworten Sie die Fragen.

1 Warum ist Frau Winter mittags gestresst in die Kantine gekommen?
2 Was muss sie bei einem Lieferanten tun?
3 Was für ein Problem hatte Frau Huber?
4 Was hat sie bis zur Mittagspause gemacht?
5 Was hat Herr Chaled gemacht?

3 Ü1 Welche digitalen Medien kennen Sie und welche benutzen Sie beruflich?

> *E-Mails benutzt man ja schon seit Jahren.*

> *Ich benutze soziale Medien in meiner Freizeit, aber nicht beruflich.*

1 a
Ü2

Computer und Computerzubehör. Ordnen Sie zu: Was ist was?

☐ die Tastatur, die Tastaturen

☐ die (externe) Festplatte / die (externen) Festplatten

☐ das Tablet, die Tablets

☐ der USB-Stick, die USB-Sticks

☐ der (externe) Lautsprecher, die (externen) Lautsprecher

☐ die Maus, die Mäuse

☐ der Drucker, die Drucker

☐ der Computer, die Computer / der PC, die PCs

☐ das Kabel, die Kabel

☐ der Bildschirm, die Bildschirme / der Monitor, die Monitore

1 b
Informationen über Computer sammeln. Arbeiten Sie zu zweit. Partner/in B arbeitet auf Seite 239. Lesen Sie die Computeranzeige und stellen Sie Ihrem Partner / Ihrer Partnerin Fragen und notieren Sie die Antworten. Beantworten Sie seine/ihre Fragen.

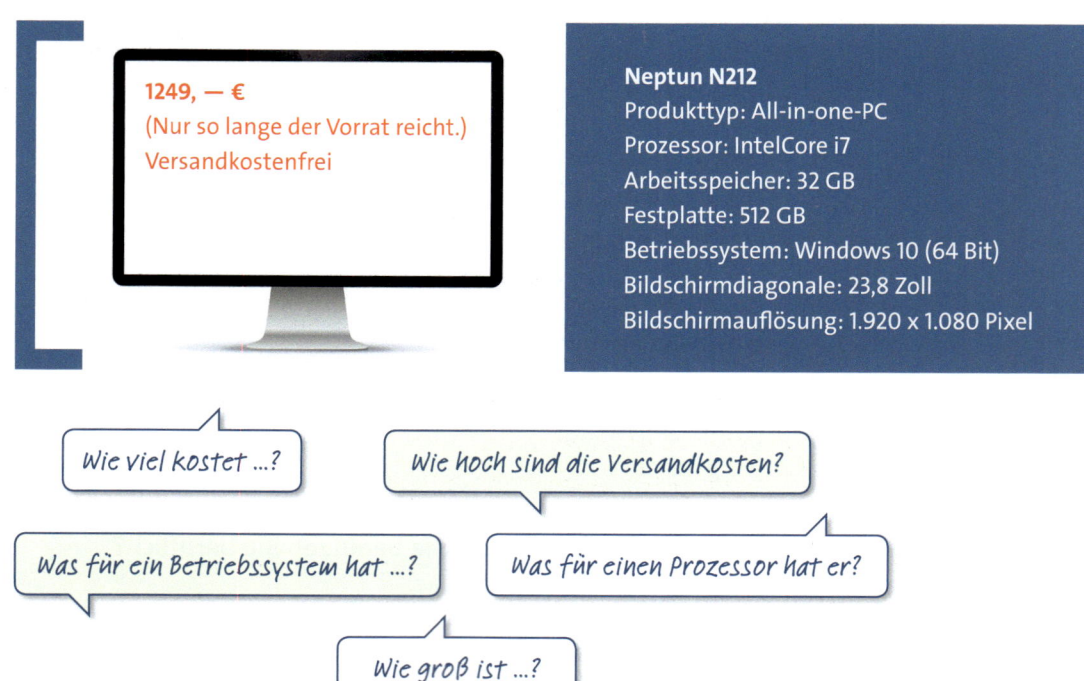

2 a EDV-Kenntnisse im Beruf. Lesen Sie den Info-Text und ergänzen Sie die Sätze.

Ü3

Computer-Kenntnisse werden immer wichtiger

In der Arbeitswelt werden heute in fast allen Branchen Computer-Kenntnisse von den Mitarbeitern verlangt. Man erwartet, dass sie mit den wichtigsten Computerprogrammen arbeiten können. Die Firmen setzen voraus, dass ihre Angestellten, die z. B. in den Bereichen Büro, Logistik oder Lagerverwaltung arbeiten, Kenntnisse der wichtigsten Microsoft-Office-Programme wie Outlook, Word, Excel und auch PowerPoint haben und sie problemlos im Job nutzen können.

Outlook   Word

XLSX   PPTX

Excel   PowerPoint

1 Mit dem Programm .... kann man Tabellen erstellen –
z. B. Ausgaben und Einnahmen, Inventuren, Dienstpläne usw.

2 Mit dem Programm .... kann man z. B. Briefe und Texte
schreiben und gestalten.

3 Mit dem Programm .... kann man Präsentationen
erstellen, die man mit einem Beamer zeigen kann.

4 Mit dem Programm .... kann man E-Mails schreiben.

2 b Sehen Sie das Foto an und beschreiben Sie es: Wer? Was? Wo? Warum?
Äußern Sie Vermutungen.

> Das sind wahrscheinlich ...

> Vielleicht machen die Leute
> einen Computerkurs.

2 c Hören Sie und kreuzen Sie an: richtig oder falsch? Korrigieren Sie die falschen Aussagen.

70

		R	F
1	Frau Asali ist Trainerin und macht Computer-Schulungen.	☐	☐
2	Die Teilnehmer sollen ihre Computer-Kenntnisse auffrischen.	☐	☐
3	Sie haben noch keine Erfahrungen mit den Office-Programmen.	☐	☐
4	Am zweiten Schulungstag werden neue Funktionen in den Programmen Word, Excel und PowerPoint vorgestellt.	☐	☐
5	Die Teilnehmer lernen auch, wie man mit Outlook arbeiten kann.	☐	☐

3 Wozu haben Sie Computer bis jetzt beruflich genutzt? Mit welchen Programmen haben
Sie schon gearbeitet? Sprechen Sie im Kurs.

> In meinem letzten Job musste ich ...

> Word kenne ich ziemlich gut. Aber ...

1a   Eine E-Mail schreiben. Ordnen Sie zu: Was passt?

A ☐ Hier kann man die E-Mail als Entwurf speichern.

B ☐ Hier steht die E-Mail-Adresse des Empfängers.

C ☐ Hier schreibt man den Text.

D ☐ Hier kann man Dateien anhängen.

E ☐ Hier schickt man die E-Mail ab.

F ☐ Hier kann man die E-Mail an weitere Personen schicken.

G ☐ Hier steht das Thema der E-Mail.

H ☐ Hier kann man die Signatur einfügen. (Name, Adresse, Telefon- und Faxnummer, E-Mail-Adresse).

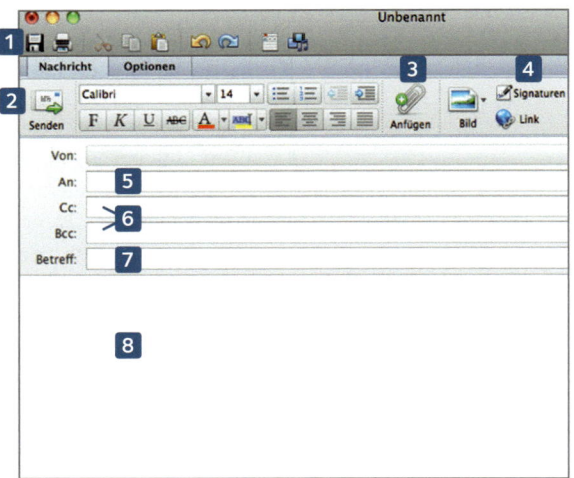

1b   Lesen Sie den Ratgeber-Text und ordnen Sie die Überschriften zu.

Ü4

> **A** Der Hauptteil • **B** Der Stil • **C** Die Betreffzeile • **D** Die Anrede •
> **E** Formelle E-Mails richtig schreiben • **F** Die Grußformel

☐ Wenn Sie berufliche E-Mails sowohl im Büro am Computer als auch unterwegs am Tablet oder Smartphone schreiben müssen, sollten Sie einige wichtige Regeln beachten.

☐ Der Betreff ist sehr wichtig. Der Empfänger sollte das Thema der E-Mail sofort erkennen. Der Betreff sollte also kurz und informativ sein.

☐ Geschäftspartner werden in E-Mails häufig mit *Sehr geehrter Herr* … bzw. *Sehr geehrte Frau* … angesprochen. Wenn man allerdings den Geschäftspartner schon kennt, passt auch die Anrede *Liebe Frau* … oder *Lieber Herr* … Heute wird auch in vielen Unternehmen *Hallo Frau* … oder *Hallo Herr* … verwendet.

☐ Im ersten Satz der E-Mail sollte die wichtigste Information stehen. Benutzen Sie kurze Absätze. Oft werden in E-Mails W-Fragen beantwortet: Wer? Was? Wann? Warum? Aber Emoticons wie z. B. Smileys sollten Sie in beruflichen E-Mails nicht verwenden.

☐ Beenden Sie Ihre E-Mail mit einer Grußformel wie z. B. *Mit freundlichen Grüßen* oder *Freundliche Grüße aus* … Die Abkürzung „MFG" sollten Sie aber nicht verwenden.

☐ Und noch ein Hinweis zum Schluss: E-Mails in der Berufswelt sollten sowohl korrekt als auch höflich sein. Bevor man eine E-Mail abschickt, sollte man nicht nur die Rechtschreibung, sondern auch die Grammatik und Interpunktion überprüfen. Wer also weder auf Rechtschreibung noch auf Grammatik achtet, hinterlässt keinen guten Eindruck.

1c Lesen Sie noch einmal und kreuzen Sie an: richtig oder falsch?

		R	F
1	Die Betreffzeile muss man nicht immer ausfüllen.	☐	☐
2	„Hallo" in der Anrede kann man heute auch in formellen E-Mails verwenden.	☐	☐
3	Emoticons machen Geschäftsmails interessanter.	☐	☐
4	Groß- und Kleinschreibung ist in formellen E-Mails nicht so wichtig.	☐	☐

2a Lesen Sie die E-Mail, unterstreichen Sie die Fehler und sprechen Sie im Kurs.

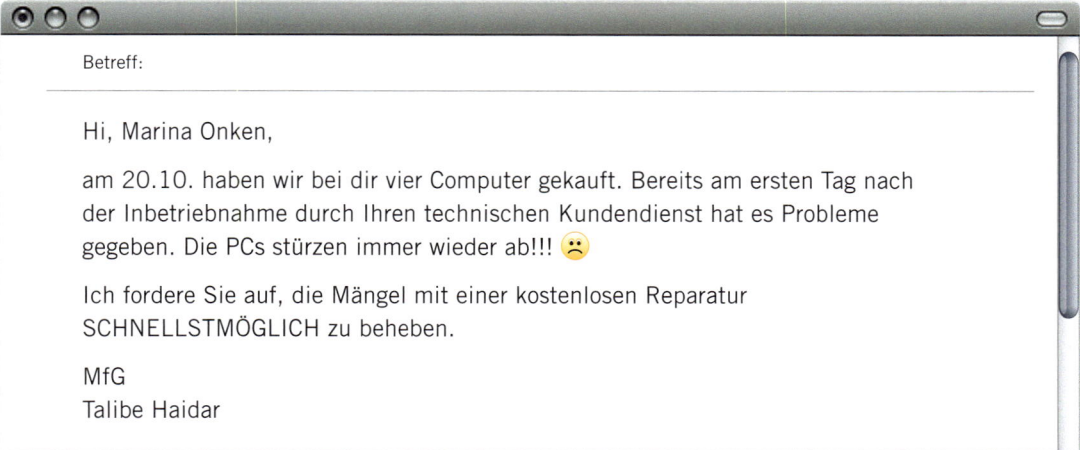

Betreff:

Hi, Marina Onken,

am 20.10. haben wir bei dir vier Computer gekauft. Bereits am ersten Tag nach der Inbetriebnahme durch Ihren technischen Kundendienst hat es Probleme gegeben. Die PCs stürzen immer wieder ab!!! ☹

Ich fordere Sie auf, die Mängel mit einer kostenlosen Reparatur SCHNELLSTMÖGLICH zu beheben.

MfG
Talibe Haidar

2b Schreiben Sie die E-Mail von Frau Haidar neu.

2c Welche Anrede und welchen Gruß verwenden Sie in den folgenden Situationen? Begründen Sie und diskutieren Sie im Kurs.

1 Sie schreiben einer Kollegin aus einer anderen Abteilung. Sie kennen sich gut.
2 Sie schreiben einem neuen Kunden. Es geht um eine Terminvereinbarung.
3 Sie schreiben Ihrer Vorgesetzten, dass Sie an einer Besprechung nicht teilnehmen können.
4 Sie schreiben einer Firma und reklamieren Ware, die mangelhaft ist.

3
ÜS

Schreiben Sie zu beiden Situationen jeweils eine E-Mail. Die Redemittel helfen.

Sevi Osman (s.osman@stoffe-meier.de) arbeitet im Warenlager und benötigt neue Regale. Sie fragt bei der Firma Möbelbau KaWa (info@kawa.de) an, wie viel zehn Regale (100 x 40 x 210 cm) kosten. Sie setzt ihre Chefin (m.meier@stoffe-meier.de) in Kopie.

Tom Flum (t.flum@fse-pflege.de) arbeitet in einem Pflegeheim. Er kontaktiert den PC-Service (hilfe@pcs.de), weil die beiden neuen Drucker nicht mehr richtig drucken. Er beschreibt das Problem und fragt nach einem Termin für einen Techniker.

Wir benötigen …
Wie lange ist die Lieferzeit?
Bitte teilen Sie uns den Preis für … mit.

… funktionieren nicht mehr ordnungsgemäß
Bitte teilen Sie mir mit, wann der Techniker kommen kann.

C   Mit dem Computer arbeiten

1a Probleme mit der Technik. Lesen Sie die Situationen 1 – 3 und ordnen Sie sie den
Ü6 Texten A – F zu.

1 ☐ Sie möchten ein Dokument ausdrucken, bekommen aber eine Fehlermeldung.

2 ☐ Sie können sich an Ihrem PC nicht einloggen, weil Sie Ihr Passwort vergessen haben.

3 ☐ Sie haben den Mitarbeitern Ihrer Firma eine Mail geschrieben, weil es aktuell
Probleme mit der Software gibt.

A **Fehlercode 31**
Der Drucker funktioniert nicht, weil
Windows die Treiber für den Drucker
nicht laden kann.

D **Ein Problem ist aufgetreten.** X
Fehler bei der Installation OK
der Software.

B **Hinweis:**
Ihr Benutzername/Passwort läuft in 10
Tagen ab.

C Von: IT-Support
An: Alle Mitarbeiter

Sehr geehrte Damen und Herren,

momentan gibt es Probleme mit
unserer Software. Unser IT-Team
arbeitet an der Lösung des Problems.
Wir hoffen, dass die Software bis
heute Nachmittag wieder stabil auf
allen Rechnern läuft.

Mit freundlichen Grüßen
IT-Support

E Von: IT-Support
An: Alle Mitarbeiter

Liebe Mitarbeiterinnen und
Mitarbeiter,

in der Zeit zwischen dem 05. und
07.09. hat es Probleme mit dem
Server gegeben. Wir konnten das
Problem aber lösen. Jetzt läuft alles
wieder normal.

Mit freundlichen Grüßen
IT-Support

F Falscher Benutzername oder Passwort.

1b Lesen Sie die typischen Computerprobleme und ordnen Sie die Lösungen zu.

Mein Bildschirm ist eingefroren.
Und die Maus kann ich
nicht bewegen. **1**

Ich kann Dokumente weder
drucken noch scannen. **2**

Ich habe die Meldung „Schwer-
wiegender Fehler: das Menü
Start funktioniert nicht"
bekommen. Was kann ich tun? **3**

A Aktualisieren Sie die Druckertreiber für
Ihren Drucker. Die aktuellen Treiber kön-
nen Sie kostenlos auf der Homepage der
Firma von Ihrem Drucker herunterladen.

B Wenn die Meldung kommt, drücken Sie
die Tastenkombination *Strg + Alt + Entf*.
Dann klicken Sie auf *Herunterfahren*.
Halten Sie dabei die Shift-Taste gedrückt.
Dann können Sie den Rechner wieder
starten.

C Wenn Ihr PC nicht mehr reagiert, drücken
Sie den Einschaltknopf und halten ihn
fünf Sekunden gedrückt. Meistens schaltet sich der Rechner dann ab, und Sie
können ihn dann neu starten.

◀)) 2 a   Herr Dobre ruft die IT-Hotline an. Hören Sie und kreuzen Sie an: Was funktioniert nicht?
71   Ü7

☐ der PC/Rechner   ☐ das Notebook   ☐ der Drucker   ☐ die Apps

◀)) 2 b   Hören Sie den zweiten Teil des Telefonats. Kreuzen Sie an: Was ist richtig?
72

1   ☐   Herr Dobres Drucker heißt Pro-Printer 300-A.

2   ☐   Frau Thomas vermutet, dass der Drucker nicht installiert ist.

3   ☐   Er soll zuerst auf „Start" und dann auf „Geräte" klicken.

4   ☐   Er soll seinen Drucker aus einer Liste mit vielen Druckern auswählen.

2 c   Wer hilft Ihnen, wenn Sie Probleme mit Ihrem Computer haben? Welche Erfahrungen haben Sie gemacht? Sprechen Sie im Kurs.

> Die Mitarbeiter vom IT-Support sind oft ...

> Wenn ich Probleme mit dem Computer habe, frage ich ...

3 a   Internetrecherche. Lesen Sie und kreuzen Sie an: Welche Überschrift passt?
Ü8–10

☐ Tipps für die Recherche im Internet   ☐ Suchmaschinen für die Internetrecherche

Im Internet finden Sie fast alles, was Sie suchen – wenn Sie richtig fragen.

So können Sie vorgehen:

· Eine Suchmaschine wie Google, Bing oder Yahoo im Internet öffnen.

· Vor der Recherche überlegen, was Sie suchen. Weil Suchmaschinen nicht denken können, ist es wichtig, die richtigen Suchbegriffe einzugeben.

· Suchbegriffe im Singular und kleingeschrieben eingeben. Das Ergebnis wird genauer, wenn man mehr Wörter eintippt. Ein einzelner Suchbegriff bringt oft Hunderttausende von Treffern. Deshalb kann man mehrere Suchbegriffe mit einer Leertaste eingeben und so gezielter nach Informationen suchen.

· Auf die Links klicken, die den besten Eindruck machen.

3 b   Projekt: Internetrecherche. Sie arbeiten in einem Hotel und suchen eine neue Wäscherei in Ihrer Nähe. Sammeln Sie Informationen und präsentieren Sie Ihre Ergebnisse.

> – Welche Anbieter haben Sie gefunden?
> – Welche Suchwörter haben Sie eingegeben?
> – Wie viele Ergebnisse haben Sie bekommen?

D Digitale Kommunikation in Firmen

1a Eine Grafik. Kreuzen Sie an: Welche Überschrift passt am besten?

- ☐ Mehr Unternehmen nutzen digitale Kommunikation
- ☐ Die Vorteile von digitalen Kommunikationsmedien in der Arbeitswelt
- ☐ Der Mensch in der digitalen Arbeitswelt

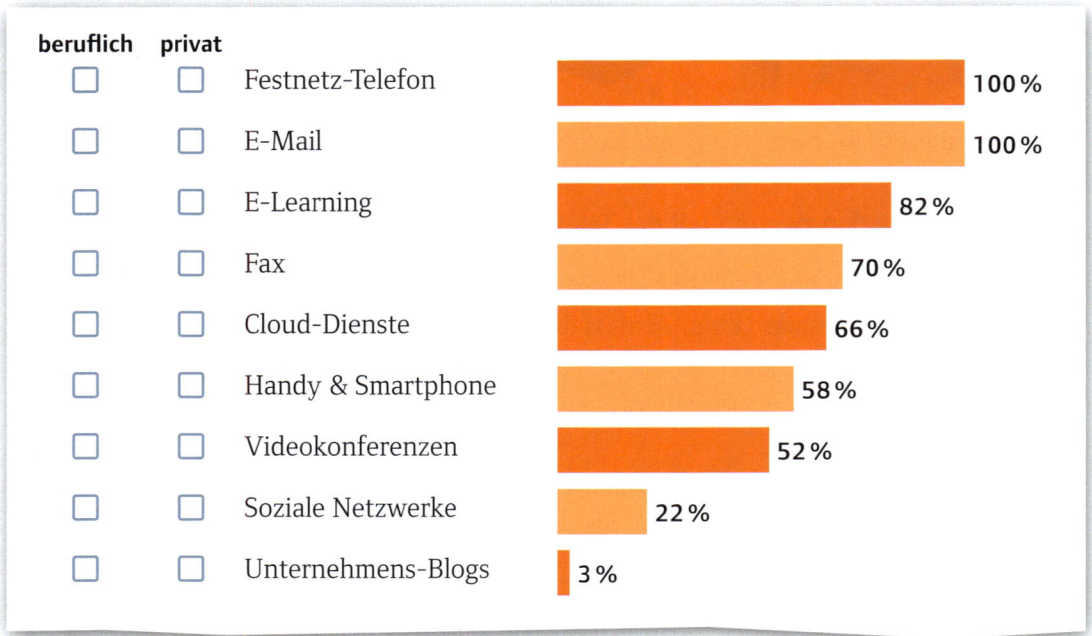

beruflich	privat		
☐	☐	Festnetz-Telefon	100 %
☐	☐	E-Mail	100 %
☐	☐	E-Learning	82 %
☐	☐	Fax	70 %
☐	☐	Cloud-Dienste	66 %
☐	☐	Handy & Smartphone	58 %
☐	☐	Videokonferenzen	52 %
☐	☐	Soziale Netzwerke	22 %
☐	☐	Unternehmens-Blogs	3 %

1b Arbeiten Sie zu zweit und werten Sie die Grafik aus.

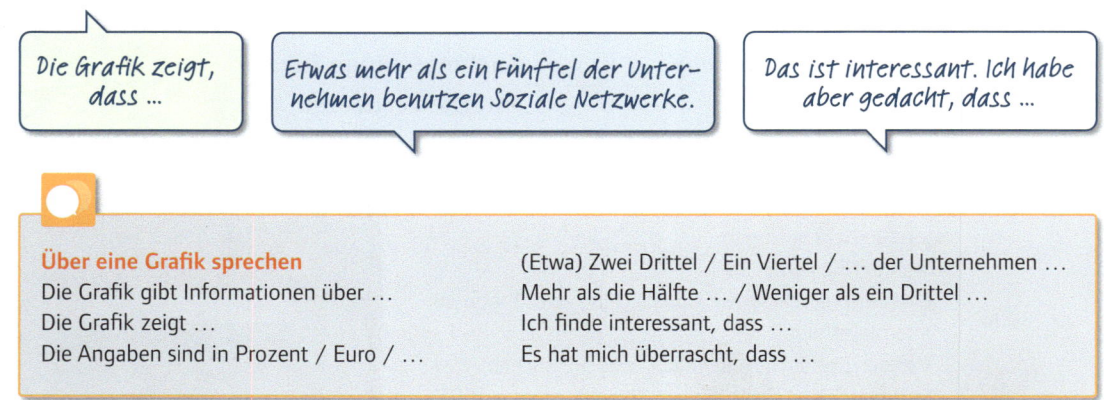

> Die Grafik zeigt, dass …

> Etwas mehr als ein Fünftel der Unternehmen benutzen Soziale Netzwerke.

> Das ist interessant. Ich habe aber gedacht, dass …

Über eine Grafik sprechen
Die Grafik gibt Informationen über …
Die Grafik zeigt …
Die Angaben sind in Prozent / Euro / …

(Etwa) Zwei Drittel / Ein Viertel / … der Unternehmen …
Mehr als die Hälfte … / Weniger als ein Drittel …
Ich finde interessant, dass …
Es hat mich überrascht, dass …

1c Welche digitalen Medien haben Sie beruflich schon genutzt? Welche nutzen Sie privat? Kreuzen Sie in 1a an und vergleichen Sie im Kurs.

2
Ü11

Wie wird die digitale Kommunikation die Arbeitswelt in den nächsten Jahren weiter verändern? Was glauben Sie? Schreiben Sie einen Text.

Hier üben Sie: *sowohl … als auch · entweder … oder · weder … noch*

1 Früher und heute. Was ist gemeint?

1 Früher hat man Briefe mit der Post geschickt, heute schreibt man nur noch

....

2 Früher hatte es ein Kabel und eine Wählscheibe, heute kann man den anderen auf dem

.... sogar sehen.

3 Früher schrieb man auf einer Schreibmaschine, heute schreibt man auf dem

....

4 Früher hat man sich im Café getroffen, heute kommuniziert man online mit

.... oder ....

2a Computer. Finden Sie neun weitere Geräte und notieren Sie sie mit Artikel und Plural.

T	A	B	L	E	T	I	G	F	F	B	S
A	K	L	D	R	U	C	K	E	R	I	M
S	H	R	D	F	I	S	C	S	P	L	Z
T	L	H	U	**M**	**A**	**U**	**S**	T	W	D	J
A	I	K	E	F	X	G	J	P	L	S	D
T	D	A	R	N	S	Y	B	L	U	C	E
U	S	B	S	T	I	C	K	A	D	H	L
R	N	E	M	F	B	U	D	T	Z	I	B
S	F	L	A	Y	D	M	P	T	C	R	G
U	M	O	N	I	T	O	R	E	U	M	T
H	B	Z	L	B	I	S	G	A	Y	J	K
K	J	D	C	A	V	X	B	E	U	D	A
L	A	U	T	S	P	R	E	C	H	E	R

1 *die Maus, die Mäuse* ....

2 ....

3 ....

4 ....

5 ....

6 ....

7 ....

8 ....

9 ....

10 ....

2b Das Innenleben eines Computers. Wie heißen die Wörter richtig? Schreiben Sie mit Artikel.

1 ZES – PRO – SOR ....

2 TRIEBS – SYS – BE – TEM ....

3 BEITS – CHER – AR – SPEI ....

4 PLAT – FEST – TE ....

5 LÖ – SCHIRM – SUNG – BILD – AUF ....

3 **Was passt zusammen? Verbinden Sie.**

Word	**1**	**A**	Das ist eines von vielen Dateiformaten.
Powerpoint	**2**	**B**	Damit kann man Zahlen aussagekräftig darstellen.
Excel	**3**	**C**	Das ist ein Programm für Briefe und andere Texte.
Outlook	**4**	**D**	Man braucht es für Präsentationen.
PDF	**5**	**E**	Dies ist ein Programm für elektronische Post.

4a **Ordnen Sie die folgenden Formulierungen in die richtigen Spalten der Tabelle ein.**

> Leider ist meine Bestellung noch nicht angekommen. • Hallo Herr/Frau … •
> Liebe Grüße • Ich würde mich freuen, bald von Ihnen zu hören. •
> Sehr geehrte/r Herr/Frau … • Liebe/r Herr/Frau … • Mit freundlichen Grüßen •
> Ich schreibe Ihnen heute wegen … • Viele Grüße • Letzte Woche habe ich … •
> Bitte teilen Sie mir mit, wann der Techniker kommen kann.

Anrede	Hauptteil	Grußformel

4b **Welche der Formulierungen in den beiden E-Mails sind nicht für offizielle/berufliche E-Mails geeignet? Markieren Sie diese.**

Hallo Frau Müller,

ich möchte mich auf die ausgeschriebene Stelle der Fremdsprachensekretärin bewerben.

…

Bis bald und machen Sie es gut.
Tina Maischberger

Hi Herr Schmid,

aufgrund des schlechten Wetters möchte ich Sie fragen, ob wir unseren Termin auf den Nachmittag verschieben könnten.

Bitte bestätigen Sie mir doch kurz die Terminänderung.
MfG
Timo

5 **Rechtschreibung. Korrigieren Sie die Fehler in der E-Mail.**

Liber Herr Bolz,

Letzte Woche habe ich bei ihnen eine Waschmaschiene beschtellt. Leiter ist Diese bis häute noch nicht bei mir angekomen. Die Mongteure haben mit mir einen termin ausgemacht, sind aber nicht gekomen. Ich war den kanzen tag Daheim. Niemant kam. Aber sie waren ganz schnell und hapen den kaufpreiß schon von meinem Konnto abgebucht. Bitte melden sie sich bei mir. Ich mochte entlich meine Waschmaschiene oder aber sie schiken mir mein Gelt zurück.

Vile Grüsse
Frank Samsara

6 Druckerprobleme. Ergänzen Sie die Buchstaben, die der Drucker nicht gedruckt hat.

1 Hilfe, ich kann mich nicht einlo_ _ en! Mein Benu_ _ ername ist gestern abgelaufen.

2 Oh je, mein Rechner f_hrt nicht mehr h_ch! Wann kommt denn der IT-Su_ _ ort?

3 Oh nein, mein Dru_ _er spinnt. Er findet den Tr_ _ber nicht mehr.

4 Warum kann ich denn nicht mehr s_a_nen? Ich habe doch die Software a_tualis_ _ rt.

5 Gestern konnte ich nicht arbeiten, weil es Probleme mit dem S_ _ _ er gab.

6 Zuerst ist mein B_ldsch_ _m eingefroren, dann wurde er schwarz. Leider hatte ich meine D_ten nicht ges_chert.

7 Ach herrje, ich habe mein P_ss_ort vergessen. Wie war nochmal die S_cher_eitsfrage?

8 Komisch, mein Drucker dru_ _ t nicht mehr. Er sagt, er ist nicht on_ _ n_.

7 Ein Anruf beim IT-Support. Ordnen Sie den Dialog.

[3] • Könnten Sie mir bitte den Namen Ihres Scanners sagen?

[1] • CVB-Computer, Irina Petrowa, wie kann ich Ihnen helfen?

[ ] • Jetzt müssten Sie weitere Anweisungen auf dem Bildschirm sehen. Klicken Sie auf „Ja", bis die Installation beendet ist. Anschließend können Sie den Scanner benutzen.

[5] • In Ordnung, wir wiederholen noch einmal die Installation der Scannersoftware. Legen Sie bitte die CD-ROM in das Laufwerk ein.

[7] • Gut, dann klicken Sie jetzt auf „Start" und dann auf „Ausführen". Wählen Sie das CD-ROM-Laufwerk aus, geben Sie „setup.exe" ein und drücken Sie „Enter".

[6] • Die CD ist schon im Laufwerk.

[ ] • „Start", „Ausführen" … „Enter", okay. Und jetzt?

[2] • Guten Tag, Aras Hajm hier. Ich habe ein Problem mit meinem Scanner.

[10] • Sehr gut, vielen Dank für Ihre Hilfe. Auf Wiederhören.

[4] • Das ist ein ScanStar 300X.

8 Lesen Sie den Infotext in Aufgabe 3a auf S. 197 noch einmal und kreuzen Sie an: richtig oder falsch?

	R	F
1 Der Erfolg bei einer Internetsuche hängt davon ab, welche Fragen man stellt.	☐	☐
2 Das Internet ist eine Suchmaschine.	☐	☐
3 Nicht alle Suchmaschinen können schon selbst denken.	☐	☐
4 Bei der Suche hilft es, wenn man die richtigen Begriffe eingibt.	☐	☐
5 Die Eingabe vieler Begriffe erschwert die Suche.	☐	☐
6 Eine Suchanfrage kann zu extrem vielen Treffern führen.	☐	☐
7 Mit der Leertaste kann man mehrere Begriffe eingeben.	☐	☐
8 Nicht alle Links machen einen guten Eindruck.	☐	☐

9 a Verbinden Sie die Sätze mit *sowohl … als auch.*

1 Herr Dill arbeitet im Büro. Er arbeitet auch zu Hause.

....

2 Frau Metzger schreibt E-Mails am Computer. Sie schreibt auch E-Mails am Smartphone.

....

3 Frau Yasaner muss im Lager die Wareneingänge dokumentieren. Sie muss auch Waren verpacken.

....

4 Die IT-Experten haben heute Probleme mit dem Server behoben. Sie haben auch neue Software installiert.

....

9 b Schreiben Sie Sätze mit *entweder … oder* in Ihr Heft.

1 Suna – möchte – eine Ausbildung machen – im Bereich Gastronomie – im Bereich Hotellerie.
2 Ali – möchte – Urlaub machen – im Juli – im August
3 Frank – möchte – kaufen – ein Tablet – ein Laptop
4 Kalila – fährt – heute – zum Kunden – in Offenbach – in Hanau

9 c Verbinden Sie die Sätze mit *weder … noch* und schreiben Sie sie in Ihr Heft.

1 Die neuen Computer haben keine große Festplatte.
Sie haben keinen großen Arbeitsspeicher.
2 Laura isst kein Fleisch. Sie isst auch keine Wurst.
3 Nour trinkt kein Bier. Sie trinkt auch keinen Wein.
4 Ich habe kein Geld für Urlaub. Ich habe auch keine Zeit.

Die neuen Computer haben weder …

10 Verbinden Sie die Sätze. Verwenden Sie *sowohl … als auch, entweder … oder* und *weder … noch.*

10.11

1 Mein Monitor funktioniert nicht und mein Drucker funktioniert auch nicht.

Weder mein Monitor noch mein Drucker funktionieren.

2 Pavel kann seinen Drucker nutzen oder er kann seinen Scanner nutzen.

....

3 Miriam kann auf dem Tablet lesen und sie kann auf dem Tablet schreiben.

....

4 Ich kann im Moment meinen Computer nicht hochfahren und mich auch nicht einloggen.

....

5 Du kannst mir jetzt bei der Arbeit helfen. Oder du lässt mich in Ruhe.

....

6 Der IT-Support konnte Frau Alay helfen und auch eine Lösung anbieten.

....

11a Schreiben. Lesen Sie Aufgabe 2 auf S. 198 noch einmal. Kreuzen Sie an: Welche der aufgelisteten Punkte finden Sie wichtig? Ergänzen Sie weitere Punkte.

- ☐ Menschen werden von zu Hause arbeiten können.
- ☐ Konferenzen laufen per Skype ab.
- ☐ Texte werden aufgenommen und dann in Getipptes umgesetzt.
- ☐ In den Supermärkten gibt es Scanner statt Kassen mit Menschen.
- ☐ Pakete werden mit Drohnen geliefert.
- ☐ Firmen sparen Geld, da es weniger Büros geben wird.
- ☐ Menschen werden ihre Arbeit verlieren.
- ☐ Die Kommunikation wird schneller.

11b Sortieren Sie Ihre Punkte nach Wichtigkeit und schreiben Sie sie auf. Fangen Sie mit dem schwächsten Punkt an und enden Sie mit dem stärksten. Überlegen Sie sich zu jedem Punkt ein Beispiel / eine Erklärung.

1 *Konferenzen laufen per Skype ab.*
Beispiel/Erklärung: *Die Menschen müssen nicht mehr zu Konferenzen reisen, da mit Skype alle zusammen sind, ohne dass jemand seinen Arbeitsplatz verlassen muss.*

2 ....
Beispiel/Erklärung: ....

....

....

3 ....
Beispiel/Erklärung: ....

....

....

11c Ordnen Sie die folgenden Wörter so, wie Sie sie in einem Text der Reihe nach von Anfang bis Ende verwenden würde.

> des Weiteren • schließlich • nicht zuletzt • zuerst • außerdem • noch dazu

1 .... **4** ....

2 .... **5** ....

3 .... **6** ....

11d Verknüpfen Sie nun die Wörter mit Ihren Punkten und Beispielen/Erklärungen und verfassen Sie Ihren Text.

> *Ich glaube, dass die digitale Kommunikation ...*

A Arbeitsplatz Computer

der PC, -s

die Tastatur, -en

der Bildschirm, -e

der Monitor, -e

das Tablet, -s

der USB-Stick, -s

die Festplatte, -n

die Versandkosten (Pl.)

das Betriebssystem, -e

das Computerprogramm, -e

Tabellen erstellen

die Ausgaben (hier: Pl.)

die Einnahmen (hier: Pl.)

Texte gestalten

der Beamer, -

die Präsentation, -en

Kenntnisse auf } frischen

B E-Mails im Berufsalltag

der Entwurf, "-e

die Datei, -en

Dateien an } hängen

die E-Mail-Adresse, -n

die Signatur ein } fügen

die Betreffzeile, -n

der/die Gesprächs-
partner/in, -/-nen

an } sprechen

einen guten Eindruck
hinterlassen

ab } stürzen

der Mangel, "-

mangelhaft

ordnungsgemäß

die Lieferzeit, -en

C Mit dem Computer arbeiten

der Rechner, -

das Notebook, -s

die App, -s

die Installation, -en

der Benutzername, -n

das Passwort, "-er

die Software

die Homepage

der Server, -

die Fehlermeldung, -en

der IT-Support

scannen

herunter } laden

die Shift-Taste

klicken

aus } wählen

die Internetrecherche, -n

die Suchmaschine, -n

der Suchbegriff, -e

das Ergebnis, -se

D Digitale Kommunikation in Firmen

das E-Learning

die Grafik, -en

die sozialen Netzwerke (Pl.)

1 a   Was steht in einem Arbeitsvertrag? Was regelt er? Schauen Sie sich die Fotos an und ergänzen Sie das Wörternetz.

Name und Anschrift von Arbeitnehmer und -geber

der Arbeitsort

der Arbeitsvertrag

die Kündigungsfrist

die Dauer des Arbeitsverhältnisses

🔊 73   **1 b** Ü1   Hören Sie das Gespräch zwischen Jacob Radebe und Alina Niemann über seinen Arbeitsvertrag. Kreuzen Sie an: Worüber sprechen sie?

1 ☒ die Probezeit   **5** ☒ die Anzahl der Urlaubstage

2 ☒ die Aufgaben   **6** ☒ die wöchentlichen Arbeitszeiten

3 ☒ die monatliche Bezahlung   **7** ☐ die Kündigung

4 ☐ die Nebentätigkeiten   **8** ☐ die Arbeitsorte

2   Welche Verträge kennen Sie? Was ist Ihnen aufgefallen? Sammeln Sie im Kurs.

> Ich hatte letztes Jahr einen Vertrag für einen Minijob.

> Der Sohn meines Bruders macht eine Ausbildung. Er hat von seinem Betrieb einen Ausbildungsvertrag bekommen.

1 a
Ü2+3

Überfliegen Sie Herrn Radebes Arbeitsvertrag und beantworten Sie die Fragen.

Arbeitsvertrag

zwischen der **Braun Objektmanagement GmbH**
Lärchenstraße 27
65933 Frankfurt a.M.
(im Folgenden: Arbeitgeber)
wird folgender Arbeitsvertrag geschlossen:

und **Herrn Jacob Radebe**
Kurt-Blaum-Straße 44
65934 Frankfurt a.M.
(im Folgenden: Arbeitnehmer)

§ 1 Beginn des Arbeitsverhältnisses
Das Arbeitsverhältnis beginnt am 01.04.20... Es endet ohne besondere Vereinbarung mit Erreichen der gesetzlichen Altersgrenze.

§ 2 Tätigkeit
Der Arbeitnehmer wird als Haustechniker eingestellt und vor allem mit folgenden Arbeiten beschäftigt: Kontrolle der Gebäudetechnik, Durchführung technischer Soforthilfe und Dokumentation von Gewährleistungsmängeln. Er **verpflichtet** sich, auch andere Arbeiten auszuführen, die seinen Vorkenntnissen und Fähigkeiten entsprechen.

§ 3 Arbeitsvergütung
Der Arbeitnehmer enthält eine monatliche Bruttovergütung von 1.995,00 €. Er erhält mit dem Novembergehalt auch ein Weihnachtsgeld in Höhe von 75% eines Bruttomonatsgehalts.

§ 4 Arbeitszeit
Die regelmäßige wöchentliche Arbeitszeit beträgt 40 Stunden. Beginn und Ende der täglichen Arbeitszeit richten sich nach der betrieblichen Einteilung. Der Arbeitnehmer ist jedoch verpflichtet, betriebsnotwendige Überstunden zu leisten.

§ 5 Urlaub
Der Jahresurlaub beträgt 30 Arbeitstage. Den Zeitraum für den Urlaub darf der Arbeitnehmer nicht frei wählen, sondern muss ihn mit seinem Vorgesetzten abstimmen.

§ 6 Arbeitsverhinderung / Krankheit
Ist der Arbeitnehmer erkrankt, muss er das dem Arbeitgeber unverzüglich mitteilen. Dauert die Arbeitsunfähigkeit länger als drei Tage, muss der Arbeitnehmer spätestens am dritten Tag ein ärztliches Attest vorlegen. Der Arbeitgeber ist allerdings berechtigt, die Vorlage der **Arbeitsunfähigkeitsbescheinigung** früher zu verlangen. Der Arbeitnehmer erhält sechs Wochen lang seine reguläre Arbeitsvergütung weiter.

§ 7 Verschwiegenheitspflicht
Der Arbeitnehmer verpflichtet sich, über alle Geschäfts- und Betriebsgeheimnisse sowie über sonstige vertrauliche Informationen absolutes Stillschweigen zu bewahren. Verstößt der Arbeitnehmer gegen seine Verschwiegenheitspflicht, kann das zur Kündigung führen.

§ 8 Nebentätigkeit
Jede Nebentätigkeit, gleich ob sie entgeltlich oder **unentgeltlich** ausgeübt wird, bedarf der vorherigen Zustimmung des Arbeitgebers.

§ 9 Probezeit, Kündigung
Das Arbeitsverhältnis wird auf unbestimmte Zeit geschlossen. Die ersten sechs Monate gelten als Probezeit. Während der Probezeit kann das Arbeitsverhältnis mit einer **Frist** von zwei Wochen gekündigt werden. Nach Ablauf der Probezeit gelten die gesetzlichen Kündigungsfristen. Die Kündigung bedarf der Schriftform.

1 Für welche Firma wird Herr Radebe arbeiten?

2 Wann beginnt der Arbeitsvertrag?

3 Wie viel wird Herr Radebe verdienen?

4 Wie viele Stunden wird er pro Woche arbeiten müssen?

5 Wie viel Urlaub wird er jährlich bekommen?

> **!**
> Das Paragraphenzeichen (§) steht oft in Verträgen und Gesetzen vor einer Zahl. Man liest z. B: „§ 1" und spricht „Paragraph eins".

1 b Lesen Sie den Arbeitsvertrag noch einmal und kreuzen Sie an: richtig oder falsch? Korrigieren Sie die falschen Aussagen.

		R	F
1	Er muss keine Arbeiten machen, die nicht in § 2 aufgezählt werden.	☐	☐
2	Er wird jährlich 23.940 Euro verdienen.	☐	☐
3	Er kann Urlaub machen, wann er will.	☐	☐
4	Wenn er krank ist, muss er seinen Arbeitgeber sofort informieren.	☐	☐
5	Er kann noch einen anderen Job annehmen.	☐	☐
6	Er hat einen unbefristeten Vertrag bekommen.	☐	☐

1 c Suchen Sie die grünen Wörter im Vertrag zu den Erklärungen und notieren Sie sie.

1 Man kann nicht zur Arbeit kommen: ....

2 Man darf keine Geheimnisse weitererzählen: ....

3 etwas, was man tun muss: ....

4 ein bestimmter Zeitraum: ....

5 Arbeit ohne Bezahlung: ....

6 das (monatliche) Gehalt: ....

7 eine Krankmeldung vom Arzt: ....

1 d Arbeiten Sie zu zweit. Schreiben Sie fünf W-Fragen. Fragen und antworten Sie.

> Wie heißt der Arbeitgeber von Herrn Radebe?

> Die Braun Objektmanagement GmbH.

2 Welche Paragraphen in dem Arbeitsvertrag waren für Sie neu? Was ist für Sie bei einem Arbeitsvertrag besonders wichtig? Sprechen Sie im Kurs.

> Am wichtigsten für mich ist ...

> Ich glaube, dass in Arbeitsverträgen in meiner Heimat...

> **!**
> **Arbeitsverträge**
> Wer einen neuen Job bekommt, muss einen Arbeitsvertrag unterschreiben. Der Arbeitsvertrag regelt die Rechte und Pflichten zwischen Arbeitgeber und Arbeitnehmer. In einem Arbeitsvertrag stehen Aussagen über die Aufgaben des Arbeitnehmers, über die Arbeitszeiten, über Einkommen, Urlaub und Kündigung.

🔊 **1 a**   Lesen Sie den Infotext und hören Sie dann die Selbstdarstellungen. Ordnen Sie zu:
74   Wer hat welchen Vertrag?

> **ⓘ** **Welche Arbeitsverträge gibt es?**
> Die meisten Arbeitsverträge werden auf unbestimmte Zeit abgeschlossen. Das sind unbefristete Verträge. Es gibt aber auch befristete Arbeitsverträge meistens für eine Dauer bis zu zwei Jahren. Außerdem gibt es noch Teilzeitarbeitsverträge, Arbeitsverträge für Auszubildende, Verträge zur Probearbeitszeit und Praktikantenverträge.

1 Latifa Khlif

2 Iwan Grekow

3 Wanda Villar

☐ Vollzeitarbeitsvertrag   ☐ unbefristeten Arbeitsvertrag
☐ Teilzeitarbeitsvertrag   ☐ befristeten Arbeitsvertrag
☐ Praktikumsvertrag   ☐ Leiharbeitsvertrag

1 b   Hören Sie noch einmal und ergänzen Sie die Tabelle.

	Ausbildung (Was? Wie lange?)	Arbeitgeber (früher und jetzt)	Arbeitszeiten (früher und jetzt)
Latifa Khlif			
Iwan Grekow	*keine abgeschlossene Ausbildung*		
Wanda Villar			

1 c   Über Arbeitsverträge und Arbeit sprechen. Fragen und antworten Sie zu zweit.

	eine befristete Stelle anzunehmen?	Ja, klar.
	als Praktikant zu arbeiten?	Warum nicht?
	für eine Leiharbeitsfirma zu arbeiten?	Das würde ich gern machen.
Kannst du dir vorstellen,	in Teilzeit zu arbeiten?	
Hättest du etwas dagegen,	einen 450-Euro-Job zu machen?	Nein, eigentlich nicht.
	einen Probearbeitsvertrag zu unterschreiben?	Auf gar keinen Fall.

1 d   Was für einen Arbeitsvertrag möchten Sie (nicht) haben? Schreiben Sie Sätze.

> *Ich möchte am liebsten einen unbefristeten Arbeitsvertrag in ... bekommen.*
> *Ich möchte auf gar keinen Fall ...*

2a Wie kann man Arbeit und Familie vereinbaren?
Was meinen Sie? Diskutieren Sie.

> Wenn man Vollzeit arbeitet, ...

> Wenn beide Elternteile arbeiten, ...

2b
Ü4+5
Lesen Sie den Text und beantworten Sie die Fragen.

Vereinbarkeit von Familie und Beruf

Viele Eltern in Deutschland möchten Familie und Beruf besser vereinbaren. Sie lehnen das traditionelle Familienmodell ab, bei dem der Mann Vollzeit arbeitet und die Frau sich um die Familie, die Kinder und den Haushalt kümmert. Die
5 meisten Frauen und Männer wollen Beruf und Familie kombinieren. Das ist aber für berufstätige Eltern schwer, denn es gibt nicht genug Kita-Plätze und an den Schulen gibt es zu wenig Ganztagsplätze.

Recht auf Teilzeitarbeit

Damit Eltern Familie und Beruf besser vereinbaren können, gibt es ein Gesetz
10 über Teilzeitarbeit und befristete Arbeitsverträge. Arbeitnehmer, die weniger arbeiten möchten, haben ein Recht auf Teilzeit. Damit man weniger arbeiten darf, muss man mindestens sechs Monate beschäftigt sein. Und der Betrieb muss mehr als 15 Mitarbeiter haben. Man kann dann dem Chef – am besten schriftlich – drei Monate vorher mitteilen, dass man weniger arbeiten möchte.
15 Einen Grund, warum man weniger arbeiten möchte, muss man nicht angeben. Es schadet aber nicht, den Wunsch kurz zu begründen.

1 Was wollen viele Eltern?
2 Was ist das traditionelle Familienmodell?
3 Warum ist es für viele Eltern schwer, Beruf und Familie zu vereinbaren?
4 Was können Arbeitnehmer tun, wenn sie weniger arbeiten möchten?
5 Wie groß muss der Betrieb sein, damit man ein Recht auf Teilzeit hat?

3 Pro und Kontra Teilzeit. Sammeln Sie Argumente und diskutieren Sie im Kurs

Pro	Kontra
Man hat weniger Stress.	Man verdient weniger Geld.

Pro-Argumente
Für Teilzeitarbeit spricht, dass ...
Das Hauptargument für Teilzeitarbeit ist, dass ...
Was dafür spricht, ist, dass ...

Kontra-Argumente
Gegen Teilzeit spricht, dass ...
Das Hauptargument dagegen ist, dass ...
Was dagegen spricht, ist, dass ...

C Der Betriebsrat

1 a
Ü6

Schauen Sie die Fotos an. Was für Probleme haben die Beschäftigten? Worüber ärgern sie sich manchmal? Sammeln Sie weitere Probleme.

1 b
75

Lesen Sie den Infotext und hören Sie das Gespräch zwischen dem Betriebsrat Bernd Langner und der Kollegin Manuela Flum. Kreuzen Sie an: Worüber sprechen sie?

> ❗ Der Betriebsrat soll die Interessen der Arbeitnehmer in einem Betrieb gegenüber dem Arbeitgeber vertreten. Er wird alle vier Jahre von den Arbeitnehmern gewählt. Es kann Betriebsräte in jedem Betrieb ab fünf Arbeitnehmern geben. Wie viele Betriebsräte es in einer Firma gibt, hängt von der Größe der Firma ab. Einmal im Jahr gibt es eine Betriebsversammlung, zu der alle Arbeitnehmer eingeladen sind. Der Betriebsrat berichtet dort, was er gemacht hat.

- ☐ Kündigungen
- ☐ Abmahnungen
- ☐ Überstunden
- ☐ Konflikte mit Vorgesetzten
- ☐ Pausenzeiten
- ☐ Arbeits- und Gesundheitsschutz
- ☐ Weiterbildung

1 c Hören Sie das Gespräch noch einmal, kreuzen Sie die richtigen Aussagen an und korrigieren Sie die falschen.

1 ☐ Manuela Flum hat eine mündliche Abmahnung von ihrem Chef bekommen.
2 ☐ Sie befürchtet, dass sie bald eine Kündigung bekommt.
3 ☐ Sie ist in den letzten Wochen mehrfach zu spät gekommen.
4 ☐ Vorgestern ist sie zu spät gekommen, weil ihr Zug ausgefallen ist.
5 ☐ Sie hatte sonst keine Probleme auf der Arbeit.
6 ☐ Ein Arbeitnehmer muss nicht pünktlich zur Arbeit kommen, wenn es schneit oder die Straßen glatt sind.
7 ☐ Herr Langner will ein Gespräch mit Frau Flums Chef wegen der Abmahnung führen.

2a
Ü7

Abmahnungen. Lesen Sie den Text und ordnen Sie die Fragen den Antworten zu.

> **1** Welche Rolle hat der Betriebsrat? • **2** Welches Verhalten kann abgemahnt werden? •
> **3** Welche Konsequenzen kann eine Abmahnung haben? • **4** Was ist eine Abmahnung?

Ratgeber-Recht   Arbeitsverträge   Betriebsrat   **Abmahnung**   Kündigung

Abmahnung – Fragen und Antworten

☐ Mit einer Abmahnung teilt der Arbeitgeber dem Mitarbeiter mit, dass er ein bestimmtes Verhalten des Mitarbeiters nicht akzeptiert. Eine Abmahnung kann auch deutlich machen, dass die Arbeitsleistung eines Mitarbeiters nicht gut genug ist. Eine Abmahnung ist also eine Warnung. Wenn der Mitarbeiter sein Verhalten nicht ändert, kann es zu einer Kündigung kommen.

☐ Häufige Gründe für Abmahnungen sind: Alkohol am Arbeitsplatz, Beleidigung von Mitarbeitern, Chef anschreien, Diebstahl, private Internetnutzung, unerlaubte Nebentätigkeit, unentschuldigtes Fehlen, Unpünktlichkeit, schlechte Arbeitsleistung und sexuelle Belästigung.

☐ Man kann den Betriebsrat um Hilfe bitten, wenn man abgemahnt wurde. Der Betriebsrat kann die Gründe für die Abmahnung prüfen. Er kann den Arbeitgeber auffordern, die Abmahnung zu ändern oder zurückzunehmen.

☐ Eine Abmahnung ist noch keine Kündigung. Manche vergleichen eine Abmahnung mit einer gelben Karte im Fußball. Wenn man aber keine Kündigung bekommen will, sollte man keine Fehler mehr machen.

2b   **Gibt es Abmahnungen in Ihrem Land? Was ist anders/gleich? Sprechen Sie im Kurs.**

3
Ü8+9

Arbeiten Sie zu zweit. Wählen Sie eine Situation und spielen Sie ein Gespräch mit dem Betriebsrat. Der Redemittelkasten hilft.

Situation 1
Sie haben in den letzten drei Monaten an acht Wochenenden im Altersheim gearbeitet. Sie wollten am kommenden Wochenende mit Ihrer Familie wegfahren, aber Ihre Chefin hat Ihnen gesagt, dass Sie auch am nächsten Wochenende arbeiten müssen.

Situation 2
In Ihrer Firma gibt es sehr viel zu tun. Ihr Chef hat deshalb täglich zwei Überstunden angeordnet. Sie haben aber ein kleines Kind, das Sie von der Kita abholen müssen.

Ein Problem darstellen	**Nachfragen**
Ich habe folgendes Problem: …	Wie genau ist die Situation mit …?
Ich weiß nicht, was ich jetzt tun soll.	Können Sie das Problem bitte genauer beschreiben?
Ich brauche Ihre Hilfe, weil …	Sind Sie einverstanden, wenn ich mit Ihrem Chef / Ihrer Chefin spreche?

D Mutterschutz und Elternzeit

1a
Ü10

Schauen Sie die Fotos an. Beschreiben Sie die Situationen.

 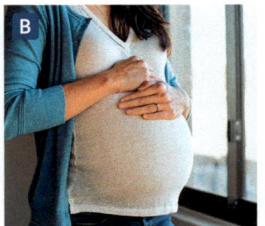  

1b

Lesen Sie die Zeitungsartikel und ordnen Sie die Bilder aus 1a zu. Ein Foto bleibt übrig.

Immer mehr Väter nehmen Elternzeit

Seit 2007 gibt es in Deutschland das Elterngeld und seit 2015 das Elterngeld Plus. Heute nimmt jeder dritte Vater eine Elternzeit: Er reduziert seine Arbeitsstun-
5 den oder arbeitet für einen bestimmten Zeitraum überhaupt nicht. Immer mehr Väter möchten mehr Zeit mit ihren Kindern verbringen.

Allerdings bleiben Väter nicht sehr lange
10 zu Hause – oft nur zwei Monate, während Frauen viel länger Elterngeld bekom-men – meist mehr als elf Monate.

Mütter und Väter bekommen vom Staat mindestens 300 Euro und höchstens
15 1.800 Euro Elterngeld im Monat, die Höhe hängt vom Nettoeinkommen ab.

Änderungen im Mutterschutzrecht

Seit Januar 2018 gibt es für schwangere und stillende Frauen neue Regeln für den Gesundheitsschutz. Das Mutterschutz-gesetz gilt für alle (werdenden) Mütter, die
5 beschäftigt sind. Es gibt für (werdende) Mütter eine Schutzfrist von sechs Wochen vor und acht Wochen nach der Geburt des Kindes.

Die Arbeitsplätze von schwangeren und
10 stillenden Frauen müssen für sie sicher sein. Bis jetzt durften sie an Sonntagen, Feiertagen und nachts nicht arbeiten. Jetzt dürfen sie zwischen 20.00 und 22.00 Uhr arbeiten, wenn alle – auch ein
15 Arzt – zustimmen. An Sonn- und Feier-tagen dürfen Schwangere aber nicht alleine arbeiten.

Vereinbarkeit von Familie und Beruf – Geht das?

Männer und Frauen sind in Deutschland per Gesetz gleichberechtigt. Aber die Realität sieht leider anders aus. Familie ist der Hauptgrund, warum Frauen nicht oder nur in Teilzeit arbei-ten. Auch in modernen Partnerschaften sind vor allem die Frauen für den Haushalt und die Kinder zuständig. So arbeitet nur jede dritte Mutter von einem Kind unter drei Jahren. Und
5 der Anteil der Frauen, die wegen ihrer Familie in Teilzeit arbeiten, liegt bei etwa 55 %. Immer mehr Unternehmen bieten inzwischen aber flexible Arbeitszeiten an. Ihre Beschäftigten kön-nen z. B. in Teilzeit oder im Homeoffice arbeiten oder individuelle Arbeitszeiten vereinbaren.

2

Sprechen Sie über die Artikel. Was war interessant oder neu für Sie?

> Mich überrascht, dass ...

> Ich kann mir nicht vorstellen, dass ...

> Ich frage mich, warum ...

Übungen

Hier üben Sie: Futur · Verben mit Präpositionen

1 a Was passt zusammen? Verbinden Sie die Wörter mit den Definitionen.

der Arbeitsvertrag	**1**	**A**	das Geld, das man bekommt
die monatliche Bezahlung	**2**	**B**	in dieser Zeit kann man leicht gekündigt werden.
die Probezeit	**3**	**C**	an diesen Tagen arbeitet man nicht
die Kündigung	**4**	**D**	meist sind es um die 40 Stunden in der Woche
die Aufgaben	**5**	**E**	dort, wo man arbeitet
die Nebentätigkeit	**6**	**F**	man unterschreibt ihn, bevor man zu arbeiten beginnt
die Urlaubstage	**7**	**G**	man bekommt sie, wenn man große Fehler gemacht hat
die Arbeitsorte	**8**	**H**	das ist ein weiterer Job, bei dem man Geld verdient
die Arbeitszeiten	**9**	**I**	man erledigt sie täglich

1 b Ergänzen Sie die Sätze mit den Wörtern aus dem Schüttelkasten.

> Aufgaben • Arbeitsorte • Arbeitsvertrag • Urlaubstage • Arbeitszeiten •
> Kündigung • monatliche Bezahlung • Nebentätigkeit Probezeit

1 In meinem *Arbeitsvertrag* .... steht, wie viel Geld ich verdiene.

2 Meine .... richtet sich nach dem geltenden Tarifvertrag.

3 In viele Bürojobs hat man flexible .... Man kann zum
Beispiel zwischen 7 und 9 Uhr mit der Arbeit beginnen.

4 In manchen Arbeitsverträgen steht, dass man keine ....
ausüben darf.

5 Wenn man eine .... aus nicht gerechtfertigten Gründen
bekommt, kann man zum Arbeitsgericht gehen.

6 Wer in der ambulanten Pflege arbeitet, hat wechselnde ....

7 Während der .... ist der Kündigungsschutz gelockert.

8 Während seiner .... darf man nicht woanders arbeiten
und Geld verdienen.

9 Die ...., die zu meiner Arbeit gehören, sind sehr
vielfältig.

2 **Man kann … Streichen Sie durch: Welche Wörter passen nicht?**

1	Man kann einen Arbeitsvertrag	unterschreiben – verlängern – kündigen – melden.
2	Arbeitsaufgaben kann man	erledigen – übernehmen – beantworten – bewältigen.
3	Die Arbeitszeit kann man	verkürzen – kaufen – verlängern – bezahlen.
4	Eine Nebentätigkeit kann man	ausüben – aufnehmen – abschließen – nachgehen.
5	Einen Urlaub kann man	sparen – buchen – nehmen – machen.
6	Eine Kündigung kann man	aussprechen – machen – einreichen – erhalten.

3a **Lesen Sie den Arbeitsvertrag. Ergänzen Sie die Wörter aus dem Schüttelkasten.**

> monatliche • gesetzlichen • Urlaub • erkrankt • eingestellt • Vorkenntnissen •
> täglichen • beginnt • verpflichtet • betrieblichen • Vorgesetzten

§ 1 Beginn des Arbeitsverhältnisses

Das Arbeitsverhältnis ....[1] am 01.04.2019. Es endet ohne besonde-

re Vereinbarung mit Erreichen der ....[2] Altersgrenze.

§ 2 Tätigkeit

Der Arbeitnehmer wird als Gärtnergehilfe ....[3] und vor allem mit
folgenden Arbeiten betraut: Stutzen von Büschen und Bäumen, Reinigen der Arbeitsgeräte, Nachbestellen von Material und Vereinbaren von Terminen und anderer Kommu-

nikation mit Kunden betraut. Er ....[4] sich, auch andere Arbeiten

auszuführen, die seinen ....[5] und Fähigkeiten entsprechen.

§ 3 Arbeitsvergütung

Der Arbeitnehmer enthält eine ....[6] Bruttovergütung von
1.300,00 €. Er erhält mit dem Novembergehalt auch ein Weihnachtsgeld in Höhe von
50 % eines Bruttomonatsgehalts.

§ 4 Arbeitszeit

Die regelmäßige wöchentliche Arbeitszeit beträgt 40 Stunden. Beginn und Ende der

.............................[7] Arbeitszeit richten sich nach der ....[8]
Einteilung. Der Arbeitnehmer ist jedoch verpflichtet, betriebsnotwendige Überstunden
zu leisten.

§ 5 Urlaub

Der Jahresurlaub beträgt 30 Arbeitstage. Den Zeitraum für den ....[9]
darf der Arbeitnehmer nicht frei wählen, sondern muss ihn mit seinem

.............................[10] abstimmen.

§ 6 Arbeitsverhinderung / Krankheit

Ist der Arbeitnehmer ....[11], muss er das dem Arbeitgeber unverzüglich mitteilen. (…) Der Arbeitnehmer erhält sechs Wochen lang seine reguläre Arbeitsvergütung weiter. (…)

3 b Suchen Sie im Arbeitsvertrag die Synonyme zu den folgenden Wörtern.

1 sofort ....

2 Chef ....

3 Mehrarbeit ....

4 Bezahlung ....

5 Gehalt ....

6 bekommen ....

4 a Was wird sein? Schreiben Sie sechs Prognosen in Ihr Heft.

Morgen	werde	die Menschen	zerstört sein.
Bald	wirst	ich/du/wir/…	auf dem Land leben.
Nächstes Jahr	wird	meine Eltern/Familie	perfekt Deutsch sprechen.
In fünf Jahren	werden	meine Tochter / mein Sohn	einen guten Job haben.
Im Jahre 2050	werdet	die Natur	mit der Ausbildung fertig sein.
In hundert Jahren	werden	…	zehn Wochen Urlaub haben.
werde			…

Bald werde ich sehr gut Deutsch sprechen.

4 b Was denken Sie? Ergänzen Sie die Satzanfänge und benutzen Sie das Futur I.

1 Ich hoffe, dass ....

2 Es ist möglich, dass ....

3 Es ist unwahrscheinlich, dass ....

4 Ich kann mir nicht vorstellen, dass ....

5 Über die Zukunft sprechen. Verwenden Sie das Futur.

1 Ich .... in fünf Jahren eine tolle Arbeit .... *(haben)*.

2 Meine Frau .... auch wieder arbeiten gehen ....

(können), weil dann unsere Kinder in die Schule .... *(gehen)*.

3 Damit meine Frau arbeiten gehen kann, ... ich ihr im Haushalt

.... *(helfen)*.

4 Ich .... mich .... *(bemühen)*, ihr viel Arbeit

abzunehmen.

5 Meine Frau .... sehr stolz auf mich .... *(sein)* und sie

.... mich hoffentlich oft .... *(loben)*.

6 Weil wir dann mehr Geld zur Verfügung .... *(haben)*,

.... wir in eine größere Wohnung .... *(umziehen)*.

6 Probleme, Probleme. Welche der folgenden Probleme lösen Sie am besten mit dem Betriebsrat (B), welche direkt im Gespräch mit dem Kollegen (K) und welche besprechen Sie mit Ihrem Vorgesetzten (V)?

1 ☐ Sie sollen einen Zusatz zu Ihrem Arbeitsvertrag unterschreiben.
2 ☐ Sie möchten Ihre Stelle kündigen.
3 ☐ Sie hören von anderen Kollegen, dass ein Kollege schlecht über sie spricht.
4 ☐ Sie haben eine Abmahnung bekommen, mit der sie nicht einverstanden sind.
5 ☐ Ihre Mutter ist plötzlich schwer erkrankt und Sie brauchen Urlaub.
6 ☐ Man hat Ihnen gekündigt.
7 ☐ Ihr Vorgesetzter hat sich Ihnen gegenüber im Ton vergriffen.

7 Abmahnungen. Lesen Sie den Text auf Seite 211 noch einmal und kreuzen Sie an: richtig oder falsch? Korrigieren Sie die falschen Aussagen.

		R	F
1	Mit der Abmahnung verwarnt der Arbeitnehmer den Arbeitgeber, weil er sein Verhalten nicht akzeptiert.	☐	☐
2	Eine Abmahnung kann die Vorstufe einer Kündigung sein.	☐	☐
3	Abmahnungen nehmen im Arbeitsalltag zu.	☐	☐
4	Man kann zum Beispiel abgemahnt werden, wenn man betrunken bei der Arbeit erscheint.	☐	☐
5	Der Betriebsrat steht dem Arbeitnehmer / der Arbeitnehmerin bei, wenn er oder sie glaubt, dass die Abmahnung nicht gerechtfertigt ist.	☐	☐
6	Gegen eine Abmahnung kann man eigentlich kaum vorgehen.	☐	☐
7	Eine Abmahnung führt meist zu einer Kündigung.	☐	☐

8 Wortstellung im Satz. Korrigieren Sie die Fehler, die der Arbeitnehmer in seiner Beschwerde über die erhaltene Abmahnung gemacht hat.

Geehrter sehr Herr Wandschura,

Sie mir eine Abmahnung gegeben haben. Als Begründung Sie sagten, dass ich oft komme zu spät. Sie wissen, dass ich habe Kinder und dass ist meine Frau krank. Sehr oft ich muss die Kinder in den Kindergarten bringen, weil meine Frau nicht kann aufstehen. Sie mir gesagt haben, dass Sie können verstehen meine Situation. Deshalb ich nicht kann verstehen, warum ich nun bekomme eine Abmahnung. Außerdem Sie wissen, dass ich mache oft Überstunden. Wenn Sie zusammenzählen meine Arbeitszeit, dann Sie werden sehen, dass ich nicht weniger arbeite als ich muss arbeiten. Deshalb ich Sie möchten bitten, dass Sie überdenken noch einmal die Abmahnung und Sie vielleicht sogar zurücknehmen. Ich diese Arbeit brauche und ich sie möchte nicht verlieren.

Freundliche Grüße
Okbay Yohannes

9 a Ich beschäftige mich mit ... Ergänzen Sie die Sätze.

8.7

> (sich) ärgern über • beginnen mit • ~~beschäftigen mit~~ • (sich) freuen auf •
> (sich) interessieren für (2x) • kämpfen für • (sich) kümmern um • teilnehmen an

1 Viele Väter wollen heute nicht mehr so viel arbeiten, weil sie *sich* mehr mit

ihren Kindern *beschäftigen* möchten.

2 Betriebsräte _____ gute und faire Bezahlung.

3 Sie _____ auch um sichere Arbeitsbedingungen in ihren

Betrieben.

4 Viele Mitarbeiter _____ Weiterbildungen.

5 In manchen Betrieben _____ die Mitarbeiter über

schlechte Bezahlung.

6 Die Arbeitnehmer _____ jährlich an der Betriebsversammlung _____

7 Ich _____ eine Weiterbildung im Bereich Pflege.

8 Wann kannst du _____ der Arbeit auf der Baustelle _____?

9 _____ du dich auch _____ das Wochenende?

9 b Person oder Sache? Ordnen Sie zu: Welche Antwort passt?

8.8

Mit wem hast du gestern telefoniert?	**1**	**A**	Für Fußball.
Womit hast du telefoniert?	**2**	**B**	Über den Betriebsrat.
Über wen haben sie diskutiert?	**3**	**C**	Mit meiner Mutter.
Worüber haben sie diskutiert?	**4**	**D**	Für den Fußballspieler.
Für wen interessieren Sie sich?	**5**	**E**	Mit meinem Smartphone.
Wofür interessieren Sie sich?	**6**	**F**	Über die Vorteile von Teilzeitarbeit.

10 Mutterschutz. Lesen sie die drei Texte auf Seite 212 noch einmal. Beantworten Sie die
Fragen in Stichworten.

Immer mehr Väter nehmen Elternzeit

1 Wie viel Prozent aller Väter nehmen Elternzeit?

2 Wie viele Monate weniger bleiben die Väter verglichen mit den Müttern zu Hause?

3 Wovon hängt die Höhe des Elterngeldes ab?

Änderungen im Mutterschutzgesetz

4 Für wen gilt das Mutterschutzgesetz?

5 Wie lange darf eine Frau nach dem Mutterschutzgesetz insgesamt zu Hause bleiben?

6 Wann dürfen werdende Mütter immer noch nicht alleine arbeiten?

Vereinbarkeit von Familie und Beruf – Geht das?

7 Warum arbeiten Frauen oft nicht oder nur in Teilzeit?

8 Wie viele Frauen mit Kindern unter drei Jahren arbeiten überhaupt?

9 Wie viele Frauen mit Kindern arbeiten in Teilzeit?

der Vertrag, "-e

der Arbeitsvertrag, "-e

der Ausbildungsvertrag, "-e

das Arbeitsverhältnis, -se

die Dauer

die Arbeitszeit, -en

die Probezeit, -en

die Nebentätigkeit, -en

die Kündigungsfrist, -en

der Minijob, -s

A Der Arbeitsvertrag

die Tätigkeit, -en

die Arbeitsvergütung, -en

das Weihnachtsgeld

betriebsnotwendig

der Jahresurlaub, -e

die Arbeitsverhinderung

die Arbeitsunfähigkeit

die Arbeitsunfähigkeits-
bescheinigung, -en

die Krankmeldung, -en

das ärztliche Attest

unverzüglich mit⟩teilen

die Verschwiegenheitspflicht

die Geschäfts- und Betriebsgeheimnisse (Pl.)

das Geheimnis, -se

Stillschweigen bewahren

entgeltlich

unentgeltlich

unbefristet

der Zeitraum, "-e

die Rechte und Pflichten (Pl.)

B Familie und Beruf

der Leiharbeitsvertrag, "-e

die Leiharbeitsfirma, -firmen

Familie und Beruf
vereinbaren

der Kita-Platz, "-e

der Ganztagsplatz, "-e

Recht haben auf

das Hauptargument, -e

C Der Betriebsrat

der Betriebsrat, "-e

Interessen vertreten

die Betriebsversammlung, -en

der Konflikt, -e

vermitteln

die Abmahnung, -en

das Verhalten

die Warnung, -en

die Beleidigung, -en

der Diebstahl, "-e

die sexuelle Belästigung

D Mutterschutz und Elternzeit

das Elterngeld

schwanger

die Geburt, -en

gleichberechtigt

die Partnerschaft, -en

Löhne und Gehälter

Einkommensverteilung in Deutschland 2016

Monatliche Bruttolöhne von Arbeitnehmern, die in Vollzeit arbeiten

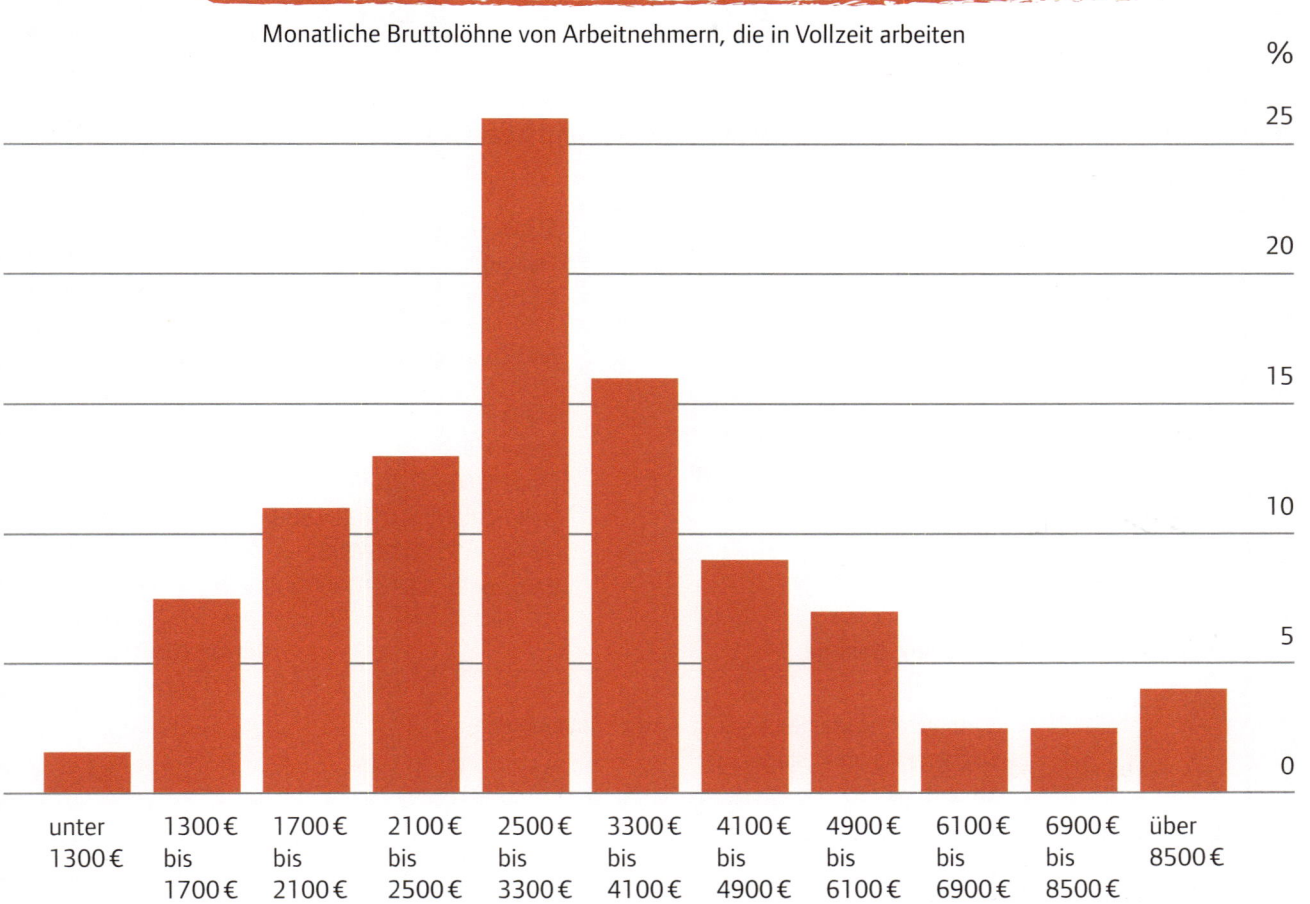

Sie lernen

- eine Gehaltsabrechnung verstehen
- über Steuern und Sozialabgaben sprechen
- über Zulagen und Zuschläge sprechen
- unterschiedliche Einkommensarten kennenlernen
- über Konsumverhalten sprechen
- über Grafiken sprechen und sie kommentieren

1
Ü1
Wie viel verdienen Arbeitnehmer in Deutschland und wie verteilt sich das Einkommen? Sprechen Sie über die Grafik.

> *Die Grafik zeigt, dass mehr als die Hälfte der Arbeitnehmer weniger als 3300 € monatlich verdienen.*

Über eine Grafik sprechen

In der Grafik geht es um …
Die Grafik zeigt …
Die Zahlen stammen aus dem Jahr …
Die Angaben sind in Euro / …

Mehr als ein Viertel verdient …
Weniger als … Prozent der Arbeitnehmer verdienen …
Insgesamt sieht man, dass …

2
Recherchieren Sie. Wie viel verdient man in verschiedenen Berufen durchschnittlich im Monat? Berichten Sie im Kurs.

1a Hören Sie das Gespräch.
Kreuzen Sie an: Worüber sprechen
Sevil Petcu und Lia Dobre?

76

☐ Über Sevil Petcus Gehaltsabrechnung.
☐ Über Sevil Petcus Kollegen.

1b Lesen Sie Sevil Petcus Gehaltsabrechnung und beantworten Sie die Fragen.

Ü2

Gehaltsabrechnung
Vertraulich

Mayer Markt
Fahrenkroen 47
22179 Hamburg

Frau Sevil Petcu
Alte Landstraße 8
22339 Hamburg

Abrechnungsmonat **Oktober 2018**

Steuer-Identifikationsnummer:
78346175090

Krankenkasse: AOK
Steuerklasse: I
Eintritt: 01.10.2018
Geburtsdatum: 05.08.1988
SV-Nr.: 85071088W002
Bankkonto: DE73100800000093534410

Bezüge / Abzüge	Betrag (EUR)
Gehalt	1550,00
Vermögenswirksame Leistung – Arbeitgeberanteil	40,00
Sozialversicherungstage: 30	
Steuertage: 30	
Gesamtbrutto	1590,00
Lohnsteuer	96,50
Solidaritätszuschlag	3,10
Kirchensteuer	0,00
Rentenversicherung	147,87
Arbeitslosenversicherung	23,85
Krankenversicherung	131,97
Pflegeversicherung	24,25
Gesetzliches Netto	1162,46
Auszahlungsbetrag	**1162,46**

---

1 Seit wann arbeitet Frau Petcu bei Mayer Markt?
2 Wann wurde Frau Petcu geboren?
3 Bei welcher Krankenkasse ist sie versichert?
4 Wie hoch ist ihr Krankenversicherungsbeitrag?
5 Wie viel Geld überweist Mayer Markt an Frau Petcu?

2 Vergleichen Sie die Gehaltsabrechnung mit Ihrem
Heimatland. Was gibt es in Ihrem Heimatland?
Was gibt es nicht? Vergleichen Sie im Kurs.

**Vermögenswirksame
Leistungen**
sollen Arbeitnehmern beim
Sparen helfen. Bis zu 480 €
im Jahr können sie von ihren
Arbeitgebern bekommen.
Wer nicht den vollen Betrag
vom Arbeitgeber erhält, kann
selbst aufstocken. Der Spar-
betrag wird nach sieben Jahren ausgezahlt.

B Steuern und Abgaben

1 a Versicherungen in Deutschland. Was ist was? Ordnen Sie zu und sprechen Sie im Kurs.
Ü3

> ☐ Rentenversicherung • ☐ Pflegeversicherung •
> ☐ Arbeitslosenversicherung • ☐ Krankenversicherung

> *Wenn man arbeitslos ist, kann man Arbeitslosengeld bekommen.*

> *Wenn man ...*

1 b Lesen Sie, kreuzen Sie die richtigen Aussagen an und korrigieren Sie die falschen.
Ü4

Was bleibt vom Bruttoeinkommen?

Das Bruttoeinkommen ist das Geld, das man verdient. Aber davon behält man nicht alles, denn man muss Steuern und die Sozialabgaben zahlen. Es gibt verschiedene Steuern: die Einkommensteuer (Lohnsteuer), den Solidaritätszuschlag, und wer Mitglied in einer Kirche ist, muss auch Kirchensteuer zahlen. Die
5 Kirchensteuer ist die einzige Steuer, die man freiwillig zahlt, denn man kann aus der Kirche austreten. Den Solidaritätszuschlag gibt es seit 1991. Damit werden die Kosten für die Wiedervereinigung von Ost- und Westdeutschland finanziert. Er beträgt momentan 5,5 % der monatlichen Lohnsteuer.

10 Zu den Sozialabgaben gehören die Rentenversicherung, die Krankenversicherung und die Pflegeversicherung sowie die Arbeitslosenversicherung. Die Beiträge für die Sozialversicherungen teilen sich Arbeitgeber und Arbeitnehmer.

Was vom Bruttogehalt übrig bleibt, ist das Nettoeinkommen. Ein Arbeitgeber zahlt in Deutschland auf das Konto eines Arbeitnehmers von 100 Euro brutto
15 durchschnittlich 64 Euro auf sein Bankkonto ein. Im europäischen Vergleich ist die Summe der Abgaben in Deutschland sehr hoch.

1 ☐ Der Arbeitnehmer zahlt die Steuern und Sozialabgaben von seinem Nettogehalt.
2 ☐ Jeder Arbeitnehmer muss Kirchensteuer zahlen.
3 ☐ Auch die Arbeitgeber zahlen für die Arbeitnehmer einen Beitrag in die Sozialversicherungen ein.
4 ☐ Von dem Gehalt eines Arbeitnehmers werden durchschnittlich ca. 30 % abgezogen.

2 Warum braucht der Staat Steuern? Wofür gibt er Geld aus? Schreiben Sie einen Text.
Ü5

> *Der Staat braucht Steuern für Schulen und Krankenhäuser.*
> *Er bezahlt auch ...*

C Steuerklassen und Steuererklärungen

77

1a Hören Sie das Gespräch im Personalbüro und kreuzen Sie an: Was braucht die Mitarbeiterin der Personalabteilung von Frau Mezoued?

- ☐ Sie braucht den unterschriebenen Arbeitsvertrag.
- ☐ Sie braucht die steuerliche Identifikationsnummer.
- ☐ Sie braucht einige Informationen für Frau Mezoueds Steuerklasse.

1b Hören Sie noch einmal und notieren Sie die Informationen über Frau Mezoued.

1 Geburtsdatum: ....

2 Familienstand: ....

3 Frau Mezoueds Steuerklasse: ....

1c Lesen Sie die Webseite und ordnen Sie den Personen die passende Steuerklasse zu.

Ü6

Steuern-und-Steuerklassen.de **Steuern + Steuerklassen** | Steuererklärung | Steuerklassenrechner

Steuern und Steuerklassen in Deutschland

Jede Arbeitnehmerin und jeder Arbeitnehmer muss in Deutschland Steuern an das Finanzamt zahlen. Wie hoch die Steuern sind, hängt davon ab, wie viel Geld man verdient, in welcher Steuerklasse man ist, wie viele Kinder man hat und ob man Kirchensteuer zahlt. Kirchensteuer zahlen alle Mitglieder der evangelischen oder katholischen Kirche.

5 Welche Steuerklassen gibt es?
Das Finanzamt ordnet jedem Arbeitnehmer eine Steuerklasse zu. In welcher Steuerklasse man ist, hängt sehr stark vom Familienstand ab. Es gibt sechs Steuerklassen:
- Steuerklasse I ist für ledige oder geschiedene Arbeitnehmer.
- Steuerklasse II ist für ledige Arbeitnehmer, die alleinerziehend sind und Kindergeld bekommen.
10 - Steuerklasse III ist für verheiratete Arbeitnehmer und gleichgeschlechtliche Lebensgemeinschaften, wenn der (Ehe-)Partner nicht arbeitet. Sie wird mit Steuerklasse V kombiniert.
- Steuerklasse IV ist für Verheiratete und gleichgeschlechtliche Lebensgemeinschaften, wenn beide arbeiten und ungefähr gleich viel verdienen.
- Steuerklasse V ist für Verheiratete bzw. gleichgeschlechtliche Lebensgemeinschaften. Der Partner mit
15 dem geringeren Einkommen wählt die Steuerklasse V und der andere die Klasse III.
- Steuerklasse VI ist für Nebenjobs zur Haupttätigkeit. Dann hat man zwei Steuerklassen.
Alleinstehende kommen also automatisch in die Steuerklasse I. Ehepaare und gleichgeschlechtliche Lebensgemeinschaften wählen zwischen verschiedenen Steuerklassen.

A	**B**	**C**
Ich bin Pawlo Subko und arbeite seit drei Jahren als Produktionshelfer bei der Tiger Druck GmbH. Meine Frau arbeitet zur Zeit nicht, weil unsere Tochter noch nicht in die Kita geht.	Mein Name ist Maria Jurado und bin seit vier Jahren bei der Elisabeth Klinik als Köchin fest angestellt. Ich bin nicht verheiratet und habe auch keine Kinder.	Ich heiße Dieter Specht. Während der Woche arbeite ich als Elektrofachkraft und schließe z. B. Elektroherde in Küchen an. Am Wochenende habe ich einen Minijob und verteile Flyer und Werbung.
Steuerklasse	Steuerklasse	Steuerklasse ....

2 a Welche Lohnsteuerklasse ist die richtige für Sie? Sprechen Sie im Kurs.

> Ich bin ledig und bin in der Steuerklasse ...

> Ich bin verheiratet und ...

2 b Hören Sie das Pausengespräch und beantworten Sie die Fragen.

78

1 Seit wann ist Sevil Petcu immer müde?
2 Was will sie mit dem ersten verdienten Geld kaufen?
3 Warum ist das Nettogehalt von ihrem Kollegen Hannes höher als das Nettogehalt von Sevil?

3 a Hören Sie das Telefonat zwischen Petra Gärtner und Sevil Petcu. In welcher Reihenfolge
79   sprechen sie über die Themen? Bringen Sie die Fotos in die richtige Reihenfolge.

☐ im Mayer Markt   ☐ die Gehaltsabrechnung   ☐ elektronische Lohnsteuerbescheinigung   ☐ beim Steuerberater

3 b Hören Sie noch einmal und kreuzen Sie an: richtig oder falsch?
Ü7

		R	F
1	Seitdem Frau Petcu arbeitet, geht es ihr gut.	☐	☐
2	Zu Sevil Petcus Aufgaben gehört auch die Kassentätigkeit.	☐	☐
3	Das Arbeitsklima bei Mayer Markt ist nicht immer gut.	☐	☐
4	Frau Petcu weiß nicht, warum sie ihre Gehaltsabrechnungen aufheben soll.	☐	☐
5	Wenn man einen Kredit bei einer Bank beantragt, braucht man oft die letzten drei Gehaltsabrechnungen.	☐	☐
6	Jeder Arbeitnehmer muss jährlich eine Steuererklärung abgeben.	☐	☐
7	Die elektronische Lohnsteuerbescheinigung bekommt man vom Finanzamt.	☐	☐
8	Die Formulare für die Einkommenssteuererklärung kann man auch online herunterladen.	☐	☐
9	Frau Petcu kann sich von einem Steuerberater oder einem Lohnsteuerhilfeverein helfen lassen.	☐	☐

4 Projekt. Suchen Sie Informationen im Internet und schreiben Sie.
Ü8

> – Wo ist das Finanzamt in Ihrem Ort?
> – Wann hat das Finanzamt Sprechzeiten?
> – Was bieten Lohnsteuerhilfevereine?
> – Wie hoch ist der Mitgliedsbeitrag für die Vereinigte Lohnsteuerhilfe e.V.?

1 a
Ü9

Arbeitszeiten und Arbeitsbedingungen. Schauen Sie die Fotos an. Wie und wann müssen Arbeitnehmer oft arbeiten? Sprechen Sie im Kurs.

Über Arbeitszeiten und Arbeitsbedingungen sprechen

am Wochenende Dienst haben	Überstunden machen	im Winter bei Kälte arbeiten
Nachtschicht haben	am Fließband im Akkord arbeiten	Notdienst an Feiertagen haben

> *Bauarbeiter müssen oft ...*

> *In Fabriken gibt es oft ...*

1 b
Ü10

Wie wird die Arbeit bezahlt? Lesen Sie die Texte und ergänzen Sie die Tabelle.

Erkan Bilgin – Nach meinem Pflegebasiskurs arbeite ich schon seit fünf Jahren in einem Altenheim in Mannheim und pflege alte und auch sehr kranke Menschen. Wir arbeiten im 2-Schicht-System von 7.00 bis 19.00 Uhr und von 19.00 Uhr bis 7.00 Uhr. Ich muss natürlich
5 manchmal auch an Sonn- und Feiertagen arbeiten. Ich werde nach einem Haustarif bezahlt. Mein Gehalt beträgt 2080 Euro im Monat. Das ist ein Stundenlohn von 13 Euro brutto. Aber ich bekomme noch Zuschläge für die Nachtschichten und die Arbeit an Sonn- und Feiertagen. Ich bekomme für die Nachtarbeit zwischen 23.00 und 6.00 Uhr einen Nachtzuschlag in Höhe von 25 %. Und für die Schichten am
10 Sonntag bekomme ich einen Zuschlag von 50 % und für die Arbeit an Feiertagen sogar 100 %.

Meglena Mitow – Ich arbeite seit drei Jahren als Produktionshelferin in einer Großbäckerei in Essen. Zu meinen Aufgaben gehört die Bedienung von Maschinen und die Verpackung von Back- und Brotwaren. Ich arbeite nur in der Spät- und Nachtschicht – also entweder
5 von 15.00 bis 23.00 Uhr, von 20.00 Uhr bis 4.00 Uhr oder von 22.00 bis 6.00 Uhr. Ich muss auch an Wochenenden arbeiten. Ich bin in der Gewerkschaft Nahrung-Genuss-Gaststätten und bekomme ein Tarifgehalt und verdiene ca. 9,77 Euro brutto pro Stunde. Ich bekomme auch Zuschläge für die Nachtschichten und die Arbeit an Sonntagen. Außerdem bekomme ich noch Urlaubs- und Weihnachtsgeld in Höhe
10 von insgesamt 570 Euro.

Zulagen und Zuschläge
Viele Arbeitgeber zahlen ihren Mitarbeitern Zulagen. Zu ihrem Gehalt bekommen sie z. B. noch Weihnachtsgeld und Urlaubsgeld. Es gibt auch Zuschläge zum Lohn für Überstunden oder für Arbeiten an Sonn- und Feiertagen und Nachtarbeit.

	Arbeitgeber und Tätigkeiten	Arbeitszeiten	Zulagen und Zuschläge (Wofür? Wie hoch?)
Erkan Bilgin	*Altenheim in Mannheim*		
Meglena Mitow			

1 c Was passt? Lesen Sie noch einmal und ordnen Sie zu.

im 2-Schicht-System	1	A	bekommen
nach einem Haustarif	2	B	haben
Zuschläge für Nachtschichten	3	C	arbeiten
9,77 Euro brutto pro Stunde	4	D	bezahlt werden
Überstunden	5	E	machen
Notdienst an Feiertagen	6	F	verdienen

2 a Hören Sie das Radiointerview mit dem Rechtsanwalt Dr. Steiner. Über welche Themen sprechen Sie? Kreuzen Sie an.

☐ Zuschläge zum Gehalt   ☐ Akkordarbeit

☐ der Unterschied zwischen   ☐ gesetzlicher Mindestlohn

   Lohn und Gehalt   ☐ Tarifverträge

Lohn- / Gehaltsabrechnung
...heinigung nach §108 Abs.3 Satz 1 Gewerbe

2 b Hören Sie noch einmal und kreuzen Sie an: richtig oder falsch?

		R	F
1	Verdienst und Lohn sind andere Wörter für Einkommen.	☐	☐
2	Arbeitgeber zahlen Löhne oder Gehälter an ihre Beschäftigten.	☐	☐
3	Wenn man ein Gehalt bekommt, wird man für die monatlichen Arbeitstage bezahlt.	☐	☐
4	Wenn man einen Lohn bekommt, wird man für die Stunden bezahlt, die man im Monat gearbeitet hat.	☐	☐
5	Der gesetzliche Mindestlohn beträgt zurzeit 8,48 Euro.	☐	☐
6	Löhne und Gehälter hängen in vielen Branchen von Tarifverträgen ab, die die Gewerkschaften und Arbeitgeber vereinbart haben.	☐	☐

3 Zahlen Arbeitgeber in Ihrer Heimat auch Zulagen und Zuschläge? Wofür? Werden in manchen Branchen die Arbeitnehmer nach Tarif bezahlt? Sprechen Sie im Kurs.

4 Projekt. Recherchieren Sie im Internet und präsentieren Sie einen Beruf, für den Sie sich interessieren.
Ü11

– Beruf: Aufgaben und Voraussetzungen

– Wie sind die Arbeitszeiten? Muss man nachts, an Wochenenden oder an Feiertagen arbeiten?

– Wie ist die durchschnittliche Bezahlung?

– Gibt es Tarifverträge oder Haustarifverträge?

Frauen. *Häuser*

1 a Hören Sie das Gespräch in der Kantine. Wofür wollen die Freunde ihr Urlaubsgeld ausgeben? Ordnen Sie zu: Welches Foto passt zu wem?

81 Ü12

Wolfgang ☐   Suna ☐   Nasrin ☐

1 b Lesen Sie die Überschrift. Worum geht es im Zeitungstext? Notieren Sie Stichworte.

> **Besonders für Reisen wollen Frauen und Männer in diesem Jahr viel Geld ausgeben**

1 c Lesen Sie den Zeitungsartikel und sprechen Sie darüber. Wie ist es bei Ihnen?

Eine aktuelle Umfrage zeigt, wofür die Deutschen in diesem Jahr ihr Geld ausgeben wollen. Ganz oben auf der Liste steht das Reisen. Die Reiselust ist sowohl für
5 Männer als auch für Frauen ungebrochen. So haben die Deutschen im vergangenen Jahr fast 91 Milliarden Euro für Urlaubs- und Privatreisen mit mindestens einer Übernachtung ausgegeben. Experten
10 erwarten, dass die Deutschen in diesem Jahr noch mehr reisen und noch mehr Geld für ihren Urlaub ausgeben werden. Die Deutschen lieben aber auch Ihre Autos. Statistisch gesehen besitzt
15 ungefähr jeder zweite Einwohner in Deutschland einen PKW. Für manche bedeutet das Auto Freiheit auf vier Rädern, für andere ist es einfach nur die bequemste Art von A nach B zu kommen.
20 Auf jeden Fall ist der Wunsch bei vielen Deutschen nach einem anderen Auto so groß wie noch nie zuvor.

41 % der Befragten haben gesagt, dass sie sich dieses Jahr einen Neu-, Jahres- oder
25 Gebrauchtwagen kaufen wollen. Allerdings wollen mehr Männer als Frauen ein Auto kaufen.
Hoch auf der Wunschliste von Männern und Frauen stehen aber auch Smart-
30 phones und Tablets. Der Umsatz könnte auf ca. zehn Milliarden Euro steigen. Laut Umfrage wird die Nachfrage vor allem nach großen Smartphones steigen. Der Tablet-Markt soll ebenfalls weiter wachsen.
35 Erwartet werden Ausgaben in Höhe von mehr als zwei Milliarden Euro. Schließlich wollen die Deutschen laut Umfrage in diesem Jahr ihre Konsumbudgets auch für den Bereich Wohnen erhöhen.
40 Sie wollen mehr Geld für das eigene Heim ausgeben und verstärkt Möbel kaufen. Insgesamt wird erwartet, dass die Möbelindustrie ihren Umsatz auf ca. 28 Milliarden Euro steigern kann.

> Es hat mich nicht überrascht, dass …

> Ich glaube, die Menschen in meiner Heimat …

2 Wofür geben Sie monatlich viel/wenig Geld aus? Was ist Ihnen besonders wichtig?
Ü13 Was möchten Sie sich leisten können? Worauf können/möchten Sie nicht verzichten?
Sprechen Sie mit Ihrem Partner / Ihrer Partnerin.

> Ich gebe viel Geld für … aus.

> Für … gebe ich nur sehr wenig Geld aus.

Übungen

1a Finden Sie acht weitere Wörter und markieren Sie sie.

Z	U	S	C	H	L	Ä	G	E	E	I	T	M	D	G
U	E	N	K	I	H	O	G	T	D	C	**G**	A	I	P
S	O	Z	I	A	L	A	B	G	A	B	**E**	N	G	Z
S	I	X	W	C	Q	A	N	N	E	K	**H**	G	B	E
N	L	Q	A	J	E	M	P	R	G	D	**A**	E	B	I
K	O	N	S	U	M	V	E	R	H	A	**L**	T	E	N
A	H	B	E	I	T	S	M	A	R	B	**T**	O	E	K
Ö	N	S	R	D	H	S	O	Q	Ä	R	K	T	T	O
Ü	E	D	Z	G	L	T	G	T	H	E	M	O	X	M
S	Z	U	L	A	G	E	N	H	S	C	M	C	H	M
E	D	E	L	Ü	P	U	L	E	Y	H	Y	R	Ö	E
P	S	T	W	M	F	E	V	M	L	N	J	M	Ä	N
Q	A	A	I	F	O	R	K	U	T	U	O	N	Ü	L
D	X	E	H	I	N	N	B	G	Ü	N	H	T	J	Ä
I	N	A	O	B	M	A	O	I	O	G	R	S	P	K

1b Was passt? Ergänzen Sie mit den Wörtern aus 1a.

Bei vielen Menschen wird der ....[1] durch ....[2] oder

....[3] für Wochenendarbeit oder Nachtschichten aufgebessert. Aber

Selbstständige zahlen sich ihr ....[4] praktisch selbst und müssen so auch

die ....[5] übernehmen. Sie müssen selbst für ihre Rente sorgen. Jeder,

der einer Arbeit nachgeht und demnach über ein ....[6] verfügt, muss

....[7] zahlen. Wie viel Netto vom Brutto übrig bleibt, kann man auf der

....[8] nachlesen. Ob die Mitglieder einer Gesellschaft über viel Geld

verfügen, kann man oft am ....[9] ablesen.

2 Die Gehaltsabrechnung. Wie heißen die Begriffe? Schreiben Sie mit Artikel.

1 ER – STEU – LOHN ....

2 LI – TÄTS – SO – ZU – DA – SCHLAG – RI ....

3 VER – KEN– RUNG – KRAN – CHE – SI ....

4 CHEN – ER – KIR – STEU ....

5 SI – VER – PFLE – RUNG – GE - CHE ....

3 Ergänzen Sie die Sätze mit den richtigen Versicherungen.

> Krankenversicherung • Arbeitslosenversicherung •
> Rentenversicherung • Pflegeversicherung

1 Man zahlt während seines Arbeitslebens Beiträge in die ....,
damit man im Alter gut leben kann, ohne zu arbeiten.

2 Wenn man im Alter Hilfe beim Essen oder Anziehen braucht, dann kann man Leistungen

aus der .... in Anspruch nehmen.

3 Wenn man länger ausfällt, weil man sich zum Beispiel etwas gebrochen hat, dann wird

nach sechs Wochen das Gehalt von der .... weiter gezahlt.

4 Das Geld aus der .... ist dafür gedacht, die Zeit zu
überbrücken, die man braucht, um sich eine neue Arbeitsstelle zu suchen.

4 a Nebensätze mit *weil, dass* und *wenn*. Ergänzen Sie.

1 Sevil Petcu hat die Stelle bei Mayer Markt bekommen, ... sie eine Ausbildung
gemacht hat.

2 Sie wusste nicht, ... die Abzüge von Ihrem Gehalt so hoch sein würden.

3 Sie hatte gedacht, ... sie netto mehr Geld bekommen würde.

4 .... sie Frühschicht hat, ist sie abends oft sehr müde.

5 .... sie die Grippe hat, ist sie nicht zur Arbeit gekommen.

4 b Steuern und Abgaben. Ergänzen Sie die Sätze.
10.8–10.9

> da • deshalb • obwohl • damit • denn • wenn • weil • als

1 Das Bruttoeinkommen unterscheidet sich vom Nettoeinkommen, ...
noch Steuern und Sozialabgaben abgezogen werden.

2 Der Staat nimmt von den Bürgerinnen und Bürgern Steuern, ... zum
Beispiel Schulen renoviert und Straßen gebaut werden können.

3 .... man Mitglied in einer Kirche ist, muss man Kirchensteuer zahlen.

4 .... Deutschland wiedervereinigt wurde, wurde viel Geld für den

Aufbau gebraucht. .... gibt es den Solidaritätszuschlag.

5 Die Lohnsteuer ist keine freiwillige Steuer, ... jeder, der ein Einkommen hat, muss sie bezahlen.

6 Reiche Menschen zahlen oft nur wenig Steuern, ... sie so viel Geld
verdienen.

7 .... der Staat viele Steuern eingenommen hat, senkt er vielleicht
die Steuern.

5 Wörterschlange. Schreiben Sie den Satz richtig in Ihr Heft. Beachten Sie die Groß- und Kleinschreibung. Setzen Sie Satzzeichen, wo nötig.

ERSTBEIMSCHREIBENDERSTEUERERKLÄRUNGMERKTMANWIEVIELGELDMANSPAREN
WÜRDEWENNMANGARKEINESHÄTTE

6 Steuerklassen und Steuererklärung. Lesen Sie den Text in Aufgabe 1c auf S. 2̶2̶2̶ *218* noch einmal und kreuzen Sie an: richtig oder falsch?

		R	F
1	Jeder Mensch in Deutschland muss an das Finanzamt Steuern zahlen.	☐	☐
2	Wer viel verdient, muss mehr Steuern zahlen als jemand, der wenig verdient.	☐	☐
3	Je nach Familienstand ist man in verschiedenen Steuerklassen.	☐	☐
4	Wer verheiratet ist, kann zwischen verschiedenen Steuerklassen wählen.	☐	☐
5	Ledigen Menschen steht nur eine Steuerklasse zur Verfügung.	☐	☐
6	Alleinerziehende Menschen können zwischen zwei Steuerklassen wählen.	☐	☐
7	Wer einen zweiten Job hat, zahlt für diesen die Steuern der Klasse 6.	☐	☐

7 *Seit* oder *seitdem*? Entscheiden Sie und ergänzen Sie die Sätze. Manchmal sind beide Wörter möglich.

10.13

1 Meryem arbeitet jetzt im Schichtdienst. .... ist sie immer müde.

2 .... Peter allein lebt, kommt er immer pünktlich zur Arbeit.

3 .... Fatin verheiratet ist, ist sie in der Steuerklasse 5.

4 Hanan hat einen zweiten Job angenommen. .... hat sie für diesen Job eine zweite Lohnsteuerkarte mit der Klasse 6.

5 Meltem trifft sich kaum noch mit Freunden, ... sie diese neue Arbeitsstelle hat.

6 Fauzi ist befördert worden. .... verdient er viel mehr Geld.

8 Wie gehen die Sätze richtig weiter? Verbinden Sie.

Das für mich zuständige Finanzamt befindet sich	1		A	nicht geöffnet.
Mittwochs hat die Lohnsteuerhilfe	2		B	beträgt 80€ im Jahr.
Die Sprechzeiten des Finanzamts sind	3		C	für ihre Steuererklärung.
Der Mitgliedsbeitrag bei der Lohnsteuerhilfe	4		D	in der Marktstraße 5.
Immer mehr Menschen nutzen Steuerprogramme	5		E	täglich von 9 bis 12 Uhr und von 14 bis 16 Uhr.
Man kann auch einen Steuerberater	6		F	von der Steuer absetzen.
Man kann jede Hilfe bei der Steuererklärung	7		G	für die Steuererklärung um Hilfe bitten.

9 Wie sind Ihre Arbeitszeiten und Arbeitsbedingungen? Schreiben Sie einen kurzen Text in Ihr Heft.

10 Lesen Sie die Texte in Aufgabe 1b auf Seite 2̶1̶6̶ 220 noch einmal und beantworten Sie die folgenden Fragen in ganzen Sätzen.

1 Welchen Beruf hat Erkan Bilgin?

....

2 Seit wann übt er diesen Beruf aus?

....

3 Welche Arbeitszeiten hat Herr Bilgin?

....

4 Wann bekommt Herr Bilgin Zuschläge?

....

5 Über wie viele Jahre Berufserfahrung verfügt Meglena Mitow?

....

6 Zu welchen Zeiten arbeitet sie?

....

7 Welche Zulagen bekommt Frau Mitow?

....

11 **Ihr Traumberuf. Ergänzen Sie den Text mit den Ergebnissen Ihrer Recherche.**

Mein größter Traum ist es als .... zu arbeiten. Die Tätigkeiten in diesem

Beruf umfassen ....

....

Ich stelle mir diesen Beruf deshalb so toll vor, weil ....

....

....

Man kann in diesem Beruf von .... bis .... verdienen.

Die Arbeitszeiten in diesem Beruf sind folgende: ....

....

Um in diesem Beruf arbeiten zu können braucht man ....

als Schulabschluss und man muss ....

.... gemacht haben.

12 Wofür geben die Menschen in Deutschland im Internet Geld aus? Ergänzen Sie die Lücken im Text.

Die Menschen in Deutschland geben im Internet mit ....[1]€ am meisten Geld für

....[2] aus und mit ....[3]€ am wenigsten für

....[4]. Insgesamt kaufen die Menschen im Internet Produkte im Wert

von durchschnittlich ....[5] €. Ich bin überrascht, dass die Menschen für ....

so viel Geld ausgeben und ich hätte nicht gedacht, dass ....

....

Ich finde, die Grafik ist .... lesbar, weil ....

13a Schreiben Sie eine Liste, wofür Sie Geld ausgeben und warum.

Dafür gebe ich gerne Geld aus.	Darum gebe ich gerne Geld aus.
– gutes Essen	– macht mich glücklich
–	–
–	–
–	–
–	–

13b Verbinden Sie die Sätze aus 13a mit den Wörtern im Schüttelkasten und schreiben Sie einen kurzen Text über Ihr Konsumverhalten.

> wenn • weil • denn • da • ob-
> wohl • als • bevor • nachdem • sobald

Ich gebe Geld für gutes Essen aus, weil mich gutes Essen glücklich macht.

das Einkommen, - ....

der Bruttolohn, "-e ....

A Die Gehaltsabrechnung

die Gehaltsabrechnung, -en ....

die Bezüge (hier: Pl.) ....

die Abzüge (hier: Pl.) ....

die vermögenswirksamen Leistungen ....

die Lohnsteuer, -n ....

der Solidaritätszuschlag, "-e ....

die Kirchensteuer, -n ....

die Rentenversicherung, -en ....

die Arbeitslosenversicherung, -en ....

die Pflegeversicherung, -en ....

die Krankenkasse, -n ....

versichert sein ....

der Auszahlungsbetrag, "-e ....

B Steuern und Abgaben

die Steuer, -n ....

die Abgaben (hier: Pl.) ....

das Arbeitslosengeld ....

die Sozialabgaben (Pl.) ....

die Einkommenssteuer, -n ....

die Lohnsteuer, -n ....

das Nettoeinkommen, - ....

das Nettogehalt, "-er ....

der Beitrag, "-e ....

durchschnittlich ....

ab|ziehen ....

C Steuerklassen und Steuerklärungen

die Steuerklasse, -n ....

die Steuererklärung, -en ....

die Identifikationsnummer, -n ....

das Finanzamt, "-er ....

die elektronische Lohnsteuerbescheinigung ....

der/die Steuerberater/in, -/-nen ....

die Haupttätigkeit, -en ....

der Lohnsteuerhilfeverein, -e ....

der Mitgliedsbeitrag, "-e ....

D Zulagen und Zuschläge

die Zulage, -n ....

der Zuschlag, "-e ....

die Arbeitsbedingungen (Pl.) ....

das Fließband, "-er ....

die Akkordarbeit, -en ....

der/die Produktionshelfer/in, -/-nen ....

der Notdienst, -e ....

der Nachtzuschlag, "-e ....

der Haustarif, -e ....

der Tarifvertrag, "-e ....

der Verdienst, -e ....

der Mindestlohn, "-e ....

E Wofür geben die Deutschen ihr Geld aus?

die Ware, -n ....

die Dienstleistung, -en ....

Prüfungsvorbereitung

Prüfungsvorbereitung Schreiben

Im Prüfungsteil Schreiben sollen Sie eine Kurzmitteilung zu einem Thema schreiben.
Sie bekommen zwei Themen zur Auswahl.

Vor dem Schreiben

Lesen Sie die Aufgaben. Verstehen Sie die Situationen? An wen soll die Mitteilung gehen?
Wählen Sie das Thema, das sie gut verstehen oder am einfachsten finden.
Beispiel für Aufgabe A:
Situation: bei der Arbeit, Brief an Kollegen, Bitte um Hilfe (Computerprogramm)
Beispiel für Aufgabe B:
Situation: bei der Arbeit, Brief an Chef, Bitte um Informationen zur Arbeit auf der Baustelle
Es gibt immer vier Inhaltspunkte. Sie müssen zu jedem Punkt etwas schreiben (einen oder
zwei Sätze pro Punkt). Wenn Sie einen Inhaltspunkt vergessen, gibt es Punktabzug.
Sie können sich Notizen machen. Denken Sie aber an die Zeit. Sie haben nur 30 Minuten.
Nur Ihr Brief auf dem Antwortbogen wird bewertet.

Die Mitteilung schreiben

Denken Sie an Ort und Datum: *Frankfurt, den 1.10.2018*
Denken Sie an die Anrede.
In der Prüfung geht es immer um eine formelle Mitteilung, also benutzen Sie die Sie-Form.
Sehr geehrter Herr Schneider, … / Sehr geehrte Frau Schneider, …
Sehr geehrte Damen und Herren, … (Sie kennen den Namen der Person nicht).
Lieber Herr Schneider, … / Liebe Frau Schneider … (Sie kennen die Person persönlich).
Liebe Kolleginnen und Kollegen, …
Nach der Anrede kommt ein Komma, danach wird klein weiter geschrieben.
Lieber Herr Groß,
ich schreibe Ihnen, weil ich Ihre Hilfe brauche.
Schreiben Sie zu jedem Inhaltspunkt ein bis zwei Sätze.
Denken Sie an das Briefende.
Überlegen Sie sich einen Schlusssatz, der zur Situation passt:
Beispiel A: *Vielen Dank für Ihre Hilfe.*
Beispiel B: *Vielen Dank für eine Information.*
Denken Sie an die Grußformel:
Viele Grüße / Mit freundlichen Grüßen
Denken Sie auch an Ihre Unterschrift.

Nach dem Schreiben

Lesen Sie Ihren Text noch einmal durch. Achten Sie auf die folgenden Punkte:
- alle vier Punkte behandelt?
- Datum?
- Anrede?
- Schlusssatz und Grußformel?
- Anredeformen groß geschrieben? (Sie, Ihnen, Ihr)
- Groß- und Kleinschreibung?
- Nomen großgeschrieben?
- Stimmen die Artikel: der, die, das?
- Sind die Verbformen richtig? Stimmt die Verbposition?
- Satzverbindungen (und, weil, dass, wenn, …)?

Haben Sie keine Angst vor Grammatikfehlern. Es ist nicht schlimm, wenn Sie einen Artikel nicht wissen oder unsicher bei der Adjektivdeklination sind.
Die Bewertung der Grammatik geht nur mit 25 % in die Gesamtbewertung des Briefes ein. Wichtig ist, dass Sie die Situation verstanden haben, die Inhaltspunkte alle behandeln und der Empfänger gut verstehen kann, was Sie möchten.

Arbeiten Sie ohne Wörterbuch. Smartphones sind nicht erlaubt.

Schreiben

Wählen Sie Aufgabe A oder Aufgabe B. Zeigen Sie, was Sie können. Schreiben Sie möglichst viel auf dem Antwortbogen auf Seite 242.

Aufgabe A

Sie haben auf Ihrem Computer ein neues Programm installiert, aber Sie verstehen viele Funktionen nicht. Sie schreiben eine E-Mail an einen Kollegen, der schon seit längerer Zeit mit dem Programm arbeitet.
Schreiben Sie auch eine Anrede, einen Gruß und zu jedem Punkt ein bis zwei Sätze.
Schreiben Sie etwas zu folgenden Punkten:

- Grund für das Schreiben
- Bitte um Hilfe
- Terminvorschlag
- Dank für die Hilfe

Aufgabe B

Sie arbeiten auf einer Baustelle. Morgen sollen Sie zu einer Baustelle fahren, aber Ihnen fehlen viele Informationen. Schreiben Sie eine E-Mail an Ihren Chef.
Schreiben Sie auch eine Anrede, einen Gruß und zu jedem Punkt ein bis zwei Sätze.
Schreiben Sie etwas zu folgenden Punkten:

- Grund für das Schreiben
- Bitte, eine Wegbeschreibung per Mail zu schicken
- Frage, wann Sie morgen auf der Baustelle sein sollen
- Frage, wie lange Sie auf der Baustelle arbeiten werden

Prüfungsvorbereitung Sprechen

Die Prüfung wird in der Regel als Paarprüfung (Teilnehmer/in A und B) abgenommen.
Die mündliche Prüfung hat drei Teile:

Teil 1 Über sich sprechen (ca. 2 Minuten pro Teilnehmer/Teilnehmerin).
Gespräch mit dem Prüfer / der Prüferin.

Teil 2 Über Erfahrungen sprechen (ca. 3 Minuten pro Teilnehmer/Teilnehmerin).
Gespräch mit dem Prüfer / der Prüferin.

Teil 3 Gemeinsam etwas planen (ca. 6 Minuten für beide zusammen).
Gespräch zu zweit (A spricht mit B).

Es gibt keine Vorbereitungszeit.

Sprechen Teil 1

ca. 2 Minuten pro Teilnehmer/Teilnehmerin

Teilnehmer/in A und B

Über sich selbst sprechen

Sie bekommen ein Blatt mit Stichwörtern. Stellen Sie sich kurz vor (ca. 1 Minute).
Der Prüfer / Die Prüferin wird dann noch eine oder zwei weitere Fragen stellen.
Anhand der Stichwörter links können Sie sich schon im Kurs oder zu Hause gut auf diesen
Prüfungsteil vorbereiten. In der Prüfung sollen Sie frei sprechen.

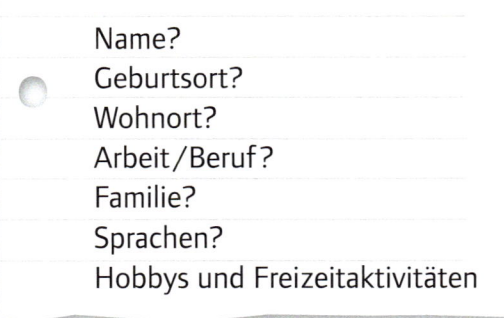

Name?
Geburtsort?
Wohnort?
Arbeit/Beruf?
Familie?
Sprachen?
Hobbys und Freizeitaktivitäten

Die folgenden Redemittel werden Ihnen bei diesem Prüfungsteil helfen.

Ich heiße … / Mein Name ist …
Ich bin seit … Jahren in Deutschland.
Ich komme aus …
Ich bin in … geboren.
Ich wohne in …
Mein Beruf ist … / Ich bin … von Beruf.
Ich arbeite (noch) nicht.
Ich gehe noch zur Schule.

Ich lerne …
Ich lerne seit … Jahren Deutsch.
Ich habe … gelernt/studiert.
Ich habe an der Volkshochschule in …
Deutsch gelernt.
Meine Familie lebt in …
Ich habe … Kinder.
Ich spreche … / Außerdem spreche ich …
Ich spiele gerne … / Am Wochenende …

Sprechen Teil 2

Sie erhalten ein Foto und sollen über das Thema auf dem Foto sprechen.
Sprechen Sie dabei auch über den Alltag in Ihrem Herkunftsland und in Deutschland.
Es ist wieder eine Prüfung für zwei Personen. Sie sind Person A oder Person B.
Die beiden Personen erhalten verschiedene Fotos.

Teil A Bildbeschreibung

Sie haben kurz Zeit, sich das Foto anzusehen. Danach sollen Sie dem Prüfer / der Prüferin
kurz berichten, was Sie auf dem Bild sehen. Worum geht es? Was ist das Thema?
Es geht hier nicht um eine detaillierte Bildbeschreibung. Das Foto soll nur dazu dienen,
die Situation auf dem Bild zu beschreiben.

Die folgenden Redemittel werden Ihnen bei diesem Prüfungsteil helfen.

> Was ist auf dem Bild zu sehen? Was machen die Leute?
> Wo ist das Foto gemacht? (Zuhause, in der Kantine, im Büro ….)
>
> | | |
> |---|---|
> | Wer/Wen? | Wer ist zu sehen? Wen sehe ich? Welche Personen sehe ich? |
> | Wie? | Wie fühlen sich die Leute? |
> | Warum? | Warum machen die Personen etwas? |
> | Wann? | Wann wurde das Foto gemacht (mittags ….)? |
>
> Das Foto zeigt …
> Auf dem Foto sieht man …
> Die Personen sehen zufrieden/unzufrieden/glücklich/unglücklich/… aus.
> Wahrscheinlich ist es am Mittag.
> Ich habe ein Foto / ein Bild zum Thema …

Beschreiben Sie keine Details, die für die Situation uninteressant ist. Beim Foto einer
Kantine ist es zum Beispiel nicht wichtig, welche Kleidung die Personen tragen.

Teil B Über Erfahrungen sprechen

Nach der kurzen Beschreibung sprechen Sie über Ihre eigenen Erfahrungen zum Thema.
Auch ein interkultureller Vergleich ist möglich.

Prüferfrage: Könnte das Foto auch aus Ihrem Heimatland stammen?

Die folgenden Redemittel können helfen.

> Bei uns / In meinem Land ist das ähnlich/genauso/(ganz)
> anders.
> Ich habe damit auch Erfahrungen gemacht.
> Zum Beispiel: …
> Ich möchte ein Beispiel geben.

Auf der nächsten Seite finden Sie ein Prüfungsbeispiel.

Sprechen Teil 2

ca. 3 Minuten pro Teilnehmer/Teilnehmerin

Teilnehmer/in A

Über Erfahrungen sprechen

Teil 2a

Das sagt der Prüfer oder die Prüferin:
Sie haben in einer Zeitschrift ein Foto gefunden.
- Was sehen Sie auf dem Foto?
- Was für eine Situation zeigt das Bild?

Teil 2b

Erzählen Sie bitte: Welche Erfahrungen haben Sie damit?

Erzählen Sie bitte: Welche Erfahrungen haben Sie damit?

Teil 2b

- Was für eine Situation zeigt das Bild?
- Was sehen Sie auf dem Foto?

Sie haben in einer Zeitschrift ein Foto gefunden. Berichten Sie kurz.
Das sagt der Prüfer oder die Prüferin:

Teil 2a

Über Erfahrungen sprechen

Teilnehmer/in B

Sprechen Teil 3

In diesem Prüfungsteil sprechen Sie mit Ihrer Prüfungspartnerin / Ihrem Prüfungspartner.
Sie sollen gemeinsam mit Ihrer Prüfungspartnerin / Ihrem Prüfungspartner eine Aufgabe
lösen: etwas planen, verabreden usw.
Sie sollen Ihrem Partner / Ihrer Partnerin Ihre Ideen mitteilen, Vorschläge machen, auf Vor-
schläge der Partnerin / des Partners reagieren, mit ihr/ihm eine gemeinsame Lösung finden.
Beide Prüfungsteilnehmer/innen bekommen die gleichen Aufgabenblätter.
Sprechen Sie mit Ihrer Partnerin / Ihrem Partner, nicht mit den Prüfenden!
Führen Sie ein Gespräch und kein einseitiges Interview. Schauen Sie beim Sprechen Ihre
Gesprächspartnerin / Ihren Gesprächspartner an, nicht die Prüfenden.
Dieser Prüfungsteil ist ein Rollenspiel. Lesen Sie sich genau die Situationsbeschreibung
durch.

Teilnehmer/in A und B

Gemeinsam etwas planen

Ein Arbeitskollege / Eine Arbeitskollegin von Ihnen geht in den Ruhestand. Sie planen mit
Ihrer Gesprächspartnerin / Ihrem Gesprächspartner ein Abschiedsfest. Hier sind Notizen.

> – Wann soll das Fest stattfinden?
> – Wo soll es stattfinden?
> – Wer soll kommen? Nur die Kollegen aus der Abteilung oder auch
>   andere Mitarbeiter der Firma?
> – Hält jemand eine Abschiedsrede?
> – ...

Situation:

A und B sind Kollegen, arbeiten in derselben Firma. Ein anderer Kollege oder eine andere
Kollegin, den beide kennen, geht in den Ruhestand. Sie (A und B gemeinsam) möchten jetzt
anhand der Punkte auf dem Aufgabenblatt eine Feier vorbereiten.

Die folgenden Redemittel können bei Sprechen Teil 3 helfen.

Etwas vorschlagen	Zustimmen	Ablehnen / Einen Gegenvorschlag machen
Ich habe eine Idee / einen Vorschlag: ...	Ja, das ist eine gute Idee / ein guter Vorschlag.	Nein, das finde ich nicht gut.
Ich schlage vor, dass ...	Wir könnten auch noch ...	Ich habe eine andere Idee: ...
Wollen wir ...?	Das gefällt mir.	Ich bin anderer Meinung. Wir sollten ...
Wir könnten auch ...	Wir dürfen aber nicht vergessen, dass ...	Ich finde es besser, wenn wir ...
Was hältst du davon, wenn ...?	Das finde ich gut/super/ prima. – Damit bin ich einverstanden.	Vielleicht sollten wir ...
Wie findest du ...?	Du hast / Sie haben Recht, so machen wir es.	Besser wäre es , wenn ...
Was meinst du, wenn ...?		
Meiner Meinung nach sollten wir ...		
Vielleicht wäre es besser, wenn ...		

3 a Wählen Sie einen Beruf aus. Schreiben und spielen Sie mit Ihrem Partner / Ihrer Partnerin ein Beratungsgespräch wie in 2.

Landschaftsgärtner/in

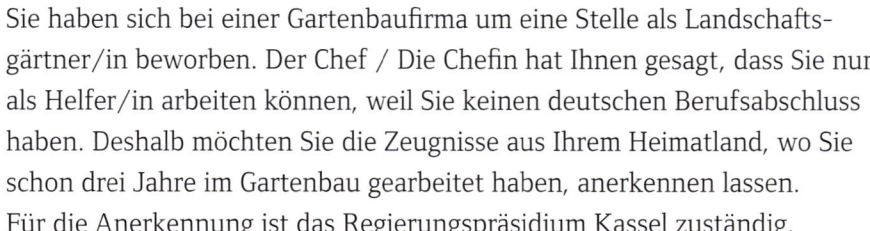

Sie haben sich bei einer Gartenbaufirma um eine Stelle als Landschaftsgärtner/in beworben. Der Chef / Die Chefin hat Ihnen gesagt, dass Sie nur als Helfer/in arbeiten können, weil Sie keinen deutschen Berufsabschluss haben. Deshalb möchten Sie die Zeugnisse aus Ihrem Heimatland, wo Sie schon drei Jahre im Gartenbau gearbeitet haben, anerkennen lassen.
Für die Anerkennung ist das Regierungspräsidium Kassel zuständig.

Bäcker/in

Sie haben diesen Beruf in Ihrem Heimatland gelernt und haben fünf Jahre Berufserfahrung. Sie wollen eine Anerkennung von Ihren Zeugnissen. Sie haben schon ein dreimonatiges Praktikum in einer Bäckerei gemacht. Sie haben Zeugnisse aus Ihrem Heimatland, aber die sind noch nicht übersetzt.

Friseur/in

Sie haben in diesem Beruf keine Ausbildung gemacht, aber sechs Jahre in mehreren Friseursalons in Ihrem Heimatland gearbeitet. Sie haben drei Arbeitszeugnisse von Ihren früheren Arbeitgebern, die ein vereidigter Übersetzer schon übersetzt hat. Sie möchten wissen, welche Unterlagen Sie brauchen, damit Sie in Deutschland als Friseur/in arbeiten können.

Verkäufer/in

Sie haben in Ihrem Heimatland als Modeverkäuferin gearbeitet und hatten drei Jahre lang auch ein eigenes Modegeschäft. Sie haben gehört, dass es in Deutschland eine Ausbildung zum Verkäufer / zur Verkäuferin gibt. Sie möchten Informationen über die Anerkennung von Ihrem Beruf in Deutschland.

Partnerseiten

4   Urlaubsplanung. Spielen Sie Dialoge. Arbeiten Sie zu dritt. Die Rollenkarte für Partner/in A finden Sie auf Seite 41.

Partner/in B

Sie können nur in der ersten Julihälfte Urlaub machen. Sie möchten eine Woche Urlaub machen.

Partner/in C

Sie wollen gerne vom 15. bis 25. Juli Urlaub machen. Sie können aber auch im August Urlaub machen.

2   Schreiben und spielen Sie Dialoge. Die Rollenkarten für Partner/in A finden Sie auf Seite 114.

Druckerpatrone wechseln: Partner/in B

Ihr Kollege / Ihre Kollegin weiß nicht, wie man am Drucker die Patrone auswechselt. Sie erklären ihm/ihr, dass er/sie die Klappe vorne am Drucker öffnen muss. Dann kann er/sie die alte Patrone herausnehmen und die neue einsetzen.

Druckerpatrone reinigen: Partner/in B

Nach dem Auswechseln der Patrone sind die Texte nicht sauber. Sie geben Ihrem Kollegen / Ihrer Kollegin den Tipp, den Knopf „Patrone reinigen" zu drücken.

Ein Dokument im Computer suchen: Partner/in B

Ihr Kollege / Ihre Kollegin sucht das Formular für Rechnungen im Computer. Das Formular ist im Unterordner „Abrechnung" des Ordners „Verkauf" gespeichert.

5   Eine Arbeitsbesprechung in der Firma Bodenleger Nietlach. Arbeiten Sie in Dreier-gruppen. Die Rollenkarten für den Chef / die Chefin finden Sie auf Seite 117.

Mitarbeiter/in A

Sie fahren normalerweise zu zweit zu Kundenterminen. Sie müssen noch einen der beiden Firmenwagen von der Reparatur abholen.

Mitarbeiter/in B

Sie müssen zwischen den Kundenterminen noch neues Arbeitsmaterial abholen.

2 b Schreiben Sie zwei weitere Mitteilungen und Antworten. Die Mitteilungen finden Sie auf Seite 129.

Situation 1
kein Problem, neuer Vor-
schlag für gemeinsames Essen:
morgen Mittag

Situation 2
wird erledigt, Sie wünschen
dem Kollegen einen schönen Urlaub

6 Spielen Sie Dialoge am Telefon. Die Informationen für Partner/in A finden Sie auf Seite 133.

Situation 1: Partner/in B
Sie arbeiten im Sekretariat
der Fima Orto AG. Ein Mitarbeiter /
Eine Mitarbeiterin meldet sich krank.
Fragen Sie, ob die Person zum Arzt
geht und wünschen Sie gute
Besserung.

Situation 2: Partner/in B
Sie sind Mitarbeiter/in der
Firma Orto SG: Ein Mitarbeiter / Eine
Mitarbeiterin der Firma Lonz GmbH
ruft an. Er/Sie möchte mit Frau Costa
sprechen. Frau Costa ist bei einem
Kundentermin.

4 Einen Termin telefonisch vereinbaren. Finden Sie mit Ihrem Partner / Ihrer Partnerin einen Termin. Die Rollenkarte für Partner/in A finden Sie auf Seite 162.

Partner/in B
Sie arbeiten im Sekretariat der Firma Karl Lang. Sie haben bei der Firma
Brunner Gastrohandel sechs Kaffeevollautomaten bestellt. Schauen Sie sich
Ihren Terminkalender an und vereinbaren Sie einen Termin für die Lieferung.

	Mo. 24.09.	Di. 25.09.	Mi 26.09.	Do 27.09.	Fr. 28.09.
9.00					
10.00	Teamsitzung				
11.00	Teamsitzung		Urlaub	Fortbildung	
12.00				Fortbildung	Mittag mit Julia
13.00				Fortbildung	

Partnerseiten

3   **Spielen Sie Dialoge. Die Rollenkarten für Partner/in A finden Sie auf Seite 174.**

Situation 1: Partner/in B

Sie sind Mitarbeiter/in der Firma Porsch, die Waschmaschinen herstellt.
Ein Kunde / Eine Kundin ruft an, weil seine/ihre Waschmaschine kaputt ist.
Sie möchten den Gerätetyp und das Alter der Maschine wissen und welchen
Fehler sie hat.

Situation 2: Partner/in B
Sie sind Mitarbeiter/in der Firma Profigast, die Küchengeräte für Groß-
küchen herstellt. Ein Mitarbeiter / Eine Mitarbeiterin der Restaurantkette Burger
Mac ruft bei Ihnen an, weil die Firma neue Küchengeräte braucht. Sie schlagen
vor, dass die Mitarbeiter der Firma Profigast zu Ihnen kommen, damit Sie Ihre
Geräte zeigen und erklären können. Vorher wollen Sie einige Prospekte mit
Informationen über Gasherde und Backöfen an die Firma Burger Mac schicken.

4   **Spielen Sie weitere Dialoge. Die Rollenkarten für Partner/in A finden Sie auf Seite 179.**

Situation 1: Partner/in B

Sie haben vor einer Woche eine Kaffeemaschine in einem Elektromarkt
gekauft. Die Kaffeemaschine funktioniert nicht mehr. Sie gehen deshalb zum Infostand
in dem Elektromarkt. Die Quittung und den Garantieschein haben Sie mitgenommen.

Situation 2: Partner/in B
Sie sind Mitarbeiter einer Baufirma. Ihre Firma hat einer Elektrofirma den
Auftrag gegeben, in einem Neubau mit mehreren Wohnungen die Elektro-
leitungen zu verlegen. In zwei Wohnungen hat die Firma in der Küche und im
Badezimmer keine Leitungen verlegt. Sie rufen deshalb bei der Elektrofirma an.

1 b Informationen über Computer sammeln. Arbeiten Sie zu zweit. Partner/in A arbeitet auf Seite 188. Lesen Sie die Computeranzeige und stellen Sie Ihrem Partner / Ihrer Partnerin Fragen und notieren Sie die Antworten. Beantworten Sie seine/ihre Fragen.

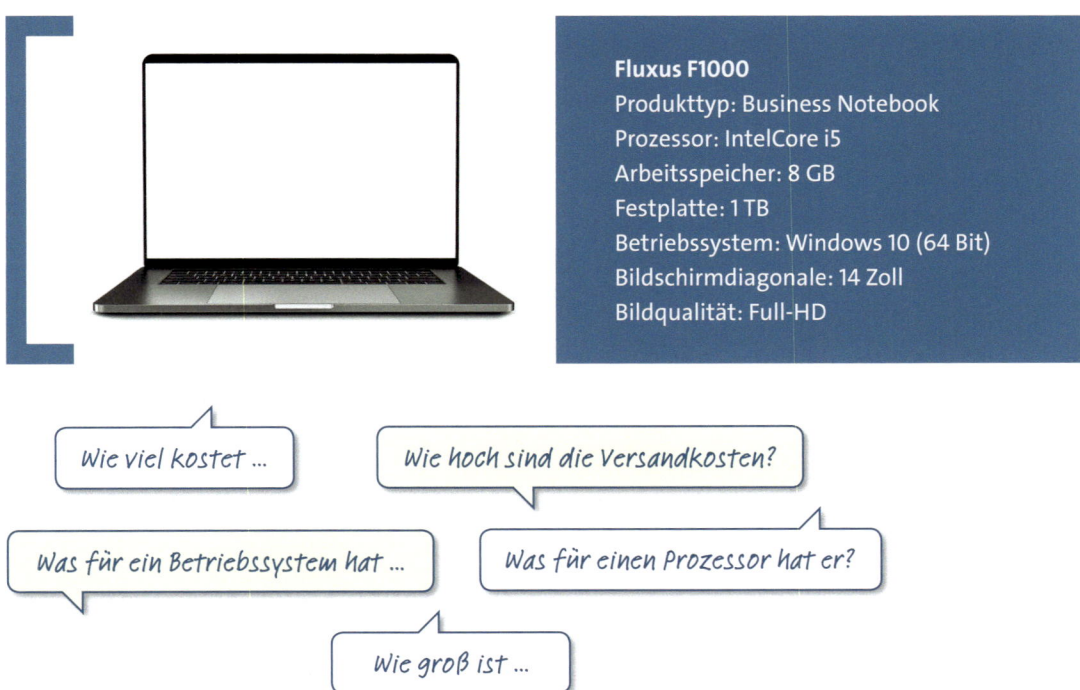

Fluxus F1000
Produkttyp: Business Notebook
Prozessor: IntelCore i5
Arbeitsspeicher: 8 GB
Festplatte: 1 TB
Betriebssystem: Windows 10 (64 Bit)
Bildschirmdiagonale: 14 Zoll
Bildqualität: Full-HD

Wie viel kostet …

Wie hoch sind die Versandkosten?

Was für ein Betriebssystem hat …

Was für einen Prozessor hat er?

Wie groß ist …

Schriftliche Prüfung

Antwortbogen Hören

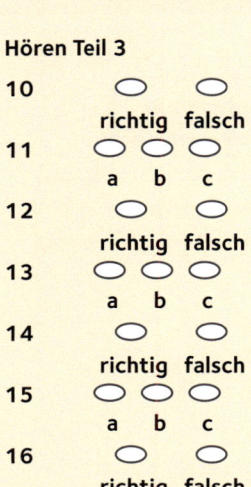

Hören Teil 1

01 ○ ○ ○
   a b c

02 ○ ○ ○
   a b c

03 ○ ○ ○
   a b c

04 ○ ○ ○
   a b c

Hören Teil 2

05 ○ ○ ○
   a b c

06 ○ ○ ○
   a b c

07 ○ ○ ○
   a b c

08 ○ ○ ○
   a b c

09 ○ ○ ○
   a b c

Hören Teil 3

10 ○ ○
   richtig falsch

11 ○ ○ ○
   a b c

12 ○ ○
   richtig falsch

13 ○ ○ ○
   a b c

14 ○ ○
   richtig falsch

15 ○ ○ ○
   a b c

16 ○ ○
   richtig falsch

17 ○ ○ ○
   a b c

Hören Teil 4

18 ○ ○ ○ ○ ○ ○
   a b c d e f

19 ○ ○ ○ ○ ○ ○
   a b c d e f

20 ○ ○ ○ ○ ○ ○
   a b c d e f

Schriftliche Prüfung

Schriftliche Prüfung

Antwortbogen Lesen

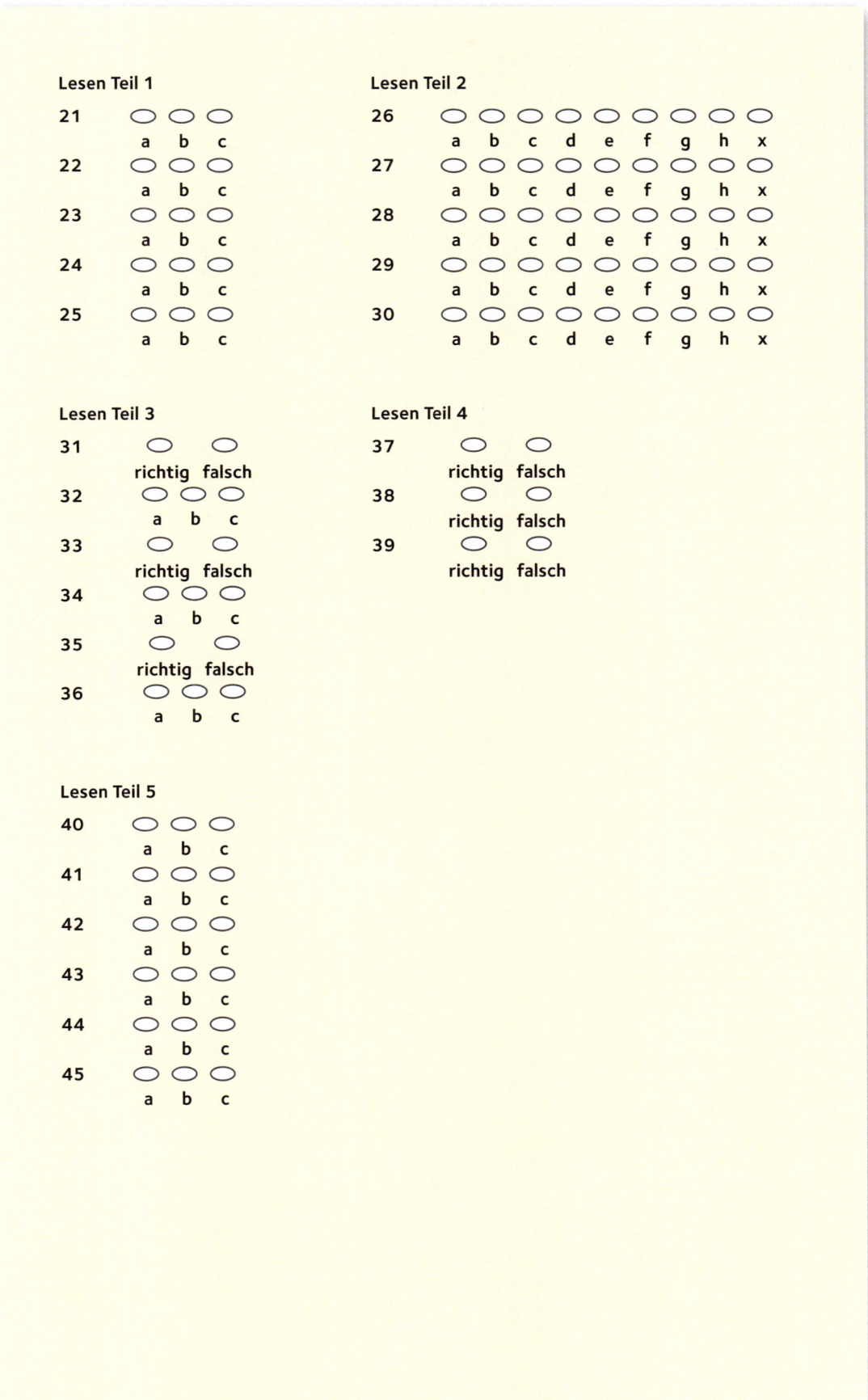

Lesen Teil 1

21 ○ ○ ○
    a b c

22 ○ ○ ○
    a b c

23 ○ ○ ○
    a b c

24 ○ ○ ○
    a b c

25 ○ ○ ○
    a b c

Lesen Teil 2

26 ○ ○ ○ ○ ○ ○ ○ ○ ○
    a b c d e f g h x

27 ○ ○ ○ ○ ○ ○ ○ ○ ○
    a b c d e f g h x

28 ○ ○ ○ ○ ○ ○ ○ ○ ○
    a b c d e f g h x

29 ○ ○ ○ ○ ○ ○ ○ ○ ○
    a b c d e f g h x

30 ○ ○ ○ ○ ○ ○ ○ ○ ○
    a b c d e f g h x

Lesen Teil 3

31 ○ ○
    richtig falsch

32 ○ ○ ○
    a b c

33 ○ ○
    richtig falsch

34 ○ ○ ○
    a b c

35 ○ ○
    richtig falsch

36 ○ ○ ○
    a b c

Lesen Teil 4

37 ○ ○
    richtig falsch

38 ○ ○
    richtig falsch

39 ○ ○
    richtig falsch

Lesen Teil 5

40 ○ ○ ○
    a b c

41 ○ ○ ○
    a b c

42 ○ ○ ○
    a b c

43 ○ ○ ○
    a b c

44 ○ ○ ○
    a b c

45 ○ ○ ○
    a b c

Antwortbogen

Schriftliche Prüfung

Antwortbogen Schreiben

_____

_____

_____

_____

_____

_____

_____

_____

_____

_____

_____

_____

_____

_____

_____

_____

_____

_____

_____

_____

_____

_____

_____

_____

Schriftliche Prüfung

1 Verben im Präsens

1.1 Regelmäßige Verben

Infinitiv		kommen
Singular	ich	komme
	du	kommst
	er/es/sie/man	kommt
Plural	wir	kommen
	ihr	kommt
	sie	kommen
Höflichkeitsform	Sie	kommen

> *Woher kommen Sie?*

> *Ich komme aus Tunesien.*

⚠ heißen: du heißt, er/sie heißt
genauso: genießen, schließen, …

⚠ sitzen: du sitzt
genauso: nutzen, putzen, …

⚠ arbeiten: du arbeitest, er/sie arbeitet, ihr arbeitet …
genauso: antworten, kosten, einschalten, ausschalten, berichten, bieten, bitten, chatten, reden, …

1.2 Verben mit Vokalwechsel: *e → i, e → ie, a → ä*

Infinitiv		e → i sprechen	e → ie lesen	a → ä schlafen
Singular	ich	spreche	lese	schlafe
	du	sprichst	liest	schläfst
	er/es/sie/man	spricht	liest	schläft
Plural	wir	sprechen	lesen	schlafen
	ihr	sprecht	lest	schlaft
	sie	sprechen	lesen	schlafen
Höflichkeitsform	Sie	sprechen	lesen	schlafen

genauso:
treffen: er/sie trifft
essen: er/sie isst
nehmen: er/sie nimmt

helfen: er/sie hilft
sehen: er/sie sieht
tragen: er/sie trägt

anfangen: er/sie fängt an
fahren: er/sie fährt
einladen: er/sie lädt ein

1.3 Unregelmäßige Verben

Infinitiv		sein	haben	mögen	(möchten)	wissen
Singular	ich	bin	habe	mag	möchte	weiß
	du	bist	hast	magst	möchtest	weißt
	er/es/sie/man	ist	hat	mag	möchte	weiß
Plural	wir	sind	haben	mögen	möchten	wissen
	ihr	seid	habt	mögt	möchtet	wisst
	sie	sind	haben	mögen	möchten	wissen
Höflichkeitsform	Sie	sind	haben	mögen	möchten	wissen

1.4 Trennbare Verben

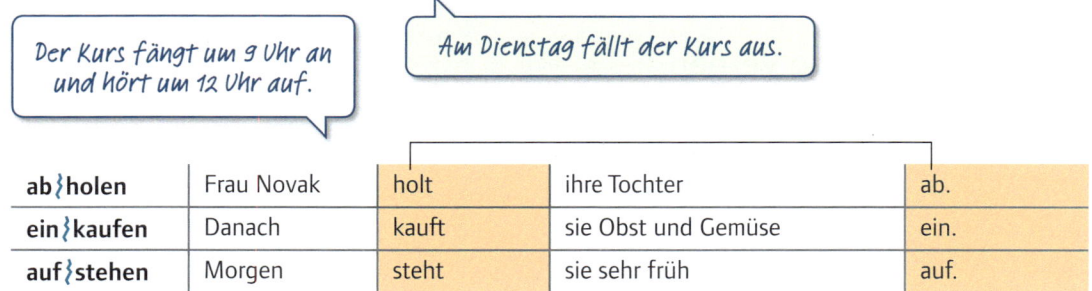

ab}holen	Frau Novak	holt	ihre Tochter	ab.
ein}kaufen	Danach	kauft	sie Obst und Gemüse	ein.
auf}stehen	Morgen	steht	sie sehr früh	auf.

genauso: abschicken, anfangen, anrufen, aufräumen, aufhören, ausgehen, ausfallen, auswählen, fernsehen, mitkommen, mitbringen, stattfinden, …

In der Wortliste am Ende jeder Lektion im Arbeitsbuch sind die trennbaren Verben immer so } gekennzeichnet, zum Beispiel: an}fangen.

1.5 Modalverben

Infinitiv		können	wollen	müssen	sollen	dürfen
Singular	ich	kann	will	muss	soll	darf
	du	kannst	willst	musst	sollst	darfst
	er/es/sie/man	kann	will	muss	soll	darf
Plural	wir	können	wollen	müssen	sollen	dürfen
	ihr	könnt	wollt	müsst	sollt	dürft
	sie	können	wollen	müssen	sollen	dürfen
Höflichkeitsform	Sie	können	wollen	müssen	sollen	dürfen

Ich	kann	gut mit Kindern	umgehen.
Meine Freundin	will	eine neue Arbeit	finden.
Wir	müssen	jeden Tag früh	aufstehen.
Ich	soll	mich im BiZ	informieren.
Hier	darf	man nicht	parken.

1.6 Das Verb *lassen*

	lassen
ich	lasse
du	lässt
er/es/sie/man	lässt
wir	lassen
ihr	lasst
sie	lassen
Sie	lassen

Ich	lasse	meine Wohnung	streichen.
Sie	lässt	ihre Lampe	aufhängen.

Ich lasse meine Wohnung renovieren.

(=Ich renoviere meine Wohnung nicht selbst).

1.7 *zu* + Infinitiv

Sie verbietet ihrem Sohn, nachmittags fernzusehen.
Er hat keine Lust, weiter zu studieren.
Es ist gut, nach der Arbeit eine Pause zu machen.
Es macht Spaß, mit Freunden zu chatten.

zu + Infinitiv steht nach

- bestimmten Verben   (z. B. anfangen, verbieten, vergessen, versuchen, …)
- Ausdrücken mit Nomen + *haben*   (z. B. Zeit/Lust/… haben)
- Ausdrücken mit *Es ist* + Adjektiv   (z. B. Es ist gut/schlecht/schwierig/…)
- Ausdrücken mit *Es macht* …   (z. B. Es macht Spaß/Freude/…)

1.8 Reflexive Verben

	sich freuen
ich	freue mich
du	freust dich
er/es/sie/man	freut sich
wir	freuen uns
ihr	freut euch
sie	freuen sich
Sie	freuen sich

Ich freue mich, weil ich eine gute Arbeit gefunden habe.

genauso: sich vorstellen, sich verkleiden, sich ärgern, sich entschuldigen, sich fühlen, sich kennenlernen, sich streiten, sich trennen, sich unterhalten, sich verlieben, sich vorstellen, …

1.9 Die Verben *legen/liegen* und *stellen/stehen*

Wohin? – *legen/stellen*
(Präposition + Akkusativ)
Sie legen den Teppich auf den Boden.
Sie stellen den Tisch auf den Teppich.

Wo? – *liegen/stehen*
(Präposition + Dativ)
Der Teppich liegt auf dem Boden.
Der Tisch steht auf dem Teppich.

1.10 Der Imperativ

	Sie-Form	du-Form		ihr-Form
machen	Machen Sie …	(du mach**st**)	Mach …	Macht …
sprechen	Sprechen Sie …	(du sprich**st**)	Sprich …	Sprecht …
mitkommen	Kommen Sie (doch) mit!	(du komm**st**)	Komm (doch) mit!	Kommt (doch) mit!
⚠ fahren	Fahren Sie!	(du fährst) Fahr …		Fahrt …
⚠ sein	Seien Sie ruhig!	(du bist) Sei ruhig!		Seid ruhig!

Grammatik im Überblick

1.11 Konjunktiv II

Konjunktiv II von *haben*, *sein* und den Modalverben

	haben	sein	können	müssen	sollen	würde + Inf.
ich	hätte	wäre	könnte	müsste	sollte	würde
du	hättest	wärst	könntest	müsstest	solltest	würdest
er/es/sie/man	hätte	wäre	könnte	müsste	sollte	würde
wir	hätten	wären	könnten	müssten	sollten	würden
ihr	hättet	wärt	könntet	müsstet	solltet	würdet
sie/Sie	hätten	wären	könnten	müssten	sollten	würden

Höfliche Bitten

Könntest du mir helfen?
Könnten Sie Frau Abiska einen Schlüssel geben?
Entschuldigung, darf ich fragen, wie der neue Kollege heißt?

Ratschläge mit *sollte*

Ich	sollte	weniger	arbeiten.
Du	solltest	mehr Sport	machen.
Bei Stress	sollte	man sich	entspannen.

Wunschsätze mit *würde gern(e)* + Infinitiv

Ich	würde gern(e)	in Vollzeit	arbeiten.
Sie	würde gern(e)	Medizin	studieren.
Wir	würden gern(e)	eine Radtour	machen.

Bedingungssätze mit *wenn* + Konjunktiv II

Wenn ich morgen frei hätte, würde ich bis 10 Uhr schlafen.
Ich würde bis 10 Uhr schlafen, wenn ich morgen frei hätte.

1.12 Passiv Präsens

Mit dem Passiv kann man sagen, was mit einer Person oder Sache gemacht wird. Man muss nicht sagen, wer das macht.

Aktiv Präsens: Der Mechaniker prüft den Motor.
→ Passiv Präsens: Der Motor wird (von dem Mechaniker) geprüft.

Wenn man im Passivsatz die handelnde Person nennen will, benutzt man *von* + Dativ:

→ Der Motor wird von dem Mechaniker geprüft.

Nicht immer haben Passivsätze ein Subjekt:

Aktiv Präsens: Sonntags arbeitet man in der Werkstatt nicht.
→ Passiv Präsens: Sonntags wird in der Werkstatt nicht gearbeitet.

2 Verben in der Vergangenheit

2.1 Das Präteritum von *sein* und *haben*

Infinitiv		sein	haben
Singular	ich	war	hatte
	du	warst	hattest
	er/es/sie/man	war	hatte
Plural	wir	waren	hatten
	ihr	wart	hattet
	sie	waren	hatten
	Sie	waren	hatten

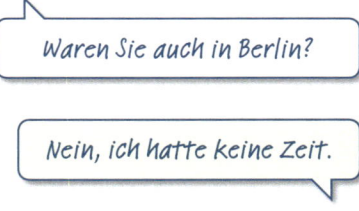

Waren Sie auch in Berlin?

Nein, ich hatte keine Zeit.

2.2 Modalverben im Präteritum

	müssen	können	dürfen	wollen
ich	musste	konnte	durfte	wollte
du	musstest	konntest	durftest	wolltest
er/es/sie/man	musste	konnte	durfte	wollte
wir	mussten	konnten	durften	wollten
ihr	musstet	konntet	durftet	wolltet
sie	mussten	konnten	durften	wollten
Sie	mussten	konnten	durften	wollten

Für *möchte* gibt es kein Präteritum, man benutzt das Präteritum von *wollen* (*wollte*):
Heute möchte ich einen Kaffee, gestern wollte ich einen Tee.

2.3 Verben im Präteritum

	wohnen	arbeiten	gehen	fahren	fliegen	geben	werden
ich	wohnte	arbeitete	ging	fuhr	flog	gab	wurde
du	wohntest	arbeitetest	gingst	fuhrst	flogst	gabst	wurdest
es/es/sie/man	wohnte	arbeitete	ging	fuhr	flog	gab	wurde
wir	wohnten	arbeiteten	gingen	fuhren	flogen	gaben	wurden
ihr	wohntet	arbeitetet	gingt	fuhrt	flogt	gabt	wurdet
sie	wohnten	arbeiteten	gingen	fuhren	flogen	gaben	wurden
Sie	wohnten	arbeiteten	gingen	fuhren	flogen	gaben	wurden

Einige unregelmäßige Verben haben die gleichen Endungen wie regelmäßige Verben:

bringen – brachte

denken – dachte

kennen – kannte

nennen – nannte

wissen – wusste

Sie finden eine Liste mit allen unregelmäßigen Verben aus Pluspunkt Deutsch im Anhang
im Kursbuch.

2.4 Das Perfekt: *haben / sein* + Partizip II

Für die meisten Verben benutzt man in der Vergangenheit das Perfekt.

Wann	sind	Sie nach Deutschland	gekommen?
Ich	bin	2002 nach Deutschland	gekommen.
Was	haben	Sie am Wochenende	gemacht?
Wir	haben	am Samstag auf dem Markt	eingekauft.

2.5 Das Perfekt: Bildung der Partizipien

Partizipien mit *ge-*

	„normale" Verben	trennbare Verben
regelmäßig (Endung „t")	**ge...(e)t** spielen – hat **ge**spiel**t** arbeiten – hat **ge**arbeit**et** kaufen – hat **ge**kauf**t**	**...ge...(e)t** mitspielen – hat mit**ge**spiel**t** ausschalten – hat aus**ge**schalt**et** einkaufen – hat ein**ge**kauf**t**
unregelmäßig (Endung „en")	**ge...en** kommen – ist **ge**komm**en** geben – hat **ge**geb**en** sehen – hat **ge**seh**en**	**...ge...en** ankommen – ist an**ge**komm**en** aufgeben – hat auf**ge**geb**en** fernsehen – hat fern**ge**seh**en**

Partizipien ohne *ge-*

	Verben mit den Präfixen *be-, emp-, ent-, er-, ge-, ver-, zer-*	Verben auf *-ieren*
regelmäßig (Endung „t")	**...t** bezahlen – hat bezahl**t** erzählen – hat erzähl**t** entschuldigen – hat entschuldig**t** gehören – hat gehör**t**	**...t** installieren – hat installier**t** reparieren – hat reparier**t** reservieren – hat reservier**t** transportieren – hat transportier**t**
unregelmäßig (Endung „en")	**...en** bekommen – hat bekomm**en** behalten – hat behalt**en** gefallen – hat gefall**en** verstehen - hat verstand**en**	

Die unregelmäßigen Partizipien (gegangen, gefahren, …) finden Sie im Anhang im Kursbuch.

2.6 Das Perfekt: *sein* oder *haben*?

Die meisten Verben bilden das Perfekt mit *haben*: ich habe gemacht, ich habe gelernt, ich habe gearbeitet, …

Verben der Bewegung von A nach B oder Verben der Veränderung bilden das Perfekt mit *sein*.

Bewegungsverben von A nach B	Zustandsveränderung
A ——→ B	
gehen: ist gegangen	einschlafen: ist eingeschlafen

> *Wir sind gestern nach Köln gefahren. Und was hast du gemacht?*

weitere Bewegungsverben:

abbiegen, abfahren, kommen, ankommen, fahren, fliegen, joggen, laufen, reisen, rennen, schwimmen, umsteigen, umziehen, …

⚠ Verben, die keine Bewegungsverben sind, aber das Perfekt mit *sein* bilden:

sein, ist gewesen – bleiben, ist geblieben

2.7 Plusquamperfekt

Das Plusquamperfekt bildet man mit dem Präteritum von *haben* oder *sein* + Partizip II des Verbs. Es wird häufiger in der geschriebenen Sprache gebraucht.

	Prät. von haben/sein		Partizip II
Sie	hatte	eine Umschulung	gemacht.
Sie	waren	zum Arbeitsamt	gegangen.

Was ist passiert? (Präteritum/Perfekt)
Sie begann eine neue Arbeit.
Sie haben sich für eine Umschulung entschieden.

Was war vorher passiert? (Plusquamperfekt)
Sie hatte eine Umschulung gemacht.
Sie waren zum Arbeitsamt gegangen.

Sie hatte eine Umschulung gemacht. Danach begann sie eine neue Arbeit.
Nachdem sie eine Umschulung gemacht hatte, begann sie eine neue Arbeit.
Sie waren zum Arbeitsamt gegangen. Danach haben sie sich für eine Umschulung entschieden.
Nachdem sie zum Arbeitsamt gegangen waren, haben sie sich für eine Umschulung entschieden.

2.8 Passiv Präteritum und Passiv Perfekt

Aktiv Präteritum: Der Mechaniker prüfte den Motor.
→ Passiv Präteritum: Der Motor wurde (von dem Mechaniker) geprüft.

Aktiv Perfekt: Der Mechaniker hat den Motor geprüft.
→ Passiv Perfekt: Der Motor ist (von dem Mechaniker) geprüft worden.

Das Passiv Perfekt bildet man mit *sein* + Partizip des Vollverbs + *worden*.

3 Verben in der Zukunft: Futur I

Ich **werde** im Herbst eine Ausbildung zum Koch **beginnen**.
Er **wird** jährlich 23.940 Euro **verdienen**.
Die Migranten **werden** vor allem in die großen Städte **ziehen**.

	werden
ich	werde
du	wirst
er/sie/es	wird
wir	werden
ihr	werdet
sie/Sie	werden

Das Futur I bildet man mit *werden* + Infinitiv. Man verwendet es oft für Prognosen und Versprechen.

Für Vermutungen, das heißt nicht sichere Aussagen, benutzt man oft die Wörter *vielleicht*, *wahrscheinlich*, *eventuell* und *wohl*.

Wahrscheinlich wird es am Wochenende regnen.

Am Wochenende wird es **wahrscheinlich** regnen.
In der Alltagssprache, vor allem mündlich, benutzt man oft das Präsens, wenn man über die Zukunft spricht:

Morgen **schreiben** wir einen Test.
Nächstes Jahr **fahre** ich zu meiner Schwester nach Österreich.

4 Partizip I

Das Partizip I bildet man mit dem Infinitiv + *d*:
liegen → liegen**d**
vorbeifahren → vorbeifahren**d**

Man benutzt das Partizip I wie ein Adjektiv + Endung:
Kabel, die am Boden liegen → am Boden liegen**de** Kabel
Züge, die vorbeifahren → vorbeifahren**de** Züge

5 Artikel und Nomen

5.1 Artikel im Nominativ

	m (maskulin)		n (neutrum)		f (feminin)		Pl (Plural)	
bestimmter Artikel	der		das		die		die	
unbestimmter Artikel	ein		ein		eine		-	
Negativartikel	kein	Mann	kein	Auto	keine	Frau	keine	Kinder
Possessivartikel	mein		mein		meine		meine	
Demonstrativartikel	dieser		dieses		diese		diese	

Das sind meine Kinder.

Der Mann heißt Arno.

5.2 Artikel im Akkusativ

	m (maskulin)		n (neutrum)		f (feminin)		Pl (Plural)	
bestimmter Artikel	den		das		die		die	
unbestimmter Artikel	einen		ein		eine		-	
Negativartikel	keinen	Mann	kein	Kind	keine	Frau	keine	Kinder
Possessivartikel	meinen		mein		meine		meine	
Demonstrativartikel	diesen		dieses		diese		diese	

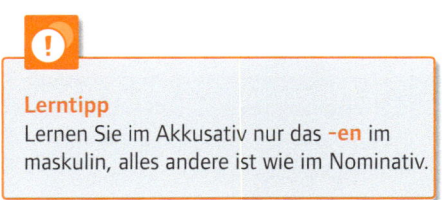

Lerntipp
Lernen Sie im Akkusativ nur das **-en** im maskulin, alles andere ist wie im Nominativ.

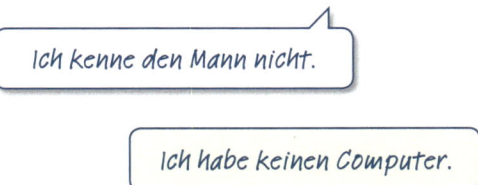

Ich kenne den Mann nicht.

Ich habe keinen Computer.

5.3 Artikel im Dativ

	m (maskulin)		n (neutrum)		f (feminin)		Pl (Plural)	
bestimmter Artikel	dem		dem		der		den	
unbestimmter Artikel	einem		einem		einer		-	
Negativartikel	keinem	Mann	keinem	Kind	keiner	Frau	keinen	Kindern
Possessivartikel	meinem		meinem		meiner		meinen	
Demonstrativartikel	diesem		diesem		dieser		diesen	

Das Nomen hat im Dativ Plural immer die Endung **-n**: Wir spielen mit den Kindern.
⚠ Ausnahme: Nomen mit s-Plural: die Autos – mit den Autos

5.4 Artikel im Genitiv

	m (maskulin)		n (neutrum)		f (feminin)		Pl (Plural)	
bestimmter Artikel	des		des		der		der	
unbestimmter Artikel	eines		eines		einer		-	
Negativartikel	keines	Vaters	keines	Kindes	keiner	Frau	keiner	Kinder
Possessivartikel	meines		meines		meiner		meiner	
Demonstrativartikel	dieses		dieses		dieser		dieser	

5.5 N-Deklination

Nur maskuline Nomen gehören zur N-Deklination. Sie haben im Plural sowie im Akkusativ, Dativ und Genitiv die Endung **-(e)n**:
der/ein Kunde (m)

→ den/einen Kund**en**   → des/eines Kund**en**
→ dem/einem Kund**en**   → die/- Kund**en**

Die meisten Nomen der N-Deklination enden im Nominativ auf *-e* (Name, Kunde, Experte) oder auf *-t / -and / -ant / -ent / -ist* (Kandidat, Doktorand, Lieferant, Student, Tourist)
Zu den Nomen der N-Deklination gehören auch: Herr, Nachbar, Mensch, Pilot, Fotograf, Bauer

5.6 Diminutiv

der Hund → das Hündchen   die Katze → das Kätzchen   das Pferd → das Pferdchen
Plural und Singular sind im Diminutiv gleich: das Hündchen → die Hündchen

5.7 Possessivartikel

Guten Tag, mein Name ist Thomas Müller und das ist meine Frau.

Sind das Ihre Kinder?

Ja, das sind unsere Töchter Lisa und Nina und das ist unser Sohn Tobias.

	m (maskulin)		n (neutrum)		f (feminin)		Pl (Plural)	
ich	mein		mein		meine		meine	
du	dein		dein		deine		deine	
er/es/man	sein		sein		seine		seine	
sie	ihr	Sohn	ihr	Kind	ihre	Tochter	ihre	Kinder
wir	unser		unser		unsere		unsere	
ihr	euer		euer		eure		eure	
sie (Pl.)	ihr		ihr		ihre		ihre	
Sie	Ihr		Ihr		Ihre		Ihre	

5.8 Das Fragewort *welch-*

	m (maskulin)	n (neutrum)	f (feminin)	Pl (Plural)
Nominativ	welcher Zug	welches Auto	welche U-Bahn	welche Fahrräder
Akkusativ	welchen Zug	welches Auto	welche U-Bahn	welche Fahrräder
Dativ	welchem Zug	welchem Auto	welcher U-Bahn	welchen Fahrrädern

Welchen Zug nehmen Sie?

Diesen Zug.

Mit welchem Zug sind Sie gekommen?

Mit diesem hier.

Lerntipp
der Zug   welcher Zug, dieser Zug

Die Endungen von *welch–* und *dies–* sind wie beim bestimmten Artikel.

5.9 Der Demonstrativartikel *dies-*

	m (maskulin)	n (neutrum)	f (feminin)	Pl (Plural)
Nominativ	dieser Zug	dieses Auto	diese U-Bahn	diese Fahrräder
Akkusativ	diesen Zug	dieses Auto	diese U-Bahn	diese Fahrräder
Dativ	diesem Zug	diesem Auto	dieser U-Bahn	diesen Fahrrädern

5.10 Das Fragewort *was für ein-*

	m (maskulin)	n (neutrum)	f (feminin)	Pl (Plural)
Nominativ	Was für ein Mantel?	Was für ein Kleid?	Was für eine Jacke?	Was für Schuhe?
Akkusativ	Was für einen Mantel?	Was für ein Kleid?	Was für eine Jacke?	Was für Schuhe?
Dativ	Mit was für einem Mantel?	Mit was für einem Kleid?	Mit was für einer Jacke?	Mit was für Schuhen?

Was für einen Anzug hast du auf der Hochzeit getragen?

Einen schwarzen Anzug.

5.11 Der Plural von Nomen

	Singular	Plural		Singular	Plural
-e	der Tisch	die Tische	**-**	der Computer	die Computer
-e (+ Umlaut)	der Stuhl	die Stühle	**-(+ Umlaut)**	der Vater	die Väter
-en	die Zahl	die Zahlen	**-s**	das Auto	die Autos
-n	die Tasche	die Taschen	**-er**	das Kind	die Kinder
-nen	die Lehrerin	die Lehrerinnen	**-er (+ Umlaut)**	das Haus	die Häuser

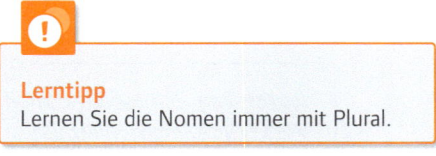

Lerntipp
Lernen Sie die Nomen immer mit Plural.

Wie viele Stühle sind im Kursraum?

Es sind 10 Stühle und 5 Tische.

6 Pronomen

6.1 Personalpronomen

Nominativ	Akkusativ	Dativ
ich	mich	mir
du	dich	dir
er	ihn	ihm
es	es	ihm
sie	sie	ihr
wir	uns	uns
ihr	euch	euch
sie	sie	ihnen
Sie	Sie	Ihnen

Können Sie mir bitte helfen?

Ja, gerne, ich rufe Sie morgen an.

6.2 Artikel und Pronomen

Der Schrank ist alt. Er ist alt.

Das Büro ist klein. Es ist klein.

Die Küche ist modern. Sie ist modern.

Die Blumen sind schön. Sie sind schön.

Grammatik im Überblick

6.3 Das unpersönliche Pronomen *man*

Mit *man* steht das Verb in der 3. Person Singular.

> Wie schreibt *man* das?

> Hier kann *man* Geld wechseln.

6.4 Artikel als Pronomen

Wie finden Sie **den blauen Anzug**? **Der** ist nicht schlecht. **Den** nehme ich.
Wie finden Sie **das rote Kleid**? **Das** ist sehr elegant. **Das** nehme ich.
Wie gefällt Ihnen **die Bluse**? **Die** ist zu kurz. **Die** nehme ich nicht.
Wie gefallen Ihnen **die Schuhe**? **Die** sind gut. **Die** kaufe ich.

6.5 Das Pronomen *es*

In vielen Ausdrücken benutzt man das Pronomen *es*. Das *es* hat in diesen Ausdrücken keine Bedeutung.

Wetterwörter	andere Ausdrücke
Es regnet. / Es schneit. Heute ist es kalt. / Es ist windig. Es ist bewölkt.	Wie geht es Ihnen? Danke, es geht mir gut. Hier gibt es einen Park.

6.6 Reflexivpronomen

	Akkusativ	Dativ
ich	mich	mir
du	dich	dir
er/es/sie/man	sich	sich
wir	uns	uns
ihr	euch	euch

> Guten Tag, ich möchte mich vorstellen. Mein Name ist …

> Wir haben uns im Sportkurs kennengelernt und uns sofort verliebt.

Ich freue **mich**.
Ich wünsche **mir** ein neues Smartphone.
Ich wasche **mich**. Ich wasche **mir** die Hände.

> Ich kann mir nicht vorstellen, dass …

6.7 Relativpronomen

	m (maskulin)	n (neutrum)	f (feminin)	Pl (Plural)
Nominativ	der	das	die	die
Akkusativ	den	das	die	die
Dativ	dem	dem	der	**denen**

⚠ Nur der Dativ Plural ist neu. Alle anderen Formen sind wie der definite Artikel.

Kennst du ein Café, **das** in der Nähe ist?
Ein Smartphone ist ein Ding, mit **dem** man telefonieren, Nachrichten schicken und im Internet surfen kann.

6.8 Derselbe, dieselbe, dasselbe und dieselben

	m (maskulin)	n (neutrum)	f (feminin)	Pl (Plural)
Nominativ	derselbe	dasselbe	dieselbe	dieselben
Akkusativ	denselben	dasselbe	dieselbe	dieselben
Dativ	demselben	demselben	derselben	denselben

Familie Schmidt verbringt ihren Sommerurlaub immer auf Sylt.
Sie fährt jedes Jahr auf dieselbe Insel.

7 Adjektive

7.1 Adjektive nach dem Nomen (prädikativ)

Adjektive nach dem Nomen haben keine Endung.

Der Schrank ist neu. Ich finde den Schrank schön.
Das Sofa ist alt. Ich finde das Sofa langweilig.

7.2 Adjektive vor dem Nomen (attributiv)

Zwischen Artikel und Nomen haben Adjektive eine Endung (mindestens ein **-e**).

	m (maskulin)	n (neutrum)	f (feminin)	Pl (Plural)
Nominativ	grauer Anzug der graue Anzug ein grauer Anzug kein grauer Anzug	blaues Hemd das blaue Hemd ein blaues Hemd kein blaues Hemd	rote Bluse die rote Bluse eine rote Bluse keine rote Bluse	die braunen Schuhe - braune Schuhe keine braunen Schuhe
Akkusativ	grauen Anzug den grauen Anzug einen grauen Anzug keinen grauen Anzug	blaues Hemd das blaue Hemd ein blaues Hemd kein blaues Hemd	rote Bluse die rote Bluse eine rote Bluse keine rote Bluse	die braunen Schuhe - braune Schuhe keine braunen Schuhe
Dativ	grauem Anzug dem grauen Anzug einem grauen Anzug keinem grauen Anzug	blauem Hemd dem blauen Hemd einem blauen Hemd keinem blauen Hemd	roter Bluse der roten Bluse einer roten Bluse keiner roten Bluse	den braunen Schuhen - braunen Schuhe keinen braunen Schuhen

⚠ Gleiche Endung bei *ein* und *kein* im Singular: ein blaues Hemd = kein blaues Hemd.
Im Plural unterschiedliche Endung: - braune Schuhe = keine braunen Schuhe

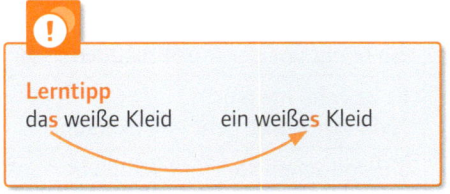

Lerntipp
das weiße Kleid   ein weißes Kleid

Der graue Anzug ist nicht so elegant.

Er trägt ein blaues Hemd.

7.3 Nomen, die man wie Adjektive dekliniert

	Nominativ	Akkusativ	Dativ
m (maskulin)	der Vorsitzende ein Vorsitzender	den Vorsitzenden einen Vorsitzenden	dem Vorsitzenden einem Vorsitzenden
f (feminin)	die Vorsitzende eine Vorsitzende	die Vorsitzende eine Vorsitzende	der Vorsitzenden einer Vorsitzenden
Pl (Plural)	die Vorsitzenden - Vorsitzende	die Vorsitzenden - Vorsitzende	den Vorsitzenden - Vorsitzenden

7.4 Adjektive im Komparativ und Superlativ

Adjektiv + -er/-sten	Adjektiv + Umlaut + -er/-sten	Ausnahmen
hell – heller – am hellsten interessant – interessanter – am interessantesten schnell – schneller – am schnellsten langsam – langsamer – am langsamsten schön – schöner – am schönsten	groß – größer – am größten kalt – kälter – am kältesten warm – wärmer – am wärmsten kurz – kürzer – am kürzesten lang – länger – am längsten	gern – lieber – am liebsten gut – besser – am besten viel – mehr – am meisten

Einsilbige Adjektive mit *o*, *u* oder *a* im Stamm haben im Komparativ und Superlativ meistens einen Umlaut:

lang → länger, gesund → gesünder

> Istanbul ist größer als London.

Nach *t*, *d*, *s*, (*sch*), *x* und *z* ist die Endung im Superlativ *-esten*:

kurz → am kürzesten

Adjektive im Superlativ werden vor dem Nomen dekliniert:

Word und Excel sind am wichtigsten. → Word und Excel sind die wichtigsten Programme.

8 Präpositionen

8.1 Temporale Präpositionen (Zeit): *am, um, im, vor, nach, seit, bis, von ... bis*

am:	Wochentag/Tagesabschnitt	am Montag, am Vormittag, ⚠ in der Nacht
um:	Uhrzeit	um 8 Uhr, um halb 10, um 13 Uhr 30 Der Film beginnt um 20 Uhr.
im:	Monat, Jahreszeit, Jahr	Im Juli ist es in Deutschland oft warm.
vor:	• |	Es ist jetzt Viertel vor acht. Sie bringt vor der Arbeit die Kinder zur Kita.
nach:	| •	Es ist zehn nach acht. Nach der Arbeit geht er einkaufen.
seit:	•⟶	Sie sind schon seit fünf Jahren in Frankfurt.
bis:	⟶•	Der Film geht bis 22 Uhr.
von ... bis:	•→•	Der Film geht von 20 Uhr bis 22 Uhr.

8.2 Lokale Präpositionen (Ort): *in, bei, nach, zu, aus, von*

in:	Wo?	**In** Berlin gibt es viele Sehenswürdigkeiten.
bei:		Ich bin **beim** Friseur.
nach:	Wohin?	Ich fahre gern **nach** Berlin.
zu:		Ich gehe **zum** Bahnhof.
aus:	Woher?	Er kommt **aus** Italien.
von:		Sie kommt heute spät **von** der Arbeit.

8.3 mit Dativ: *aus, bei, mit, nach, seit, von, zu, vor* (temporal)

aus: Ich gehe jeden Morgen um 8 Uhr **aus dem** Haus.

bei: Ich wohne **bei meinen** Eltern.

mit: Ich fahre **mit dem** Bus.

nach: **Nach dem** Deutschkurs möchte ich eine Arbeit suchen.

seit: Ich bin schon **seit einem** Jahr in Deutschland.

von: **Von der** Haltestelle muss ich noch fünf Minuten zu Fuß gehen.

zu: Ich fahre **zur** Sprachschule.

vor: **Vor dem** Deutschkurs gehe ich joggen.

bei de**m** = bei**m**   von de**m** = vo**m**   zu de**m** = zu**m**   zu de**r** = zu**r**

8.4 Präpositionen mit Akkusativ: *für, um, durch, ohne*

für: Sie brauchen **für den** Antrag einen Pass und ein Foto.

um: Man kann sehr gut **um den** Schluchsee wandern.

durch: Der Zug fährt **durch den** Tunnel.

ohne: Sie trinkt den Kaffee **ohne** Zucker.

⚠ *Ohne* verwendet man meistens ohne Artikel.

8.5 Wechselpräpositionen mit Akkusativ und Dativ: *in, an, auf, hinter, vor, über, unter, neben, zwischen*

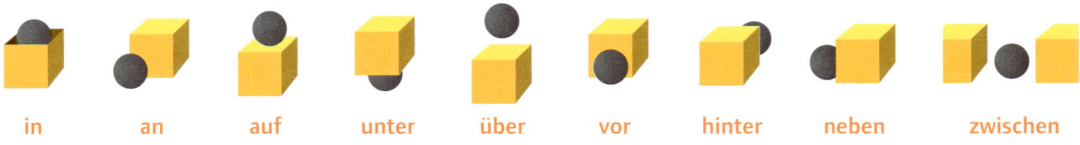

in   an   auf   unter   über   vor   hinter   neben   zwischen

Wohin? → Präpositionen mit Akkusativ		Wo? → Präpositionen mit Dativ	
in den Wald	**in das** = **ins**	**im** Wald	**in dem** = **im**
in das Restaurant	**an das** = **ans**	**im** Restaurant	**an dem** = **am**
in die Stadt		**in der** Stadt	
in die Geschäfte		**in den** Geschäften	

Sie geht **in die** Bäckerei.

Der Bus fährt langsam **an die** Haltestelle.

Sie gehen **auf die** Straße.

Wir setzen uns **unter den** Baum.

Wir gehen **über den** Platz.

Wir stellen die Mülltonnen **vor das** Haus.

Wir stellen unsere Fahrräder **hinter das** Café.

Ich stelle den Kinderwagen **neben die** Tür.

In der Bäckerei sind viele Leute.

Der Bus steht **an der** Haltestelle.

Auf der Straße fahren viele Autos.

Unter dem Baum steht eine Bank.

Über dem Platz fliegen viele Vögel.

Die Mülltonnen stehen heute **vor dem** Haus.

Hinter dem Café ist ein Hof.

Der Kinderwagen steht **neben der** Tür.

8.6 Präpositionen mit Genitiv: *außerhalb, innerhalb, wegen, während*

außerhalb: Ich wohne außerhalb der Stadt.
innerhalb: Er will die Prüfung innerhalb eines Jahres schaffen.
wegen: Er muss wegen der Prüfung viel lernen.
während: Ich habe meine Frau während des Studiums kennengelernt.

8.7 Verben mit Präpositionen

Sie warten schon zehn Minuten auf den Bus.
Er möchte gerne an einem Fortbildungskurs teilnehmen.
Ich interessiere mich sehr für Frauenfußball.

8.8 Fragewörter und Pronomen bei Verben mit Präpositionen

Fragen nach Sachen

- Wofür interessierst du dich?
- Ich interessiere mich für Frauenfußball.
- Ah, dafür interessiere ich mich auch.

- Woran denkst du?
- Ans Wochenende.
- Daran denke ich noch nicht.

Das Fragewort besteht aus „wo"+ Präposition: wovon, womit, wofür …
Wenn die Präposition mit einem Vokal beginnt ergänzt man ein „r": worauf, worüber …

Fragen nach Personen

Wenn man nach Personen fragt, benutzt man die Präposition + Fragewort für Personen
im Akkusativ: Über wen?, Für wen?, Auf wen? …
oder Dativ: Mit wem?, Von wem?, Zu wem? …

- Über wen sprecht ihr gerade?
- Über die nette Nachbarin.

- Mit wem bist du ins Kino gegangen?
- Mit meiner Schwester.

Präpositionen *mit/für/gegen/in/… + einander*

Lena ist für Sabine da. Sabine ist für Lena da. → Sie sind füreinander da.

9 Wortbildung

9.1 Komposita

die Dame + der Mantel → der Damenmantel
der Sommer + das Kleid → das Sommerkleid

Das letzte Wort in Komposita bestimmt den Artikel.
Der Wortakzent ist (fast) immer auf dem ersten Wort.

> *Ich suche Herrenschuhe und Geschenkartikel.*

9.2 Das Datum – Ordinalzahlen

1–19 + ten

am 1. – am ersten
am 2. – am zweiten
am 3. – am dritten
am 4. – am vierten
am 5. – am fünften
am 6 – am sechsten
am 7. – am siebten
am 8. – am achten
am 9. – am neunten
am 10. – am zehnten
am 16. – am sechzehnten
am 19. – am neunzehnten

20 + sten

am 20. – am zwanzigsten
am 21. – am einundzwanzigsten
am 22. – am zweiundzwanzigsten
am 30. – am dreißigsten

- Wann sind Sie geboren?
- Am 5.3.1987. (Am fünften Dritten neunzehnhundertsiebenundachtzig.)
- Welcher Tag ist heute?
- Heute ist der 3.10. (Heute ist der dritte Zehnte.)

9.3 Adjektive mit -los und -un

ohne Arbeit	=	arbeitslos	nicht ruhig	=	unruhig
ohne Gefahr	=	gefahrlos	nicht sicher	=	unsicher
ohne Sinn	=	sinnlos	nicht zufrieden	=	unzufrieden

10 Wörter im Satz

10.1 Sätze und W-Fragen

Das konjugierte Verb steht immer auf Position 2.

	Position 2	
Woher	kommen	Sie?
Ich	komme	aus Costa Rica.
Wie	heißt	Ihr Sohn?
Er	heißt	Lukas.
Was	sind	Sie von Beruf?
Ich	bin	Lehrerin.

	Position 2	
Am Wochenende	besuche	ich meine Freunde.
Ich	besuche	**am Wochenende** meine Freunde.
Dann	machen	wir eine Radtour.
Wir	machen	**dann** eine Radtour.

10.2 Ja/Nein-Fragen (Satzfragen)

Kommen	Sie aus München?
Haben	Sie morgen Zeit?
Möchtest	du einen Kaffee?
Kennt	ihr Berlin?

> *Ja, ich bin aus München.*

10.3 Satzklammer: Trennbare Verben, Modalverben und Perfekt

Trennbare Verben

Das konjugierte Verb steht auf Position 2, der andere Verbteil (Präfix, Infinitiv, Partizip) steht am Satzende.

Wann	holst	du die Kinder vom Kindergarten	ab?
Ich	hole	sie am Nachmittag	ab.

Modalverben

Frau Stein	muss	am Morgen früh	aufstehen.
Frau Deck	will	am Wochenende nicht	arbeiten.

Perfekt

Früher	habe	ich in der Stadt	gewohnt.
Früher	bin	ich oft nach Köln	gefahren.

10.4 *Ja – Nein – Doch*

Hast du Zeit?	😊 Ja, natürlich.
	😞 Nein, leider nicht.

Hast du keine Zeit?	😊 Doch, ich habe Zeit.
	😞 Nein, ich habe keine Zeit.

Kommst du nicht mit?	😊 Doch, ich komme mit.
	😞 Nein, ich kann leider nicht mitkommen.

10.5 Vergleichssätze

≠   Komparativ + *als*
In Deutschland ist es im Sommer wärmer als im Winter.

=   *genauso* + Adjektiv + *wie*
In Lübeck regnet es genauso viel wie in Bremen.

10.6 Verneinung mit *nicht* oder *kein*

ein → *kein*	Ich habe **einen** Tisch / **ein** Sofa / **eine** Waschmaschine / Stühle. Ich habe **keinen** Tisch / **kein** Sofa / **keine** Waschmaschine / **keine** Stühle.
⚠️ Auch *kein* bei:	Ich habe **kein** Geld / **keine** Zeit / **keine** Lust. Ich mag **keinen** Kaffee / **keinen** Käse.
Sonst immer *nicht*:	Heute kommt er. Morgen kommt er **nicht**. Sie isst gern Käse. Sie isst **nicht** gern Käse. Ich arbeite viel. Ich arbeite **nicht** viel.

10.7 Verben und Ergänzungen

Verben mit Nominativ und Akkusativ

Es gibt viele Verben mit Nominativ und Akkusativ: brauchen, sehen, nehmen, besichtigen, möchten, …

Verben mit Nominativ, Dativ und Akkusativ

Es gibt viele Verben mit Nominativ, Akkusativ und Dativ: bringen, schenken, holen, erklären, mitbringen, zeigen, geben …

Verben mit Nominativ und Dativ

Es gibt nur wenige Verben mit Nominativ und Dativ: danken, gehören, gefallen, …

Ein Verb mit Nominativ und Nominativ

Verben mit Präpositionen

10.8 Sätze verbinden mit *aber, denn, und, oder*

	0	1	2	
Heute habe ich keine Zeit,	aber	morgen	komme	ich gerne.
Ich möchte ins Kino gehen,	denn	ich	möchte	den neuen James-Bond-Film sehen.
Heute sehen wir den James-Bond-Film	und	morgen	gehen	wir in die Disco.
Kommst du auch mit	oder		musst	du noch arbeiten?

10.9 Sätze verbinden mit *deshalb* und *trotzdem*

Ich habe keine Ausbildung. Deshalb bekomme ich oft nur einfache Aufgaben.
Ich bin handwerklich geschickt. Deshalb helfe ich auch bei der Reparatur von Spielgeräten.
Die Arbeit ist körperlich anstrengend. Trotzdem arbeite ich gerne in der Firma.
Wir haben im Moment sehr viele Bestellungen. Trotzdem bekommen die Kunden ihre Möbel sehr schnell geliefert.

10.10 Sätze verbinden mit (*an*)*statt* + *zu* + Infinitiv und *nicht ... sondern*

Herr Murks hört seinen Gesprächspartnern nicht zu, sondern redet ohne Pause.
Anstatt seinen Gesprächspartnern zuzuhören, redet Herr Murks ohne Pause.

10.11 Sätze verbinden mit Doppelkonjunktionen

Nicht nur ..., sondern auch

Mit *nicht nur ..., sondern auch* und mit *sowohl ... als auch* zählt man Sachen auf:

Staus kosten Zeit und Nerven. Staus kosten sehr viel Geld.
→ Staus kosten nicht nur Zeit und Nerven, sondern auch sehr viel Geld.
→ Staus kosten sowohl Nerven als auch sehr viel Geld.

Weder ... noch

Mit *weder ... noch* kann man etwas negieren:

Er achtet nicht auf die Rechtschreibung. Er achtet nicht auf die Grammatik.
→ Er achtet weder auf die Rechtschreibung noch auf die Grammatik.

Entweder ... oder

Entweder ... oder bezeichnet Alternativen oder Möglichkeiten:

Wir können Ihnen den Schrank am Vormittag liefern. Wir können Ihnen den Schrank aber auch am Nachmittag liefern.
→ Wir können Ihnen den Schrank entweder am Vormittag oder am Nachmittag liefern.

Je ... desto

Je ... desto benutzt man für Vergleiche:

→ **Je** weniger Autos fahren, **desto** ruhiger ist das Leben in der Stadt.

Nach *je* und *desto* steht immer ein Komparativ.
Nach *je* kommt ein Nebensatz, nach *desto* ein Hauptsatz.

10.12 Nebensätze

Im Nebensatz steht das konjugierte Verb immer am Ende. Trennbare Verben stehen zusammen am Satzende.

Nebensätze mit *weil*

Er findet das Internet praktisch,	weil	man viele Informationen	bekommt.
Sie findet das Internet nützlich,	weil	man viele Filme sehen	kann.

Nebensätze mit *dass*

Ich finde,	dass	es viele gute Fernsehsendungen	gibt.
Ich meine,	dass	Kinder im Fernsehen viel lernen	können.
Ich bin dagegen,	dass	Kinder viel	fernsehen.

Nebensätze mit *wenn*

Was machen Sie,	wenn	das Wetter schlecht	ist?
Ich sehe fern,	wenn	das Wetter schlecht	ist.

Nebensätze mit *damit* und Satzverbindungen mit *um...zu* + Infinitiv

Er macht einen Computerkurs,	damit	er bessere Chancen auf dem Arbeitsmarkt	hat.
Er macht einen Computerkurs,	um	bessere Chancen auf dem Arbeitsmarkt	zu haben.
Sie stellt den Wecker,	damit	sie nicht zu spät zum Vorstellungsgespräch	kommt.
Sie stellt den Wecker,	um	nicht zu spät zum Vorstellungsgespräch	zu kommen.
Seine Frau hat ihm eine Krawatte gekauft,	damit	er beim Vorstellungsgespräch gut	aussieht.

Nebensätze mit *obwohl*

Obwohl	ich langjährige Berufserfahrung habe,	konnte ich	in Deutschland keine Stelle finden.
Obwohl	ich eine Arbeit habe,	möchte ich	eine Weiterbildung machen.

10.13 Temporale Nebensätze

mit *als* und *wenn*

Einmaliges Ereignis in der Vergangenheit: *als*

Als ich sechs Jahre alt war, bin ich in die Schule gekommen.

Mehrmaliges Ereignis in der Vergangenheit: *wenn*
Ereignisse in der Gegenwart und Zukunft: *wenn*

Wenn ich Probleme hatte, haben mir die Lehrer geholfen.
Immer wenn ich mich bewerbe, bin ich aufgeregt.
Wenn wir nächste Woche im Urlaub sind, passen unsere Nachbarn auf unsere Katze auf.

mit *bevor*

Bevor er die Bewerbung schreibt, liest er die Stellenanzeigen.
Bevor sie frühstücken, macht er Kaffee.

mit *während*

Während er Stellenanzeigen liest, macht er Notizen.
Während sie frühstücken, sprechen sie miteinander.

mit *nachdem*

Nachdem er die Bewerbung geschrieben hat, sortiert er die Bewerbungsunterlagen.
Nachdem sie gefrühstückt haben, geht er zur Arbeit.

mit *seit* und *seitdem*

Seit(dem) er mehr Fahrrad fährt, fühlt er sich gesünder.
Seit(dem) Frau Petcu arbeitet, geht es ihr gut.

10.14 Indirekte Fragen

W-Frage	Weißt du,	wo	der Brief	ist?
	Weißt du,	wann	der Chef	kommt?
Ja/Nein-Frage	Können Sie mir sagen,	ob	die Stelle noch frei	ist?

10.15 Nebensatz vor Hauptsatz

Wenn	Maximilian sehr viel	lernt,	(dann) kann er ein sehr gutes Abitur bekommen.
Wenn	ich morgen Zeit	habe,	komme ich gerne.

10.16 Relativsätze

Ich suche ein Restaurant,	das	in der Nähe vom Bahnhof	liegt.
Wo ist der Schlüssel,	den	ich auf den Tisch	gelegt habe.
Es gibt ungefähr 600.000 Vereine,	in denen	viele Menschen aktiv	sind.

Der Relativsatz steht immer in der Nähe vom Bezugswort. Manchmal auch mitten im Satz:

Die sozialen Vereine, **für die** sich viele Menschen engagieren, helfen Menschen.

Bezugswort   Relativsatz

10.17 Relativsätze mit *was* und *wo*

Das Relativpronomen *was* bezieht sich auf einen ganzen Satz:

Ihr Test war gut, was sie freute.

Das Relativpronomen *wo* bezieht sich auf Ortsangaben:

Sie hat in Hamburg studiert, wo sie auch ihre erste Arbeit gefunden hat.

Verblisten

Liste der unregelmäßigen Verben

In dieser Liste findest du alle unregelmäßigen Verben aus **PLUSPUNKT DEUTSCH** – *Leben in Deutschland*. Wir haben meistens Verben ohne Vorsilben aufgenommen. Die Formen der Verben mit Vorsilben findest du bei den jeweiligen Verben.

Beispiele: vorlesen ➜ lesen; versprechen ➜ sprechen; bekommen ➜ kommen

Infinitiv	Präsens – 3. Pers. Sg. er/es/sie/man	Präteritum – 3. Pers. Sg. er/es/sie/man	Perfekt – 3. Pers. Sg. er/es/sie/man
abhauen	haut ab	haute ab	**ist** abgehauen
auftreten	tritt auf	trat auf	**ist** aufgetreten
backen	bäckt/backt	backte	hat gebacken
beginnen	beginnt	begann	hat begonnen
beißen	beißt	biss	hat gebissen
betreten	betritt	betrat	hat betreten
betrügen	betrügt	betrog	hat betrogen
beweisen	beweist	bewies	hat bewiesen
sich bewerben	bewirbt sich	bewarb sich	hat sich beworben
bieten	bietet	bot	hat geboten
bitten	bittet	bat	hat gebeten
bleiben	bleibt	blieb	**ist** geblieben
brechen	bricht	brach	hat/**ist** gebrochen
brennen	brennt	brannte	hat gebrannt
bringen	bringt	brachte	hat gebracht
denken	denkt	dachte	hat gedacht
einladen	lädt ein	lud ein	hat eingeladen
empfangen	empfängt	empfing	hat empfangen
empfehlen	empfiehlt	empfahl	hat empfohlen
entscheiden	entscheidet	entschied	hat entschieden
essen	isst	aß	hat gegessen
fahren	fährt	fuhr	hat/**ist** gefahren
fallen	fällt	fiel	**ist** gefallen
finden	findet	fand	hat gefunden
fliegen	fliegt	flog	**ist** geflogen
fliehen	flieht	floh	**ist** geflohen
fließen	fließt	floss	**ist** geflossen
fressen	frisst	fraß	hat gefressen
frieren	friert	fror	hat/**ist** gefroren
geben	gibt	gab	hat gegeben
gefallen	gefällt	gefiel	hat gefallen
gehen	geht	ging	**ist** gegangen
genießen	genießt	genoss	hat genossen
gewinnen	gewinnt	gewann	hat gewonnen
haben	hat	hatte	hat gehabt
halten	hält	hielt	hat gehalten
hängen	hängt	hing	hat gehangen
heißen	heißt	hieß	hat geheißen
helfen	hilft	half	hat geholfen
kennen	kennt	kannte	hat gekannt
kommen	kommt	kam	**ist** gekommen
laden	lädt	lud	hat geladen
lassen	lässt	ließ	hat gelassen / hat lassen

laufen	läuft	lief	ist gelaufen
leiden	leidet	litt	hat gelitten
leihen	leiht	lieh	hat geliehen
lesen	liest	las	hat gelesen
liegen	liegt	lag	hat gelegen
meiden	meidet	mied	hat gemieden
mögen	mag	mochte	hat gemocht
nehmen	nimmt	nahm	hat genommen
nennen	nennt	nannte	hat genannt
raten	rät	riet	hat geraten
reiten	reitet	ritt	ist geritten
rennen	rennt	rannte	ist gerannt
riechen	riecht	roch	hat gerochen
rufen	ruft	rief	hat gerufen
scheinen	scheint	schien	hat geschienen
schlafen	schläft	schlief	hat geschlafen
schließen	schließt	schloss	hat geschlossen
schmelzen	schmilzt	schmolz	hat/ist geschmolzen
schneiden	schneidet	schnitt	hat geschnitten
schreiben	schreibt	schrieb	hat geschrieben
schreien	schreit	schrie	hat geschrien
schwimmen	schwimmt	schwamm	hat/ist geschwommen
schwingen	schwingt	schwang	hat/ist geschwungen
schwören	schwört	schwor	hat geschworen
sehen	sieht	sah	hat gesehen
sein	ist	war	ist gewesen
singen	singt	sang	hat gesungen
sitzen	sitzt	saß	hat gesessen
spinnen	spinnt	spann	hat gesponnen
sprechen	spricht	sprach	hat gesprochen
springen	springt	sprang	ist gesprungen
stehen	steht	stand	hat gestanden
steigen	stiegt	stieg	ist gestiegen
sterben	stirbt	starb	ist gestorben
streiten	streitet	stritt	hat gestritten
tragen	trägt	trug	hat getragen
treffen	trifft	traf	hat getroffen
treiben	treibt	trieb	hat getrieben
trinken	trinkt	trank	hat getrunken
tun	tut	tat	hat getan
verbinden	verbindet	verband	hat verbunden
vergessen	vergisst	vergaß	hat vergessen
vergleichen	vergleicht	verglich	hat verglichen
verlieren	verliert	verlor	hat verloren
verraten	verrät	verriet	hat verraten
verschwinden	verschwindet	verschwand	ist verschwunden
waschen	wäscht	wusch	hat gewaschen
werden	wird	wurde	ist geworden
werfen	wirft	warf	hat geworfen
wiegen	wiegt	wog	hat gewogen
wissen	weiß	wusste	hat gewusst
ziehen	zieht	zog	hat gezogen

Verblisten

Verben mit Präpositionen

ändern	an	An dieser Situation kann man etwas ändern.
denken	an	Ich denke oft an meine Zukunft.
sich erinnern	an	Franziska kann sich nicht an den Film erinnern.
sich gewöhnen	an	Ich habe mich an das Essen gewöhnt.
glauben	an	Kleine Kinder glauben an den Osterhasen.
es liegt	an	Es liegt am Wetter, dass ich Kopfschmerzen habe.
teilnehmen	an	Ich nehme an dem Projekt teil.
achten	auf	Sebastian achtet sehr auf sein Aussehen.
ankommen	auf	Das kommt darauf an.
antworten	auf	Antworte bitte auf meine Frage.
aufpassen	auf	Du musst besser auf deinen Hund aufpassen.
sich freuen	auf	Wir freuen uns auf die Ferien.
hoffen	auf	Wir hoffen auf einen schönen Sommer.
kommen	auf	Wie bist du auf diesen Vorschlag gekommen?
sich konzentrieren	auf	Ich will mich ganz auf die Prüfung konzentrieren.
reagieren	auf	Wir müssen schnell auf seine Frage reagieren.
sich verlassen	auf	Du kannst dich auf mich verlassen.
verzichten	auf	Viele Jugendliche würden für die Umwelt auf etwas verzichten.
sich vorbereiten	auf	Wir müssen uns auf den Test vorbereiten.
warten	auf	Fabian wartet auf seinen Vater.
wirken	auf	Er wirkt auf mich sympathisch und kompetent.
bestehen	aus	Ein Triathlon besteht aus Schwimmen, Fahrradfahren und Laufen.
ersetzen	durch	Wir müssen den Computer durch ein Laptop ersetzen.
ausgeben	für	Ich gebe viel Geld für Kosmetik aus.
sich einsetzen	für	Manche Jugendliche setzen sich aktiv für andere ein.
sich engagieren	für	Ich engagiere mich für das Jugendtheater in unserer Stadt.
sich entscheiden	für	Sie hat sich für den billigeren Rock entschieden.
sich entschuldigen	für	Ich entschuldige mich für diesen Fehler.
halten	für	89 % halten den ‚Klimawandel' für ein wichtiges Thema.
sich interessieren	für	Junge Menschen interessieren sich sehr für Musik.
kämpfen	für	Seitdem kämpft sie für die Anerkennung ihres Schulabschlusses.
stimmen	für	Viele stimmten für den neuen Plan.
tun	für	Das Interesse, selbst etwas für den Klimaschutz zu tun, ist groß.
sich durchsetzen	gegen	Du musst dich gegen deine Schwester durchsetzen.
kämpfen	gegen	Wir müssen gegen Rassismus und Intoleranz kämpfen.
protestieren	gegen	10000 Schüler protestierten gegen die Schulpolitik der Regierung.
stimmen	gegen	Einige stimmten gegen den Plan.
tun	gegen	Du solltest etwas gegen deine Erkältung tun.
investieren	in	Der Staat sollte mehr in Elektroautos investieren.
anfangen	mit	Wann fängst du mit der Arbeit an?
aufhören	mit	Hör endlich mit dem Gejammer auf!
beginnen	mit	Wann beginnst du mit deiner Arbeit?
sich beschäftigen	mit	Die Philosophie beschäftigt sich mit der Frage nach dem „Warum".
besprechen	mit	Georg bespricht das Problem mit seiner Freundin.
führen	mit	Wir haben ein Interview mit einem Lehrer geführt.
mischen	mit	Man mischt Mehl und Backpulver mit Eiern und Zucker.
rechnen	mit	Ich habe schon nicht mehr mit dir gerechnet.
schimpfen	mit	Bitte schimpf nicht mit mir! Ich kann nichts dafür!
sprechen	mit	Mit wem sprichst du?
sich streiten	mit	Er streitet sich oft mit ihr.

Verben mit Präpositionen

telefonieren	mit	Fred telefoniert oft mit Marina.
sich treffen	mit	Heute treffen wir uns mit guten Freunden.
verbinden	mit	Können Sie mich bitte mit dem Sekretariat verbinden?
vergleichen	mit	Vergleiche dein Land mit Deutschland.
sich verstehen	mit	Sie versteht sich gut mit ihm.
zusammenarbeiten	mit	Philipp Lahms arbeitet mit Jugendprojekten zusammen.
fragen	nach	Yvonne hat mich nach meinen Plänen für die Zukunft gefragt.
riechen	nach	Hier riecht es nach deinem Parfüm.
rufen	nach	Er rief nach dem Kellner, aber der kam nicht.
schmecken	nach	Dieses Eis schmeckt nach Apfel.
sehen	nach	Ich sehe mal schnell nach dem Kuchen im Ofen.
sich ärgern	über	Ich ärgere mich über intolerante Menschen.
berichten	über	Der Polizist berichtet über den Unfall.
sich beschweren	über	Er beschwerte sich über seine Note in Musik.
diskutieren	über	Sie diskutieren immer über dasselbe Problem.
sich freuen	über	Fredo freut sich über jeden Sieg vom 1. FC Köln.
sich informieren	über	Ich lese Zeitung, um mich über die Politik zu informieren.
lächeln	über	Sie kann so schön lächeln und fröhlich sein.
lachen	über	Die Leute lachen über den Witz.
nachdenken	über	Ich habe lange über den Vorschlag nachgedacht.
sich bewerben	um	Ich habe mich um einen neuen Job beworben.
bitten	um	Sophie bittet ihre Freundin um einen Tipp.
es geht	um	In diesem Buch geht es um einen bekannten Mann.
sich kümmern	um	In vielen Familien kümmern sich die Frauen um den Haushalt.
leiden	unter	Unter dem hohen Energieverbrauch leidet auch die Umwelt.
sich erholen	von	Sie hat sich gut von dem Unfall erholt.
erzählen	von	Eine Wissenschaftlerin hat mir von ihrem Beruf erzählt.
halten	von	Schreib mir, was du von der Idee hältst.
hören	von	Ich habe schon viel von Ihnen gehört.
reden	von	Alle reden nur noch von diesem Film.
träumen	von	Ich träume von der Zukunft.
sich trennen	von	Du solltest dich von ihm trennen.
sich unterscheiden	von	Er unterscheidet sich stark von seinem Vater.
sich verabschieden	von	So, jetzt muss ich mich von dir verabschieden.
wissen	von	Weißt du schon von unserem Plan?
sich fürchten	vor	Viele Menschen fürchten sich vor der Klimaerwärmung.
schützen	vor	Diese Jacke schützt vor Regen.
warnen	vor	Ich warne dich vor Susi. Sie ist total sauer auf dich.
reden	über	Ich will nicht immer nur über die Schule reden.
schimpfen	über	Sie schimpfte über ihren Ex-Freund.
sprechen	über	Ich spreche fast nie über Politik.
streiten	über	Wir streiten oft über Kleinigkeiten.
einladen	zu	Der Präsident hat 1000 Journalisten zum Pressefest eingeladen.
sich entwickeln	zu	Er hat sich zu einem guten Schüler entwickelt.
führen	zu	Diese Diskussion führt zu keinem Ergebnis.
gehören	zu	Gehörst du auch zu dieser Klasse?
gratulieren	zu	Ich gratuliere dir zum Geburtstag.
kommen	zu	Wegen des Nebels kam es zu vielen Unfällen.
meinen	zu	Was meinst du zu meinem Vorschlag?
passen	zu	Welche Fähigkeiten von dir passen zu diesem Beruf?
wählen	zu	Michaela Koenig wurde gestern zur Kirschkönigin gewählt.

Hier finden Sie alle Hörtexte, die nicht oder nicht vollständig im Buch abgedruckt sind.

① Kommunikation im Beruf

A 2 a

1 • Hallo Ernesto, guten Morgen. Wie war dein Wochenende?
 • Hallo Muhammed, nicht schlecht. Ich hatte Besuch von Freunden aus Stuttgart. Was hast du gemacht?
 • Ich habe meiner Schwester und ihrem Mann beim Umzug geholfen.
 • Dann war dein Wochenende also nicht so erholsam. Gibst du mir mal bitte meine Arbeitsschuhe runter?
 • Hier, bitte. Ja, stimmt, es war ziemlich anstrengend.
 • Na ja, vielleicht kannst du dich ein bisschen bei der Arbeit erholen. Diese Woche gibt es nicht so viel zu tun wie letzte Woche.
 • Das wäre gut. Dann bin ich vielleicht fit genug, damit ich nächste Woche meine Küche streichen kann.

2 • Hallo, ich bin Julia Weiß. Ich glaube, ich habe Sie letzte Woche zum ersten Mal hier gesehen. Sind Sie neu zugezogen?
 • Ja, ich bin mit meinem Mann und den Kindern vor vier Wochen in Haus Nummer 35 gezogen. Ich heiße Hend Fathallah.
 • Ach wie schön, haben Sie sich schon etwas eingelebt?
 • Na ja, die Wohnung ist noch etwas chaotisch. Wir hatten noch keine Zeit, alles auszupacken. Aber die Nachbarschaft gefällt mir gut, die Leute im Haus sind sehr nett.
 • Ja, ich denke, dass wir hier in der Straße ganz allgemein eine gute Nachbarschaft haben. Die Leute kennen sich und sie helfen sich gegenseitig.
 • Ich finde auch gut, dass es Musik gibt und dass die Leute tanzen.
 • Ja, ich auch. Im letzten Jahr hatten wir keine Musik. Ich bedaure sehr, dass ich kein Instrument spiele.
 • Ich spiele ganz gut Gitarre. Vielleicht kann ich ja nächstes Jahr auf dem Nachbarschaftsfest auch etwas spielen.
 • Warum spielen Sie nicht morgen Nachmittag ein Stück auf der Gitarre? Da gibt es eine offene Bühne.
 • Oh, wirklich? Das ist eine gute Idee …

3 • Hallo, du kommst gerade aus dem Urlaub zurück und machst schon Kaffeepause?
 • Ja, fünf Minuten Pause müssen sein. Nach drei Wochen Urlaub bin ich schon wieder voll im Stress.
 • Erzähl mal. Wie war es denn?
 • Wunderbar. Wir hatten so ein Glück mit dem Wetter.
 • Was habt ihr gemacht?
 • Wir waren jeden Tag am Strand und haben im Meer gebadet. Urlaub an der Nordsee ist wirklich schön.
 • Leider war ich noch nie am Meer.
 • Du musst da unbedingt mal Urlaub machen. Das lohnt sich!

4 • Ist hier noch frei?
 • Ja, bitte. Nehmen Sie Platz.
 • Vielen Dank.
 • Sind Sie neu in der Firma? Ich habe Sie hier noch nie gesehen.
 • Ja, ich arbeite erst seit fünf Tagen hier.
 • In welcher Abteilung sind Sie?
 • Ich arbeite im Lager.
 • Gefällt Ihnen die Arbeit?
 • Ja, sehr gut. Auch die Kollegen sind sehr nett. Sie helfen mir immer, wenn ich Fragen habe.
 • Ja, wir haben hier in der Firma wirklich ein gutes Arbeitsklima.

B 3 a

• Frau Marx, Sie sind Kellnerin von Beruf, haben Sie eine Ausbildung gemacht?
• Ja, ich habe meinen Beruf drei Jahre lang in einem 4-Sterne-Hotel gelernt. Offiziell heißt der Beruf Restaurantfachfrau.
• Was haben Sie in der Ausbildung gelernt?
• Ein wichtiger Punkt war natürlich Höflichkeit. Wir haben gelernt, wie man mit den Gästen spricht und was das Personal tun muss, damit sich die Gäste wohlfühlen. In der Berufsschule hatte ich unter anderem Englischunterricht, aber auch Unterricht in Mathematik und Buchhaltung. Es ist wichtig, dass ich in meinem Beruf Fremdsprachenkenntnisse habe, denn die Gäste sind international. Außer Englisch spreche ich auch etwas Spanisch.
• Wie sieht ein typischer Arbeitstag bei Ihnen aus?

- Ich arbeite in einem 3-Sterne-Restaurant, das sehr gutes Essen hat. Alle Kellner und Kellnerinnen haben eine Ausbildung. Wenn die Arbeit beginnt, muss ich zuerst die Tische vorbereiten, also Geschirr und Besteck verteilen und die Tische zum Beispiel mit Kerzen und Blumen dekorieren. Das kann ich besonders gut, meine Kollegen und Kolleginnen finden, dass ich einen ausgezeichneten Geschmack habe und meine Dekorationen immer besonders schön sind.
- Wann öffnet das Restaurant?
- Um 18.00 Uhr. Wenn die Gäste kommen, nehme ich die Bestellungen auf und berate sie. Ich muss die Speisekarte genau kennen und wissen, wie die Köche das Essen zubereiten, damit ich die Gäste gut informieren kann. Deshalb ist es wichtig, dass ich immer Kontakt zum Chefkoch habe.
- Wie sind Ihre Arbeitszeiten?
- Ich habe eine 5-Tage-Woche, aber das Restaurant hat auch Samstag und Sonntag geöffnet und ich muss oft am Wochenende arbeiten. Ich arbeite meistens am Abend von 17.00 Uhr bis 1.00 Uhr nachts. Am Montag hat das Restaurant immer geschlossen und deshalb habe ich montags immer frei. Wenn ich am Wochenende gearbeitet habe, das passiert ungefähr alle zwei Wochen, habe ich noch einen weiteren Wochentag frei.
- Sind Sie mit Ihrem Gehalt zufrieden?
- Ich finde, ich verdiene nicht genug, mit Trinkgeld zusammen sind es ungefähr 2000 Euro, obwohl ich auch abends und am Wochenende arbeiten muss. Deshalb mache ich jetzt eine Fortbildung, damit ich später als Restaurantmanagerin arbeiten kann.

C 1 a

- Guten Morgen, liebe Hörerinnen und Hörer. Wir haben Schüler und Auszubildende gefragt, was für sie bei der Arbeit und im Beruf wichtig ist. Hier sind einige Antworten. Das hat Angelina, 17 Jahre, gesagt. Sie hat gerade ihre Ausbildung zur Bankkauffrau beendet.
- Nach der Ausbildung hat mich die Bank übernommen. Das macht mich sehr froh, denn ich kann weiter mit meinen netten Kollegen zusammenarbeiten. Was für mich besonders wichtig ist? Eine gute Arbeitsatmosphäre und nette Kollegen. Aber auch das Gehalt spielt eine Rolle und hier bei der Bank verdiene ich schon als Anfängerin nicht schlecht.
- Mahdi, 15 Jahre geht in die neunte Realschulklasse. Er hat uns erzählt:
- Ich habe noch ein Jahr Zeit bis zum Realschulabschluss und im Moment weiß ich noch nicht,

was ich werden will. Ich will auf jeden Fall einen Beruf haben, in dem man nicht so schnell arbeitslos wird. Für mich ist Sicherheit wichtig. Lieber verdiene ich etwas weniger, wenn ich weiß, dass ich meine Arbeit nicht so schnell verlieren kann. Außerdem möchte ich feste Arbeitszeiten, also eine Arbeit, wo ich zum Beispiel regelmäßig jede Woche von Montag bis Freitag von 8.00 bis 16.30 arbeite.
- Das sagte Monique, 18 Jahre alt:
- Ich lerne jetzt im zweiten Jahr den Beruf Köchin in einem großen Restaurant mit zwei Sternen. Das macht mir sehr großen Spaß. Natürlich hat man als Köchin sehr unregelmäßige Arbeitszeiten und arbeitet oft am Abend oder am Wochenende, aber das stört mich nicht, denn für mich ist am wichtigsten, dass man als Köchin sehr kreativ sein kann und eine Arbeit ohne Kreativität finde ich langweilig. Wir können immer wieder neue Rezepte ausprobieren und experimentieren und es ist eine sehr schöne Erfahrung, wenn uns die Gäste für ein gutes Essen loben.
- Und Fadi, 23 Jahre meinte:
- Ich bin als Flüchtling nach Deutschland gekommen und lebe jetzt seit drei Jahren hier. Nach meinen Deutschkursen und einigen Praktika habe ich vor einem Jahr eine Ausbildung als Altenpfleger angefangen. Für mich ist das eine große Chance und ich habe eigentlich keine besonderen Wünsche. Ich bin vor allem froh, dass ich eine Ausbildung machen kann. Und das heißt auch, dass ich gute Arbeit leisten will, damit mein Chef, aber auch die Kunden mit meiner Arbeit zufrieden sind.

Berufliche Stationen

ATS 1 b

- Sag mal Valentin, welchen Schulabschluss hast du eigentlich?
- Ich bin zehn Jahre zur Schule gegangen und ich habe den Realschulabschluss.
- Was hast du danach gemacht?
- Zuerst wusste ich nicht genau, was ich machen möchte und hatte ungefähr ein Jahr lang verschiedene Jobs. Dann habe ich eine Ausbildung zum Maurer angefangen.
- Wie lange hat die Ausbildung gedauert?
- Drei Jahre, ich war zum Teil in der Berufsschule und zum Teil auf Baustellen. Die Ausbildung habe ich in einer großen Baufirma gemacht, bei der ich jetzt auch weiterarbeite. Vor zwei Monaten habe ich meinen Gesellenbrief bekommen.

Hörtexte

A 1 a

1   ● Mahmoud, was hast du früher eigentlich beruflich gemacht?

    ● Im Irak war ich in der Baubranche, ich war Bauingenieur. Den Beruf habe ich dort gelernt.

    ● Wie war die Arbeitssuche in Deutschland für dich?

    ● Schwierig. Mit meiner Ausbildung aus dem Irak konnte ich in Deutschland keine Stelle als Bauingenieur finden, aber ich wollte nicht noch einmal von vorne anfangen und an der Uni studieren. Ich habe mich also gefragt: Was will ich? Was kann ich tun?

    ● Was machst du heute beruflich?

    ● Heute bin ich Bauarbeiter und arbeite im Straßenbau. Nach meinem Deutschkurs wollte ich schnell arbeiten und Geld verdienen und im Straßenbau waren viele Stellen frei.

    ● Was sind deine Pläne für die Zukunft? Bleibst du beim Straßenbau?

    ● Ja, aber ich möchte in dem Beruf weiterkommen. Im Herbst beginne ich eine Weiterbildung zum Straßenbauer.

2   ● Frau Suljic, ich habe noch ein paar Fragen zu Ihrem Berufsweg. Was machen Sie momentan beruflich in Deutschland?

    ● Ich bin Krankenschwester. Ich arbeite in Teilzeit in einem Krankenhaus.

    ● Haben Sie diesen Beruf schon in Bosnien gelernt?

    ● Ja, aber meine Ausbildung war hier zunächst nicht anerkannt. Ich habe deshalb mehrere Deutschkurse und dann noch einen Pflegekurs gemacht. Erst danach habe ich die Anerkennung für meine Ausbildung bekommen und dann habe ich auch schnell eine Stelle im Krankenhaus gefunden.

    ● Welche Pläne haben Sie für Ihre berufliche Zukunft?

    ● Ich habe im Moment noch keinen Plan. Erst einmal bin ich zufrieden, dass ich wieder in meinem Beruf arbeiten kann.

3   ● Welche Arbeit haben Sie zurzeit, Herr Meazza?

    ● Ich arbeite als Einzelhandelskaufmann in einem großen Fahrradladen.

    ● Haben Sie eine Ausbildung gemacht?

    ● Ja, nach der Schule habe ich zunächst einen Ausbildungsplatz zum Automechaniker gefunden und habe dann bei der Firma gearbeitet. Die Firma ist aber pleite gegangen und ich habe meinen Job verloren.

    ● Haben Sie dann sofort wieder einen Job bekommen?

    ● Nein, ich hatte fast ein Jahr lang nur Gelegenheitsjobs. Weil ich keine Stelle als Automechaniker mehr finden konnte, habe ich dann eine Ausbildung zum Einzelhandelskaufmann gemacht und danach habe ich die Stelle in dem Fahrradladen gefunden, weil ich auch etwas von Fahrradtechnik verstehe.

    ● Und wie sehen Ihre beruflichen Pläne aus?

    ● Ich möchte gern ein eigenes Geschäft eröffnen. Dafür würde ich gerne etwas über Existenzgründung und Selbstständigkeit lernen. Ich fange bald bei der Industrie- und Handelskammer einen Existenzgründerkurs an.

B 1 a

1 Nedim Baron, 34, kommt aus der Türkei. Seit 2013 lebt er in Deutschland. In seiner Heimat hatte er eine gute Stelle in einer Autowerkstatt und er hat gedacht, dass er auch in Deutschland schnell eine Stelle in dieser Branche finden kann, weil er eine qualifizierte Ausbildung im Bereich Fahrzeugbau und mehrere Jahre Berufserfahrung hat. Allerdings hat er am Anfang nur als Helfer in einer Kfz-Werkstatt gearbeitet, weil seine Ausbildung nicht anerkannt war. Aber damit war er nicht zufrieden, weil er nur sehr wenig verdient hat.

2 Leyla Sarhan ist 29 Jahre alt und 2013 aus Ägypten nach Deutschland gekommen. Für sie war es von Anfang an wichtig, die deutsche Sprache zu lernen und sie wollte auch in ihrem Beruf als Köchin weiterarbeiten. Deshalb hat sie nur kurze Zeit nach ihrer Ankunft in Deutschland ihren ersten Deutschkurs besucht. Vormittags hat sie Deutsch gelernt und abends in einem Restaurant gearbeitet. Aber sie war nur Beiköchin, das heißt Helferin, weil ihr die Anerkennung für ihre Zeugnisse aus Ägypten fehlte.

B 2 a

● Guten Tag, was kann ich für Sie tun?

● Guten Tag, mein Name ist Ruigin Hu. Ich komme aus China und lebe seit zehn Monaten in Deutschland. In meiner Heimat habe ich eine Ausbildung zur Maßschneiderin gemacht und möchte nun wissen, welche Möglichkeiten es für die Anerkennung gibt.

● Haben Sie Zeugnisse aus Ihrem Heimatland?

- Ja, ich habe mein Abschlusszeugnis von der Schule, Zeugnisse aus meiner Ausbildung und auch zwei Arbeitszeugnisse.
- Sind die schon übersetzt?
- Ja, das hat noch ein Übersetzer in meiner Heimat gemacht.
- Darf ich mal sehen?
- Ja, natürlich, bitte sehr.
- Danke ... ich denke, mit diesen Dokumenten können Sie einen Antrag stellen. Die Dokumente prüft die Handwerkskammer. Dort sollten Sie einen Termin machen.
- Brauche ich noch andere Dokumente außer den Zeugnissen?
- Ja, Sie müssen auch einen Lebenslauf, eine Passkopie und eine Erklärung abgeben, dass Sie noch keinen Antrag auf Gleichwertigkeitsfeststellung gestellt haben.
- Wie bitte?
- Es geht um eine sogenannte Qualifikationsanalyse, das heißt, Sie liefern zum Beispiel eine Arbeitsprobe ab und nehmen an einem Fachgespräch teil.
- Nein, so etwas habe ich noch nicht gemacht.
- Außerdem müssen Sie noch nachweisen, dass Sie in Deutschland wirklich arbeiten wollen.
- Das ist für mich sicher kein Problem, denn ich habe schon Kontakt zu einer Firma, die mich gerne einstellen würde. Ich habe noch eine Frage: Wie lange dauert es, bis ich die Anerkennung bekomme?
- Wenn Sie alle Unterlagen abgegeben haben, dauert es ungefähr drei Monate.
- Und wie viel kostet das Verfahren?
- Das kann ich Ihnen jetzt nicht genau sagen, da fragen Sie am besten bei der Handwerkskammer nach, aber ich denke, es wird mehr als 100 Euro kosten. Manchmal übernehmen die Jobcenter oder die Agentur für Arbeit die Kosten für das Verfahren.

C 2a

- Liebe Hörerinnen und Hörer. Heute startet unsere Reihe „Berufliche Veränderungen", die Sie in den nächsten Wochen immer am Dienstag und Donnerstag hören können. In unserer ersten Folge wollen wir Ihnen Herrn und Frau Ay vorstellen, die seit einigen Jahren in Deutschland leben. Herr und Frau Ay, Sie hatten in Ihrem Heimatland ein Geschäft. Können Sie uns etwas über das Geschäft erzählen?
- Wir hatten früher ein eigenes Installateurgeschäft mit zwölf Mitarbeitern. Ich habe die

Mitarbeiter eingeteilt und habe auch selbst auf den Baustellen mitgearbeitet.
- Was haben Sie gemacht, Frau Ay?
- Ich habe unter anderem die Aufträge angenommen und war für die Abrechnung zuständig. Das Geschäft ist sehr gut gelaufen und meinem Mann und mir hat die Verantwortung als Chef Spaß gemacht. Aber in unserer Heimat war Krieg und wir hatten mit dem Geschäft sehr große Probleme.
- 2013 sind wir nach Deutschland gekommen und mein beruflicher Anfang war schwer.
- Was war das Problem?
- Wie hatten viele Probleme, schon allein die Sprache war am Anfang ein großes Problem. Zudem war mein Berufsabschluss aus meinem Heimatland hier nicht anerkannt und ich konnte zunächst nur eine Stelle als Hausmeistergehilfe finden.
- Das war für meinen Mann aber auf die Dauer nicht genug. Er wollte wieder Verantwortung haben wie früher. Deshalb hat er sich um die Anerkennung von seinem Berufsabschluss auch in Deutschland gekümmert.
- Und ... hat sich das gelohnt, Herr Ay?
- Ja, heute bin ich Hausmeister bei einer großen Wohnungsbaugenossenschaft. Für die Stelle war eine abgeschlossene Ausbildung in einem Handwerksberuf Voraussetzung. Jetzt bin ich für sehr viele Wohnungen verantwortlich. Ich kümmere mich zum Beispiel um die Wohnungsübergabe, wenn Mieter ausziehen oder einziehen. Zu meinen Aufgaben gehört auch die Überwachung von Wartungsarbeiten in den Wohnungen oder an den Heizungen.
- Frau Ay, was machen Sie jetzt?
- Ich habe durch meine Arbeit in unserem Geschäft sehr viel Erfahrung mit Büroarbeiten, aber ich habe keine Ausbildung. Deshalb habe ich im letzten Jahr eine Umschulung zur Bürokauffrau angefangen. Ich möchte gerne wieder in einem Büro arbeiten.

Arbeitsorte und -zeiten

A 2a

- Liebe Hörerinnen und Hörer, in unserer Reihe Arbeit in Deutschland geht es in dieser Woche um Berufe am Bahnhof. Dazu habe ich mit Herrn Lauer, dem Filialleiter der Bahnhofsbuchhandlung in Unterrode, gesprochen ... Hallo, Herr Lauer, seit wann leiten Sie diese Filiale?

- Hallo. Seit zwei Jahren. Aber ich arbeite schon fünf Jahre hier.
- Haben Sie den Beruf Buchhändler gelernt?
- Nein, ich bin Einzelhandelskaufmann. Das passt hier auch sehr gut, denn in einer Bahnhofsbuchhandlung ist das Fachwissen eines Buchhändlers weniger wichtig als zum Beispiel in einer Universitätsbuchhandlung. Unsere Kunden sind meistens Reisende, die nicht viel Zeit haben und wir verkaufen auch viel mehr Zeitungen und Zeitschriften als Bücher. Das ist unser Hauptgeschäft.
- Wie viele Stunden arbeiten Sie in der Woche?
- Ich bin immer mindestens 40 Stunden pro Woche hier, manchmal auch 50.
- Welche Aufgaben haben Sie?
- Ich mache die Bestellungen der Zeitungen und Zeitschriften, die Abrechnungen, ich teile das Personal ein, entscheide, wo wir die Waren platzieren, bezahle Rechnungen und so weiter. Viele Sachen sind Routine, aber manchmal ist es nicht leicht, gutes Personal zu finden. Wir haben viele Aushilfen, die oft nicht lange bleiben, und wir müssen immer wieder neue Leute einarbeiten.
- Darf ich fragen, wie viel Sie im Monat verdienen?
- Ich bekomme 2.900 Euro brutto, das sind dann ungefähr 1900 Euro netto. Außerdem bekomme ich ein 13. Monatsgehalt Weihnachtsgeld und 1.200 Euro Urlaubsgeld pro Jahr.

B 2b

- Liebe Zuhörerinnen und Zuhörer, in unserer Reihe Arbeit in Deutschland haben wir in der letzten Woche in der Frankfurter Innenstadt ein paar Passanten zu ihren Arbeitszeiten gefragt. Hier einige Antworten.
  Sebastian Marx sagt hat uns folgendes erzählt
- Ich bin Produktionshelfer in einer Fabrik, die Mikrochips herstellt. Ich arbeite in der Nachtschicht von 22.00 bis 6.00 Uhr am Morgen. Fünf Tage pro Woche, immer montags bis freitags. Der Vorteil ist, dass ich für die Nachtarbeit mehr Geld bekomme. Aber ich bin fast immer müde und ich glaube nicht, dass es gut für meine Gesundheit ist, wenn ich immer nur nachts arbeite. Ich bin froh, dass bald Weihnachten ist. Dann hat die Firma drei Wochen geschlossen und ich kann endlich mal richtig ausschlafen.
- Frau Wagner antwortete:
- Ich arbeite als Bürokauffrau in einer Import- und Exportfirma, montags bis freitags am Nachmit-

tag, insgesamt 20 Stunden pro Woche. Die Arbeit gefällt mir, aber ich würde gern mehr arbeiten, weil ich immer zu wenig Geld habe. Im Moment geht das nicht, denn die Firma hat nicht genug Aufträge. Mein Chef hat mir aber versprochen, dass ich sofort eine Vollzeitstelle bekomme, wenn das möglich ist.
- Herr Borzym meinte zu dem Thema:
- Ich arbeite in einem kleinen Geschäft im Stadtzentrum. Dort verkaufe ich unter anderem Zeitungen, aber auch Tabak und Zigaretten sowie Fahrkarten für Busse und Straßenbahnen. Ich arbeite auch am Wochenende und mache oft Überstunden. Ich arbeite sehr unregelmäßig, manchmal nur fünf Stunden am Tag, manchmal zehn. Für die Überstunden bekomme ich an anderen Tagen frei. Das ist gut, denn für mich ist Freizeit sehr wichtig.

C 2a

- Jessica, wir müssen noch über unsere Urlaubszeiten sprechen. Die anderen Kollegen haben jetzt ihren Plan festgelegt, so dass sie mit ihren Kindern wegfahren können.
- OK, dann kommen also wir zwei Kinderlose an die Reihe. Welche Möglichkeiten haben wir?
- Eigentlich ziemlich viele. Nur Mitte August können wir keinen Urlaub nehmen, da sind Ivan und Anna gleichzeitig weg.
- OK, das ist für mich kein Problem. Ich möchte gern Anfang Juli zwei Wochen Urlaub haben, im August kann ich keinen Urlaub nehmen, weil ich eine Fortbildung habe.
- Anfang Juli? Da möchte ich auch Urlaub machen.
- Aber das ist doch kein Problem, dann sind doch die anderen drei noch da.
- Ja, aber ich finde, einer von uns beiden sollte immer hier sein. Denk doch mal daran, wie oft zum Beispiel die Kinder von Ivan oder Anna krank sind und sie zu Hause bleiben müssen. Dann ist es immer besser, wenn einer von uns da ist, um die Arbeit der anderen zu übernehmen.
- Das stimmt. Da hast du recht.
- Dann mach du von Anfang bis Mitte Juli Urlaub, denn deine Fortbildung ist ja wichtig. Ich mache dann danach drei Wochen Urlaub.
- Prima, vielen Dank, Simon. Nächstes Jahr darfst du zuerst deine Urlaubzeiten aussuchen.

D 1

- Liebe Hörerinnen und Hörer, es ist jetzt sieben Uhr dreißig und viele von Ihnen sind sicher auf dem Weg zur Arbeit oder gehen gleich los. Am Bahnhof Emmendingen steht mein Kollege Urs Weimar. Er macht eine Reportage über die Wege zur Arbeit in Baden-Württemberg. Urs, hörst du mich?

- Ja, Janina, ich höre dich. Guten Morgen, liebe Hörerinnen und Hörer, in Deutschland hat es noch nie so viele Pendler gegeben wie heute. 2017 sind in Deutschland fast 60 Prozent aller Arbeitnehmer zum Job gependelt. Das heißt: Weit mehr als jeder zweite Arbeitnehmer arbeitet nicht in seinem Wohnort, sondern muss für seine Arbeit in einen anderen Ort fahren. Viele Arbeitnehmer brauchen so zwei oder mehr Stunden für den Weg zur Arbeit oder von der Arbeit nach Hause. Sie benutzen das Auto oder öffentliche Verkehrsmittel wie die Bahn. Vom Bahnhof Emmendingen fahren jeden Tag viele Leute zur Arbeit nach Freiburg oder nach Offenburg.

D 2a

- Neben mir steht jetzt Marika Kashia. Frau Kashia, wohin fahren Sie?
- Nach Freiburg. Ich arbeite dort in der Uniklinik.
- Fahren Sie jedem Tag mit dem Zug?
- Ich nehme lieber den Zug als das Auto, denn so bin ich schneller in Freiburg und die Monatskarte ist nicht so teuer. Allerdings haben die Züge manchmal Verspätung.
- Wie kommen Sie zum Bahnhof?
- Mein Mann bringt mich mit dem Auto zum Bahnhof hier in Emmendingen, er fährt dann weiter mit dem Auto zu seiner Arbeit. In Freiburg fahre ich dann noch vier Stationen mit der Straßenbahn zur Klinik.
- Vielen Dank, Frau Kashia. Entschuldigen Sie, darf ich Sie auch fragen, wohin Sie fahren?
- Aber gerne.
- Vielleicht sagen Sie uns zuerst Ihren Namen.
- Ich heiße Lucie Rey, ich fahre nach Basel. Ich will dort eine Freundin besuchen.
- Sie sind also nicht auf dem Weg zur Arbeit?
- Nein, ich arbeite hier in Emmendingen. Ich wohne nicht weit von meinem Arbeitsplatz entfernt. Ich fahre nur fünf Minuten mit dem Fahrrad zur Arbeit.
- Ich möchte auch gerne etwas zu dem Thema sagen.
- Ja gerne, Sie sind Herr …?
- Fabiano Balesteros. Also, ich fahre jeden Tag mit dem Zug zur Arbeit nach Freiburg, aber ich mache das nicht gerne. Die Züge haben oft Verspätung, sie sind sehr voll, im Sommer funk-

tioniert die Klimaanlage oft nicht. Das Auto ist aber leider keine Alternative. Es ist teurer als die Bahn, es gibt oft Stau und man findet nie einen Parkplatz.

- Warum ziehen Sie nicht einfach nach Freiburg?
- Das möchte ich gerne, aber es ist sehr schwer, in Freiburg eine Wohnung zu finden, die ich bezahlen kann. Im Sommer, wenn das Wetter schön ist und es nicht regnet, fahre ich manchmal mit dem Motorrad.
- Vielen Dank für diese klaren Worte. Liebe Hörerinnen und Hörer, vielleicht wollen Sie auch wissen, wie ich zur Arbeit komme. Mein Arbeitsplatz ist eigentlich in Stuttgart und da fahre ich mit der U-Bahn zur Arbeit. Aber ich bin nicht so oft in meinem Büro. Für Reportagen wie diese über Wege zur Arbeit benutze ich das Auto und bin oft mehrere Tage unterwegs. Das war's für dieses Mal, liebe Hörerinnen und Hörer. Es grüßt Sie Urs Weimar. Und nun zurück ins Studio.

Schule und Ausbildung

B 1b

- Hallo und herzlich willkommen, ich spreche heute mit Frau al-Halki über ihre duale Ausbildung. Frau al-Halki erzählen Sie uns doch bitte, was für eine Ausbildung Sie machen.
- Ich bin Lehrling in der Tischlerei Schwarz in Ulm. Ich bin jetzt im zweiten Ausbildungsjahr.
- Das ist ja interessant, und welchen Schulabschluss haben Sie?
- Ich bin vor vier Jahren von Syrien nach Deutschland gekommen. Mein Schulabschluss in Syrien wurde mir hier als Hauptschulabschluss anerkannt. Ich musste aber erst an einer Berufsschule in einer Vorbereitungsklasse Deutsch lernen. Und dann bin ich zwei Jahre lang zur Schule gegangen und habe den Realschulabschluss gemacht.
- Warum wollten Sie Tischlerin werden?
- Ich wollte schon immer etwas Handwerkliches tun. Ich habe mich bei der Agentur für Arbeit über verschiedene Berufe informiert, die mich besonders interessiert haben. Meine Deutschlehrerin hat mich dann auf die Idee gebracht, ein dreiwöchiges Schülerpraktikum in einer Tischlerei zu machen. Und das hat mir sehr gut gefallen! Nach dem Praktikum habe ich mich dann bei der Tischlerei um einen Ausbildungsplatz beworben. Und ich hatte Glück: Ich habe die Lehrstelle bekommen.

- Sie machen ja eine duale Ausbildung. Das heißt, Sie lernen im Betrieb – also in der Tischlerei – und in der Berufsschule.
- Richtig. Ich bin meistens vier Tage in der Woche in der Tischlerei. Das ist der praktische Teil meiner Ausbildung. Ich lerne, wie man Produkte aus Holz herstellt und welche Geräte und Maschinen man dafür braucht. In der Berufsschule bin ich meistens nur einen Tag pro Woche. Da lerne ich den theoretischen Teil der Ausbildung. Momentan haben wir das Thema Arbeitsrecht und Sicherheit am Arbeitsplatz.
- Wie lange dauert die Lehre?
- Drei Jahre. Im nächsten Jahr mache ich meine Gesellenprüfung.
- Wie soll Ihre berufliche Karriere nach der Ausbildung weitergehen?
- Zuerst möchte ich natürlich meine Lehre hier erfolgreich abschließen. Danach würde ich gern hier in der Tischlerei als Gesellin weiterarbeiten.
- Das klingt gut. Viel Erfolg und vielen Dank für das Gespräch Frau …

C 2a

- Guten Tag, mein Name ist Masud Salim, ich habe um 10.00 Uhr einen Termin für ein Beratungsgespräch.
- Guten Tag, Herr Salim. Nehmen Sie doch bitte Platz. Was kann ich für Sie tun?
- Sie wissen ja, ich bin anerkannter Asylbewerber und habe den Integrationskurs erfolgreich abgeschlossen. Aber ich kann keine Arbeit finden.
- Sie haben ja in Ihrer Heimat als Kfz-Mechatroniker gearbeitet.
- Ja genau, und jetzt möchte ich gern eine Weiterbildung machen, um meine Chancen auf dem Arbeitsmarkt zu verbessern.
- Das ist gut, dass Sie die Initiative ergreifen! Haben Sie sich denn auch schon über die verschiedenen Weiterbildungsmöglichkeiten informiert?
- Ja, im Internet habe ich mir verschiedene Angebote angeschaut. Ich habe hier ein paar Kurse notiert, die mich interessieren. Besonders interessant finde ich diesen Kurs hier.
- Ah, dann lassen Sie uns mal sehen. Der Aufbaukurs zur Elektronik im Kraftfahrzeug zum Beispiel wird von der Kfz-Innung Hamburg angeboten. Der Kurs findet zweimal wöchentlich von 18 bis 21.15 Uhr statt und dauert insgesamt zwei Wochen.
- Das hört sich gut an!
- Die Lehrgangskosten betragen 395 Euro. Der

Kurs kann aber von der Agentur für Arbeit mit einem Bildungsgutschein gefördert werden. Neben den Kosten werden dann auch die Fahrtkosten und sonstige Materialkosten erstattet. Haben Sie einen Bildungsgutschein, Herr Salim?
- Ja.
- Prima. Dann müssten Sie sich nur noch bei der Kfz-Innung für den Kurs anmelden. Die Telefonnummer und die E-Mail-Adresse sind hier angegeben.

D 1b

- Guten Abend, meine Damen und Herren. Viele Menschen sind in den letzten Jahren zu uns gekommen. Es ist für sie aber oft nicht einfach, eine Arbeit in Deutschland zu finden. Migranten machen sich deshalb öfter selbstständig als Deutsche. Haben Sie gewusst, dass mehr als 700.000 Unternehmer in Deutschland ausländische Wurzeln haben? Die Migranten haben über eine Million Jobs geschaffen. Sie sind Restaurantbetreiber, Bäcker, Kioskbesitzer, Gemüsehändler, Bauunternehmer oder arbeiten im Handwerk. Ich habe heute einen Gast im Studio, der auch den Schritt in die Selbstständigkeit gegangen ist. Guten Abend, Herr Masuli.
- Guten Abend.
- Woher kommen Sie, Herr Masuli, und wie lange sind Sie schon in Deutschland?
- Ich komme aus dem Iran, aus Ghom. Ich bin vor drei Jahren mit meiner Frau und meinen Kindern nach Deutschland gekommen.
- Warum haben Sie sich selbstständig gemacht?
- Im Iran habe ich im Lokal meiner Eltern kochen und backen gelernt. Nach dem Integrationskurs habe ich eine Weiterbildung für Bäcker gemacht und auch ein Praktikum in einer Bäckerei. Dann habe ich eine kleine Bäckerei für arabische Spezialitäten eröffnet. Ich wollte mein eigener Chef sein.
- Hatten Sie keine Angst vor der Selbstständigkeit?
- Natürlich. Sich selbstständig machen heißt auch viel Stress und viel Verantwortung haben. Und natürlich gibt es auch ein großes finanzielles Risiko. Aber ich habe mich sehr gut vorbereitet.
- Verdienen Sie mit der Bäckerei auch genug Geld?
- Reich werden wir bestimmt nicht. Aber meine Bäckerei hat eine gute Lage in der Nähe vom Bahnhof und wir haben viele Kunden.
- Sie müssen sicherlich sehr viel arbeiten.
- Natürlich. Ich fange morgens sehr früh an und

wir haben sechs Tage in der Woche geöffnet. Meine Frau und ich arbeiten meistens 60 Stunden pro Woche. Im Moment können wir es uns nicht leisten, einen Mitarbeiter einzustellen. Vielleicht geht das in einem Jahr.

- War es schwer, einen Kredit von der Bank zu bekommen?
- Es war nicht einfach. Aber ich hatte ein bisschen Eigenkapital und einen guten Geschäftsplan.
- Vielen Dank für das Gespräch. Ich bewundere Ihren Mut und wünsche Ihnen alles Gute für die Zukunft.
- Vielen Dank.

Arbeit finden

1
- Suchst du noch eine Arbeitsstelle?
- Ja. Ich finde einfach keine Stelle, die zu mir passt.
- Warst du schon im Jobcenter?
- Im Jobcenter? Nein, noch nicht. Aber ich habe gestern einen Termin für ein Beratungsgespräch in der kommenden Woche vereinbart.

2
- Hallo, Fahim. Du bist auch zur Jobmesse gekommen? Es sind ganz schön viele Menschen hier.
- Hi, Daria. Ja, meine Deutschlehrerin hat mir erzählt, dass man auf der Jobmesse Arbeit finden kann. Also bin ich hier.
- Hast du schon mit vielen Firmen gesprochen?
- Nein, noch nicht. Aber ich war schon an einigen Ständen und habe mich über Arbeitsmöglichkeiten informiert.

3
- Du, Mila, du suchst doch eine Stelle als Köchin, oder?
- Ja. Warum?
- Ich habe mir heute in der Zeitung die Stellenanzeigen angeschaut. Und da habe ich eine Anzeige gefunden, die dich interessieren könnte. Schau mal. Das Restaurant Waldhorn sucht eine Köchin. Da kannst du dich bestimmt bewerben.
- Danke Raphael. Das mache ich.

4
- Machst du noch die Umschulung zum Kaufmann im Einzelhandel?
- Ja, aber ich bin schon fast fertig. Ich mache zurzeit ein Praktikum in einem Supermarkt.
- Gefällt dir die Umschulung?
- Auf jeden Fall. Und ich verdiene ja auch schon ein bisschen Geld.

5
- Wie war's im BiZ? Hast du dich über Jobmöglichkeiten beraten lassen?
- Ja. Es war ein gutes Beratungsgespräch. Ich habe viele Informationen bekommen. Und die Mitarbeiterin vom BiZ hilft mir auch beim Schreiben meiner Bewerbung.
- Das ist ja toll.

B **2a**
- Guten Tag, ich bin Aziz El Khalfi. Ich war letzte Woche schon mal hier.
- Natürlich, wir haben miteinander gesprochen. Was kann ich für Sie tun?
- Ich interessiere mich für Berufe auf dem Bau.
- Ja, das ist gut. Die Berufschancen für Bauarbeiter sind in unserer Region sehr gut. Interessieren Sie sich für einen bestimmten Beruf?
- Ja – Maurer. Ich habe letzte Woche viel in den Infomappen gelesen, aber ich habe nicht alles verstanden.
- Vielleicht kann ich ja Ihre Fragen beantworten.

B **2b**
- Ich habe leider keine abgeschlossene Berufsausbildung. Kann ich trotzdem Maurer werden?
- Das ist kein Problem. Sie können eine Umschulung zum Maurer machen.
- Wie lange dauert eine Umschulung?
- In der Regel zwischen 16 und 24 Monaten.
- Das ist aber bestimmt teuer. Wissen Sie, wie viel eine Umschulung kostet?
- Sie kommen ja aus Syrien und haben eine Aufenthaltserlaubnis, richtig?
- Ja.
- Dann können Sie bei der Agentur für Arbeit einen Bildungsgutschein beantragen. Sie müssen aber einen Termin machen.
- Und dann werden die Kosten für die Umschulung übernommen?
- Richtig.
- Können Sie mir auch sagen, wie viel man als Maurer verdient?
- Einen Moment. Da muss ich nachschauen … Also das Einstiegsgehalt liegt zwischen 1700 und 2500 € im Monat.
- Brutto oder netto?
- Das ist das Brutto-Gehalt.
- Okay, eine letzte Frage habe ich noch. In Deutschland ist der Winter ja oft ziemlich kalt. Was machen dann Maurer?
- Wenn Sie wegen schlechten Wetters nicht arbeiten können, können Sie Saison-Kurzarbeitergeld beantragen.

- Saison-Kurzarbeitergeld? Was ist das?
- Bauarbeiter können in Deutschland in den Wintermonaten – also von Dezember bis März – von der Agentur für Arbeit Geld bekommen. Das nennt man oft auch Schlechtwettergeld. Haben Sie Kinder?
- Nein, ich bin ledig und habe keine Kinder.
- Wenn Sie keine Kinder haben, würden Sie 60 % Ihres Nettogehalts bekommen.
- Ah, ich verstehe. Vielen Dank für die Informationen …

Station 1

Hören Teil 1

Beispiel

Guten Tag, Sie sind mit der Fima Knoll Heizungsbau verbunden. Sie rufen außerhalb der Öffnungszeiten an. Diese sind montags bis mittwochs von 8.00 bis 13.00 Uhr und von 14.00 bis 16.00 Uhr, am Donnerstag von 8.00 bis 13.00 Uhr und von 14.00 bis 18.00 Uhr und am Freitag von 8.00 bis 12.00 Uhr. Sie können nach dem Signalton eine Nachricht hinterlassen.

1 Guten Tag, Herr Malinkowski, hier spricht Hannelore Cyrus von der Baufirma Schleswig. Sie haben sich bei uns um die Stelle als Servicemitarbeiter beworben. Wir finden Ihr Bewerbungsschreiben und Ihren Lebenslauf sehr interessant. Könnten Sie uns bitte noch Ihren Gesellenbrief und das Arbeitszeugnis des Bauunternehmens Moser zuschicken?

2 Liebe Fahrgäste. Bitte beachten Sie: Aufgrund einer Veranstaltung ist die Innenstadt heute Nachmittag von 15.00 bis 19.00 Uhr gesperrt. Daher fährt diese Straßenbahn heute nur bis zum Albertplatz und nicht bis zum Hauptbahnhof. Am Albertplatz können Sie die Buslinie 35 bis zum Hauptbahnhof nehmen.

3 Sehr geehrte Damen und Herren, dies ist ein Räumungsalarm. Bitte verlassen Sie das Einkaufszentrum sofort über die markierten Fluchtwege. Nutzen Sie die Notausgänge. Nutzen Sie keine Aufzüge. Bitte befolgen Sie die Anweisungen des zuständigen Personals.

4 Hallo, hier spricht Peter Müller, Hauptstraße 5 in Denzlingen. Sie wollten heute um 14.00 Uhr einen Mitarbeiter zu uns schicken, um zwei Lampen außen am Haus zu reparieren. Jetzt ist

es bereits 16.00 Uhr, aber es ist noch niemand gekommen. Ich bitte um Rückruf.

Hören Teil 2

5 Es folgen Meldungen aus der Wirtschaft. Nürnberg. Nach den neuesten Zahlen der Bundesagentur für Arbeit ist die Arbeitslosenquote im Juni im Vergleich zum Vormonat um 0,2 Prozent gesunken und liegt jetzt bei 5,7 Prozent. Damit waren etwas mehr als 2,5 Millionen Menschen arbeitslos. Stuttgart. Der Autozulieferer Borsch hat mitgeteilt, dass er für das zweite Quartal mit einer Umsatzsteigerung von fünf Prozent rechnet. Das Unternehmen, das mehr als 60.000 Menschen beschäftigt …

6 Und nun kommen wir zu den Veranstaltungen am Wochenende. Am Samstag findet von 9.00 bis 16.00 Uhr die Jobmesse der Handwerkskammer statt. Handwerksbetriebe aus der Region informieren über ihren Betrieb und Interessenten können Informationen über Ausbildungs- und Beschäftigungsmöglichkeiten erhalten. Veranstaltungsort ist der große Saal in der Fachhochschule. Am Samstagnachmittag gibt es ab 16.00 Uhr das traditionelle Sommerkonzert auf dem Rathausplatz. Es spielen sechs Orchester aus der Region Musikstücke …

7 Heute gibt es vor allem im Norden Regen, der am Abend in Schnee übergeht. Ab und zu zeigt sich aber auch die Sonne. Im Westen und Südwesten bleibt es tagsüber trocken, am Abend aber sind Niederschläge möglich. Die Temperaturen erreichen -3 Grad im Norden und plus 1 Grad im Süden, in der Nacht sinken sie. Am Rhein und seinen Nebenflüssen gehen die Niederschläge zunehmend in Regen über. Der Wind weht schwach, an der See schwacher bis mäßiger Westwind. Die weiteren Aussichten: Es bleibt winterlich, in den nächsten Tagen sinken die Temperaturen.

8 Es folgen die Verkehrsmeldungen aus der Region. B3 zwischen Emmendingen und Denzlingen Unfall, fünf km Stau in beide Richtungen, A5 Grenzübergang Weil am Rhein, 40 Minuten Wartezeit bei der Einreise in die Schweiz, Vorsicht auf der A5 Baden-Baden Richtung Karlsruhe bei der Autobahnausfahrt Rastatt Nord sind Personen auf der Fahrbahn. Bitte fahren Sie äußerst vorsichtig.

9 Hier noch eine Ankündigung. Am nächsten Montag beginnen wir eine neue Sendereihe mit dem Titel „Wirtschaft und Arbeit aktuell". Das Hauptthema ist hier nicht der Umsatz und die Entwicklung von Unternehmen, sondern es geht um die Arbeitnehmer, Arbeitsbedingungen oder auch um gleiche Rechte für Männer und Frauen am Arbeitsplatz. Es gibt aktuelle Reportagen und Interviews unter anderem mit Betriebsräten und Vertretern der Gewerkschaften. Die Hörer haben Gelegenheit, den Interviewpartnern telefonisch Fragen zu stellen und mit ihnen zu diskutieren.

Hören Teil 3

Beispiel

- Hallo Martina, wie war dein Wochenende?
- Es war schön und anstrengend zugleich. Schön war, dass mein Bruder mit seiner Familie zu Besuch gekommen ist, anstrengend war, dass wir viel vorbereiten mussten.
- Hast du dich denn etwas erholt?
- Ja, sicher. Ich fühle mich fit für die nächste Woche. Und du, Per? Was hast du gemacht?
- Ich bin zu meiner Freundin gefahren. Du weißt ja, sie wohnt in München und wir sehen uns nur am Wochenende. Am Samstag waren wir im Kino und am Sonntag im Schwimmbad. Am Nachmittag bin ich dann wieder nach Köln zurückgefahren.

10 und 11

- Guten Tag, Herr Ming. Haben Sie den Weg zu uns gut gefunden?
- Ja, das war kein Problem. Ich bin schon öfter an Ihrer Firma vorbeigekommen.
- Möchten Sie einen Kaffee?
- Ja, vielen Dank …
- Wir haben Sie zu diesem Gespräch eingeladen, weil Ihre Bewerbungsunterlagen sehr interessant sind. Vielleicht erzählen Sie noch einmal kurz über Ihre Ausbildung und Ihre Berufserfahrung.
- Meine Ausbildung zum Industriekaufmann habe ich bei der Firma Siek in Walsrode gemacht, die optische Geräte herstellt. Nach der Ausbildung habe ich dann eine Stelle bei der Firma Makro in Bassum bekommen.
- Darf ich fragen, warum Sie nach der Ausbildung die Firma gewechselt haben? Konnte Sie die Firma nicht übernehmen?
- Doch, die Firma Siek hat mir einen Arbeitsvertrag angeboten. Ich bin aber nach der Ausbildung nach Bassum gezogen, weil meine Freundin dort wohnte.

12 und 13

- Das Buffet ist wirklich hervorragend.
- Ja, das stimmt. Da hat die Firma richtig viel Geld ausgegeben.
- Das stimmt, und ich denke, das sollte bei einem Betriebsfest auch so sein. Das ist gut für die Stimmung und wir merken, dass unser Arbeitgeber uns Mitarbeiter respektiert.
- Ganz meine Meinung. Darf ich fragen, wie Sie heißen und in welcher Abteilung Sie arbeiten? Ich habe Sie schon oft in der Firma gesehen, aber wir haben uns noch nie unterhalten.
- Ich bin Silvio Greco, ich bin Sachbearbeiter im Beschwerdemanagement. Und Sie?
- Mein Name ist Annamaria Schleier, ich bin Assistentin in der Forschungs- und Entwicklungsabteilung. Ich finde, wir sollten uns setzen. Da drüben sind noch zwei Plätze frei.
- Ja gerne, dann können Sie mir erzählen, was die Leute in Ihrer Abteilung eigentlich machen. Ich glaube, Ihre Abteilung ist die interessante Abteilung in der ganzen Firma.
- Na ja, auch bei uns gibt es nicht nur neue Sachen. Viele Arbeiten sind Routine.

14 und 15

- Fensterbau Haaf, hier spricht Yolanda Wagner, was kann ich für Sie tun?
- Guten Tag, ich bin Katrin Dold. Sie haben bei uns letzte Woche neue Fenster eingesetzt, aber einige Fenster kann man nicht mehr richtig schließen, so dass es zieht. Draußen ist es jetzt auch ziemlich kalt geworden und wir müssen sehr stark heizen, was ziemlich teuer ist.
- Sagen Sie mir bitte Ihre Adresse?
- Wir wohnen in der Lindenallee 12. Bitte schicken Sie schnell jemanden. Es ist wirklich dringend.
- Ich will sehen, was ich tun kann. Im Moment sind unsere Leute alle bei Kunden. Ich denke, dass erst heute Abend jemand bei Ihnen vorbeikommen kann oder auch erst morgen am Vormittag. Ich rufe Sie an, wenn ich es genau weiß.
- Vielen Dank, auf Wiederhören.
- Auf Wiederhören.

16 und 17

- Hoffmann Werkzeugbau, Olaf Engholm am Apparat, guten Tag.
- Guten Tag, Herr Engholm, hier spricht Corinna Horn von der Firma Metzger Baumaterial. Wir

haben uns vor zwei Wochen auf der Baufachmesse in Olstadt kennengelernt.

- Ja, ich erinnere mich, wie geht es Ihnen Frau Horn? Haben Sie sich unseren Prospekt genauer angeschaut?
- Ja, und ich habe auch die Beschreibungen Ihrer Werkzeuge Internet gelesen. Ich würde Sie sehr gerne besuchen, um Ihre Produkte noch besser kennenzulernen.
- Aber gerne. Wann passt es Ihnen?
- Ich könnte nächste Woche am Mittwoch zu Ihnen kommen.
- Natürlich, gerne, allerdings bin ich an dem Tag nicht da. Mein Kollege Herr Rizzi würde Sie empfangen.
- Das ist kein Problem, ich würde dann ungefähr um 10.00 Uhr bei Ihnen ankommen.

Hören Teil 4

Beispiel

- Liebe Hörerinnen und Hörer, wir haben Passanten auf der Straße gefragt, was sie im Arbeits- und Berufsleben wichtig finden. Wir haben viele Antworten bekommen und bieten hier eine kleine Auswahl.
- Ich finde es schrecklich, wenn man in seinem Job immer dasselbe machen muss. Das ist wirklich langweilig. Früher hatte ich so einen Job, aber den habe ich dann gekündigt. Meine neue Arbeit ist richtig spannend und abwechslungsreich. Das habe ich mir immer gewünscht.

18 Was finde ich bei der Arbeit wichtig? Auf diese Frage habe ich eigentlich gar keine richtige Antwort, denn ich bin zurzeit arbeitslos. Wichtig ist für mich deshalb vor allem, dass ich Arbeit finde, egal ob am Tag oder in der Nacht, drinnen oder draußen. Hauptsache, ich habe Arbeit und verdiene genug, um Essen, Kleidung und Miete zu bezahlen.

19 Natürlich muss die Bezahlung stimmen, Kolleginnen und Kollegen und die Vorgesetzten sollten nett sein und so weiter. Für mich ist aber am wichtigsten, dass ich nicht lange zur Arbeit fahren muss. Ich finde, acht Stunden Arbeit am Tag sind genug und dann ist es zu viel, wenn man wie viele von meinen Kollegen noch zwei Stunden Fahrzeit pro Tag hat. Ich brauche von meiner Wohnung zu meinem Arbeitsplatz nur 15 Minuten mit dem Fahrrad.

20 Ich habe vor einem Jahr meine Ausbildung beendet. Jetzt arbeite ich in der Firma, wo ich die Ausbildung gemacht habe. Ich arbeite gerne hier und ich glaube, meine Chancen, in der Firma weiterzukommen, sind gut. Es ist mein Ziel später Abteilungsleiter zu werden. Die Firma bietet alles: Ein gutes Gehalt, gute Sozialleistungen, Sicherheit und Karrieremöglichkeiten, was ich besonders positiv finde.

6 Die Bewerbung

ATS 1 b

- Hi, Elham. Wir haben uns ja lange nicht gesehen. Wie geht es dir?
- Hallo, Pari. Mir geht es sehr gut.
- Machst du noch die Weiterbildung zur Gärtnerin?
- Nein. Ich bin vor einem Monat fertig geworden. Am Anfang der Weiterbildung habe ich noch gedacht, dass 24 Monate eine sehr lange Zeit sind, aber dann ist sie ganz schnell vergangen. Und jetzt habe ich eine abgeschlossene Ausbildung und suche eine Stelle.
- Warst du schon beim Arbeitsamt?
- Klar, vorgestern war ich wieder da und habe eine Stellenausschreibung bei einer Gärtnerei hier in der Nähe gefunden, die mir sehr gut gefällt. Da möchte ich mich bewerben.
- Das ist doch toll.
- Ja, schon. Aber ich habe kaum Erfahrung mit schriftlichen Bewerbungen. Was gehört eigentlich alles zu einer Bewerbung? In der Anzeige steht, dass man eine aussagekräftige Bewerbung schicken soll.
- Das steht oft in Stellenanzeigen. Das heißt, der Arbeitgeber erwartet, dass deine Unterlagen vollständig sind. Du brauchst also ein Anschreiben, einen Lebenslauf mit einem Passfoto und Kopien von deinen Schul- und Arbeitszeugnissen. Und natürlich musst du auch noch eine Kopie von deiner abgeschlossenen Weiterbildung machen.
- Und was soll ich im Anschreiben schreiben?
- Da erklärst du, für welche Stelle du dich bewirbst und welche Qualifikationen du für die Stelle hast. Sollst du dich schriftlich bewerben per Post oder online?
- In der Anzeige steht, dass man sich per Post oder per E-Mail bewerben kann. Könntest du vielleicht auch meine Bewerbung durchlesen, wenn ich sie geschrieben habe?
- Natürlich. Das mache ich gern.

A 2

- Hallo, Pari. Schön, dass du Zeit hast, mir bei meiner Bewerbung zu helfen. Möchtest du einen Tee?
- Ja, gern. (…) Du weißt ja, dein Lebenslauf und deine Bewerbung müssen zur Stellenanzeige passen. Hast du die Anzeige genau gelesen?
- Ich glaube schon. Warum ist das so wichtig?
- Wenn du eine Anzeige liest, musst du dich fragen, was für einen Mitarbeiter das Unternehmen sucht. In Stellenanzeigen werden nämlich die Aufgaben, die der neue Mitarbeiter übernehmen soll, beschrieben und die Qualifikationen genannt, die er braucht.
- Also hier in der Anzeige steht, dass der neue Mitarbeiter z. B. Grünanlagen pflegen und Rasen mähen soll.
- Ja. Du musst also in deiner Bewerbung zeigen, dass du das schon gemacht hast – z. B. während deiner Umschulung oder in einem Praktikum.
- OK, ich verstehe.
- Und dann werden hier in der Anzeige unter „Ihre Qualifikationen" die Voraussetzungen beschrieben, die du für die Stelle brauchst.
- Was meinst du mit Voraussetzungen?
- Also die Firma Max Huber möchte wissen, ob du die richtige Kandidatin für die Stelle bist. Es gibt ja meistens viele Stellensuchende. Bringst du also die fachlichen Voraussetzungen mit, die die Firma sucht?
- Ich muss also in der Bewerbung zeigen, dass meine Ausbildung und meine Berufserfahrung zur Stelle passen.
- Ganz genau. Und vergiss nicht, deine Stärken zu nennen.
- Also, dass ich belastbar und freundlich bin.
- Ja, zum Beispiel.
- Hier ist mein Lebenslauf. Du siehst, ich …

Das Vorstellungsgespräch

ATS 1 b

1
- Frau Müller, haben Sie sich schon für eine bestimmte Farbe für die Wände entschieden?
- Nein, noch nicht. Kann ich bitte die Farbmuster noch einmal sehen?
- Natürlich, hier bitte.
- Was halten sie von diesem Türkis für die Wände?
- Das ist eine schöne Farbe, aber sehr dunkel. Das Zimmer ist ja ziemlich klein. Ich glaube, dass eine helle Farbe besser wäre.

- Da haben Sie wahrscheinlich recht. Dieses helle Mint gefällt mir auch sehr gut. Ich glaube die Farbe würde auch gut zu den Möbeln passen. Was meinen Sie?
- Ja, das würde schon gut passen …

2
- Mann: Hast du meinen Projektbericht für den letzten Monat schon gelesen?
- Frau: Fast. Ich muss noch die letzte Seite lesen. (…) Ja, das sieht doch gut aus. Sehr klar und sehr übersichtlich. Gibt es noch Risiken?
- Nein. Wir werden mit dem Projekt wie geplant am Ende vom Monat fertig.
- Das ist sehr gut. Hast du auch …

3
- Guten Tag, Frau Vulpesco. Ich bin Frau Obermeier, die Personalchefin. Nehmen Sie doch bitte Platz.
- Guten Tag, Frau Obermeier. Vielen Dank für die Einladung.
- Haben Sie den Weg gut gefunden?
- Ja, es war kein Problem.
- Möchten Sie etwas trinken? Vielleicht einen Kaffee oder Tee?
- Einen Kaffee, bitte.
- Also, Frau Vulpesco, erzählen Sie doch mal etwas über sich.
- Ich bin in Rumänien – in Bukarest – zur Schule gegangen und habe dort …

4
- Guten Tag.
- Guten Tag. Was kann ich für Sie tun?
- Ich suche ein neues Fahrrad.
- Da sind Sie bei uns richtig. Wissen Sie schon, was für ein Fahrrad Sie kaufen möchten?
- Nein.
- Wofür brauchen Sie denn ein Rad?
- Also ich möchte mit dem Rad zur Arbeit fahren und am Wochenende möchte ich auch kleinere Touren machen.
- Gut, und wie viel Geld wollen Sie für ein neues Rad ausgeben?
- Nicht mehr als 700 €.
- Ich zeige Ihnen hier mal ein Fahrrad, das gut zu Ihnen passen könnte. Denn …

5
- Wie war dein Wochenende?
- Sehr schön. Ich habe mit meiner Freundin am Sonntag eine Radtour gemacht. Hier – ich hab ein paar Fotos gemacht.
- Wo wart ihr denn?
- Wir sind mit der S-Bahn nach Hechendorf gefahren und dann zum Ammersee geradelt. Und was hast du gemacht?

Hörtexte

- Nicht viel. Ich habe mir das Fußballspiel im Fernsehen angeschaut. Wir haben wieder verloren.
- Die Pause ist leider gleich vorbei. Wir müssen jetzt …

A 1 b

- Hallo?
- Hi, Hossein.
- Hallo, Schwesterchen, was gibt's?
- Ich habe mich doch vor drei Wochen auf die Stelle als Gartenarbeiterin beworben.
- Und …
- Heute habe ich eine Einladung zu einem Vorstellungsgespräch bekommen.
- Das ist doch toll. Freust du dich?
- Natürlich, aber ich bin total aufgeregt. Das ist mein erstes Vorstellungsgespräch.
- Wann findet das Vorstellungsgespräch denn statt?
- In zwei Wochen.
- Da hast du ja viel Zeit, um dich vorzubereiten.
- Was soll ich anziehen?
- Zieh doch einfach eine Hose und eine Bluse an. Das passt bestimmt. Du willst ja für einen Gartenbetrieb arbeiten. Natürlich müssen deine Schuhe auch sauber sein.
- Das ist doch klar. Ich bin ja nicht blöd. Ich habe vor allem Angst, dass ich die Fragen im Gespräch nicht gut beantworten kann.
- Da musst du keine Angst haben. Die wollen dich kennenlernen und sehen, was für ein Mensch du bist. Und sie wollen bestimmt auch wissen, was du bis jetzt gemacht hast.
- Vielleicht kannst du mir ja bei der Vorbereitung auf das Vorstellungsgespräch helfen.
- Klar. Ich könnte am Freitag gleich nach der Arbeit zu dir kommen?
- Ja, das passt mir sehr gut.
- Hast du eigentlich den Termin für das Vorstellungsgespräch schon bestätigt? Das sollte man immer so schnell wie möglich machen.
- Nein, ich wusste nicht, dass man das tun soll. Danke für den Tipp. Das mache ich gleich. Also …

A 3 c

Hallo, Frau Sarif. Hier spricht Frau Deutz von der Max Huber GmbH. Ich rufe Sie an, weil wir leider den Termin für Ihr Vorstellungsgespräch am 15.09. verschieben müssen. Können Sie auch am 17.09. um 11.00 Uhr kommen? Bitte rufen Sie mich zurück. Auf Wiederhören.

B 3 a

- Ich begrüße jetzt im Studio Dr. Fritz. Er ist Personalmanager und Karriereberater und hält häufig Vorträge in den Berufsinformationszentren. Herr Dr. Fritz, viele Bewerberinnen und Bewerber haben Angst vor Vorstellungsgesprächen.
- Ja, das stimmt. Wenn ein Bewerber eine Einladung zu einem Vorstellungsgespräch bekommt, freut er oder sie sich zunächst über die Einladung. Aber dann rückt der Termin für das Gespräch immer näher und viele Kandidaten bekommen Angst. Nervosität vor einem Vorstellungsgespräch ist aber normal.
- Wie läuft ein Vorstellungsgespräch eigentlich ab?
- Jedes Gespräch ist anders. Aber es gibt bestimmte Phasen und Themen in den Gesprächen, die in fast jedem Bewerbungsgespräch vorkommen.
- Das heißt, die meisten Vorstellungsgespräche verlaufen nach einem ähnlichen Muster?
- Genau. Die meisten dauern zwischen 30 und 60 Minuten. Jedes Gespräch beginnt mit einer Begrüßung. Man gibt sich gegenseitig die Hand. Eine typische Frage in dieser Phase ist: „Haben Sie gut zu uns gefunden?" Oder auch: „Wie war Ihre Anreise?" Diese Fragen gehören zum Smalltalk. Hier sollten die Bewerber freundlich antworten und ein bisschen plaudern.
- Und was passiert nach der Begrüßung?
- In der Regel werden die Bewerber auch gefragt, ob sie etwas trinken möchten. Bewerber sollten immer mit einem „Ja" antworten. Meistens bietet man Wasser, Säfte, Kaffee oder Tee an. Und jetzt ist man in der Kennenlern-Phase. Häufig kommt dann die Aufforderung: „Dann erzählen Sie doch einmal kurz etwas von sich."
- Wie lange sollte denn diese Selbstvorstellung dauern?
- Nicht länger als zwei oder drei Minuten. Sie fassen hier Ihren Lebenslauf zusammen und sagen, wer Sie sind, was Sie können, welche Stärken Sie haben und was Sie beruflich wollen. Das müssen die Bewerber natürlich vorher auch üben.
- Dann müssen die Bewerber doch auch Fragen beantworten.
- Natürlich. Es gibt beispielsweise Fragen zum Lebenslauf oder zu den Stärken und Schwächen. Die Personalchefs stellen auch oft noch Fragen: „Welche Kenntnisse bringen Sie für die Stelle mit?" „Warum möchten Sie bei uns arbeiten?" Oder: „Wie arbeiten Sie am liebsten?"
- Da bin ich froh, dass ich mich nicht auf ein Vorstellungsgespräch vorbereiten muss. Und was kommt nach der Selbstvorstellung?

- Dann stellt sich das Unternehmen kurz vor – also die Produkte und Dienstleistungen. Und natürlich wird auch die Stelle beschrieben, für die ein Mitarbeiter oder eine Mitarbeiterin gesucht wird.
- Und wie geht es dann weiter?
- Jetzt kann der Bewerber selbst Fragen stellen. Ja, und dann erfolgt die Verabschiedung. Nach dem Vorstellungsgespräch sollten sich die Bewerber übrigens in einer Mail für das Gespräch bedanken.
- Vielen Dank, Herr Dr. Fritz für die Informationen. Jetzt geht es weiter mit …

C 2 a

- Guten Tag, Frau Sarif. Ich bin Frau Deutz.
- Guten Tag, Frau Deutz.
- Nehmen Sie bitte Platz.
- Danke.
- Haben Sie uns gut gefunden?
- Ja, der Weg zu Ihnen war kein Problem für mich. Ich wohne ja schon seit vier Jahren in München. Ich bin mit der U-Bahn gefahren.
- Möchten Sie etwas trinken? Einen Kaffee oder ein Wasser?
- Ein Glas Wasser, bitte. (…) Vielen Dank.
- Sie interessieren sich also für die Stelle als Gartenarbeiterin?
- Ja, genau.
- Gut, ich sehe in Ihrem Lebenslauf, dass Sie eine Umschulung zur Gartenarbeiterin gemacht haben?
- Ja, ich habe eine zweijährige Umschulung im Berufsbildungswerk hier in München gemacht.
- Dann erzählen Sie doch einmal kurz etwas von sich.
- Ich komme aus dem Iran, aus Arak. In Arak bin ich in die Grundschule und dann an eine Oberschule gegangen. Meinen Abschluss habe ich 2010 gemacht. Nach der Schule habe ich zwei Jahre lang im Geschäft von meinem Onkel gearbeitet. 2013 kam ich dann nach Deutschland und habe einen Asylantrag gestellt. 2014 habe ich die Anerkennung und das Bleiberecht bekommen. Anschließend habe ich zwei Jahre lang an der Volkshochschule in München Deutsch gelernt und die DTZ-Prüfung bestanden. Da ich schon immer an der frischen Luft arbeiten wollte und ich auch Grünanlagen und Parks gestalten wollte, habe ich eine Umschulung zur Gartenarbeiterin beim Berufsbildungswerk gemacht. Da habe ich alle Aspekte des Berufs kennengelernt.

Ein neuer Arbeitsplatz

ATS 1 a

1
- Guten Tag, mein Name ist Sergej Smirnow. Heute ist mein erster Arbeitstag. Ich soll mich hier am Empfang melden.
- Herzlich willkommen, Herr Smirnow. In welcher Abteilung arbeiten Sie?
- Ich arbeite in der Einkaufsabteilung.
- Dann rufe ich jetzt die Abteilungsleiterin Frau Delitsch an. Sie holt Sie hier ab.
- Vielen Dank.

2
- So, Herr Smirnow, das ist Ihr Mitarbeiterausweis.
- Bekomme ich auch Büroschlüssel?
- Ja, aber wir müssen erst neue Schlüssel beim Schlüsseldienst machen lassen. Übermorgen können Sie die Schlüssel abholen.
- In Ordnung.

3
- So, Herr Smirnow, das hier ist Ihr Schreibtisch. Darf ich Ihnen Frau Marini vorstellen?
- Guten Tag, mein Name ist Sergej Smirnow. Freut mich, Sie kennenzulernen.
- Guten Tag, Herr Smirnow. Ich freue mich ebenso.
- Frau Marini zeigt Ihnen dann die Abteilung genauer.

A 2 a

- Frau Sohr, was ist wichtig am ersten Arbeitstag, worauf muss die Firma achten?
- Für den ersten Arbeitstag gibt es keine allgemeinen Regeln und für neue Mitarbeiter ist er je nach Firma sehr unterschiedlich. Man muss auch den Unterschied zwischen kleinen Firmen mit wenigen Mitarbeitern und großen Firmen mit sehr vielen Mitarbeitern berücksichtigen. In kleinen Firmen ist der erste Arbeitstag von neuen Mitarbeitern oft weniger geregelt als in großen Firmen. Trotzdem gibt es einige Dinge, die in allen Firmen gelten sollten.
- Können Sie uns das genauer erklären?
- Gerne. Wichtig ist zuerst, dass ein Mitarbeiter des Unternehmens oder der oder die Vorgesetzte den neuen Mitarbeiter empfängt und ihn begrüßt. Dann sollte der neue Mitarbeiter einen festen Ansprechpartner bekommen, an den er sich mit Fragen wenden kann.
- Und das ist alles?
- Nein, der neue Mitarbeiter sollte auch

allgemeine Informationen über die Hausordnung oder die Dienstvorschriften bekommen.

- Was ist noch wichtig?
- Alle Unterlagen, die die Firma von dem neuen Mitarbeiter braucht, werden eingesammelt und an die Personalabteilung weitergegeben. Anschließend erhält der Mitarbeiter einen Schlüssel und einen Mitarbeiterausweis und seine Dienstkleidung. Außerdem brauchen neue Mitarbeiter Orientierung.
- Orientierung? Was meinen Sie damit?
- Der Vorgesetzte oder Kollegen sollten eine Führung durch die Firma machen und neuen Mitarbeitern z. B. zeigen, wo die Kantine und die Teeküche sind. Außerdem ist es wichtig, dass neue Mitarbeiter die Regeln für die Arbeitszeit kennenlernen, also z. B. wann die Kernarbeitszeitzeit ist, wo alle Mitarbeiter an ihrem Arbeitsplatz sein müssen, und wann die Gleitzeit beginnt und aufhört. Außerdem sollten sie die Regeln für Pausen kennenlernen.
- Und der Arbeitsplatz?
- Danach zeigt der Vorgesetzte in der Abteilung dem neuen Mitarbeiter seinen Arbeitsplatz erklärt ihm zum Beispiel in einer Fabrik die Geräte und Maschinen. Der Vorgesetzte stellt dann dem neuen Mitarbeiter auch die Arbeitskollegen vor.
- Und wann geht es dann richtig los mit der Arbeit?
- In der Regel werden neue Mitarbeiter eingearbeitet, d. h. sie müssen Routine bekommen, damit sie ihre Aufgaben gut erledigen können. Schon am ersten Tag sollten sie eine leichte Aufgabe bekommen, die sie lösen müssen. Wenn sie Hilfe brauchen, können sie dann die Kollegen oder den Ansprechpartner fragen.

B 3 a

- Kann ich Ihnen helfen?
- Ja, gerne. Wo finde ich das Sekretariat?
- Das Sekretariat ist im ersten Obergeschoss. Sie können die Treppe benutzen. Gehen Sie geradeaus den Gang entlang. Die Treppe ist neben der Kantine. Im ersten Obergeschoss gehen Sie links. Das Sekretariat finden sie neben der Geschäftsleitung.
- Vielen Dank.

C 2 a

- Guten Morgen, Leute.
- Guten Morgen, Chef.
- Gestern war es etwas hektisch, und ich hatte keine Zeit, unseren neuen Kollegen vorzustellen.

Das ist Mustafa Aziz. Er ist gelernter Glaser wie Rolf und Hans und wird uns ab jetzt unterstützen.

- Hallo.
- Ich bin Rolf Tinker. Freut mich.
- Und ich heiße Tamara Netrokawa.
- Ich bin Susanne Kreis. Ich bin hier die Sekretärin.
- Ich bin Hans Moser. Ich muss auch gleich gehen, denn ich fahre nach Siegburg. Dort wurden auf einer Baustelle falsche Fenster geliefert und ich muss die Sache jetzt in Ordnung bringen. Um acht Uhr habe ich einen Termin mit dem Architekten.
- Es freut mich, Sie alle kennenzulernen.
- Heute gibt es viel zu tun. Deshalb müssen wir den Tagesablauf noch einmal genau besprechen. Wir haben heute mehrere Termine. Um 8.15 Uhr sollen wir bei Frau Sendlinger die neuen Fenster einbauen. Sie wartet schon seit drei Wochen. Tamara und Rolf, könnt ihr das machen?
- Kein Problem, das können wir machen. Tamara ist ja schon im dritten Ausbildungsjahr und das schaffen wir auf jeden Fall zu zweit.
- Prima, dann kommt danach die Stadtverwaltung. Dort müssen wir Fenster reparieren. Das mache ich zusammen mit Mustafa.
- OK.
- Tamara und Rolf, wenn ihr bei Frau Sendlinger fertig seid, kommt doch bitte in die Stadtverwaltung und helft uns. Sicher seid ihr bis halb zwölf Uhr bei Frau Sendlinger fertig und könnt dann bis 12.00 Uhr bei der Stadtverwaltung sein
- Ich glaube, vor 13.00 Uhr können wir nicht kommen. Nach dem Termin bei Frau Sendlinger müssen wir noch Silikon im Baumarkt holen. Das schaffen wir sicher nicht vor 12.00 Uhr.
- OK, dann kommt nach der Mittagspause um halb zwei in die Stadtverwaltung. Also, dann an die Arbeit.
- Vorher habe ich noch etwas. Marion, kannst du bei der Firma Steinbrink anrufen? Sie brauchen ein Angebot für ein Bauprojekt im Stadtzentrum.
- Ja, in Ordnung.

C 4

- Kannst du heute in der Heidestraße Nummer 5 zwei Fenster austauschen?
- Ich denke, das klappt, ich nehme Jessica mit.
- Ihr solltet bis 11.00 Uhr fertig sein.
- Ich habe meine Zweifel, dass wir das bis 11.00 Uhr schaffen. Wir haben doch um 9.00 Uhr einen Termin am Rennplatz.

- Ach ja, richtig, das habe ich vergessen. Könnt ihr es bis 13.00 Uhr schaffen?
- Ja, das kann klappen.
- OK, dann rufe ich im Rennweg bei Frau Mahler an und sage, dass ihr so zwischen 10.00 und 11.00 Uhr kommt.
- Ja, in Ordnung. Und danach machen wir dann Mittagspause.

D 1b

1
- Herr Marcos, in unserer Firma ist es üblich, dass sich alle Mitarbeiter duzen. Das gilt auch für mich als Abteilungsleiter. Ich heiße Ludwig.
- Das freut mich, Herr Santander, äh … Ludwig. Ich bin Pedro.

2
- Frau Tanaka, sicher bin ich einige Jahre älter als Sie, aber weil wir jetzt schon einige Monate sehr gut zusammenarbeiten, sollten wir nicht mehr so förmlich sein und Du zu-einander sagen. Mein Vorname ist Elham.
- Toll, Elham. Ja, wir sollten uns duzen. Ich bin Ayaka.

3
- Guten Tag, mein Name ist Robert Hansen. Ich bin neu hier in der Firma. Sie sind Frau Olsen, richtig?
- Also, unter Kollegen duzen sich hier alle Mitarbeiter. Ja, mein Nachname ist Olsen, aber hier bin ich Svenja. Freut mich, dich kennenzulernen, Robert.
- Ja, also dann guten Tag, Svenja.

Der Arbeitsalltag

B 3b

1
- Schau mal!
- O je! Das wird sicher sehr viel Arbeit.
- Ganz sicher. Das dauert mindestens acht Stunden.
- Sag mal dem Chef Bescheid.
- Ich rufe ihn gleich an.

2
- Dazu kann ich Ihnen leider nichts sagen.
- Könnte ich dann bitte direkt mit Herrn Wenselowski sprechen?
- Ja, aber im Moment ist er leider in einer Be-sprechung. Würden Sie bitte kurz warten? Ich gebe ihm Bescheid, dass Sie da sind.
- Ja gern, dann warte ich hier.
- Gut, nehmen Sie doch bitte Platz.
- Vielen Dank.

3
- Ist das alles? Wir haben nur 20 Liter Milch bekommen, aber es sollten 40 sein.
- Moment mal … Hier auf dem Lieferschein steht 20 Liter. Die Menge stimmt also.
- Dann hat wohl jemand das Bestellformular falsch ausgefüllt. Wir brauchen 40 Liter.
- Dann ist es am besten, du rufst gleich im Großmarkt an und machst eine Nachbestellung.

B 4b

1 Könnten Sie bitte Ihrem Chef Bescheid sagen?

2 Kannst du mal schnell ins Lager gehen?

3 Machst du das?

C 2a

1
- Röttiger GmbH Tanja Kaminsky, guten Morgen.
- Guten Morgen, Frau Kaminsky, hier spricht Xenia Nikolaidis. Ich würde gern mit Herrn Kettgen sprechen, wenn das möglich ist.
- Ich will mal sehen, ob ich durchstellen kann. Bleiben Sie bitte am Apparat.
- Ja, vielen Dank … ((kurze Pause))
- Hören Sie, Frau Nikolaidis?
- Ja? Die Leitung ist gerade belegt. Kann er Sie später zurückrufen oder möchten Sie eine Nachricht hinterlassen?
- Er kann mich zurückrufen, aber erst ab 14 Uhr. Bis dahin bin ich unterwegs.
- Heute Nachmittag ist Herr Kettgen nicht mehr im Haus. Kann er Sie auch per Handy erreichen?
- Ja, natürlich. Meine Handynummer ist 0176 22 88 7 444.
- Können Sie das noch einmal wiederholen?
- Noch einmal langsam, zum Mitschreiben: 0 – 1 – 7 – 6 – 2 – 2 – 8 – 8 – 7 – 4 – 4 – 4
- Vielen Dank. Ich gebe Herrn Kettgen Ihre Nummer.

2
- Röttiger GmbH, Tanja Kaminsky am Apparat.
- Hallo Tanja, hier ist Aneta. Ich kann heute nicht kommen. Ich bin krank.
- Das höre ich. Du hast dich ja schon gestern etwas schlecht gefühlt. Gehst du später zum Arzt?
- Ja, ich habe um halb elf einen Termin. Ich habe noch eine Bitte an dich.
- Ja, was soll ich machen?

- Kannst du dem Hausmeister ausrichten, dass der neue Mitarbeiter noch keine Büroschlüssel hat?
- Klar, das mache ich. Und dir erstmal gute Besserung.
- Danke, bis bald.

3
- CopyShop Milchstraße, Sie sprechen mit Herrn Meier. Was kann ich für Sie tun?
- Guten Tag, hier spricht Tanja Kaminsky von der Röttiger GmbH. Sie haben bei uns drei Kopiergeräte der Marke Usta bestellt. Wir liefern die Kopierer in der nächsten Woche.
- Ja, ich weiß. Gibt es ein Problem?
- Nein, wir möchten nur gerne wissen, ob wir die Kopierer nur liefern oder auch aufbauen und die Kopierprogramme einrichten sollen.
- Einen Moment, da muss ich meinen Kollegen fragen. Ich bin gleich zurück.
- Ja, ich warte …
- So, jetzt bin ich wieder da. Die Programme kann mein Kollege einrichten, aber es wäre sehr gut, wenn Sie die Kopierer aufbauen könnten. Außerdem brauchen wir noch einen Wartungsvertrag. Können Sie uns einen Entwurf dafür per E-Mail schicken?
- Ja, das mache ich. Alles Weitere können Sie dann mit dem Mechaniker, der nächste Woche mit den Kopierern kommt, besprechen.
- Vielen Dank. Ich wünsche Ihnen noch einen schönen Tag. Auf Wiederhören.
- Gleichfalls. Auf Wiederhören.

⑩ Arbeitsschutz

ATS 1 a

- Frau Hornbach, Sie sind Versicherungsexpertin und Gutachterin für Arbeitsunfälle. Welche Berufe haben besonders hohe Risiken?
- Es gibt in jedem Beruf Risiken, die manchmal höher sind und manchmal nicht so hoch. So ist zum Beispiel eine Arbeit im Büro nicht so risikoreich wie ein Job auf dem Bau, aber auch im Büro kann es Unfälle geben. Zum Beispiel können Büromitarbeiter über Computerkabel, die am Boden liegen, stolpern und sich verletzen.
- Das passiert aber sicher nicht so oft, oder?
- Nein, aber es passiert. Ein hohes Unfallrisiko haben zum Beispiel Dachdecker. Es reicht oft schon ein falscher Schritt und man stürzt vom Dach, so dass man sich verletzt und oft lange Zeit oder gar nicht mehr arbeiten kann. Ein anderes Beispiel für gefährliche Berufe sind Gleisbauer, also

Personen, die an den Eisenbahngleisen arbeiten. Sie arbeiten mit sehr schweren Metallteilen, die ihnen zum Beispiel auf die Füße fallen können und das größte Risiko ist natürlich, dass sie von einem vorbeifahrenden Zug erfasst werden können.
- Welche Risiken gibt es in anderen Berufen?
- Auch Mitarbeiter in der Gastronomie haben Unfallrisiken. Es kommt zum Beispiel oft vor, dass sich Kellner oder Kellnerinnen an Glasscherben schneiden, wenn sie ausrutschen und mit einem Tablett voller Getränke hinfallen.
- Es gibt tatsächlich viele Risiken bei der Arbeit, an die man oft gar nicht denkt.
- Ja, das ist auch der Grund, warum es Regeln und Gesetze für den Arbeitsschutz und Sicherheitshinweise in den Firmen gibt, die alle Mitarbeiter beachten müssen.

B 2 a

1 Ich bin die Chefin hier im Betrieb, da muss ich natürlich wissen, welche möglichen Gefahren es für meine Mitarbeiter am Arbeitsplatz gibt, und sie darüber informieren und sie schützen. Meinen Mitarbeitern muss ich auch Arbeitskleidung kostenlos zur Verfügung stellen. Wichtig ist auch, dass es im Betrieb Flucht- und Rettungspläne gibt. Es gibt viele Gesetze für Arbeits- und Gesundheitsschutz, die wir beachten müssen. Zum Beispiel das Arbeitsschutzgesetz und das Gesundheitsschutzgesetz.

2 Ich bin bei uns Brandschutzhelfer. Wenn es Feueralarm gibt, muss ich kontrollieren, dass alle Kollegen das Gebäude verlassen und die Fenster geschlossen sind. Außerdem ist es meine Verantwortung, dass alle Kollegen zum Sammelplatz gehen. Als Brandschutzhelfer muss ich auch immer wieder Fortbildungen besuchen und meinen Kollegen die Regeln für den Brandschutz erklären. Es gibt regelmäßig Probealarm, um zu sehen, ob alles klappt.

3 Ich bin neu hier im Betrieb. Gestern habe ich die Sicherheitsbestimmungen bekommen. Darin steht, welche Sicherheitsvorschriften ich beachten muss und welche Arbeitskleidung ich tragen muss. Heute erklärt mir der Meister die Arbeitsgeräte und Maschinen und ich nehme an einem Sicherheitstraining teil. Danach muss ich unterschreiben, dass ich an dem Training teilgenommen habe.

4 Ich bin schwanger. Meinem Arbeitgeber muss ich die Schwangerschaft mitteilen, damit er meine

Gesundheit am Arbeitsplatz schützen kann. Ich darf keine körperlich schweren Arbeiten mehr machen und mit gefährlichen Stoffen darf ich auch nicht mehr arbeiten. Sechs Wochen vor der Geburt meines Kindes muss ich nicht mehr in der Firma arbeiten, ich darf aber arbeiten, wenn ich das möchte. Nach der Entbindung darf ich acht Wochen nicht arbeiten.

D 3

- Feuerwehr und Rettungsdienst Stuttgart, Notrufzentrale, guten Tag.
- Guten Tag, mein Name ist … Hier in der Firma Lasotek ist ein Unfall passiert. Wir brauchen einen Arzt.
- Wo genau ist der Unfallort?
- In der Lasotek Maschinenbau AG in der Hauptstraße 52.
- Bitte erklären Sie mir genau, was passiert ist.
- Mein Kollege hat auf dem Gerüst gearbeitet, als es umgefallen ist. Er liegt jetzt verletzt am Boden und hat starke Schmerzen.
- Können Sie mir sagen, welche Art von Verletzungen Ihr Kollege hat?
- Er hat eine Platzwunde am Kopf und blutet stark. Außerdem kann er das rechte Bein nicht bewegen und hat Rückenschmerzen.
- Sagen Sie bitte noch einmal Ihren Namen und Ihre Rückrufnummer.
- Ich heiße … Die Telefonnummer ist 0172 335 1741.
- Wir schicken Ihnen sofort einen Rettungswagen. Er wird in etwa zehn Minuten bei Ihnen sein. Bitte warten Sie am Firmeneingang, damit Sie dem Notarzt und den Sanitätern den Weg zeigen können.
- Ja, das mache ich. Vielen Dank.

Termine

ATS 1 b

1
- Frau Schmidt, haben Sie den Bericht über das Projekt mit der Firma Rutten schon geschrieben? Er muss spätestens heute Abend fertig sein.
  - Ich bin fast fertig. Ich habe allerdings eine Frage. Soll ich hier …

2
- Guten Tag. Ich komme von den Stadtwerken Unterrode. Ich muss Ihren Zählerstand ablesen.

- Kommen Sie herein. Ich wollte jetzt zur Arbeit gehen. Ich dachte, Sie kommen zwischen 9.00 und 10.00 Uhr.
- Tut mir leid. Aber wir hatten Probleme mit …

3
- Hallo, Chef. Hier spricht Mustafa.
- Hallo, Mustafa. Was gibt's? Habt ihr die Möbel schon an den Kunden ausgeliefert?
- Nein, deshalb rufe ich an. Es gibt ein Problem. Herr Müller ist nicht zu Hause. Wir sollten doch die Möbel heute zwischen 14.00 und 16.00 Uhr anliefern, oder?
- Einen Moment. Ich schau noch mal nach (…) richtig, das war der Termin.
- Was sollen wir jetzt tun, Chef?
- Am besten ihr ruft noch mal …

4
- Wird der Maler heute noch fertig? Sie wissen ja, das Fenster muss auch noch eingebaut werden, denn der Bodenleger kommt übermorgen und verlegt den Teppichboden. Den Termin können wir auf keinen Fall verschieben.
- Das ist kein Problem. Hakan streicht noch heute die eine Wand dort. Und morgen früh wird das Fenster eingebaut. Das dauert nicht lange. Sie können sich auf uns verlassen.
- Dann bin ich ja beruhigt. Wir müssen die Wohnung pünktlich übergeben. Das haben wir vertraglich zugesagt.

5
- Guten Tag, Sie sprechen mit Ralf Stegner.
- Hallo. Tina Strunz, hier. Könnte ich bitte mit Herrn Baum sprechen?
- Tut mir leid. Er ist in einer Besprechung. Kann ich ihm etwas ausrichten?
- Ja. Wir haben heute einen Termin um 11.00 Uhr. Ich stecke aber leider im Stau und komme wahrscheinlich eine halbe Stunde zu spät.
- Ich sage es ihm.
- Vielen Dank. Auf Wiederhören.

A 1 a

- Guten Tag. Hier Möbelhaus Walter, Müller am Apparat. Spreche ich mit Frau Dreißig?
- Ja.
- Schön, dass ich Sie erreiche. Wir haben Ihre Möbel vom Hersteller bekommen. Ich möchte jetzt gern einen Liefertermin mit Ihnen vereinbaren. Wir könnten sie Ihnen noch diese Woche Freitag zwischen 14.00 und 17.00 Uhr anliefern.
- Am kommenden Freitag? Einen Moment, ich schaue in meinen Terminkalender (…) nein, das geht leider nicht. Am Freitagnachmittag muss

ich arbeiten. Geht es bei Ihnen auch am nächsten Montag? Da habe ich einen Gleittag und bin den ganzen Tag zu Hause.

- Nein, der Montag geht leider nicht. Da hat unsere Spedition keine Termine mehr frei. Ich könnte Ihnen den nächsten Mittwoch zwischen 9.00 und 11.00 Uhr anbieten.
- Hm, der Mittwoch passt mir, aber nicht zwischen 9.00 und 11.00 Uhr. Geht es auch später?
- Ja, die Spedition könnte auch zwischen 14.00 und 16.00 Uhr kommen.
- Sehr gut. Wie lange brauchen Sie denn, um die Möbel aufzubauen? Ich muss nämlich noch mein Kind vom Sport abholen.
- Ich denke, das dauert ungefähr eine Stunde.
- Gut, das müsste passen.
- Sehr schön. Sie wohnen in der Brunnenstraße 12, richtig?
- Ja. Im dritten Stock links.
- Prima, dann bringen wir den Schrank und das Bett nächste Woche Mittwoch zwischen 14.00 und 16.00 Uhr in die Brunnenstraße 12.

A 2a

- Guten Tag, Frau Dreißig. Hier Müller vom Möbelhaus Walter am Apparat. Es gibt ein Problem mit der Lieferung Ihrer Möbel. Wir müssen den Liefertermin heute Nachmittag leider kurzfristig verschieben. Der LKW hatte nämlich eine Panne. Wir müssen deshalb einen neuen Termin vereinbaren.
- Das ist aber ärgerlich. Können Sie die Möbel morgen liefern?
- Ja, das geht. Wir können Ihnen Ihre Möbel entweder am Vormittag oder am Nachmittag bringen. Wann würde es Ihnen besser passen?
- Morgen habe ich Frühschicht. Ich kann also schon um 14.30 Uhr zu Hause sein. Also ab 15.00 Uhr würde es mir sehr gut passen.
- Ja, das geht. Unsere Spedition wird also zwischen 15.00 und 17.00 Uhr bei Ihnen sein und dann Ihre Möbel aufbauen.
- Okay, meine Möbel werden also definitiv morgen Nachmittag geliefert? Der Termin wird nicht noch einmal verschoben?
- Nein, auf keinen Fall. Auf Wiederhören und vielen Dank für Ihr Verständnis.

A 2c

- Hier ist die Mailbox von Richard Lauer. Bitte sprechen Sie nach dem Ton. ((Piepton))
- Guten Tag, Herr Lauer. Hier spricht Herr Müller vom Möbelhaus Walter. Es tut mir leid, aber wir müssen den Liefertermin für Ihr Regal morgen leider kurzfristig absagen. Der Hersteller hat Ihr Regal leider nicht wie versprochen geliefert. Er sollte aber übermorgen bei uns angeliefert werden. Rufen Sie mich doch bitte zurück, damit wir einen neuen Termin vereinbaren können. Meine Nummer ist 0163 44 31 26 7. Vielen Dank. Auf Wiederhören.

B 1a

- Hallo, Ari. Bist du schon bei Computer Systems?
- Nein, leider noch nicht. Der Termin bei der Firma Karl Lang hat länger gedauert als geplant. Ich bin aber unterwegs.
- Konntest du die Kaffeemaschine reparieren?
- Ja, ich habe den Fehler gefunden. Aber jetzt bin ich spät dran.
- Ich sehe in deinem elektronischen Kalender, dass du nach dem Termin um elf bei Computer Systems in der Wilhelmstraße eine Lücke bis 15.00 Uhr hast, richtig?
- Richtig. Ich muss bei Computer Systems die neuen Kaffeevollautomaten aufstellen. Ich habe den Termin eben um eine halbe Stunde verschoben. Danach wollte ich ins Büro kommen, warum?
- Herr Dr. Rug möchte kurzfristig, dass du heute nachmittag mit ihm zu einem neuen Kunden, Gärtner Automotiv, fährst.
- Wann ist der Termin?
- Um 13.00 Uhr in der Augsburger Straße 14. Es geht um einen großen Auftrag. Dr. Rug hat doch in der letzten Teambesprechung davon berichtet.
- Ja, ich erinnere mich.
- Genau. Und da du dich mit den verschiedenen Vollautomaten so gut auskennst, möchte Dr. Rug dich beim Verkaufsgespräch dabeihaben.
- Das wird sehr knapp. Wie viel Zeit hat er für den Termin eingeplant?
- Eineinhalb Stunden.
- Ich muss ja um halb drei noch zu dem Termin bei der Kunert GmbH in die Südstadt. Und ich möchte nicht wieder zu spät kommen.
- Ich weiß. Aber das dürfte zeitlich kein Problem sein, oder?
- OK. Hoffentlich gibt es keinen Stau. Sag bitte Herrn Dr. Rug, dass ich ihn direkt bei Gärtner Automotiv kurz vor eins treffe.
- Das geht leider nicht. Er ist nicht mehr im Büro. Kannst du ihm bitte kurz mailen, dass der Termin in Ordnung geht?
- Mach ich. Bis später.

C 2a

1. • Entschuldigung.
   • Herr Kurz, Sie kommen ja schon wieder zu spät zur Teamsitzung. Ich möchte Sie bitten, zukünftig pünktlich zu kommen.
   • Es tut mir leid. Aber ich hatte ein wichtiges Telefonat mit einem Kunden.

2. • Mirko, du kommst schon wieder zu spät zur Arbeit. Wenn das noch einmal vorkommt, dann muss ich die Personalabteilung informieren.
   • Es tut mir leid, es hat ja gestern Nacht geschneit und der Bus kam leider zu spät.
   • Dann musst du morgens früher losfahren.
   • OK. Es soll nicht wieder vorkommen.
   • Das will ich hoffen.

3. • Möbelspedition Zink, hier.
   • Na endlich. Ich dachte, Sie kommen um zwei. Jetzt ist es drei. Ich habe noch einen Termin.
   • Tut uns leid. Aber wir haben beim letzten Kunden länger gebraucht und dann gab es noch Stau auf der Stadtautobahn.

Aufträge

A 1a

1. • Enderle Wärmeservice, Berta Morales am Apparat, was kann ich für Sie tun?
   • Guten Tag, mein Name ist Amanda Paulsen. Unsere Heizung muss gewartet werden.
   • Waren wir schon einmal bei Ihnen?
   • Nein, bis jetzt hat das immer eine andere Firma gemacht, aber die hat jetzt geschlossen.
   • Können Sie bitte noch einmal Ihren Namen sagen?
   • Amanda Paulsen.
   • Können Sie mir sagen, welchen Heizungstyp Sie haben und wie die Gerätenummer ist?
   • Die Nummer finde ich leider nicht, aber es ist eine Gasheizung von der Firma Baderas. Sie ist jetzt fünf Jahre alt.
   • Danke für die Information. Wie ist Ihre genaue Adresse?
   • Kantstraße 45.

2. • Schenk Logistik, Sie sprechen mit Herrn Wächter.
   • Guten Tag mein Name ist Sergej Bourmistrov. Ich habe gehört, dass Sie regelmäßige Touren nach Hamburg fahren.
   • Ja, das ist richtig. Wir fahren jeden Dienstag und Freitag von Heidelberg nach Hamburg.
   • Ich habe einen großen Schrank, einen Tisch und vier Stühle, die mein Sohn bekommen soll. Er wohnt in Hamburg. Können Sie diese Möbel hier bei mir abholen und zu ihm transportieren? Ich wohne in Sandhausen.
   • Das ist ja ganz in der Nähe. Am nächsten Donnerstag ist der LKW schon voll, glaube ich. Aber am Dienstag danach ist sicher noch Platz.
   • Das klingt gut.
   • Dann muss ich genau wissen, wie viel Platz die Möbel im LKW brauchen, um den Preis zu berechnen und natürlich brauche ich Ihre genaue Adresse und die Adresse in Hamburg.
   • Wenn er aufgebaut ist, ist der Schrank 2,30 hoch und 4 Meter breit ...

3. • Lavamet GmbH, Michael Oliveira, guten Tag.
   • Guten Tag, ich bin Rebecca Jeschke von der Großwäscherei Braun in Ludwigsburg. Wir wollen in Stuttgart und Böblingen neue Filialen eröffnen und dafür brauchen wir neue Geräte, also neue Waschmaschinen und Trockner. Wir haben Ihre Internetseite gefunden und würden gerne mal bei Ihnen vorbeikommen.
   • Ja, natürlich gerne, wann wollen Sie kommen?
   • Uns würde am besten der nächste Montag um 12.00 Uhr passen.
   • Ja, das geht. Ich erwarte Sie dann. Noch eine Frage: Wie viele Waschmaschinen und Trockner brauchen Sie denn?
   • Für beide Standorte so um die 50 und auch mehrere Trockner.
   • Wenn Sie so viel abnehmen, kann ich Ihnen sicher ein günstiges Angebot machen. Sagen Sie mir bitte noch einmal Ihren Namen und den Namen Ihrer Firma?
   • Rebecca Jeschke von der Großwäscherei Braun. Wie war doch gleich Ihr Name?
   • Michael Oliveira. Ich habe alles notiert Frau Jeschke. Können Sie mir noch eine Telefonnummer geben, damit ich Sie anrufen kann, falls etwas dazwischenkommt?
   • Ich bin telefonisch unter 07141 345 698 erreichbar oder per Handy unter 0172 7861213.
   • Dann bis Montag, Frau Jeschke. Auf Wiederhören.
   • Auf Wiederhören, Herr Oliveira.

4. • Script Papiergroßhandel, Berkay Adeniz am Apparat. Mit wem spreche ich?

- Guten Tag, Herr Adeniz, ich bin es mal wieder… Barbara Gollwitz vom Kopier-Center Süd.
- Hallo Frau Gollwitz, wie geht es Ihnen?
- Sehr gut, danke und Ihnen?
- Auch gut. Sie rufen sicher an, um zu fragen, ob unser hochwertiges Druckerpapier für Fotos wieder lieferbar ist.
- Ja, richtig, wir brauchen spätestens nächste Woche einen neuen Vorrat von dem Papier in der Größe A4.
- Das Papier ist zum Glück wieder lieferbar. Ich schicke Ihnen gerne ein Angebot. Wie viel Blatt brauchen Sie denn?
- Ungefähr 2.000 Blatt. Können Sie uns außerdem noch ein Angebot für Kopierpapier zuschicken? Es soll für Dokumente geeignet sein. Davon brauchen wir ca. 20.000 Blatt.
- Ja gerne, Sie bekommen noch heute ein Angebot per Mail.

B 1 b

- Guten Tag Frau Jeschke, es freut mich, Sie kennenzulernen. Hatten Sie eine gute Fahrt?
- Ja, vielen Dank. Auf der Autobahn war nur wenig Verkehr.
- Ich schlage vor, wir gehen gleich in den Ausstellungsraum, damit ich Ihnen einige Waschmaschinenmodelle zeigen kann.
- Ja, gerne …
- So, da sind wir. Welche Waschkapazitäten brauchen Sie denn?
- Das ist verschieden. Am meisten sind wir an Maschinen mit Kapazitäten zwischen 10 und 12 kg interessiert.
- Dann sind wir hier genau richtig, hier haben wir einen Frontlader.
- Oh, der sieht toll aus. Ist die Bedienung einfach?
- Die Bedienung ist fast wie bei einer normalen Haushaltswaschmaschine.
- Und wie viele Programme hat diese Maschine?
- Sie hat neun Programme. Hier oben links neben dem Einschalteknopf können Sie die verschiedenen Programme einstellen. Sehen Sie?
- Ah ja. Und wo stelle ich die Temperatur und die Drehzahl für die Schleuder ein?
- Das machen Sie über das Menü. Wenn Sie ein Programm einstellen, leuchten in diesem Display automatisch die Standardeinstellungen auf.
- Ist eine automatische Dosierung möglich?
- Ja, dafür gibt es unten zwei Fächer für Behälter mit Flüssigwaschmitteln. Die automatische Dosierung stellen Sie auch über das Menü ein. Und

wenn Sie nicht automatisch dosieren wollen, füllen Sie das Waschmittel einfach in die Fächer über dem Display. Wenn alles fertig ist, drücken Sie auf den Knopf für den Programmstart neben dem Display.
- Wie viel kostet so eine Maschine?
- Dieses Modell kostet 1875,- Euro.
- Okay, können wir denn einen Rabatt bekommen, wenn wir mehrere Maschinen abnehmen?
- Selbstverständlich. Über einen Rabatt können wir reden. Wir haben auch sehr günstige Angebote für Wartung und Service, wenn Sie mehrere Maschinen kaufen. Wenn wir zum Beispiel vier von Ihren Waschmaschinen warten, bezahlen Sie nur für drei Wartungen.
- Und die Lieferung ist kostenfrei?
- Das hängt davon ab, wieviele Maschinen wir liefern und wohin sie geliefert werden müssen.
- Gut, darüber können wir später sprechen. Jetzt möchte ich gerne noch diese Waschmaschine anschauen.
- Sehr gerne.

D 3 a

1
- Enderle Wärmeservice, Sie sprechen mit Berta Morales.
- Hier ist noch einmal Amanda Paulsen. Vor vier Tagen waren zwei Mitarbeiter Ihrer Firma hier. Sie haben die Heizung gewartet. Aber seit gestern geht gar nichts mehr. Die Heizkörper werden nicht warm.
- Moment, ich rufe mal eben Ihren Auftrag hier im Computer auf. Haben Sie die Auftragsnummer?
- Ja, die Auftragsnummer ist die 304561.
- Die Monteure haben geschrieben, dass die Heizung nach der Wartung einwandfrei funktioniert hat. Und jetzt funktioniert sie nicht mehr?
- Nein, absolut nicht. Sie müssen so schnell wie möglich kommen, ab morgen soll es noch kälter werden.
- Ja, klar. Passt Ihnen morgen früh um acht Uhr?
- Ja, das passt. Danke, dass es so schnell geht. Auf Wiederhören.

2
- Guten Tag, ich habe vor einer Woche bei Ihnen diese Kamera gekauft für 1499. Euro. Aber jetzt macht sie keine Fotos mehr.
- Vielleicht ist der Akku defekt? Darf ich mal sehen?
- Ja, hier. Sie können den Akku gerne testen.
- Hm, da gibt es ein Problem. Vielleicht ist das Display kaputt.

- Was machen Sie jetzt?
- Wir schicken die Kamera in die Werkstatt. Die prüfen und reparieren sie. Haben Sie die Quittung?
- Ja, die habe ich hier. Wann kann ich die Kamera zurückbekommen?
- Heute ist Dienstag. Ich denke nächste Woche Montag können Sie die Kamera hier abholen.

3
- Lavamet GmbH, Sie sprechen mit Michael Oliveira. Was kann ich für Sie tun?
- Guten Tag, mein Name ist Rebecca Jeschke von der Großwäscherei Braun. Sie haben vorgestern Waschmaschinen in unsere Filialen in Stuttgart und Böblingen geliefert.
- Ja, richtig, ich hoffe die Ware ist gut angekommen.
- In Stuttgart ist alles in Ordnung, aber in Ludwigsburg wird das Wasser in vier Waschmaschinen nicht warm. Wie haben alles ausprobiert, aber es funktioniert einfach nicht.
- Dann sollten wir einen Mitarbeiter vom Kundendienst zu Ihnen schicken.
- Ja, bitte möglichst schnell.
- Wir können schon für morgen einen Termin machen? Sagen wir um 10.00 Uhr?
- Morgen, Mittwoch? Ja das passt, wir erwarten Ihren Mitarbeiter. Vielen Dank und auf Wiederhören.
- Auf Wiederhören.

4
- SCRIPT Papiergroßhandel, Adeniz, guten Tag. Was kann ich für Sie tun?
- Guten Tag, hier ist Barbara Gollwitz vom Kopier-Center in Berlin. Ich muss leider Ihre Lieferung vom 25. April reklamieren.
- Ach! Was ist denn passiert?
- Sie haben die Mengen verwechselt und zu viel Fotopapier, aber zu wenig Kopierpapier geliefert.
- Oh, Moment, ich suche den Lieferschein … Hier steht: viermal 500 Blatt Kopierpapier und 200 mal 100 Blatt Fotopapier.
- Aber wir hatten nur 2.000 Blatt Fotopapier, aber 20.000 Blatt Kopierpapier bestellt. Das haben wir in unserer E-Mail vom 17. April geschrieben.
- Ich habe Ihre Mail aufgerufen. Sie haben Recht. Das ist mir wirklich peinlich.
- Können Sie uns bitte noch 18.000 Blatt Kopierpapier nachliefern?
- Aber natürlich. Was ist mit dem Fotopapier, das wir zu viel geliefert haben?
- Wir schicken die zu viel gelieferte Ware zurück.

- OK. Die Versandkosten übernehmen wir natürlich. Sie bekommen dann das Kopierpapier und auch eine korrigierte Rechnung.
- Alles klar, Herr Adeniz. Vielen Dank und auf Wiederhören.

Digitale Kommunikation

ATS 1 b

1
- Hast du schon die Kundendaten in der Excel-Tabelle korrigiert?
- Ja, ich bin gleich fertig.

2
- Hallo, Frau Winter. Ist die Bestellung von der Firma Hartwig heute gekommen?
- Ja, die Bestellung ist eben geliefert worden (…) und die Menge stimmt auch.
- Dann kann ja die Buchhaltung die Rechnung bezahlen.
- Ja.

3
- Guten Tag, Matzon AG, Sie sprechen mit Frau Drews.
- Guten Tag, ist Frau Dr. Althaus zu sprechen?
- Ja, einen Moment. Ich verbinde Sie.

4
- Ich glaube, die Computer in der Firma funktionieren jetzt wieder richtig.
- Ja, es war nicht schwer, den Fehler zu finden.

5
- Bachmann. Guten Tag.
- Hallo, Laura. Hier ist Helmut. Ich bin gerade zu einem Kunden unterwegs und habe aber unsere Preisliste vergessen. Könntest du sie mir bitte mailen?
- Ich schicke sie dir sofort.
- Danke.

ATS 2 a

- Hallo, Frau Winter. Bei uns ist noch frei.
- Tag, Frau Huber. Hallo, Herr Chaled. Vielen Dank. Heute ist die Kantine ja wieder richtig voll.
- Ja, stimmt.
- Sie sehen gestresst aus.
- Ja, heute morgen kamen einige LKWs mit Warenlieferungen. Wir mussten sie ausladen und alles kontrollieren. Und bei einigen Bestellungen hat es auch Probleme gegeben.
- Was für Probleme?
- Bei einer Lieferung stimmte zum Beispiel der Lieferschein nicht. Die Hälfte der Lieferung hat gefehlt.
- Passiert das öfters?

- Eigentlich nicht. Wir haben ja eine Software für die Lagerverwaltung. Da müssen wir die gelieferte Menge korrigieren. Und natürlich müssen wir sofort beim Lieferanten reklamieren.
- Das heißt, Sie wissen immer ganz genau, was es im Lager gibt?
- Natürlich. Und wie war Ihr Vormittag?
- Na ja, ich hatte mein Passwort vergessen und konnte mich am Computer nicht anmelden. Aber zum Glück hat Herr Chaled mir schnell geholfen.
- Das war ganz einfach und ging sehr schnell.
- Na ja, und dann habe ich ziemlich viele E-Mails geschrieben und unsere Kundendatenbank aktualisiert. Bei einigen Kunden haben wir zum Beispiel neue Ansprechpartner und die müssen natürlich auch in der Datenbank stehen.
- Also ich hatte einen ruhigen Vormittag. Wir hatten ein kleines Problem mit dem Server, aber das konnten wir schnell beheben. Und am Montag mache ich ja immer auch einen E-Learning-Kurs.
- Was lernen Sie denn da?
- Es geht um eine neue Software für die Buchhaltung, die wir bald installieren werden.

A 2c

- Guten Morgen, meine Damen und Herren. Mein Name ist Malika Asali.
- Guten Morgen! Hallo!
- Ich bin Ihre Trainerin dieses zweitägigen Computerkurses. Schön, dass Sie alle pünktlich gekommen sind. Vielleicht stellen wir uns zuerst alle kurz vor.
- Also ich bin Robert Klein. Ich …
- Vielen Dank. Ihre Firma möchte, dass Sie Ihre PC-Kenntnisse auffrischen. Sie wissen ja, wie wichtig der Computer und das Internet heute im Büroalltag sind. In dem Training werden wir uns heute mit den Microsoft Office-Programmen Word, Excel und PowerPoint beschäftigen. Ihre Firma möchte, dass Sie mit diesen Programmen effizient arbeiten können. Sie alle kennen diese Programme schon. Es gibt aber einige neue Funktionen, die ich Ihnen vorstellen möchte. Und morgen werden wir uns dann mit Outlook beschäftigen und die neuen Möglichkeiten, E-Mails zu verschicken oder einen Kalender zu führen, kennenlernen. Sie können dann Ihren Büroalltag mit Hilfe von Outlook besser organisieren. Gibt es Fragen?
- Die Schulung geht heute bis 16.00 Uhr, oder? Ich muss nämlich meinen Sohn am Nachmittag von der Kita abholen.

- Ja, wir hören pünktlich um 16.00 Uhr auf. Morgen fangen wir allerdings schon um 8.30 Uhr an und hören eine halbe Stunde früher auf – also um 15.30 Uhr. Dann starten Sie bitte jetzt Ihre Computer. Melden Sie sich bitte mit dem Passwort „Schulung" an und …

C 2a

- Jetzt geht das schon wieder nicht. Wo habe ich denn die Nummer des Supports? Ah, hier.
- Guten Tag! Sie sind verbunden mit der technischen Hotline von Matzon. Damit wir Ihnen schnell helfen können, drücken Sie bitte die Taste eins für Fragen zu Software und Apps, zwei für Fragen zu Tablet-PCs und Notebooks, drei für Fragen zu PCs und vier für Fragen zu Druckern.
- … also die Taste vier.
- Vielen Dank. Bitte haben Sie einen Moment Geduld. Im Moment sind alle unsere Mitarbeiter im Gespräch. Wir verbinden Sie so schnell wie möglich.
- … das dauert …

C 2b

- Die IT-Hotline, Anita Thomas. Wie kann ich Ihnen helfen?
- Guten Tag. Victor Dobre hier. Ich habe ein Problem. Ich habe einen neuen Netzwerkdrucker, aber ich kann ihn weder installieren noch druckt er.
- Wie heißt Ihr Drucker?
- Das ist der Pro-Printer 3000-A.
- Verstehe. Vielleicht ist der Drucker an Ihrem Rechner noch nicht installiert. Klicken Sie zuerst auf „Start".
- Habe ich gemacht.
- Gut, jetzt klicken Sie auf „Einstellungen" und dann auf „Geräte". Jetzt müssten Sie an Ihrem Bildschirm unter „Drucker" Ihren Drucker Pro-Printer 3000-A sehen.
- Nein, leider nicht.
- Dann muss der Drucker noch hinzugefügt werden. Wählen Sie „Drucker hinzufügen" mit einem Doppelklick aus. Warten Sie, bis der Drucker gefunden wird.
- Jetzt sehe ich ganz viele Drucker.
- Sehr gut. Klicken Sie jetzt auf den Pro-Printer 3000-A und wählen Sie dann „Gerät hinzufügen" aus. Jetzt müssten Sie drucken können.
- Super, vielen Dank für Ihre Hilfe!

ATS 1 b

- ● Hallo, Jacob.
- ● Hallo, Alina. Das ist aber ein Zufall. Du kaufst auch hier ein?
- ● Ja, die Lebensmittel sind hier so günstig. Machst du noch deine Umschulung?
- ● Nein, ich habe sie vor sechs oder sieben Monaten abgeschlossen. Danach habe ich einen Zeitvertrag bei Braun Objektmanagement als Haustechniker gefunden.
- ● Das ist ja toll.
- ● Ja, der Zeitvertrag endet am Ende des Monats. Aber gestern habe ich von der Personalabteilung einen unbefristeten Vertrag bekommen.
- ● Ach prima. Herzlichen Glückwunsch!
- ● Danke schön. Ich muss den Vertrag noch einmal in Ruhe durchlesen. Er ist mehrere Seiten lang.
- ● Als ich meinen ersten Arbeitsvertrag bekommen habe, habe ich vor allem geschaut, wie lange meine Probezeit ist, wie viel Geld ich im Monat bekomme und wie viele Stunden ich in der Woche arbeiten muss.
- ● Das alles habe ich auch gleich überprüft. Und natürlich auch die Anzahl der Urlaubstage.
- ● Deine Aufgaben werden in deinem Arbeitsvertrag bestimmt auch genau beschrieben.
- ● Richtig, ich muss ja die Anlagen in verschiedenen Gebäuden warten und Störungen beheben. Darüber steht ganz viel im Vertrag.

B 1 a

1 Mein Name ist Latifa Khlif. Nach meiner dreijährigen Ausbildung zur Restaurantfachfrau habe ich eine Stelle als Servicemitarbeiterin in einem Restaurant am Flughafen gefunden. In den ersten drei Jahren habe ich in Vollzeit im Schichtbetrieb gearbeitet, natürlich auch an Wochenenden. Aber nach der Geburt meiner Tochter konnte ich nicht mehr so viel arbeiten. Deshalb habe ich einen Antrag bei meinem Arbeitgeber auf Teilzeit gestellt. Ich hatte Glück, denn mein Chef war einverstanden. Ich habe dann einen neuen Arbeitsvertrag bekommen. Jetzt arbeite ich 25 Stunden pro Woche – von montags bis freitags immer von 9.00 bis 14.00 Uhr. So kann ich meine Tochter morgens in die Kita bringen und sie nachmittags wieder abholen. Wenn meine Tochter älter ist, möchte ich aber wieder Vollzeit arbeiten.

2 Ich heiße Iwan Grekow. Ich habe keine abgeschlossene Ausbildung. Nach meinem Deutschkurs habe ich bei einer Zeitarbeitsfirma in Hannover einen Job bekommen. Ich habe drei Jahre lang in verschiedenen Firmen als Produktionshelfer gearbeitet. Das letzte Unternehmen, in dem ich für die Zeitarbeitsfirma gearbeitet habe, hat mir dann einen zweijährigen befristeten Vertrag mit einem höheren Gehalt angeboten. Da das Arbeitsklima in dem Unternehmen sehr gut ist, habe ich bei der Zeitarbeitsfirma gekündigt. Ich arbeite jetzt bei einem Auto-Zulieferer in der Montage im Drei-Schicht-Betrieb. Ich hoffe natürlich, dass ich in zwei Jahren einen unbefristeten Vertrag bekommen werde.

3 Mein Name ist Wanda Villar. In den Philippinen habe ich eine Ausbildung zur Altenpflegerin gemacht. Nachdem meine Abschlüsse in Deutschland anerkannt wurden und ich auch den Deutschkurs bestanden hatte, habe ich zuerst einen Probearbeitsvertrag in einem Altenheim in der Nähe von Dortmund bekommen. Der Vertrag war auf neun Monate befristet. Weil meine Chefin mit meiner Arbeit zufrieden war, hat das Altenheim mir aber nach den neun Monaten einen unbefristeten Vertrag angeboten. Wir haben flexible Arbeitszeitmodelle, aber als Altenpflegerin muss ich natürlich auch Nacht-, Sonntags- und Feiertagsdienste machen.

C 1 b

- ● Hallo, Bernd, hast du einen Moment Zeit für mich?
- ● Natürlich, Manuela. Komm doch in mein Büro und setz dich. Gibt es ein Problem?
- ● Ja, gestern habe ich von meinem Chef eine Abmahnung bekommen. Und jetzt habe ich Angst vor einer Kündigung.
- ● Okay, beruhige dich erstmal. War das eine mündliche Abmahnung?
- ● Nein, eine schriftliche.
- ● Was ist denn passiert? Warum hat er dich abgemahnt?
- ● Vorgestern bin ich eine halbe Stunde zu spät zur Arbeit gekommen.
- ● Das war aber bestimmt nicht das erste Mal, dass du zu spät gekommen bist, oder?
- ● Nein. In den letzten Monaten bin ich leider öfters zu spät gekommen. Aber meistens konnte ich nichts dafür. Zum Beispiel vorgestern hat es einen Unfall auf der Autobahn gegeben und ich steckte im Stau. Vor zwei Wochen bin ich mit der

Bahn gefahren und mein Zug ist ausgefallen. Da habe ich mich um eine Stunde verspätet. Und das Mal davor hatte es geschneit, glaube ich.

- Hat es auch noch andere Probleme in der letzten Zeit gegeben?
- Ja, ich hatte vor ungefähr einem Monat einen heftigen Streit mit meinem Chef.
- Worüber habt ihr euch gestritten?
- Es ging um Überstunden und Wochenendarbeit. Ich habe ja Kinder und wollte nicht schon wieder am Wochenende arbeiten. Und dann war ich so wütend, dass ich ihn beleidigt habe. Ich habe mich dann sofort entschuldigt, aber seitdem ist unser Verhältnis nicht mehr sehr gut.
- Verstehe. Also Manuela, du weißt ja, Pünktlichkeit ist für alle Arbeitnehmer Pflicht. Du musst also jeden Tag pünktlich zur Arbeit kommen. Wenn du das nicht tust, kann das zu einer Kündigung führen.
- Aber was soll ich machen, wenn es schneit oder Stau gibt?
- Du musst auch pünktlich zur Arbeit kommen, wenn es schneit, Glatteis oder Stau gibt. Dann musst du früher aufstehen und früher zur Arbeit fahren, denn dein Chef muss Ausreden wie „Ich bin zu spät, weil Stau war" nicht akzeptieren. Ich schlage vor, wir besprechen deine Abmahnung so bald wie möglich mit deinem Chef. Du hast ja gesagt, dass es vorgestern einen Unfall auf der Autobahn gegeben hat und du deswegen im Stau gesteckt hast. Für einen Unfall kannst du aber nichts. Vielleicht ist er dann auch bereit, die Abmahnung zurückzunehmen.
- Ja, vielen Dank. Ich möchte wirklich nicht meinen Job verlieren.

⑮ Löhne und Gehälter

A 1 a

- Hallo, Lia. Komm rein. Möchtest du einen Tee?
- Hallo, Sevil. Danke, gern. Und wie war dein erster Monat im Mayer Markt?
- Sehr gut. Ich habe nette Kollegen, die mir bei der Einarbeitung geholfen haben. Und die Kunden waren bis jetzt auch sehr nett. Ich habe übrigens gestern meine erste Gehaltsabrechnung bekommen.
- Und? Bist du zufrieden?
- Ja, schon. Ich wusste ja, wie viel ich verdienen würde. Aber als ich meine Gehaltsabrechnung gelesen habe, war ich doch überrascht, wie hoch die Abzüge sind.

- Ja, ich weiß. Das Bruttogehalt ist nicht gleich Nettogehalt.
- Ich verdiene brutto 1550 Euro, aber ich bekomme nur ca. 1165 Euro netto raus. Ich habe nicht gedacht, dass ca. 25 % von meinem Gehalt einbehalten werden.
- Das geht mir genauso. Ich bin auch immer wieder überrascht, wie hoch die Steuern und Abzüge sind.
- Du kennst dich ja mit Gehaltsabrechnungen aus. Ich habe hier einige Sachen nicht verstanden.
- Zeig mal her, vielleicht kann ich dir ja helfen.

C 1 a

- Ja, bitte?
- Guten Tag. Mein Name ist Sira Mezoued. Heute ist mein erster Tag. Mein Chef hat mir gesagt, dass ich zuerst ins Personalbüro kommen sollte.
- Guten Tag, Frau Mezoued. Schön, dass Sie gleich gekommen sind. Nehmen Sie doch bitte Platz.
- Danke.
- Einen Moment … ja, hier habe ich Ihre Unterlagen. Ihren Arbeitsvertrag haben Sie ja schon unterschrieben.
- Ja.
- Ich bräuchte noch Ihre steuerliche Identifikationsnummer. Haben Sie die mitgebracht?
- Ja, hier bitte.
- Gut. Sehr gut, vielen Dank. Ich muss noch einige Daten für das Finanzamt eintragen. Ihr Geburtsdatum ist der 1. August 1989, richtig?
- Ja, richtig.
- Sind Sie ledig oder verheiratet?
- Ich bin ledig.
- Haben Sie Kinder?
- Nein.
- Gut, dann trage ich Sie in die Steuerklasse I ein.
- Steuerklasse I? Das verstehe ich nicht.
- Sie wissen ja, jede Arbeitnehmerin und jeder Arbeitnehmer muss in Deutschland Steuern an das Finanzamt zahlen.
- Klar, das weiß ich.
- Wie hoch die Steuern sind, hängt auch davon ab, in welcher Steuerklasse man ist und wie viele Kinder man hat.
- Wie viele Steuerklassen gibt es denn?
- Insgesamt 6. Die Steuerklasse I ist für Ledige, Steuerklasse 3 ist z. B. für Verheiratete.
- Verstehe.
- Noch eine Frage. Sie zahlen keine Kirchensteuer, oder?
- Nein.

- Gut, vielen Dank für die Informationen. Ich wünsche Ihnen einen guten Start bei uns.
- Vielen Dank. Auf Wiedersehen.

C 2b

- Hallo, Sevil, wie geht's?
- Danke gut. Seitdem ich Frühschicht habe, bin ich aber immer müde. Ich kann einfach nicht früh ins Bett gehen. Ich brauche jetzt erst mal einen Kaffee.
- Ich auch. Die Pause haben wir uns verdient. Ich freue mich schon auf den Feierabend. Hast du morgen frei?
- Ja, ich will einkaufen gehen. Ich brauche eine neue Jacke. Und abends kommen Freunde zum Essen.
- Du gehst also mit deinem ersten Geld gleich einkaufen?
- Na, ja. Vom Brutto ist ja noch ziemlich viel abgezogen worden. Ich habe ca. 1170 Euro netto bekommen.
- Du bist doch auch in Steuerklasse 1, oder?
- Ja.
- Du weißt ja, ich bin verheiratet und habe ein Kind. Wir verdienen zwar beide das Gleiche, aber ich bekomme ca. 100 Euro im Monat mehr.
- Jetzt verstehe ich, warum die Steuerklassen in Deutschland so wichtig sind.

C 3a

- Petra Gärtner.
- Hallo, Petra, hier ist Sevil!
- Sevil! Von dir habe ich ja lange nichts gehört. Wie geht es dir?
- Seitdem ich den Job als Verkäuferin bei Mayer Markt habe, geht es mir sehr gut. Die Arbeit macht mir richtig Spaß.
- Super! Prima, dass du so schnell nach deiner Weiterbildung einen Job gefunden hast! Seit wann arbeitest du jetzt schon bei Mayer Markt?
- Seit eineinhalb Monaten.
- Ach echt, schon sechs Wochen. Und was musst du so machen?
- Ich räume die Waren in die Regale ein, berate Kunden und arbeite auch an der Kasse.
- Sind deine Kollegen nett?
- Ja, sie sind sehr nett. Die Atmosphäre ist richtig gut. Darüber freue ich mich am meisten. Aber es gibt ein paar Sachen, die ich nicht verstehe …
- Was denn?
- Warum soll ich meine Gehaltsabrechnung aufheben?

- Es gibt keine Gesetze, dass man seine Gehaltsabrechnungen aufbewahren muss. Aber es kann Situationen geben wo du sie brauchst. Zum Beispiel wird eine Bank meistens die letzten drei Gehaltsabrechnungen von dir verlangen, wenn du einen Kredit brauchst.
- Stimmt.
- Wichtig ist aber, dass du im nächsten Jahr eine Steuererklärung beim Finanzamt abgibst.
- Ich zahle doch schon Steuern. Warum soll ich noch eine Steuererklärung machen?
- Du musst nicht, aber wenn du eine abgibst, bekommst du vielleicht Geld vom Finanzamt zurück.
- Verstehe, also Geld zurück wäre natürlich toll. Welche Unterlagen braucht man denn dafür?
- Du brauchst deine Steuer-Identifikationsnummer und den Ausdruck von deiner elektronischen Lohnsteuerbescheinigung.
- Oh je. Von wem bekomme ich die elektronische Lohnsteuerbescheinigung?
- Die bekommst du Anfang des nächsten Jahres automatisch von deinem Arbeitgeber. Wenn du die Lohnsteuerbescheinigung hast, kannst du auch das Formular für die Einkommensteuererklärung ausfüllen.
- Wo bekomme ich denn das Formular für die Steuererklärung?
- Die Formulare gibt es beim Finanzamt. Du kannst sie dort abholen oder auf der Internetseite herunterladen. Du kannst deine Steuererklärung auch elektronisch machen, also am Computer. Dafür gibt es die Software ELSTER auf der Homepage vom Finanzamt zum Download.
- Sag mal, ist das eigentlich sehr kompliziert, die Formulare auszufüllen?
- Eine Steuererklärung ist beim ersten Mal kompliziert. Viele Leute lassen sich deshalb von einem Steuerberater oder einem Lohnsteuerhilfeverein helfen. Manche verwenden auch ein Computerprogramm dafür. Aber man kann auch zum Finanzamt gehen, da gibt es Sprechzeiten für Fragen zur Steuererklärung. Außerdem kann ich dir im nächsten Jahr helfen, wenn es soweit ist. Einverstanden?
- Ja, das wäre super! Danke, Petra.

D 2a

- Guten Tag, liebe Hörerinnen und Hörer. Bekommen Sie, wenn sie Arbeitnehmerin oder Arbeitnehmer sind, monatlich ein Gehalt oder bekommen Sie einen Lohn? Gibt es eigentlich einen Unterschied zwischen den Begriffen „Lohn" und

„Gehalt"? Ich habe Herrn Dr. Sebastian Steiner in der Leitung. Er ist Rechtsanwalt für Arbeitsrecht in Ulm. Guten Tag, Herr Dr. Steiner.

● Guten Tag.

● Die deutsche Sprache kennt viele Wörter für Einkommen – Verdienst, Lohn, Gehalt. Gibt es da Unterschiede?

● Also Lohn, Gehalt und Verdienst bezeichnen immer das Geld, dass ein Arbeitgeber auf das Konto eines Arbeitnehmers am Ende des Monats überweist. Im allgemeinen Sprachgebrauch sagt man, dass Arbeiter einen Lohn bekommen und Angestellte ein Gehalt. Wer ein Gehalt bekommt, wird in der Regel für die Anzahl der Arbeitstage im Monat bezahlt. Das heißt, das Gehalt hat jeden Monat die gleiche Höhe.

● Und beim Lohn ist das nicht der Fall?

● Richtig. Wenn man als Arbeitnehmer einen Stundenlohn bekommt, wird das Gehalt monatlich nach den Stunden, die man gearbeitet hat, berechnet. Aber der Stundenlohn kann variieren. Es gibt nämlich Zuschläge für Arbeit an Wochenenden oder nachts.

● Verstehe. Es gibt doch auch den gesetzlichen Mindestlohn.

● Genau. Der Mindestlohn beträgt zurzeit 8,84 Euro.

● Die Höhe der Gehälter und Löhne hängt aber auch von den Tarifverträgen ab, die die Gewerkschaften in vielen Branchen ausgehandelt haben.

● Genau. In Deutschland gibt es ca. 70.000 verschiedene Tarifverträge, die die Löhne und Gehälter regeln. Ist ein Unternehmen an einem Tarifvertrag gebunden, dürfen die Löhne und Gehälter der Mitarbeiter nicht niedriger als der tarifliche Mindestlohn sein.

E 1a

● Habt Ihr Eure Gehaltsabrechnungen heute auch bekommen?

● Na klar!

● Ich freue mich immer, wenn wir das Urlaubsgeld im Juni bekommen. Suna, was willst du mit dem Extra-Geld machen.

● Also, ich werde das Geld sparen.

● Sparen? Wirklich???

● Ja, sparen! Ich will mir nämlich nächstes Jahr ein Auto kaufen. Und ein Auto ist nicht billig.

● Wem sagst du das? Ich hätte auch gern ein neues Auto. Meins ist schon ziemlich alt. Und du, Nasrin, was machst du mit deinem Urlaubsgeld? Wir brauchen ein neues Sofa. Mein Mann und ich sind doch vor zwei Monaten umgezogen. Und du Wolfram, was willst du mit dem Geld machen?

● URLAUB! Ich will im Juli mit meiner Freundin in Spanien zwei Wochen Urlaub machen. Wir haben die Reise schon im Januar gebucht. Also Sonne und Strand – das könnte ich mir auch gut vorstellen. Aber im Sommer kommen meine Eltern. Vielleicht nächstes Jahr.

● Ich glaube, unsere Mittagspause ist schon fast wieder vorbei.

● Stimmt, also dann, wir sehen uns …

Berufliche Kontakte knüpfen

Sie stellen sich vor

· Guten Tag/Morgen/Abend, darf ich mich vorstellen?
· Mein Name ist … / Ich bin… / Ich heiße …
· Ich arbeite bei … (Name des Betriebs).
· Ich arbeite in … (Abteilung).
· Ich bin für … zuständig.
· Zu meinen Aufgaben gehört …
· Ich bin verantwortlich für …

Sie reagieren auf eine Begrüßung

· Guten Tag, Herr/Frau …
· Freut mich.
· Angenehm.
· Sehr erfreut Sie kennenzulernen.

Sie sprechen über sich

· Ich wohne in …
· Ich komme aus …
· Ich bin seit … in …
· Ich bin verheiratet/ledig/alleinstehend.
· Ich habe ein Kind / zwei Kinder / keine Kinder.
· Ich habe … gelernt/studiert.
· Ich habe eine Ausbildung als … bei … gemacht.
· Meine Muttersprache ist …
· Ich spreche Deutsch und …

Sie empfangen Besucher und Besucherinnen

· Guten Tag, Herr/Frau …
· Herzlich willkommen bei …
· Schön, dass Sie gekommen sind.
· Hatten Sie eine gute Anreise / einen guten Flug?
· Sind Sie mit dem Hotel zufrieden?
· Möchten Sie etwas trinken?
· Darf ich Ihnen etwas zu trinken / … anbieten?
· Ich möchte Ihnen gerne unser Besuchsprogramm vorstellen.
· Wir können gleich in den Besprechungsraum gehen.
· Die Betriebsbesichtigung beginnt in einer Stunde.
· Ich gebe Ihnen gerne unsere Informations- broschüre.
· Bitte nehmen Sie Platz. / Bitte setzen Sie sich.
· Herr/Frau … erwartet Sie schon.
· Herr/Frau … bittet Sie um zehn Minuten Geduld.
· Herr/Frau … ist sofort für Sie da.

Sie stellen eine andere Person vor

· Darf ich Ihnen Herrn/Frau … vorstellen?
· Ich möchte Ihnen meinen Kollegen / meine Kollegin Herrn/Frau … vorstellen.
· Das ist mein Kollege / meine Kollegin Herr/Frau …

Sie stellen Ihre Abteilung vor

· Wir sind verantwortlich für …
· Wir beschäftigen uns mit …
· Unser Aufgabenbereich ist …
· Zu unseren Aufgaben gehört …
· Wir sind … Mitarbeiter/Mitarbeiterinnen.
· Bei uns arbeiten insgesamt … Kolleginnen und Kollegen.
· Unser Vorgesetzter ist Herr …
· Unsere Vorgesetzte ist Frau …
· Die Abteilung wird von Herrn/Frau … geleitet.

Sie stellen Ihr Unternehmen vor

· Wir sind ein kleiner/mittelständischer Betrieb / ein kleines/mittelständisches Unternehmen.
· Wir sind tätig im Bereich …
· Wir produzieren …
· Wir stellen … her.
· Wir sind ein Handelsbetrieb.
· Wir handeln mit …
· Wir sind ein Handwerksbetrieb.
· Wir sind ein kaufmännisches Unternehmen.
· Wir sind ein Zulieferbetrieb für die Automobil- industrie.
· Wir haben uns vor allem auf … spezialisiert.
· Unser Unternehmen wurde … gegründet.
· Unser Hauptsitz / unsere Hauptniederlassung befindet sich in …
· Wir haben auch Niederlassungen in …
· Wir haben … Mitarbeiterinnen und Mitarbeiter. / Bei uns arbeiten … Menschen.
· … Prozent unserer Mitarbeiter sind in der Montage beschäftigt.
· … Prozent unserer Mitarbeiter sind im Vertrieb tätig.
· Unsere Hauptkunden sind …
· Wir haben einen Marktanteil von … Prozent.
· Im letzten Jahr betrug unser Umsatz … Euro.
· Der Absatz ist im letzten Jahr auf … (Stück) gestiegen.
· Der Absatz ist im letzten Jahr auf … (Stück) zurückgegangen.
· Umsatz und Absatz sind im letzten Jahr gleich- geblieben.

Sie verabschieden sich

· Auf Wiedersehen.
· Bis morgen / nächste Woche.
· Einen schönen Abend noch.
· Schönes Wochenende.
· Kommen Sie gut nach Hause.
· Es hat mich sehr gefreut / Es war mir ein Vergnügen Sie kennenzulernen.
· Ich melde mich dann telefonisch / per E-Mail bei Ihnen.

Die eigene Meinung äußern, zustimmen und widersprechen, nachfragen

Sie sagen Ihre Meinung

· Ich finde/denke, dass …
· Meiner Meinung nach …
· Ich bin der Meinung, dass …
· Ich bin der Ansicht, dass …
· Ich würde sagen, dass …

Sie sind derselben Meinung

· Ja, das sehe ich auch so.
· Ja, Sie haben vollkommen recht.
· Ja, das stimmt / das finde ich auch.
· Ja, das ist richtig.
· Das überzeugt mich.

Sie haben eine andere Meinung

· Das sehe ich anders.
· Da kann ich Ihnen leider nicht zustimmen.
· Nein, das überzeugt mich nicht.
· Nein, das stimmt nicht.
· Da bin ich anderer Meinung.

Sie fragen nach

· Habe ich Sie richtig verstanden?
· Wollen Sie damit sagen, dass …?
· Was meinen Sie genau mit …?
· Was verstehen Sie genau unter …?
· Verstehe ich Sie richtig? Heißt das, dass …?

Vorschläge machen, zustimmen und ablehnen

Sie machen einen Vorschlag

· Ich schlage vor, dass …
· Ich habe einen Vorschlag: …
· Mein Vorschlag wäre …
· Was halten Sie von …?
· Was halten Sie davon, wenn …?
· Wollen wir …?
· Wir könnten auch …
· Wie finden Sie …?
· Vielleicht wäre es besser, wenn …
· Vielleicht sollten wir …
· Ich könnte mir vorstellen, dass …
· Wie wäre es mit …

Sie stimmen einem Vorschlag zu

· Einverstanden. Das ist eine gute Idee.
· Damit bin ich einverstanden.
· Ja, das ist eine gute Idee / ein guter Vorschlag.
· Ich bin ganz Ihrer Meinung.
· Das finde ich gut.
· Das gefällt mir.
· Das hört sich gut an.
· Sie haben recht, so machen wir es.
· Das überzeugt mich.
· Außerdem finde ich wichtig, …
· Wir dürfen aber nicht vergessen, dass …

Sie lehnen einen Vorschlag ab

· Damit bin ich nicht einverstanden.
· Das halte ich für keine gute Idee / keinen guten Vorschlag.
· Nein, das finde ich keinen guten Vorschlag / keine gute Idee.
· Da bin ich nicht Ihrer Meinung.
· Das finde ich nicht gut.
· Das gefällt mir nicht.
· Das überzeugt mich nicht.
· Das finde ich problematisch.
· Davon würde ich abraten.

Sie machen einen Gegenvorschlag

· Ich fände es besser, wenn …
· Wie könnten auch/stattdessen …
· Besser wäre es, wenn …
· Ich habe eine andere Idee: …
· Wir sollten stattdessen …
· Ich weiß nicht. Vielleicht sollten wir lieber …

- Vielleicht können wir das so machen, aber wäre es nicht besser …?
- Das ist zwar ein ganz guter / kein schlechter Vorschlag, aber …
- Als Kompromiss schlage ich vor, dass …
- Das kommt nicht in Frage, so geht es nicht. Wir müssen auf jeden Fall zuerst …

Termine vereinbaren

Sie schlagen einen Termin vor

- Passt Ihnen … (Wochentag) / der … (Datum) um … Uhr / am Vormittag / am Nachmittag?
- Können Sie / Könnten Sie am … (Wochentag/Datum) um … Uhr?
- Würde Ihnen … (Wochentag) / der … (Datum) um … Uhr passen?
- Geht es am … (Wochentag/Datum) um … Uhr?
- Passt es Ihnen am … (Wochentag/Datum) um … Uhr?
- Welches Datum würde Ihnen passen?
- Welche Uhrzeit passt Ihnen am besten?
- Wo wollen wir uns treffen?
- Welcher Ort wäre Ihnen für das Treffen am liebsten?
- Kommen Sie zu mir in die Firma / ins Büro / in die Werkstatt?
- Ich kann gerne zu Ihnen in die Firma / ins Büro / in die Werkstatt kommen.

Sie nehmen den Terminvorschlag an

- Einverstanden!
- Ja, da habe ich noch keine anderen Termine.
- Ja, das passt mir gut/ausgezeichnet.
- Ja, das würde sehr gut gehen.

Sie lehnen den Terminvorschlag ab

- Tut mir leid, am … (Wochentag/Datum) habe ich leider keine Zeit.
- Der … (Wochentag/Datum) geht leider nicht.
- Der … (Wochentag/Datum) passt mir leider nicht.
- Der … (Wochentag/Datum) ist leider nicht möglich, weil …

Sie schlagen einen anderen Termin vor

- Könnten Sie auch am … (Wochentag/Datum)?
- Ein möglicher Termin wäre für mich …
- Würde es Ihnen auch am … (Wochentag/Datum) passen?
- Wie wäre es dann/stattdessen mit … (Wochentag) / dem … (Datum)?

Sie bitten um Bestätigung eines Termins

- Könnten Sie mir den Termin am … (Wochentag/ Datum) kurz bestätigen?
- Schicken Sie mir eine kurze Bestätigung?
- Bitte schicken Sie mir eine kurze Bestätigung unseres Termins.

Sie bestätigen einen Termin

- Gut, dann notiere ich … (Wochentag) / den … (Datum) um … Uhr.
- Abgemacht. Dann treffen wir uns am … (Wochentag/Datum) um … Uhr.
- Sehr schön. Dann sehen wir uns am … (Wochentag/Datum) um … Uhr bei Ihnen / bei mir / bei uns.
- Gut. Ich schicke Ihnen gern eine schriftliche Bestätigung.

Um Auskünfte und Hilfe bitten

Allgemein

- Ich habe eine Frage.
- Ich habe ein Problem.
- Können Sie mir helfen?
- Können Sie mir behilflich sein?
- Ich bin das erste Mal / neu hier. Könnten Sie mir erklären/zeigen …?
- Wo finde ich denn …?
- Können Sie mir sagen, wo/was/wer …?

Technische Schwierigkeiten

- Ich habe Probleme mit diesem Gerät.
- Könnten Sie mir sagen, wie dieses Gerät funktioniert?
- Könnten Sie mir erklären, wie man diese Maschine bedient?
- Gibt es eine Gebrauchsanweisung / ein Handbuch?
- Können Sie mir sagen, wer für die EDV / die Computer zuständig ist?

Rat geben und sagen, was zu tun ist

Ratschläge geben

· Es wäre gut, wenn man/Sie …
· An Ihrer Stelle würde ich …
· Sie müssen die Sicherheitshinweise beachten.
· Das müssen Sie unbedingt tun.
· Sie sollten …
· Haben Sie schon einmal daran gedacht, …?

Anweisungen geben

· Ich würde Sie bitten, … möglichst bald zu erledigen.
· Bitte erledigen Sie das möglichst bald.
· Das müssen Sie heute / diese Woche noch erledigen.
· Das muss heute / diese Woche noch erledigt werden.

Hilfe anbieten, auf Bitten um Hilfe reagieren

· Wenn Sie Fragen haben, dann wenden Sie sich gerne an mich.
· Natürlich, das zeige ich Ihnen gerne.
· Brauchen Sie Hilfe bei …?
· Soll ich Ihnen zeigen, wie … funktioniert?
· Herr/Frau … kann Ihnen sicherlich weiterhelfen.
· Bei Schwierigkeiten wenden Sie sich bitte an Frau/Herrn …
· Wenn Sie Hilfe brauchen, dann fragen Sie bitte Frau/Herrn …

Lob und Kritik äußern

Lob

· Ich finde … sehr gut.
· Sie haben ausgezeichnet gearbeitet!
· Sie haben hervorragende Arbeit geleistet.
· Ich bin mit Ihrer Arbeit äußerst/sehr zufrieden.
· Ich bin sehr zufrieden mit …
· Der/Die/Das … gefällt mir sehr gut.
· Das Projekt war wirklich sehr interessant.
· Das Betriebsklima ist ausgezeichnet.

Kritik

· Ich möchte gerne mit Ihnen über … sprechen.
· Ich glaube, es gibt zurzeit ein Problem mit …
· Ich finde es problematisch, dass …
· Mir ist in letzter Zeit aufgefallen, dass …
· Ich bin sehr unzufrieden mit …
· Der/Die/Das … stört mich.
· Mich stört, dass …
· Das Betriebsklima könnte besser sein.

Beschwerden und Reklamationen

Sie äußern eine Beschwerde

· Wir sind nicht zufrieden mit …
· Es gibt ein Problem mit Ihrer Rechnung/Lieferung vom …
· Sie haben bei der Rechnung/Lieferung/ Reservierung/… einen Fehler gemacht.
· Wir haben … immer noch nicht erhalten.
· Wir warten immer noch auf die Lieferung von …
· Zu unserem Bedauern müssen wir feststellen, dass …
· Die Maschine funktioniert immer noch nicht.
· Könnten Sie einen Techniker vorbeischicken?
· Wir bitten Sie dringend, …
· Wir erwarten, dass …

Sie reagieren auf eine Beschwerde

· Entschuldigung.
· Entschuldigen Sie bitte.
· Verzeihung.
· Es tut mir leid, wir werden die Angelegenheit sofort überprüfen.
· Wir haben die Angelegenheit geprüft. Wir konnten keinen Fehler feststellen.
· Wir bedauern diesen Irrtum.
· Bitte entschuldigen Sie die Unannehmlichkeiten.
· Ich kann verstehen, dass das für Sie unangenehm/ problematisch/störend ist.
· Wir bitten Sie, diesen Irrtum zu entschuldigen.
· Wir schicken sofort einen Techniker zu Ihnen.
· Wir kümmern uns sofort darum.
· Wir würden Ihnen gern entgegenkommen.
· Wir schlagen vor, dass wir …

Über Produkte und Leistungen sprechen

Sie informieren sich über Produkte und Leistungen

· Welches Modell würden Sie mir empfehlen?
· Wie verwendet/benutzt man …?
· Was unterscheidet … von anderen Produkten?
· Was sind Ihre Lieferfristen?
· Wann können Sie liefern?

- Können Sie uns Ihre AGB (Allgemeinen Geschäftsbedingungen) zusenden?
- Gibt es Ermäßigungen bei der Abnahme von größeren Mengen?
- Wie lange ist die Garantie?
- Haben Sie Angebote/Sonderangebote?

Sie geben Informationen

- Ich empfehle Ihnen …
- … verwendet/benutzt man bei/für …
- … unterscheidet sich von anderen Produkten durch …
- … unterscheidet sich von anderen Produkten dadurch, dass …
- … wird hergestellt aus …
- … besteht aus …
- Bei Abnahme von … Stück können wir einen Preisnachlass von … Prozent geben.

Am Telefon

Sie nehmen einen Anruf entgegen

- Guten Tag, Sie sprechen mit Petra Maier, Firma Büromöbel und Co., Abteilung …
- Petra Maier, Büromöbel und Co.
- Petra Maier, Büromöbel und Co., guten Tag. Was kann ich für Sie tun?
- Petra Maier, Büromöbel und Co., Apparat Herr Schulz.

Sie fragen nach

- Mit wem spreche ich bitte?
- Könnten Sie mir bitte noch einmal Ihren Namen sagen?
- Verzeihung, ich habe Ihren Namen nicht verstanden.
- Worum geht es?
- Worum handelt es sich, bitte?
- Was kann ich für Sie tun?

Sie verbinden mit einem anderen Gesprächspartner

- Einen Moment bitte, ich verbinde Sie.
- Ich verbinde Sie mit …
- Bleiben Sie bitte am Apparat, ich hole Herrn/Frau …

Der gewünschte Gesprächspartner ist nicht erreichbar

- Es tut mir leid, Herr/Frau … ist im Moment nicht da.
- Herr/Frau … ist nicht erreichbar.
- Herr/Frau … ist gerade außer Haus.
- Herr/Frau … ist ab … (Uhrzeit) wieder in seinem/ihrem Büro.
- Kann ich ihm/ihr etwas ausrichten?
- Möchten Sie ihm/ihr eine Nachricht hinterlassen?
- Kann er/sie zurückrufen?
- Sie können Herrn/Frau … am … (Tag) um … (Uhrzeit) wieder erreichen.
- Rufen Sie bitte später noch einmal an.
- Herr/Frau … spricht gerade / ist gerade im Gespräch.
- Bleiben Sie am Apparat oder soll er/sie zurückrufen?
- Möchten Sie warten oder wollen Sie später noch einmal anrufen?
- Ich werde Herrn/Frau … ausrichten, dass Sie angerufen haben.
- Auf Wiederhören.

Sie rufen an

- Guten Tag, mein Name ist …
- Können Sie mich bitte mit … verbinden?
- Könnte ich (mit) Herrn/Frau … sprechen?
- Ich müsste dringend mit Herrn/Frau … sprechen.

Den Grund des Anrufs erklären, sich entschuldigen, das Gespräch beenden

- Es handelt sich um …
- Ich rufe an wegen …
- Ich rufe Sie aus folgendem Grund an:
- Können Sie Herrn/Frau … ausrichten, dass …?
- Sagen Sie doch bitte Herrn/Frau, dass …
- Es tut mir leid, ich glaube, ich habe die falsche Nummer gewählt.
- Es tut mir leid, ich habe mich verwählt.
- Auf Wiederhören.

Sie fragen bei Verständnisschwierigkeiten nach

- Wie bitte?
- Entschuldigen Sie, das habe ich nicht verstanden.
- Könnten Sie bitte etwas langsamer/lauter sprechen?
- Können Sie das bitte wiederholen/buchstabieren?
- Wie schreibt man / buchstabiert man …?
- Schreibt man das mit …?

Bildquellen

Cover Cornelsen / Daniel Meyer – **S. 4** 1: www.coulorbox. de / Evgeniya Sheiko; 2: Fotolia / Stockfotos-MG; 3: Deutsche Bahn AG / Oliver Lauer; 4: Fotolia / luckybusiness; 5: Fotolia / bluedesign – **S. 5** 6: shutterstock / goodluz; 7: shutterstock / Antonio Guillem; 8: Fotolia / Ingo Bartussek; 9: Fotolia / Gina Sanders; 10: shutterstock / sculpies – **S. 6** 11: shutterstock / ViewFinder nilsophon; 12: Fotolia / Kzenon; 13: Fotolia / contrastwerkstatt; 14: Fotolia / Stockfotos-MG; 15: Fotolia / Stockfotos-MG – **S. 7** Cornelsen / Hugo Herold – **S. 8** A: shutterstock / CandyBox Images; B: www.coulorbox. de / Colourbox. com; C: www.coulorbox.de / Evgeniya Sheiko; D: Fotolia / ArTo; E: Fotolia / andrea lehmkuhl; F: Fotolia / Kzenon – **S. 9** Fotolia / andrea lehmkuhl – **S. 11** oben: Fotolia / auremar; unten: shutterstock / Fergus Coyle – **S. 12** 1: Fotolia / Kadmy; 2: Fotolia / Kzenon; 3: Fotolia / ikonoklast_hh; 4: Fotolia / auremar – **S. 14** links: Fotolia / Jeanette Dietl; 2. von links: Fotolia / ACP prod; 2. von rechts: Fotolia / jolopes; rechts: Fotolia / UBER IMAGES – **S. 15** shutterstock / ESB Basic – **S. 17** Fotolia / Robert Kneschke – **S. 21** 1: Fotolia / ehrenbergbilder; 2: Fotolia / Eva Kahlmann; 3: Fotolia / rosaampel; 5: Fotolia / Stockfotos-MG – **S. 23** oben links: Fotolia / katy_89; oben Mitte: www.coulorbox.de / CYNOCLUB; oben rechts: Fotolia / Robert Kneschke; unten links: shutterstock / Phovoir; unten Mitte: Fotolia / Jacob Lund; unten rechts: Fotolia / Ralf Geithe – **S. 24** oben: Fotolia / Production Perig; unten: shutterstock / Ollyy – **S. 25** shutterstock / Monkey Business Images – **S. 26** 1: Fotolia / Acik; 2: shutterstock / Alexander Kirch; 3: shutterstock / Marianna Ianovska – **S. 27** Fotolia / auremar – **S. 30** Cornelsen / finedesign Büro für Gestaltung, Berlin – **S. 31** Fotolia / fotofabrika – **S. 33** www.kreuzwort-raetsel.com, Das Rätsel wurde erstellt von der Redaktion DaF – **S. 35** 1: Fotolia / petrovalexey; 2: Fotolia / djama; 3: Fotolia / hansenn; 4: Deutsche Bahn AG / Loredana La Rocca; 5: Deutsche Bahn AG / Oliver Lauer; 6: Deutsche Bahn AG / Architekten Auer Weber Assoziierte – **S. 36** links: Fotolia / JackF; Mitte: shutterstock / Phovoir; rechts: shutterstock / cunaplus – **S. 37** Fotolia / Daniel Ernst – **S. 38** oben: shutterstock / SeventyFour; 2. von oben: Fotolia / fotomek; 2. von unten: shutterstock / fizkes; unten: Fotolia / maho – **S. 39** Fotolia / vasakna – **S. 40** Fotolia / Gina Sanders – **S. 41** Fotolia / stockpics – **S. 44** shutterstock / diplomedia – **S. 45** oben: www.coulorbox.de / Colourbox.com; unten: Fotolia / marcfotodesign – **S. 46** shutterstock / Robert Kneschke – **S. 49** A: Fotolia / industrieblick; B: Fotolia / JackF; C: Fotolia / JackF; D: Fotolia / contrastwerkstatt – **S. 51** oben: Fotolia / michaeljung; unten: Fotolia / Markus Bormann – **S. 52** 1: Fotolia / Kzenon; 2: shutterstock / fizkes; 3: Fotolia / luckybusiness; unten: Fotolia / Pixelot – **S. 53** Fotolia / Robert Kneschke – **S. 55** Fotolia / Production Perig – **S. 56** 1: Fotolia / vadiml; 2: Fotolia / lizabarbiza; 3: Fotolia / somegirl – **S. 63** A: Bundesagentur für Arbeit; B: Fotolia / Kzenon; C: Fotolia / Coloures-Pic; D: Fotolia / bluedesign; E: Cornelsen / Hugo Herold – **S. 65** shutterstock / fizkes – **S. 66** 1: Fotolia / Hoda Bogdan; 2: Fotolia / karepa; 3: Fotolia / Kara; 4: Fotolia / schulzfoto; 5: Fotolia / Wellnhofer Designs; 6: Fotolia / hans12 – **S. 67** oben: Cornelsen / Hugo Herold; unten: Fotolia / ilkercelik – **S. 68** Fotolia / kamasigns – **S. 69** 1: Fotolia / Robert Kneschke; 2: Fotolia / Photographee.eu; 3: Fotolia / pictworks; 4: Fotolia / kamasigns; unten: Fotolia / Mathias Rosenthal – **S. 70** links: Fotolia / Coloures-Pic; rechts: Fotolia / industrieblick – **S. 71** shutterstock / Asier Romero – **S. 72** shutterstock / Anton Gvozdikov – **S. 78** Fotolia / Bitter – **S. 79** Fotolia / Andrii Symonenko – **S. 80** Fotolia / Jemastock – **S. 81** Fotolia / absent84 – **S. 83** oben links: Fotolia / bnenin; oben Mitte: Fotolia / tatomm; rechts: shutterstock / goodluz; unten links: Fotolia / DOC RABE Media; unten Mitte: Fotolia / Stockfotos-MG – **S. 84** A: Fotolia / Photographee.eu; B: Fotolia / Kzenon; C: shutterstock / Kzenon; D: Fotolia / kamasigns – **S. 85** shutterstock / Loza-koza – **S. 86** 1: Fotolia / farbkombinat; 2: Fotolia / auremar; 3: Fotolia / Stefan Körber – **S. 87** Fotolia / Koraysa – **S. 88** Fotolia / Antonioguillem – **S. 89** shutterstock / AJR_photo – **S. 93** Fotolia / Daniel Ernst – **S. 94** Fotolia / iordani – **S. 97** A: Fotolia / Jeanette Dietl; B: Fotolia / stokkete; C: Fotolia / highwaystarz; D: shutterstock / Antonio Guillem; E: Fotolia / industrieblick – **S. 99** Fotolia / Antonioguillem – **S. 100** 1: Fotolia / contrastwerkstatt; 2: Fotolia / fizkes; 3: Fotolia / Jeanette Dietl – **S. 102** Fotolia / baranq – **S. 103** Fotolia / bernardbodo – **S. 106** links: Fotolia / nyul; rechts: Fotolia / Antonioguillem – **S. 111** 1: Fotolia / Ingo Bartussek; 2: Fotolia / Robert Kneschke; 3: Fotolia / DOC RABE Media; 4: Fotolia / auremar; 5: Fotolia / Syda Productions; 6: Fotolia / kophotos; 7: Fotolia / crazypixels20 – **S. 112** oben: Fotolia / Robert Kneschke; unten: Fotolia / Ingo Bartussek – **S. 113** www.coulorbox.de / Colourbox. com – **S. 114** 1: Fotolia / i-picture; 2: Fotolia / Sergey Peterman; 3: Fotolia / nerthuz – **S. 117** Fotolia / Alex – **S. 119** www.kreuzwort-raetsel.com, Das Rätsel wurde erstellt von der Redaktion DaF – **S. 123** shutterstock / anucha maneechote – **S. 126** Fotolia / Gina Sanders – **S. 127** Fotolia / Gina Sanders – **S. 130** shutterstock / PORTRAIT IMAGES ASIA BY NONWARIT – **S. 131** links: shutterstock / Africa Studio; rechts: Fotolia / Volker Witt – **S. 132** www.coulorbox.de / Colourbox. com – **S. 134** 1: Fotolia / Miriam Dörr; 2: Fotolia / StefanieB; 3: Fotolia / Andrey Popov; 4: Fotolia / Minerva Studio; 5: shutterstock / Dan Kosmayer; 6: Fotolia / Fernando Madeira; 7: Fotolia / Alexander Raths; 8: Fotolia / Alexander Raths; unten: Fotolia / ave_mario – **S. 139** oben links: Fotolia / Photographee.eu; oben Mitte: shutterstock / sculpies; rechts: Fotolia / Jan Schuler; Mitte links: shutterstock / Branislav Cerven; Mitte rechts: Fotolia / Harald Biebel; unten links: Fotolia / djama; unten Mitte: Fotolia / trekandphoto – **S. 140** 1: Fotolia / T. Michel; 2: Fotolia / klesign; 3: Fotolia / Trueffelpix; 4: Fotolia / T. Michel; 5: Fotolia / Kellerkind; 6: Fotolia / T. Michel; 7: Fotolia / T. Michel; 8: Fotolia / T. Michel; 9: Fotolia / euthymia; 10: Fotolia / ufotopixl10 – **S. 141** links: shutterstock / Elnur; 2. von links: Fotolia / Monkey Business;

2. von rechts: Fotolia / workman; rechts: Fotolia / Monkey Business – **S. 142** 1: Fotolia / Gina Sanders; 2: shutterstock / Serg64; 3: Fotolia / Foustontene; 4: Fotolia / made_by_nana; 5: Fotolia / Robert Kneschke; 6: Fotolia / Ingo Bartussek; 7: Fotolia / abr68; 8: shutterstock / Lisa F. Young; 9: Fotolia / demphoto – **S. 143** Fotolia / ajr_images – **S. 144** Fotolia / kuzmichstudio – **S. 145** www.coulorbox.de / Pavel Vladychenko vk.com / altern8or – **S. 146** oben: Fotolia / Dan Race; unten: shutterstock / Tobias Arhelger – **S. 148** 1: Fotolia / T. Michel; 2: Fotolia / T. Michel; 3: Fotolia / T. Michel; 4: Fotolia / T. Michel; 5: Fotolia / T. Michel; 6: Fotolia / markus_marb; 7: Fotolia / Kellerkind; 8: Fotolia / T. Michel; 9: Fotolia / T. Michel; 10: Fotolia / T. Michel – **S. 149** www.kreuzwort-raetsel.com, Das Rätsel wurde erstellt von der Redaktion DaF – **S. 159** A: Fotolia / Andrey Popov; B: Fotolia / Robert Kneschke; C: Fotolia / Antonioguillem; D: Fotolia / estradaanton; E: Fotolia / Kzenon – **S. 160** Fotolia / Gennady Poddubny – **S. 161** Fotolia / contrastwerkstatt – **S. 163** Fotolia / Peter Atkins – **S. 165** shutterstock / ViewFinder nilsophon – **S. 173** oben links: Fotolia / auremar; oben Mitte: Fotolia / Alex; rechts: Fotolia / amixstudio; unten links: Fotolia / industrieblick; unten Mitte: Fotolia / Kzenon – **S. 174** shutterstock / OgnjenO – **S. 179** Fotolia / blackday – **S. 180** oben: www.coulorbox.de / Colourbox.com; unten: www.coulorbox.de / Colourbox.com – **S. 187** A: Fotolia / Halfpoint; B: Fotolia / contrastwerkstatt; C: Fotolia / pictworks; D: Fotolia / luckybusiness; E: Fotolia / seventyfour – **S. 188** Fotolia / Can Yesil – **S. 189** oben links: Fotolia / Nikolai Titov; oben rechts + Mitte: Fotolia / poinz; unten: Fotolia / Boggy – **S. 190** Fotolia / pictworks – **S. 193** oben links: Fotolia / blackzheep; 2. von oben links: Fotolia / Cobalt; 2. von oben rechts: Fotolia / nerthuz; oben rechts: Fotolia / Kaikoro; unten: Fotolia / Rawpixel.com – **S. 194** Fotolia / magele-picture – **S. 197** Fotolia / contrastwerkstatt – **S. 201** oben links: Fotolia / Edler von Rabenstein; oben Mitte: Fotolia / Stockfotos-MG; rechts: Fotolia / nmann77; unten links: Fotolia / Wellnhofer Designs; unten Mitte: Fotolia / Calado – **S. 204** 1: Fotolia / snowwhiteimages; 2: Fotolia / Cara-Foto; 3: Fotolia / JS – **S. 205** Fotolia / Monkey Business – **S. 206** oben links: Fotolia / Miriam Dörr; oben rechts: Fotolia / auremar; unten links: Fotolia / ehrenberg-bilder; unten rechts: Fotolia / Elnur – **S. 208** A: Fotolia / wildworx; B: Fotolia / Rido; C: Fotolia / alexsokolov; D: Fotolia / curto – **S. 216** www.coulorbox.de / DMITRI MARUTA – **S. 217** 1: Fotolia / bluedesign; 2: Fotolia / nenetus; 3: Fotolia / pressmaster; 4: Fotolia / Robert Kneschke – **S. 218** Fotolia / contrastwerkstatt – **S. 219** 1: Fotolia / B. Wylezich; 2: Fotolia / Robert Kneschke; 3: Fotolia / Robert Kneschke; 4: Fotolia / Stockfotos-MG – **S. 220** oben links: Fotolia / Comofoto; oben 2. von links: Fotolia / dizfoto1973; oben 2. von rechts: Fotolia / ilkercelik; oben rechts: Fotolia / Gina Sanders; Mitte: Fotolia / Kzenon; unten: Fotolia / industrieblick – **S. 221** Fotolia / Stockfotos-MG – **S. 222** 1: Fotolia / marina_dikh; 2: Fotolia / by paul; 3: Fotolia / pkazmierczak; 4: Fotolia / Wellnhofer Designs – **S. 227** Statista 2018, Quellen ECC Köln, Otto Group – **S. 233** oben: shutterstock / Monkey Business Images; unten: Fotolia / Nejron Photo – **S. 239** Fotolia / mahod84

Übersicht aller Hörtracks